風雲時代

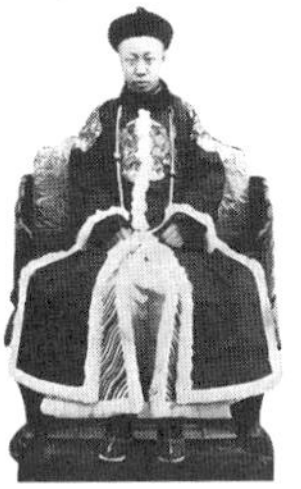

末代皇帝的敵和友

王慶祥◎著

少年時的溥儀。

左為朱益藩，中為陳寶琛。

1924年攝於莊士敦宅內。

黎元洪。

陳寶琛。

段祺瑞。

馮玉祥。

深受溥儀敬重的師傅和老臣：陳寶琛。

莊士敦，溥儀的英文師傅。

馮國璋。

鹿鍾麟像。

康有為，維新運動的領袖。

溥儀與莊士敦的合影。

年輕時的康有為。

佟濟煦，因陳寶琛推薦而得到溥儀的任用。

張勳像。

溥儀與陳寶琛（右）、朱益藩（左）兩位師傅攝於御花園養性齋前。

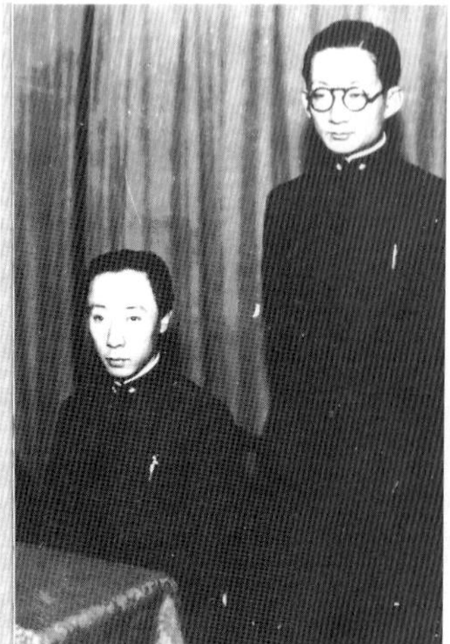

溥傑(左)和潤麒。

張宗昌。

張作霖訪問芳澤謙吉之歷史照片。

年輕時的莊士敦。

張學良。

身穿官服的梁鼎芬。

張作霖與吳佩孚，攝於北京。

溥儀的族侄毓嵒。

1935年4月攝於前往日本軍艦上的溥儀。

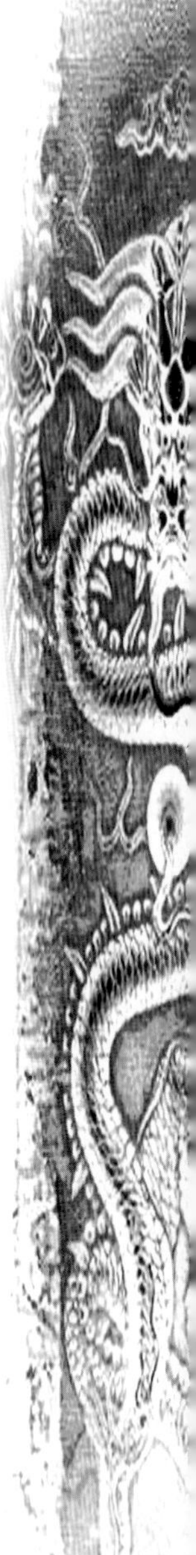

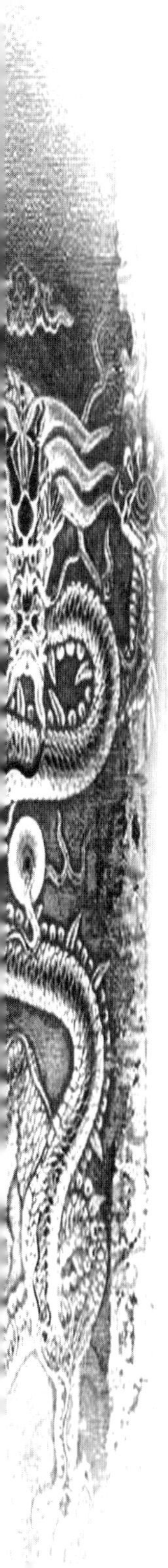

狀元、皇帝稱師徒——溥儀和陸潤庠

一九一五年九月廿六日，正是北京的一個明朗的秋日，也是竊國大盜袁世凱的「洪憲帝制」輿論甚囂塵上的時候，赫赫有名的清朝狀元陸潤庠卻已經「嬰疾危篤伏枕哀鳴」了。他在向溥儀呈遞的口授遺摺中概述一生經歷說：

「竊臣江左舊族，賦性迂庸，由翰林歷官四十餘年，適直南齋三十餘年，迭掌丈衡，累晉清秩。渥荷孝欽顯皇后、德宗景皇帝先後特達之知，歷掌都察院、工、吏二部。宣統初元，迭承恩命，入贊綸扉。嗣因皇上入學讀書，蒙孝定景皇后派在毓慶宮授讀，侍直兩年，慚無報稱。復蒙恩授太保，尋又賞加太傅銜。只以衰齡重聽，累疏乞休，蒙恩體恤，改為照料。鴻慈稠疊，浹髓淪肌，間日趨公，不敢求退。臣夙患肺喘，逢秋輒發已十數載。今年挾有伏暑祛邪發表，元氣漸傷，自揣羸孱，恐無生理。謹口授遺摺，命臣子宗振恭繕呈遞，叩謝天恩。伏願我皇上及時念典，日進高明，則臣雖死猶生，矢圖銜結，區區寸誠，不勝淒戀之至。伏乞皇上聖鑒，謹奏。」

一、大清國，祖孫鼎甲

陸潤庠（一八四一～一九一五年），字雲灑，號鳳石，江蘇元和（今蘇州）人。出生於仕宦家庭。七世祖陸肯堂爲康熙二十四年乙丑科狀元，官至翰林院侍讀。曾祖陸文，是位庠生，亦儒亦醫，著有《醫門良方所見錄》，開陸家通醫學之先。祖父陸嵩，世稱方山先生，曾任鎮江府學訓導，著有《意茗山館集》十六卷和《醫門辨證方》兩卷。父親陸懋修，以恩貢生候選直隸州州判，但其不求仕進，精通漢張仲景以來各代醫書，著有《內經運氣病釋》，遂以醫名。

生於蘇州閶門內下塘祖居的陸潤庠，天性穎悟，「四聲幼能剖，十歲畢九經」，且由家傳而通醫術，雖年少卻溫文爾雅。同治九年，由元和縣學甄拔爲優貢生送京，朝考後以知縣用。同治十二年中順天鄉試舉人，次年即在殿試奪魁，成爲同治甲戌科一甲一名進士，在三十四歲時揭了狀元金榜。

陸潤庠狀元及第，獲授翰林院修撰。嗣後「屢典試事」，先後出任湖南、陝西鄉試副考官，至光緒八年入值南書房。又歷任會試同考官、詹事府左贊善、詹事府右中允、司經局洗馬、日講起居注官、翰林院侍講、咸陽宮總裁等職，光緒十一年再擢翰林侍讀，提督山東學政，時年四十六歲。

光緒十二年，陸潤庠回籍居父憂，服孝期間，曾應地方邀而主持上海蕊珠書院講席。三年服滿仍值南書房，補侍讀，充教習庶起士，擢詹事府右庶子，繼遷國子監祭酒。光緒二十年又奉派外放江西鄉試正考官。時值甲午，中日海戰方起，適逢陸潤庠「以母疾乞養歸」，因被光緒帝斥責。次年年底，正在家鄉爲母服孝的陸潤庠，奉兩江總督兼南洋大臣張之洞奏派，在蘇州設立商務局，並主持創辦了蘇綸紗廠和蘇經絲廠。與其同時受命在南通州（今南通）創辦大生紗廠的另一位清朝狀元張謇，經營數十年，成爲中國近代最著名的實業家。史稱這兩位人士的舉措爲「狀元開工廠」。

光緒二十四年，陸潤庠返京還朝仍值南書房，補國子監祭酒，次年擢內閣學士兼禮部侍郎銜，升工部左侍郎。時逢庚子，八國壓境，「兩宮西巡」，陸潤庠「隨鑾至西安」，得到慈禧太后的當面誇獎：「爾知君父義，能患難相從，非他文人空爲大言者媲。」自是屢屢升遷：光緒二十六年擢禮部右侍郎，充經筵講官，賞加尙書銜，署戶部左侍郎，升都察院左都御史；二十八年充管理醫局副大臣，順天鄉試副考官；二十九年署工部尙書；三十年充會試副總裁；三十一年升工部尙書；三十二年充釐訂官制大臣，已而工部裁省，以尙書兼領順天府尹事；三十三年授吏部尙書，充進講大臣、參預政務大臣。

據《清史稿》本傳載，陸潤庠曾在光緒末年發表政見，謂：

「捐例開，仕途雜，膺民社者或不通曉文義，因訂道府以下考試章程，試不及格者停其分發，設仕學館教習之。」目標是要提高那些花錢買官者的素質。作爲唐代翰林學士陸贄的後人，陸潤庠還嘗奏進以指陳時病而爲後世所重的先人文集，參以時事，大意謂：「成規未可墨守，而新法亦須斟酌行之。若不研求國內歷史，以爲變通，必至窒礙難行，且有變本加厲之害。」

二、宣統朝，狀元宰相

陸潤庠的仕途生涯是在溥儀登極以後步入高峰的，他在宣統元年兼職甚多：充實錄館正總裁、實錄館稿本總裁，以吏部尚書協辦大學士充經筵日講起居注官，晉翰林院掌院學士、體仁閣大學士，充禁煙事務大臣，轉東閣大學士。陸潤庠是清朝中當上內閣大學士的十四位狀元之一，也是中國歷史上的最後一位「狀元宰相」。到宣統三年，又充弼德院院長。是年皇帝典學，乃以陸潤庠充毓慶宮授讀，兼顧問大臣。

據《清史稿》載，作為清末最高的文職官員，陸潤庠深深懷戀著傳統的教育和制度，而反對歷史的變革。當曲阜學堂新建之際，陸認為「必須闡明經術，提倡正學」，而堅決反對雜聘「異言異服」的外人，以至孔學「聖教」淪落澌滅。在國會將設的情勢之下，陸力主保存言官「台諫」，該職在清末設於都察院，可隨時向皇帝陳言，是為專制制度服務的。陸不贊成重用留洋歸來的學生，認為他們「根柢未深，於前古聖賢經傳未曾誦習，道德風尚概未聞知，襲人皮毛，妄言改革；甚且包藏禍心，倡民權革命之說，判國家與君主為兩途，布其黨徒，潛為謀主」。

陸潤庠把清朝末年岌岌可危的政治形勢和財用枯竭的經濟形勢，歸罪於封建專制制度遭受破壞。他說：「今日之害，先由於督撫無權，漸而至於朝廷無權。庫儲之困難，寇賊之充斥，尤其顯而易見者也。」為此，他主張「酌停新政」；「停辦鎮兵，仍取巡防隊而整理之」，「停辦審判，仍以聽斷緝捕歸之州縣」；「停辦國會，仍以言事責之諫院」；「停辦中小學堂，仍用經策取士」。儘管陸位高且食古不化，卻無能阻擋辛亥革命的滾滾洪流，他的一件件奏疏都被淹沒了。

三、小朝廷，授讀生涯

一九一一年九月十日上午八時，遵照清宮欽天監選好的吉日良辰，溥儀在中南海瀛台的補桐書屋舉行了開學授讀儀式。在隆裕皇太后親自擇定的第一授課師傅陸潤庠眼前，又升起一線新的希望，就是要把六歲的小皇帝教育成人，以挽救沉淪之中的帝國。然而，僅僅一個月以後，這希望便如懸空的一串肥皂泡了。其時，武昌的炮聲已經響過，新內閣總理大臣袁世凱「議修和息戰禍，取隆裕太后懿旨，頒示天下，改建國體，於是遜位詔下矣」。不過，還給溥儀保留著皇帝尊號，只把讀書地點從中南海補桐書屋遷到紫禁城內的毓慶宮去了。

溥儀退位之初，陸潤庠照舊入宮授讀。據老太監信修明憶述：「文端公陸師傅潤庠，在書房獨敬陳師傅寶琛，其他師傅皆與莊敬相處，惟對伊克坦不留情面，蓋惡其言多不檢也。皇上讀書，對文端顏色整肅，尤敬畏之。」信修明這樣說並不完全準確，固然陸師傅嚴肅有餘，他的「皇帝學生」卻是一個頑童。

溥儀雖小，位居萬人之上，養成了無拘無束的生活習性，冷不丁兒被關在書房中，讓他規規矩矩地坐在那裏讀書，這怎麼辦得到呢？讀過一個鐘頭，溥儀再也受不住了，他開始把身體搖來晃去地淘氣，接著又左扭右轉地鬧了起來。

陸師傅看在眼裏，急在心上，卻不知如何是好。放任吧，耽誤了皇上的聖學，罪在不赦；管教吧，面對面的關係又太特殊，「雖師，臣也；雖徒，君也」，尊卑有等，豈容胡來？於是，陸師傅挖空心思地想出幾句婉轉的話，如「文質彬彬，然後君子」、「君子不重則不威，學則不固」等，用來勸導小皇上。然而，一個六歲的孩子，怎麼會懂得這種「取瑟而歌」的弦外之音呢？這種無意的縱容，卻使溥儀更頑皮了。

一天，溥儀讀書讀得不耐煩，把鞋甩出老遠，又把襪子脫下丟到一邊去。陸師傅只好先把課本放在講案上，離席來給學生撿鞋拾襪。不料，小搗蛋竟趁著老態龍鍾的師傅彎腰俯首在他眼前晃來晃去的當兒，把腳往上一抬，用腳趾夾住了老師的鬍鬚，老師為之氣急，結結巴巴地道：「不可以，不可以，不可以。」溥儀卻開心地笑了起來。

受到戲弄的老師怒不可遏，又不能發作，乃嘆了一口氣回到教席前去。剛要繼續講課，絲毫不知收斂的溥儀，又突然站起身來，想離開座位到書房外面去玩耍。惹得陸師傅一時性起，連「君君臣臣父父子子」的「綱常名教」也忘了，如雷貫耳地大喝一聲：「不許動！」這才把學生震住了，溥儀開始老老實實地讀書。

一九一二年九月廿二日，時年七歲的溥儀「欽奉隆裕皇太后懿旨」，對陸潤庠「著加恩賞在紫禁城內乘二人暖轎」。

在關起門來的清宮之內，陸潤庠忠誠於授讀之職，不但因而常常獲得殊榮，還為小朝廷所信用，不時奉派承擔宮內最重要的工作。一九一二年十一月十五日溥儀傳旨：「朕欽奉隆裕皇太后懿旨，現在時局變更，規模自應改定；財力匱乏，繁冗亟宜刪除。所有內務府及所屬各衙門暨有關皇室各衙門，事多專司，用款不無糜費，官沿定制，額設不無冗員。自應酌其繁簡，量加裁併，庶足以昭核實而期久遠。」為此著派總管內務府大臣世續以及陸等「體察情形，通盤籌畫」，並「隨時會商醇親王載灃，妥擬辦法，奏明辦理」。

陸潤庠參與的這項清室機構改革的工作，在兩個半月以後，通過溥儀的又一道諭旨傳出了結果：「御前大臣、御前行走、御前侍衛、乾清門行走、乾清門侍衛，著暫仍舊制。其三旗侍衛，現在差務較簡，即以三百員爲定額，餘者一律裁撤……唯念侍衛情形困苦，著加恩一律賞食原俸，以示體恤。」

陸潤庠給末代皇帝溥儀當師傅一年有餘，蒙隆裕皇太后垂青，授爲太保。榮譽雖高，卻未能把他從清帝國敗亡的失落之中解脫出來。

四、隆裕在，辭教獲准

陸潤庠忠君重義，可嘉可獎，然而年紀確實大了，在一個淘氣的皇帝面前頗有難處。到了一九一三年一月十四日，陸潤庠感到這退位小皇帝的師傅再也當不下去了，遂給隆裕皇太后呈遞了一份奏摺，請辭授讀。這份摺子是由清室總管內務府大臣世續代遞的，陸潤庠附致世續的信，現仍保存在檔案中：

「博軒中堂執事：數日不晤爲念！庠日來更覺氣體衰憊，唯靜坐養息則可稍舒，不能勞動。毓慶一席，萬不能支，暮年精力有限，只可奏請致仕，倘能邀准，則爲萬幸。奏底附呈，明早千萬照拂，總以得請爲度。敬祈台安。晚潤庠頓首。」

在給隆裕和溥儀的奏摺中，陸潤庠以懇切的言詞表達了他對清朝的忠誠、對隆裕的感恩和對溥儀的厚望，他也敘說了辭教的原因：

「臣陸潤庠跪奏，微臣年力就衰，懇恩致仕，瀝陳下情，仰祈聖鑒事：竊臣服官三十餘年，受恩深重。光緒二十六年拳匪之禍，孑身出險，扈駕西安。上年變起倉猝，舉朝棼散，臣以感激知遇，復以皇上典學方新，正資啓迪，未敢言去。而年逾七十，老態日增，每逢秋冬喘逆不止，近更行步艱難，兩耳重聽，皇上讀書有時錯誤未能指正，于毓慶宮講授一事尤不相宜，若再以衰庸竊位，勢將貽誤聖學，關係匪輕。雖私衷耿耿，瞻戀闕廷，而精力已疲，無從報稱，不得已，瀝陳衰病情形，仰懇天恩，准予致仕並停給養廉，開去一切差使，俾得優遊退老，以盡天年，則犬馬餘生，何莫非君恩所賜，臣不勝迫切待命之至。所有微臣陳請致仕緣由，謹恭摺具奏，籲求恩准，伏乞聖鑒，謹奏。宣統四年十二月初八日。」

隆裕對陸潤庠還是很理解的，批准了他的辭教之請。遞進奏摺的第十天，溥儀的諭旨就傳下來了，內云：「朕欽奉隆裕皇太后懿旨，陸潤庠奏力疾銷假，懇恩開去授讀差使一摺，陸潤庠著准其開去授讀差使，仍在毓慶宮照料，並仍賞給每月津貼，以示體恤，欽此。」

陸接旨以後，當即具奏叩謝天恩：「……聞命之下，慚感莫名。竊臣居官三十餘年，入侍內廷，出司文柄，歷受兩朝恩遇，派充大小差使，莫不敬慎從公，從未敢稍形退縮。茲因年力衰頹，不得已懇請恩准開去要差。仰蒙慈懷體恤，俯察下情，渥荷綸音，有加無已。臣雖肝腦塗地，不足云報，唯有勉竭愚忱，于毓慶宮常川照料，時時仰瞻天顏，得遂冀幸私衷，皆出慈恩所賜，唯蒙溫諭，仍給每月津貼，此則臣心實有不安。可否再懇天恩，量予核減，照授讀養廉只領其半，庶幾兩得其宜，籲求恩准。」

此摺呈進之後如何批回，未能於檔案中查得，可以想知是「著毋庸議」幾個字，對於忠君重義的陸潤庠，即或不再講課，也絕不會讓他少拿半個銅板的。

五、「洪憲」出，以身殉清

早在一九一二年二月十二日，隆裕皇太后頒發宣統皇帝的退位詔書時，陸潤庠便深以未能以身殉清為恥，當師傅們聚而議論身分問題時，他厲顏正色曰：「談何身分？亡國大夫是也！」

陸潤庠辭教之後尚不足月，隆裕於一九一三年二月廿二日「駕崩」，溥儀尊謚「孝定」，陸潤庠奉派參與喪儀。當年十二月十三日，安葬德宗景皇帝、孝定景皇后梓宮於清西陵崇陵，陸與世續和徐世昌一起「敬題神主」，為此而在十二月十九日接到溥儀的嘉獎諭旨：

「敬題德宗景皇帝、孝定景皇后神主之太保世續、陸潤庠，太傅銜徐世昌，齋肅潔誠，恪恭將事，世續、陸潤庠、徐世昌均著加恩賞戴雙眼花翎，欽此。」

轉年溥儀過生日，照例行賞，對陸潤庠「著加恩賞加太傅銜」。

這一切都不能使陸潤庠高興起來，他希望的是看到大清帝國的重建，為此積極參與了遺老們的復辟活動，常與趙爾巽、周馥、勞乃宣、辜鴻銘等人聚會於青島，密謀清朝中興的途徑。據《桐鄉勞先生遺稿》載，一九一四年三月二十日，陸潤庠與周馥、趙爾巽、張人駿、勞乃宣等十人，相約為「十老」，會飲於青島周馥的書齋中，並各賦一詩以記之。

這一時期，作為欽派籌畫裁併事宜大臣，陸潤庠也參與少量的宮中活動。據溥儀一九一四年十一月十二日傳下的諭旨，陸顯然參與了議定御前大臣處常年經費核定數目的事項，以及上虞備用處、鑾導處、虎槍處、御鳥槍處的裁撤事項等。

一九一五年九月，一天陸潤庠進內面見皇上。臨行時說：「臣病矣，明天不能上來了。」

陸多年哮喘，有病是真的，但不至於就死。他憑藉家傳醫道，深知自己忌服某藥，這次回家後偏吃忌藥，又數日不吃不喝，絕食至當月廿六日死去。他的死，與其說是病故，不如說是自殺，是政治性的自殺。

宣統退位，復辟無望，陸潤庠早已心灰意冷了，此際又逢袁世凱撇開舊主，自己要當「洪憲皇帝」，正熱火朝天地積極籌備。據老太監信修明講，陸潤庠曾致函袁世凱，謂相好多年，如不給陸某好處，甚感謝矣。他感傷時局，痛苦不堪，終於失去了繼續活下去的興趣。

關於陸潤庠之死，唐文治的《記陸文端公事》一文敘述頗詳。唐曾任清末工部尚書，與陸有忘年之誼，來往亦多，所敘自是親聞，固然可靠可信。其云：

「宣統初即位改元，吾蘇陸公鳳石以大學士總師傅職，啓沃君德，翊贊嘉謨，老成典型，一時宗仰之。辛亥政變，兩宮遜位，當是時，銅駝荆棘之感，怵目恫心，公常含淚出入禁庭，雖風雨靡間。越歲餘，當事者有改遷太廟之議，咨皇室召大臣會議畫諾。公嘿然不發一言，遽叩首上前曰：『老臣將隨先皇帝逝矣。』上曰：『噫！師傅何爲出此言也，竟忍捨我去耶？』公復嘿然飲泣出，即具疏乞病假，日飲猛攻刻削之藥，家人不知也。徐菊人相國往訪之，詢病狀。徐亦達醫理，索方閱之，駭曰：『公老病可服此等藥耶？』公轉詰之曰：『若服此藥，吾疾果可不瘳乎？』徐憬然悟，嘆曰：『公能如此，吾輩之罪深矣！』公曰：『不然。古人有言，死易，立孤難，吾爲其易者，此後皇室經費，唯子是賴矣。』徐悵然別去。逾月，公遂不起，上震悼，予謚文端。」

陸潤庠以身殉清原是說明了的，溥儀也曾聽到，只緣年幼，理解未深罷了。最詳知的當屬徐世昌，因為陸曾托孤，把溥儀的命運交給他了。

《清史稿》記述陸潤庠之死雖較概括，卻也證實了殉清之說。其云：「遇變憂鬱，內結於胸而外不露。及病篤，竟日危坐，瞑目不言，亦不食，數日而逝。」

陸潤庠卒年七十五歲，未滿十齡的溥儀痛悼不已，追贈「太傅」，予諡「文端」，賞給陀羅經被，派貝勒載潤前往奠醊，賞銀三千元治喪。

陸潤庠體貌豐重，性情溫和，一生身居崇位卻不自高崖岸，平易近人，坦誠直爽。

陸潤庠人去字留，至今在紫禁城內隨處可見他的墨寶。其書法腴潤，意近歐、虞，尤擅端正勻整的「館閣體」小楷。評者謂，運筆婉麗勁健，莊妍流美，具有平穩舒緩的韻味。

還有一件事可以說說的，便是陸潤庠與同治七年戊辰科狀元、晚清外交家洪鈞是親家，他的一位千金嫁給了洪公子洛。自從曾樸所著《孽海花》風行以來，作為賽金花的丈夫，又曾攜其出使歐洲各國的洪鈞，名聲更加響亮。當然，洪鈞貢獻於歷史的絕不是一位名妓，他的學術著作《元史譯文證補》，證史之誤，補史之闕，開闢了元史研究的新領域。父死子繼，該書成於洪洛之手，陸潤庠為之序，並親自籌畫刊行問世。其時也，溥儀尚未出生。

陸潤庠終生不事著述，只有《蘇州長元吳三邑科第譜》（四卷）行世，且與其父合署名：「陸懋修輯、陸潤庠補編」。雖然如此，他畢竟還是清末享譽全國的大學問家，並曾經是中國末代皇帝的首席師傅。

【參考文獻】

＊趙爾巽等撰：《清史稿》，中華書局一九七七年版。
＊卞孝萱、唐文權編：《辛亥人物碑傳集》，團結出版社一九九一年版。
＊沃丘仲子著：《近代名人小傳》，中國書店一九八八年版。
＊信修明遺著：《老太監的回憶》，北京燕山出版社一九八七年版。
＊宋元強著：《清朝的狀元》，吉林文史出版社一九九二年版。
＊溥儀自傳稿本，未刊。
＊中國第一歷史檔案館：《清廢帝溥儀檔》。

師傅 老臣 智囊——溥儀和陳寶琛

陳寶琛（一八四八～一九三五年），字伯潛，號弢庵，晚號聽水老人，福建閩縣人。一九一一年六月奉朝廷命，派在毓慶宮授宣統帝讀書。辛亥革命以後仍矢忠遜清皇室，不忘「皇恩」，甘當遺老；長期與溥儀相處，既是「帝師」，又是「智囊」，深受倚重，對溥儀前半生的經歷有過難以估量的巨大影響。

一、最輝煌的年代

陳寶琛出身「世代簪纓」的官宦家庭，也是書香門第。曾祖陳若霖以進士官至刑部尙書，祖父陳景亮以舉人曾任雲南布政使，父親陳承裘也以進士候選郎中，並分發刑部浙江司行走。

陳寶琛五歲即入家塾苦讀，十歲時隨父自山東運署歸，父喜其英敏，每出塾輒命侍側，教以古今忠孝故事。他少年時代已聞名鄉里，被稱爲「福建才子」。十三歲考取閩縣縣學秀才，十八歲補行甲子科舉人，二十一歲中戊辰科進士，時在同治七年。繼而入選翰林院庶起士，三年後散館授編修，曾兩次派充順天鄉試同考官，至光緒五年任甘肅鄉試正考官。光緒六年升翰林院侍講，任日講起居注官，不久獲授右春坊右庶子，並任武英殿協修、纂修、總纂，提調國史館，功臣館協修、纂修。光緒七年授侍講學士，參與草擬詔書、敕令等中樞機要事宜。光緒八年簡放江西鄉試正考官，繼而轉任江西學政，光緒九年獲授內閣學兼禮部侍郎銜。其時，陳寶琛才三十五歲，正值中年，評者謂「其遷官之速尤過於張之洞，同時無與比也」。

十九世紀八十年代前期，對陳寶琛來說更是春風得意的時候，短短幾年中，先後上疏數十章，其中得以傳佈的如《請急越南摺》（光緒九年七月二十九日）、《請以劉秉璋代倪文蔚片》（光緒九年七月二十九日）、《論越事不可中止摺》（光緒九年十二月十九日）、《請杜法人狡謀片》（光緒九年十二月十九日）、《請以黃宗羲、顧炎武從祀文廟摺》（光緒十年三月二十四日）、《謝會辦南洋事宜摺》（光緒十年五月初十日）、《論法約無利有弊摺》（光緒十年五月）、《請查參韓懿、章榮綬片》（光緒十年閏五月十五日）、《報馳抵江寧遵旨赴津摺》（光緒十年閏五月二十三日）、《報回抵江寧順勘防務摺》（光緒十年七月初五日）、《請募勇參用西法教練摺》（光緒十年七月十六日）、《報巡閱情形摺》（光緒十年八月二十三日）、《密陳陳湜貪鄙驕縱情形摺》（光緒十年八月二十三日）等，主要就邊防、禦侮和進退大臣兩個方面，發表看法，陳述主張。

面對沙俄對新疆、日本對臺灣，以及法國對越南的侵略，陳寶琛堅決主戰。他上疏請誅喪權辱國的崇厚，毀棄他擅與俄方簽訂的《里瓦幾亞條約》；他反對「聯日防俄」，認爲同樣應該「防日」，否則「禍延於朝鮮，而中國之邊患更亟矣」；他認爲法軍攻佔越南，不但對越南來說是「腹心之憂」，對中國也絕不僅僅是「癬疥之疾」，主張「舉義師以平其難」。陳還奉旨馳赴抗法前線，努力實踐自己的主張。

陳寶琛敢於向當時的最高實權人物慈禧太后犯顏進諫，所謂「好彈劾，間言朝政得失」。光緒六年八月十二日在紫禁城午門發生的「庚辰午門案」是一實例。那天慈禧命太監李三順帶領兩個小太監挑著八盒食物出皇宮，前往醇王府賞賜妹妹——醇王福晉，因事先未能依例通報敬事房知照門衛，被午門值班護軍盤詰阻擋，以致發生衝突。

事後，慈禧僅憑李三順「被毆失物」一面之詞，執意讓慈安太后出面處死護軍，並於十一月三十日發布上諭，雖將護軍免死，卻仍格外嚴懲。陳乃於三日後犯顏上《請申明門禁摺》指出，由於朝廷對護軍處分太重，「此後凡遇太監出入，但據口稱奉有中旨，概即放行，再不敢詳細盤查」。又引嘉慶年間太監引賊入內，乾隆年間偷竊庫銀，道光年間攜帶違禁器械等案說：「此輩閹寺，豈盡馴良！」爲此懇請太后收回成命，對護軍從輕發落。終使慈禧感動，頒旨給護軍減刑，還打了李三順三十大板，工部尚書翁同龢稱讚陳有「大臣風骨」。

那時，陳寶琛還是得到慈禧和光緒寵信的，《現代名人小傳》的作者沃丘仲子說他「嘗任江西學政，地方不職官吏，有所聞即疏彈之。時拉后頗信諫官，尤重寶琛等，於所彈劾，往往不交察辦即已褫懲。朝官知其眷隆，咸側目視之，每奉使出，疆吏皆謹事之」。

入翰林院以來，陳寶琛與左春坊左庶子張之洞、侍講張佩綸和宗室侍郎寶廷等往來密切，崖岸自高，外主抗戰，內彈權貴，敢言敢諫，被並稱爲「樞廷四諫官」。還有一說，以陳寶琛、張佩倫、寶廷和總理各國事務大臣鄧承修等四人並稱爲「四大金剛」。他們是主持清議的一代領袖人物，即中國近代史上名聲赫赫的「清流黨」。其實，「清流黨」何止四人！據《世載堂雜憶》（劉禺生著）載，時人呼軍機大臣「李鴻藻爲青牛（『清流』之諧音）頭，張之洞、張佩倫爲青牛角，用以觸人，陳寶琛爲青牛尾，寶廷爲青牛鞭，王懿榮爲青牛肚，其餘牛皮牛毛甚多」。這些清流名士密切交往，互相提攜，以提倡士大夫氣節，抨擊時弊，整肅綱紀，支持洋務運動，堅持抵抗外來侵略，爲擺脫清王朝內憂外患困境的基本途徑，陳正是這樣度過了他一生中最輝煌的年代。

二、從失官到復官

光緒十年初夏，陳寶琛奉旨爲欽差會辦南洋大臣，並被授予「專摺奏事」之權，而他竟借此彈劾了頂頭上司——同辦南洋事宜的全權大臣曾國荃，說他「任用姻私，失知人之明」，又責其部將陳湜「虛額蝕餉」，「遊宴妓館」，從而惹得時任兩江總督的這位前湘軍名將性起，亦上疏反斥陳寶琛「蜚語中傷」，還說他在對法議和期間，「好爲高遠之論」，事事與其齟齬，險誤大局云云。既已失歡於主帥，適逢母親病逝，遂奔喪回籍去了。次年年初，慈禧以「薦人失察」爲辭，給陳降五級調用處分。此前他確曾力薦雲南、廣西布政使唐炯、徐延旭堪任軍事，結果兩人相率潰敗，被處以「斬監候」。對陳追究前愆顯由曾國荃一狀引發，陳正丁憂在鄉，遂於福州近郊鼓山山間別墅隱居下來。

在長達二十四年賦閒的日子裏，陳寶琛潛心於經、史、子、集以及詩詞、書法的研究，聽水林下，賦詩山中，罕接賓客，鮮赴應酬，唯與彩雲青溪同在，怡然自得其樂，倒也符合他的意趣。正如評者所說：「寶琛清簡疏放，若魏晉間人，雖早貴負盛名，而翛然有雲泉之想。」

曾爲名宦，又值壯年，想賦閒終老實在也難。光緒二十一年，陳寶琛受託於鄉人而出任福州鰲峰書院山長。他重視教育，認爲「教育根本在小學，而造端在師資」。他還注意到新學，在書院內增設了數學科。嗣後兩三年間，鰲峰書院先改建全閩大學堂，繼改稱福建高等學堂。

光緒二十六年，陳又創設東文學堂，後併入蒼霞精舍日文部，改稱全閩師範學堂，廣招士紳青年子弟入學，延聘日本教習，傳授日語，選送學生留日。他擔任這兩座學堂的監督，爲國家培養了大量有用人才，其中包括各級學校教師、工程技術人員、政府官員和一些具有新思潮的專家學者。後來，陳自敘其「以里居忝司校教，稟裁學記」的緣由說：「識爲師爲長之相通，取義法言；信不範不模之宜正，詎稱盛代。作新之意，聊爲閒居補過之資。」

光緒三十一年，光祿寺卿張亨嘉等發起設立福建鐵路公司，特別報請商部奏派，舉陳寶琛爲總理，這不僅是因爲他的聲望，還由於他在會辦南洋事宜的年代留下了良好的影響。他親赴南洋爪哇、息力、檳榔嶼、三寶瓏等地，募股一百七十餘萬元，擬先築漳廈之間九十華里鐵路，當自嵩嶼江東橋間七十六華里鐵軌甫將鋪成之際，中國的政治形勢發生了重大變化，這使他不可能繼續經營家鄉的鐵路了，終於連已興建的路軌也無法維持並拆除殆盡。

中國政治形勢的變化，毀了福建新修的幾十里鐵路，卻把陳寶琛推向新的人生轉捩點，此時正是光緒三十四年初冬，皇帝和太后在兩天之內相繼去世，三歲娃娃溥儀登極，掀開有清一代的末頁，宣統朝開始了。

調任軍機大臣的張之洞上任之際，未曾忘記「清流黨」密友陳寶琛，隨即向朝廷推薦，經隆裕太后和監國攝政王載灃首肯，一道宣統皇帝的聖旨便在宣統元年二月十四日傳了下來：「前內閣學士陳寶琛，著來京予備召見，欽此。」正在營建鐵路的陳寶琛奉旨到京後，又於宣統元年閏二月初四日再接聖旨：「軍機大臣欽奉諭旨，禮部奏請特簡大員，會同該部總理禮學館事宜兼總纂訂等語，著派前內閣學士陳寶琛，欽此。」經歷漫長的冷遇閒置，終於又在宣統小皇帝御座前重獲起用，感慨萬端、老淚縱橫，援筆寫下謝恩摺，感謝皇上「聖慈」，「起諸謫籍」。

宣統元年三月初十日，陳寶琛又接一道聖旨：「前內閣學士兼禮部侍郎銜陳寶琛，著開復降調處分，欽此。」按清制，「開復」指恢復革職官員的原官或原銜，陳這時僅獲重新起用，尚未官復原職，但「開復降調處分」意味著給他平反。他感激涕零，即呈謝恩摺，自喻「桑海餘生」，不敢想「再瞻龍陛」，自比「雲霄墜羽」，不敢圖「重到鳳池」，就在他「自揣衰庸已甘淪棄」的當兒，朝廷又想到了他，爲他平反，他感恩戴德之餘，表示將全力以赴地推進大清國「中興之業」。

宣統二年三月初二日，陳寶琛官復原職的一天終於來到了。當天那道聖旨只有十八個字，對他來說，卻意味著整整四分之一個世紀的生命：「陳寶琛著補授內閣學士兼禮部侍郎銜，欽此。」他三十八歲由此降調，六十三歲開復原官，撫今追昔，涕淚滿腮。嗣後，宣統朝加於其身的高位優遇乃頻頻而來。

宣統二年五月，陳寶琛以碩學通儒被派充資政院欽選議員。資政院係清末仿效資本主義國家議會而設置的全國性議事機構，開院於是年九月，而設立則在此前三年。議員分爲「欽選」

和「民選」兩種，陳是由皇帝委派的欽選議員，當然是爲朝廷說話的。他在資政院首發《請昭雪楊銳等提案文》，要皇帝降諭「將楊慶昶（楊銳之子）所繳德宗景皇帝手詔宣布中外，昭示萬世臣民，並纂入實錄以成信史」，並提出對「楊銳等竭忠致身沉冤未白可否降旨昭雪，援照許景澄等開復原官加恩贈恤以慰幽魂而饜眾論」。陳爲戊戌六君子平反昭雪的提案，震動了當時的朝野。

宣統二年十二月，攝政王載灃在翰林院奏請委派陳寶琛充任經筵講官的摺子上圈批：「內閣學士陳寶琛，著以原銜充補漢經筵講官，欽此。」從此，他已經有資格向皇帝講習經書，並作爲文苑詞臣而隨侍皇帝左右，以應撰擬冊誥詩文等差了。

宣統三年四月，清廷裁撤內閣，命陳寶琛等「候改用」。一個月以後即被外放爲地方大員，聖旨於宣統三年五月二十二日下達：「山西巡撫著陳寶琛補授，欽此。」陳本來很想在這一職位上有所作爲，他致朝廷的謝摺中有一段話表達了自己的願望：「伏念三晉表里山河，爲神京右輔，風俗純樸，礦產富饒，訓農、惠工、恤民、察吏，在在均關緊要，加以改制方始，措注宜周，自揣衰庸，詎能勝任？臣惟有勉殫駑鈍，遇事考求，免貽隕越之羞，冀答生成之德。」然而，未及上任又開缺。

三、出任帝師

宣統三年六月十五日，陳寶琛連接兩道聖旨，第一道云：「山西巡撫陳寶琛著開缺，以侍郎候補，欽此。」第二道云：「監國攝政王面奉隆裕皇太后懿旨，皇帝在毓慶宮入學讀書，著派大學士陸潤庠、侍郎陳寶琛授皇帝讀等因，欽此。」其時，朝廷已內定，宣統三年七月十八日將在中南海瀛台補桐書屋為宣統皇帝溥儀舉行開學授讀儀式，遂以侍郎候補的資歷，改派陳為御前進講的師傅。同時出任帝師的還有大學士陸潤庠，繼而出任帝師的，則有滿漢雙榜進士伊克坦。

陳為此而特別興奮，因為在當時，作為皇帝的師傅，有崇高的政治地位，他絕不僅僅是個六歲孩子的家庭教師，實際已成為皇宮內廷的重要成員，成為朝廷掌權者諮詢與商討國家大事的顧問。他的帝師生活就這樣開始了。

授讀既定，隆遇紛來。宣統三年六月十六日朝廷傳旨：「侍郎陳寶琛著加恩在紫禁城內騎馬，欽此。」宣統三年閏六月初八日朝廷傳旨：「正紅旗漢軍副都統著陳寶琛補授，欽此。」宣統三年閏六月二十日朝廷傳旨：「陳寶琛著充任弼德院顧問大臣，欽此。」

弼德院是仿效歐美及日本的樞密院和參事院，在兩月前，與責任內閣同時設立的新機構，實為皇帝顧問處。然而，副都統也好，顧問大臣也罷，儘管官銜愈加愈多，而陳寶琛實質性的職務仍是擔任皇帝的師傅。

正值陳寶琛升官晉銜備受寵信之際，武昌起義的槍聲大作，半月之間蔓延數省，在陳看來，「從古禍變無如是之烈者」，乃於宣統三年九月上旬急呈《危亡在即披瀝直陳摺》，為朝廷出謀劃策。他說：「蓋革命托於改革政治，即專以政府窳敗為詞，使之人心瓦解、士卒攜貳，馴至無一可用之軍、可守之土，不危亡何恃耶?臣以為事已至此，捨急收人心無策也，而收人心必自清政本始。」陳指出，當時最主要的政治問題，是作為立憲政體而新設的責任內閣有名無實，並沒有負起完全責任，一切仍因襲「承旨書諭之舊」，而且親貴把持權力令人不服，「國務大臣十三人而親貴居其五，軍咨府兩大臣則皆親貴爲之，其中或積有資勞而暮氣太甚，或勇於任事而閱歷未深，其習於酣豢率爲汰侈者更無論矣。」

陳寶琛認爲，在這種情況下，僅僅「下詔罪己」是不夠的，必須「繼以實事」，「以表悔過之誠而動四方之感」。談及「實事」，他說：

「臣愚以爲宜由監國攝政王下教自責，以爲大臣引咎之倡，立即简擇剛正廉明足繫人望之大臣，任以總協理，令其另行組織內閣，參照各立憲國通制，俾負完全責任。其軍咨府海陸軍大臣，非有精於兵等更歷軍事者概行撤換，以重責成而符名實。如此則政本既清，以與民更始者見改革之真心，即以至公無私者破種族之異說。」

陳寶琛深感時危勢迫，以「侍直禁近兼備顧問」的身分，他再也坐不住了，乃「昧死上陳」，衷心希望攝政王載灃爲宗社計、爲中國計、爲滿族計，急急於此，「以收已去之人心而祈天永命也」。

然而，對於清王朝來說，此刻已經病入膏肓，神醫在世也無能救其不死了。從這時起到宣統退位的三個月內，清朝亡跡日顯，而施予陳寶琛的皇恩未斷，聖旨仍是一道道傳下來：「陳寶琛著賞穿帶膆貂褂，欽此。」「陳寶琛著派充實錄館副總裁，欽此。」如果說大清國對陳寶琛來說皇恩浩蕩，則宣統朝對陳寶琛更可謂情深義重。

四、毓慶宮授讀

辛亥革命風雲驟起，陳寶琛視之爲一切災難的根源，因爲宣統皇帝的寶座被掀翻了。然而，溥儀的皇帝尊號仍保留著，陳的「帝師」尊位也保留著。當時陳已六十五歲，矢志效忠清室，每日入宮不輟，一面授皇帝讀，一面撰寫《德宗本紀》和《德宗實錄》。這時，陳的在京好友勸他說：「我公可以退罷。」他執意不從，回答說：「我起廢籍，傅沖主，不幸遘奇變，寧忍恝然違吾君。苟全鄉里，名遺老自詭耶？」其時，他還修書一封寄給遠在閩縣螺洲的家人說：「半年來，日在左右，禮遇優渥。論義論情均難恝捨。」

有一天，實錄館同仁聚首，特照了一張相留念。王朝已經沒有了，卻剩下這幾位孤臣，他們同命運，同感慨，寫詩抒情，步韻唱和，而陳寶琛的幾句，恰能把他當時那種大勢已去、萬事皆空、淒淒慘慘的心境活現於外：

「孤臣無分再瞻天，晚直瀛台輒泫然。復土何年稽一哭，綢書終老息諸緣。看看興慶班餘幾，歷歷開元事滿前。他日夢華各成錄，能忘此會玉堂仙？」

陳寶琛寄答家鄉友人來信的一首七律，則表達了他對已經成爲歷史的大清國的朝廷感恩戴德、無限眷戀的真情實感。詩云：

「萬里生還已歲除，刳肝猶擬獻辰居。坐看沉陸吾真愧，癡想回天汝亦疏。相見幸留垂禿髮，得歸共理舊藏書。舉家總食先臣澤，薄薄田園是俸餘。」

陳寶琛只有把他對大清國的報恩之情，寄託在退位皇帝的授讀之中。這時，溥儀已經移到紫禁城內齋宮右側的毓慶宮讀書，這座工字形宮殿又被隔爲若干小房間。在溥儀的書房的北板壁上，有座與板壁齊高的大鐘，然而，它走動和報時的響聲對於一個自謂「最沒有時間觀念」的孩子來說，仍沒有任何約束力，還不如陳師傅的幾句勸導，他經常給溥儀講這段話：

「立大功成大業者，必有一番自治之能力。尤其動靜起居食息諸事，皆有一定之時刻。如曾國藩在軍營裏，每日必有日記數則，讀書數篇。胡林翼在軍營裏，每日必讀通鑑十篇，以為課程，絲毫不苟。其後二人果成戡定大亂之勳臣。近時，世界文明諸大國君，其於每日應於何時起身，何時運動、休息，皆有一定之時刻鐘點，常久不變，故能使其國日臻強盛，人民享受幸福，非其明效大驗歟！」

溥儀在《我的前半生》中說，他「從宣統三年學到民國十一年，沒學過加減乘除，更不知聲光化電」，這當然怪不得學生，但也未必就怪得著老師。

溥儀年紀幼小，喜歡聽故事，太監們今天講某某殿前銅鶴成精，明天講真武大帝顯靈，後天又講一段景和門外井內女鬼亂舞，「小皇上」聽得津津有味。陳寶琛最反對太監給溥儀講「怪力亂神」的故事，對溥儀的學習督勵甚嚴，為了提高他的興趣，每天讀經書念聖訓之外，還要跟溥儀聊天，「講一些有關民國的新聞，像南北不和，督軍火拚，府院交惡」，爾後，不免要「回述一下同光中興，康乾盛世」，還常給溥儀講歷代帝王為政得失的故事，有時又興致勃勃地追憶他當年敢於進諫慈禧太后的故事。

溥儀小時候很頑皮，老師一轉身的工夫，他就在下邊做起鬼臉來了。陳寶琛有時也會皺起眉頭批評他的學生：「君子不重則不威！」溥儀則會學老夫子搖頭晃腦的樣子接下一句：「學則不固！」

據溥儀回憶，陳師傅性情和藹，對人處事也很圓滿，富於忍耐性。作爲啓蒙之師，他不但教會了溥儀讀書識字，還循循善誘地把他一步一步引導到人君培訓的道路上來。每當學生有了點滴進步，他便會把雙眼瞇成兩道細縫而讚嘆曰：「有王雖小元子哉！」

由於陳寶琛的資望，更由於他在「授皇帝讀」這個崗位上盡職盡責，贏得遜清小朝廷上下一致的信賴與尊敬。隆裕皇太后以及當時健在的同治帝和光緒帝的四位妃子，還有載灃爲首的王公大臣，都對陳師傅高看一眼。溥儀也覺得陳師傅比其他師傅更親近，這位「小皇上」一生中第一首「御製詩」，就是八歲那年爲陳師傅祝壽而寫的，全詩只有十六個字：

「松柏哥哥，終寒不凋；訓予有功，長生不老。」

遜清皇室給陳寶琛的待遇也是相當優厚的，僅養廉銀一項，每月就有一千元，折銀七百二十兩。至於恩賞殊榮、交派重要差遣、賜予古董字畫及御筆匾聯等，更是經常的事情。一九一二年九月廿二日，溥儀「欽奉隆裕皇太后懿旨」，賞陳「在紫禁城內乘二人暖轎」；一九一二年十一月十五日，溥儀「欽奉隆裕皇太后懿旨」，命陳參與宮內精簡機構、裁撤冗員、籌畫經費使用等項工作，此事由溥倫領銜，至一九一三年二月三日完成；一九一三年二月六日，溥儀「欽奉隆裕皇太后懿旨」，給陳「賞戴花翎」。

一九一三年二月廿二日，隆裕去世。溥儀傳下哀旨，尊謚「孝定」，派陳寶琛參與治喪。陳感念宣統朝和隆裕的恩惠，聯想到皇帝退位未久，身居長春宮的隆裕又撒手人寰，扔下了正值沖齡的溥儀，前程慘然。想到這裏，他心中充滿了淒苦，乃吟成《大行隆裕皇太后哀辭》一律，其中有「長春寒月黯無輝，頓使沖皇痛靡依」之句。

五、塑造「中興」主

隨著年齡的增長，溥儀「逐漸懂得了讀書和自己的關係」，對於將來如何當個「好皇帝」開始有了興趣。從這時起，陳寶琛也開始向他的學生灌輸政治內容，首先是大罵民國。他經常對溥儀議論說：「民國不過幾年，早已天怒人怨。國朝兩百多年深仁厚澤，人心思清，終必天與人歸。」他把辛亥以來的軍閥混戰，都歸咎於共和制度不好，常把遺老之間以謾罵民國為主題而酬酢唱和的詩詞、對聯，作為教育溥儀的材料，例如：「今日看天意，明朝觀地文。兵戈猶在眼，民意不忘君。」「民猶是也，國猶是也，何分南北？總而言之，統而言之，不是東西。橫批：旁觀者清。」陳寶琛就這樣無孔不入地教育他的學生，讓溥儀牢牢記住：「民國總統不是東西」，唯有清朝皇帝聖明。

陳寶琛還把《聖諭廣訓》、《大清開國方略》、《聖武記》等盛讚清朝開國先君的著作列入十三經以外的輔助教材，並常常講到康熙帝的「勤政愛民」和乾隆帝的「豐功偉績」……有時還穿插講些個人在晚清的經歷，講他當一品大員時親見、親聞、親歷的故事，渲染當年「太平天下」的景象。陳師傅的這些說教，最後還要歸結到溥儀身上，一面讓「小皇上」「敬天崇祖」、「尊君親上」，一面又以「龍種自與常人殊」開導之，使其養成「捨我其誰」的帝王思想。

陳寶琛也教育自己的學生要善於識別「貳臣」。據溥儀回憶，陳曾列舉許多「貳臣」的名字，如既當民國總統又兼清室「太保」的徐世昌，既為清東三省總督又任民國奉天都督的趙爾巽等等，認爲這些人都不是伯夷、叔齊，他們做了民國的官，拿了民國的錢，是遺老中的變節分子，只能列名於「貳臣傳」。面對袁世凱上演「洪憲皇帝」醜劇的一幕，陳更認爲是大叛逆，指袁爲「元兇大憝，自作孽，必不得善終」，同時爲溥儀安全計，又暗中替他求神問卦。陳這種辨別忠奸的觀點，深深地影響著溥儀。

後來，慶親王奕劻去世時，其家人遞上遺摺，請求謚法。溥儀厲聲拒絕說：「奕劻受袁世凱的錢，勸太后讓國，大清兩百多年的天下，斷送在奕劻手中，怎麼可以給個美謚？」事後，溥儀將此事告訴陳師傅，樂得他連聲讚嘆：「皇上跟王爺爭得對！爭得對……有王雖小而元子哉！」

《我的前半生》中有一段話：「老師們對我的功課，從來不檢查。出題作文的事，從來沒有過。」事實並非如此。僅以怎樣當好人君爲主題的小論說文，溥儀就寫過許多篇，如後來刊於《文獻》的〈漢元帝論〉、〈孟子言仁義不言利論〉等就是。溥儀在〈論《左傳》鄭伯克段於鄢〉一文中，還在篇首特別加了一句：「余因陳師常責何不作文，萬不得已作文一篇曰……」可見陳寶琛督勵之嚴。

遜清皇室及溥儀對陳寶琛的尊敬和賞賜有增無減：一九一三年十一月九日，溥儀賞陳黃絹匾一方，文云：「受福宜年」；一九一四年二月六日，溥儀傳旨賞陳「文職頭品頂戴並賞食頭品俸」；同年二月二十日，溥儀賞陳黃絹對聯一副，文云：「龍蛇走遍老藤蔓，蝌蚪摹傳古鼎銘」；同年十月十六日，溥儀賞陳黃絹匾一方，文云：「溫仁受福，若金作礪」；一九一六年十二月八日，溥儀賞陳《王時敏晴嵐暖翠閣》手卷一卷；一九一七年十一月七日，正逢陳師傅七十歲生日，溥儀賞賜了豐厚的壽禮。包括當面賞賜的珊瑚朝珠一盤和欽派內務府卿臣榮銓送往寓所的物品：御筆匾額一面，文云：「保衡錫祜」；御筆對聯一副，文云：「召奭稽謀尊壽者，甘盤舊學重師資」；福壽字各一方；佛一龕；白玉三鑲如意一柄；玉陳設二件；尺頭四件；銀一千五百兩。與此同時，敬懿、莊和、榮惠、端康四位皇貴妃也賞陳佛一龕、如意一柄、蟒袍一件、尺頭八件、銀一千兩。

至於毓慶宮每年春秋兩度開學時賞賜端硯和朱墨、逢年過節賞銀賞物之類，更屬依例必有之事。

六、皇室的「智囊」

在「小朝廷」的年代裏，陳寶琛不但是遜帝之師，還實際參加遜清皇室一切重要的大事小情的管理，他對溥儀的作用，不僅發揮在毓慶宮的課堂上，也發揮在養心殿、御花園和紫禁城的每個角落。這裏僅舉數例。

一九一六年七月，清室內務大臣紹英推薦熙彥擔任毓慶宮授讀，以代替病重臨危的徐坊，結果被陳寶琛擋駕，理由是此人「身事三姓，名節已虧」。熙彥，字雋甫，滿洲正白旗人。出身清朝進士，曾任吏部員外郎、民政部員外郎、參議、內閣學士、農工商部副大臣、實業館副總裁、貴胄學堂監督。一九一四年五月出任民國北京政府蒙藏院副總裁、總裁。

一九一六年十一月四日，《德宗景皇帝本紀》全書告成，溥儀傳旨嘉獎有功人員，主要執筆者陳寶琛因「專司覆輯，倍著勤勞」，「著授爲太保，並賞給御書匾額一方」，陳由是進身

「三公」之列。清代高官而獲太師、太傅、太保加銜者甚少，可謂榮寵備至。

一九一七年二月七日，因溥儀經常鞭笞太監，「近以小過前後笞十七名」，陳寶琛率先諫言，據梁鼎芬在日記中記載，溥儀「不從」，這似乎是溥儀不聽陳師傅教導的最早記錄。

一九一七年張勳率辮軍入京復辟，陳寶琛參與了從策劃到實行的最重要的密謀和決定，並出任復辟政權的內閣議政大臣、位同百輔。其間，陳除了在溥儀頒發的二十多道任命官員的「上諭」之後，與張勳等同列名外，還給溥儀出了幾個大主意：一是禁止親貴干政；二是當黎元洪表示不願交出權力遷離總統府時，傳旨「賜他自盡」；三是「辮軍」被包圍、皇宮遭轟炸、復辟瀕臨絕望掙扎的時候，給張作霖一道上諭，授其爲東三省總督，命火速「進京勤王」。第一個主意實行了；第二個主意溥儀未允，但黎元洪隨即抱著民國總統印璽跑入了日本公使館；第三個主意雖已實行，然而帶信的張海鵬剛出城就被討逆軍截獲，致使復辟的最後希望破滅。

一九二一年六月一日，載灃主持在醇王府開會，商議溥儀大婚事項，陳寶琛與會，並由此參與皇后人選的確定，以及調解紛爭事宜。

一九二一年九月三十日，溥儀的生母瓜爾佳氏自殺而死，溥儀兩度親臨醇王府行禮，陳寶琛參與扈從，同時還做了其他相關的事情。例如北京各報大量登載自殺事件內情，載灃不願讓溥儀知曉，而溥儀又按日索報，出現這類矛盾，就要看陳師傅的高招啦。

一九二一年十一月七日，莊士敦帶美國眼科醫生霍華德進宮，給溥儀檢查眼病且配製近視眼鏡，陳寶琛認爲列祖列宗沒有一個戴眼鏡的，因此堅決反對，內務府大臣和其他遺老也表示反對。這事溥儀沒有退讓，實在是不配眼鏡什麼都看不清楚，加之莊支持，甚至以辭職威脅反對皇帝配眼鏡的人，陳終於讓步，一週後，溥儀的鼻梁上便架設起「西洋器械」。

一九二一年十二月十日，溥儀命內務府大臣耆齡在自己的寢宮養心殿安設電話機，這又是曠古未有之事，耆齡即赴醇王府找載灃商議對策，載灃則請陳師傅進諫。次日陳寶琛和朱益藩晉謁勸駕果然奏效，溥儀同意不安電話了。

一九二一年十二月十九日，溥儀突然決定次日出宮遊山去，特派莊士敦、載澤和載濤等人隨扈。耆齡聞訊以爲不妥，立即報知陳寶琛等人。第二天凌晨，月牙還在天邊懸著，隨扈的人已守候在神武門外了，連民國的京師警備司令部也佈置了沿途警備事宜。陳就在這時匆匆趕來，直入養心殿勸止此行，溥儀居然採納了師傅的意見，臨發而諭止。難怪耆齡在日記中對陳影響皇上的能力大發感慨道：「若非十餘年恩誼，無此篤摯，他人雖欲進諫亦不敢如此切直，上又何能臨發中止耶？」

一九二二年一月七日，《德宗景皇帝實錄》全書告成，並恭進首函典禮儀式在宮內舉行，溥儀傳旨爲有功人員進銜，「副總裁官太保陳寶琛著賞加太傅銜」，即把他在「三公」以內的地位又提升了一格。他接旨後再呈遞奏摺，希望溥儀依《會典》之例，「准將臣太傅銜撤銷，以所得恩典，給臣曾祖陳若霖予謚」。原來其曾祖陳若霖歷任雲南、廣東、河南、浙江等省巡撫，並湖廣、四川總督，又入京當了八年多刑部尚書，於道光十二年因年老乞休，病故於返鄉途中，呈遞遺摺後雖獲皇帝賜恤，卻未獲「易名」，這使陳家感到深深的遺憾。陳寶琛的祖父陳景亮（曾任雲南布政使）「常思乘時立功陳情乞清」以代父求謚，「而以足疾歸田未嘗所願」。現在，陳寶琛要把自己獲授「太傅銜」的殊榮轉讓先祖，以實現他們的夙願。溥儀覽奏傳旨，追謚陳若霖「文誠」，給予易名之榮，而對陳師傅自請撤銷太傅銜「著毋庸議」。

一九二二年一月十七日，清室首席內務府大臣世續病危，民國總統徐世昌親自過問繼任人選問題，就此，耆齡首先徵求載灃和陳寶琛的意見。

一九二三年一月廿二日，溥儀決定清理宮中財產，命耆齡等驗看各殿陳設，核定投標價目，陳寶琛也參與其事。

一九二三年二月十六日，陳寶琛奏請溥儀准許他告假返鄉處理家務，意欲求退。溥儀勿許，陳不得去，這是因爲耆齡等內務大臣們也不希望他此時離去，許多重要事情，例如解決「皇后」人選問題，還需要通過他而對溥儀發生影響，乃僅准假而不准退。兩個月後，陳返京銷假。

一九二二年四月末，當時直奉戰爭正酣，陳寶琛與載濤等提議迎接「皇后」婉容和「淑妃」文繡進宮暫居，以避戰禍。溥儀主張鎮定，未採納。並且趁機再度命將電話架設在養心殿寢宮，其堂皇的理由是便於及時詢知戰況，這回連陳師傅也毫無置喙之縫隙了。

一九二三年五月初，溥儀接連傳旨，先派陳寶琛參與清查宮藏字畫，又派他領銜清查皇室財產。

上述事例足以證明，陳寶琛的職責不僅是在毓慶宮「授皇帝讀」，更是遜清皇室內部舉足輕重的人物。溥儀很信任他，事無巨細，必定問一問這位穩健而謹慎的「智囊」，「咸待一言決焉」。當然，隨著年齡的增長和閱歷的豐富，溥儀也愈來愈有主見了，對陳師傅的建議也不是一概採納，或者今天聽了，明天又否了。

七、陳舊的師傅

與陳寶琛共事多年的英人莊士敦，曾在自己的回憶錄中這樣描述他那位老同事的形象：「他身體健康、精力充沛、思維敏捷、舉止端莊有禮，是一位很有魅力的、令人喜愛的人。他也是一位著名的詩人、一位造詣極深的學者，其優美的書法令人讚賞。」

儘管莊士敦很讚美陳寶琛，兩人之間也有很深的友情，常在一起飲酒闊論，同往西山櫻桃溝欣賞飛流、亂石、澗谷和霜葉的景色，然而，就思想深處的東西而言，他們畢竟是很不一樣的。莊對此評論說：「的確，我發現陳寶琛有個弱點，這就是在辛亥革命以後，他未能對皇室事務管理的改革進行有效的敦促。他知道宮裏存在的種種弊端，但他沒有運用自己有影響的地位，就革除弊端做一些可能做的工作。然而，人們對於他在這方面的一切失誤都會是寬容的。他已是暮年之人，只是出於對君王的忠誠，出於儒家學說的節操，他才犧牲了自己曾在故鄉的山川之中享受了二十年的幸福和安寧。」

莊士敦的思想和他的教育深深影響了溥儀，使他也逐漸認識到，陳師傅的頭腦實在太陳舊了，其行動也太保守了，沒有時代感，更缺乏活力和開拓精神。若干年後，在溥儀的記憶裏仍保存著許多有關陳師傅古板得可愛的故事。

據說陳府老少兩代間也總是鬧摩擦，小兒子受到時代新潮流的影響，不肯整天關在書齋裏，搖頭晃腦地「之乎者也」，陳寶琛則對他實行家法管教。孩子們口服心不服，遂與家庭車夫商議好，每當父親下朝回家，馬車快進胡同口的時候，車夫便把腳下的車鈴踩得山響，陳府兒女聽到「預告」先插大門，迅速撤去擺在院中的桌椅和糖果汽水之類，把一個歡快活潑的場面立即變得沉悶嚴肅，然後開門迎父。在遺老統治的封建家庭裏，少男少女們只好使用兩種臉譜了。

還有一件趣聞：陳寶琛在生活中抱定「人生一世洗三次澡」的原則，生下洗第一次，結婚洗第二次，死後沐屍算第三次，平時則水不沾身。每到盛夏，暑氣蒸烘，便從他身上散發出酸臭氣味來。爲此，他的門生佟濟煦常常勸導，希望老師多洗澡，以利皮膚病得以好轉，有益於健康。陳老夫子不以爲然，還反問道：「老朽餘年，雖未能經常洗澡，卻也健飯如恒。可你呢？爲什麼沐浴不斷，也不免於時常鬧病？」佟出於好心卻被問得張口結舌。其實，陳晚年纏身的拇指生瘡、腳趾潰爛、目眵日甚、掌癬不癒等症，未嘗不與肌膚衛生相關。

溥儀漸趨成年，立志改革，且已從清理皇室財產入手，要除掉遜清小朝廷的種種弊端，他深知做這些事是不能依靠陳師傅的。儘管如此，溥儀更具莊士敦所說的那種「寬容」，不但絕不動搖自陸潤庠去世以後陳所佔據的首席皇帝師傅的地位，對他的尊敬和待遇也有增無減。

溥儀尊師最感人的一件事，發生在一九二二年五月十三日。陳寶琛突然病倒，溥儀聞訊即打電話通知耆齡，說他要親往陳府探視師傅病情，命耆齡立即進宮傳諭準備。內務府大臣們都認爲這史無前例的行動屬於「過舉」，尤其擔心「以後動輒如是將奈何」？朱益藩也出面勸阻，都不能改變溥儀的決定。乃由內務府大臣紹英和耆齡以及朱師傅隨扈，北上門禁軍總兵袁德亮、申振林率隊護衛，出宮直奔陳府。師傅病勢沉重，一時連話也說不出，溥儀爲之垂淚。

數日後，陳寶琛痊癒，有位樊樊山老先生特寫《太傅伯潛前輩病起志喜》一詩，以記其事。樊樊山者何人？原來就是被陳歸入「貳臣」的樊增祥，他比陳年長兩歲，比陳晚十年中進士，一九〇六年在陝西布政使任上被貶，到宣統朝，兩人又同經軍機大臣張之洞特保而開復原官，所以交誼頗厚。被陳視爲「晚節不忠」的樊樊山，當年在文壇和政界都有很大的聲名。

溥儀這次尊師探病之舉，也得到社會上的廣泛讚譽，《順天時報》在數月後還詳載其事，稱之爲「清帝的盛德」，該報評述道：「帝尊崇師傅。去歲陳師傅回籍展墓歸來即病迨危篤，時帝憂形於色終夜不寐，遂傳汽車下幸陳宅，親至病榻慰問。帝之外幸，自去年生母醇王福晉薨逝以後絕無之事，對陳師之恩寵洵屬異數。彼時陳師之病已至不省人事之境，口不能言，唯有流涕而已。」

一九二二年十一月十一日，正逢陳寶琛七十五歲整壽，溥儀賜以「老鶴無衰貌；寒松有本心」，御筆壽聯。《我的前半生》提到這件事，說是陳師傅向一個十二歲的孩子自討了這副壽聯，而且是讓朱益藩「寫出字模供皇上照寫」，我認爲這與事實不符。溥儀遇上師傅整壽，賞賜壽聯是很自然的事情，當年溥儀十七歲了，也無須還照別人的字模寫字。

一九二二年十一月十九日，溥儀傳旨「現屆舉行大婚典禮，允宜酌加懋賞，陳寶琛著授爲太傅……」「授爲太傅」較之「加太傅銜」自然又向前邁進了一步。陳是因溥儀大婚而獲嘉獎的第一人，也是被清朝皇帝授爲太傅的最後一人。

八、在清宮的最後年代

薦舉人才是陳寶琛非常重視的一項工作，他在遜清小朝廷內，既支持或阻擋別人保舉，也親自引薦適宜人選。

陳三立就是陳寶琛推薦過的，不料本人不受。他也是清朝進士，官至吏部主事，辛亥後長期過著隱逸生活，在詩詞和古文方面享有盛名，陳寶琛的《滄趣樓詩集》於身後付梓時，其子陳懋復便找陳三立爲序，三立則稱寶琛爲「吾師」，畢恭畢敬。然而，人各有志，他自願當遺老，卻對於給關門皇帝當師傅毫無興趣，不接受推薦，僅以「不會說北京話」這幾個字作理由就辭掉了。

鄭孝胥和羅振玉兩人也是陳寶琛推薦的，他們自一九二三年夏天先後入宮任職，後來都與溥儀發生了深刻的關係。他們並不曾取得「帝師」的名分，卻把各自的思想帶進宮裏來了，並且長期地影響溥儀，而其中跟陳的思想格格不入的部分，則爲嗣後他們之間的重大分歧埋下伏筆，陳的作用趨於縮小。

這裏，讓我們輕輕攝取陳寶琛留在遜清皇室最後兩年生活中的點滴影像。

一九二二年十月七日，陳寶琛在平則門外玉淵潭（今釣魚臺國賓館）宴請副都護衡永，師傅朱益藩、前清道員牛魁廉、南書房行走朱汝珍等十二人與席，據報導「觥籌交錯，頗極一時之盛」。釣魚臺是有八百年歷史的皇帝行宮，其中養源齋、清露堂、瀟碧軒等園林建築，以及亭台樓榭、林木石橋、清泉碧水、蒼松翠竹，美麗典雅，景色宜人，就在小朝廷時代，溥儀已把這座行宮賞賜給陳寶琛了。

一九二二年十月十九日，溥儀前往廣化寺行禮，陳寶琛與清室幾位最重要的王公大臣隨扈。

一九二三年二月廿六日，因接連傳出溥儀將攜溥傑等出宮他往的消息，耆齡等內務府大臣先赴醇王府報知情況，再邀陳寶琛等小酌，商議嚴密宮廷門禁的事情，卻「未得要領」。

一九二三年五月八日，陳寶琛參與載灃主持的清室重臣會議，商討應付李燮陽的辦法。李係民國國會議員，自本年年初起就領銜提出了一項議案，要求對溥儀參與張勳復辟之事予以追究，取消優待條件，令其遷出宮禁，小朝廷因此而一度面臨危機。

一九二三年五月廿二日，溥儀傳旨，恩及陳師傅之子：「陳懋復著加恩賞給乾清門頭等侍衛，欽此。」當此「延賞近光，任子獲儕於執戟」的時候，陳寶琛的體會是「受恩愈重，圖報彌難」。

一九二三年八月十五日，暑假結束，毓慶宮開學，陳寶琛給溥儀上第一堂課。

一九二三年十二月，鄭孝胥出任懋勤殿行走已有四個月，在此期間，多次提出整頓內務府、開源節流的改革計畫，逐漸贏得溥儀信任，溥儀也曾就起用此人徵詢陳寶琛的意見。陳並未表示反對，兩個月後，鄭孝胥出任總管內務府大臣並掌管印鑰，然而他推出的改革措施觸犯了王公大臣的利益，很快歸於失敗。

一九二四年二月三日，適逢陳寶琛「鄉舉重逢」，溥儀傳旨表彰他「早列詞垣，入贊講幄，品學優裕，輔弼勤勞」之功，「著加恩賞用紫韁，並賞給御書匾額一方，用示崇儒重道、嘉惠耆臣至意」。陳即遞謝摺，自謂「凡此殊施之下逮皆非夙昔所敢希」，表示「勿墮壯心，益堅晚節」，以報答溥儀的大恩大德。賞用紫韁實屬特恩，聯想六十年前少年中舉的榮耀，他的內心充滿了喜悅。

一九二四年二月五日係甲子年正月初一，又逢立春，陳寶琛撫今追昔，懷君思身，有感而發，遂成《甲子元日立春書感》：

「三元甲子歲朝春，千歲猶難値此辰。不合乾坤長板蕩，卻留皮骨老風塵。桃蟲世難操心苦，芻狗科名拜賜新。早達晚成都夢囈，曾無毫末答君親。」

時恰鄭孝胥出任內務府大臣，推行改革計畫，陳既托以微微的希望，更加以沉沉的憂心，乃成《次韻蘇庵夜直》五言一首：「春盛寒猶重，風多晝易陰。任天無早暮，同物自飛沈。地氣鵑前覺，巢痕燕共尋。爐灰渾未冷，相喻向晨心。」

此後，陳寶琛一度病臥，癒後銷假入値與友人唱和，更直率地表達了自己作爲封建遺老已經感到前途無望的灰暗的心境：「固知無補忍言歸，微願平生事事違。好夢已隨芳草遠，舊人漸似曙星稀……」他寫出了「舉目陰雲黯四圍」的感受。

陳寶琛一刻也不曾忘記大清國的天和大清國的地，他當然是盼望著復辟的一天，但自張勳失敗以來，他在舉措上極爲謹慎。據後來揭露，這一年之中，溥儀曾企圖再來一次復辟運動，他所依靠的人，在宮外有康有爲和徐勤、徐良父子，在宮內則有莊士敦、鄭孝胥、金梁等，卻未發現陳的半點干係，這事已由溥儀出宮後被繳獲的二十一件有關書信等文證證實了。

一九二四年十一月五日，以北京政變而一度控制民國中央政權的馮玉祥，派北京警備總司令鹿鐘麟、員警總監張璧和社會知名人士李煜瀛等進宮，迫令溥儀在《修正清室優待條件》

上簽字，並當即將其（包括婉容和文繡等眷屬）驅逐出宮。這一天，陳寶琛先被擋在神武門外不得靠前，過了中午，鹿鐘麟才允許載灃和陳、朱二師傅進內，那是兵臨城下又無暇緩衝的形勢，他們全無良策，只好由著溥儀簽字出宮，暫避醇王府。

九、反對溥儀「東渡」

溥儀出宮當天半夜十一時以後，陳寶琛接到段祺瑞自天津發來的電報。當時，段得到奉系軍閥張作霖的支持，即將出任中華民國臨時執政。他的電報此前也發給了馮玉祥，反對逼宮，認爲此舉違反清室優待條件，無以「昭大信於天下」。給陳的電報只多出一句話：「聲請不可駐使館。」原來溥儀當時確是國際社會在中國想打的一張牌，都不願放棄在變幻莫測的時局中或許能由此人帶來的利益。這就爲溥儀托庇於外國駐華公使館留下了一條路子。莊士敦主張移居英使館，然後赴英留學；鄭孝胥和羅振玉主張移居日使館，藉以前往日本留學。這正是段給陳的電報上多加一句話的背景。

當陳寶琛帶著段祺瑞的電報來到醇王府時，鄭孝胥已領著日本公使館的人來實行他們的計畫了。陳堅決反對，既不同意讓外國人領養溥儀，也不願意讓溥儀放棄帝王尊號甘當平民，他打起的是「復號還宮」的旗幟，就是以段的態度和各國駐華公使館的支持爲依托，力爭恢復皇帝尊號和原優待條件，返回紫禁城，再徐圖復辟大清的「偉業」。他的想法得到載灃等王公大臣的贊同，於是溥儀在醇王府住下了。

住了二十幾天，溥儀終於待不住了，當時社會上有許多不利的輿論，說馮玉祥的軍隊已經佔領了頤和園，似乎就要對溥儀下手，以翦除復辟的禍根。陳寶琛也因此改變主意，同意由莊士敦把溥儀引入英國或荷蘭的公使館，要求政治庇護，保證生命安全之後再圖其餘。結果，莊士敦聯繫未妥，溥儀被鄭孝胥陰差陽錯地弄進了日本公使館，陳參與了這次秘密行動，也把自己的印記留在溥儀這人生的重要一步上了。

正當鄭孝胥和陳寶琛扈從溥儀前往日本公使館之際，狂風大作，黃沙蔽天，遂有一幅狂風捲巨龍的畫作產生出來。陳特爲題寫「風異」二字，並賦詩以記其事：

「風沙叫嘯日西垂，投止何門正此時。寫作昌黎詩意讀，天昏地黑扈龍移。」

自從溥儀移居日本駐北京公使館，陳寶琛那輛掛紫韁專用馬車便經常出入日本武士守衛的使館大門了。不過，既然溥儀已托庇洋人並擬出洋留學，其信任的目光也隨之轉向鄭孝胥和羅振玉，陳師傅對溥儀的影響力在這一時期明顯減弱了。

其時金梁奏請「皇帝出洋」，希望溥儀從速「密赴天津」。在這份頗爲迎合溥儀心理的摺子後面，還附有遺老們的分工名單，讓莊士敦、羅振玉等隨侍出洋，鄭孝胥全權處理善後並與民國交涉相關事宜，而以載灃和陳寶琛等辦理北京皇族事項，無非是照顧兩位出宮後住在麒麟碑胡同榮壽固倫公主家的老太妃，以及掃墓、祭祀之類。一九二五年二月五日，溥儀過二十歲整壽生日那天，在使館內接受五六百人分班朝賀，陳作爲「內廷司員、師傅及南書房翰林」這一班的領銜者叩拜。

當溥儀終於決定並於一九二五年二月廿三日潛赴天津的時候，陳寶琛既未能起到促成的作用，也未能起到阻礙的作用，只是隨著就去了。而且婉容、文繡等眷屬就是陳師傅帶到天津的。相關的最早報導，見於二月廿七日的《京報》：

「茲又據某方報告，溥儀下榻張園後，行止忽已變更。因前日經遺老會議決定，請溥儀暫緩東渡，溥儀亦有容納之意。目下隨侍左右者，除眷屬外，尚有重要日人及英文教師莊士敦等六七人。隨帶溥儀眷屬赴津之陳寶琛，業於前晚八時晚車返京，聞係與紹英、羅振玉諸人辦理結束溥儀家務，並詳述抵津經過情形。陳氏大約事畢當即赴津，仍舊教讀溥儀云。外間傳聞溥儀在津有復辟舉動之說，蛛絲馬跡，不無嫌疑。因連日宗室遺老均聯翩赴津，且某國人追隨左右代其擘畫一切，進行頗為迅速。其赴津改變行止，乃脫樊之第一步辦法。」

可見社會上還很關注陳寶琛的行蹤和舉動，深知他是反對東渡而主張復辟的，也認定他是能夠影響溥儀的。當溥儀的天津生活開始的時候，陳以遺老會議定下的「暫緩東渡」的基調，為今後七年的活動再度提出了「復辟」這個大主題，報上的評論，人們的推測，也不全是望風捕影。

又據三月初各報報導，「陳寶琛僕僕京津」，為溥儀辦理「京中事務」，「向各方接洽」。據云，陳三月一日乘早車由京來津，「向溥儀面陳京中情況」，四日「又須搭車返京」，對於七十七歲的老人來說，這也夠難了。

因溥儀移居天津而「趨謁帝前」的遺老，除陳寶琛外，著名人士還有康有為、羅振玉、鄭孝胥、柯劭忞、王國維、溫肅、景太昶、袁勵准、朱汝珍、升允、萬繩栻等。一些報紙談及溥儀的動向時，還推測說他「將與陳寶琛一同赴日」，甚至傳出「陳氏已摒擋行裝，擬即日偕溥儀同行，行期約在一星期前後即能決定云」。消息固然不確，但證明了來自社會上的一種認識，即陳在溥儀身邊仍然佔據崇高的地位。

三月八日，溥儀傳諭成立清室駐天津行在辦事處，下設總務、收支、交涉和庶務等四個處，陳寶琛不在其間列名，他當時只負責辦理北京方面的事務，但四月溥儀在北京成立清室辦事處時，陳也不列名。他仍以「皇帝師傅」的身分和在遺老中間的資望，而在溥儀那裏發揮權威的作用。

溥儀也曾在自己的天地裏立法，即所謂《行在辦事處暫行章程》，其中規定「行在」辦事人員「受命於師傅」，請安人員是否召見「由師傅請旨」，外來文件或封奏「由師傅……檢看，查無悖謬始呈」，需要預籌或應變通的重要事項「由師傅主議集各員會商決議」，遇有與民國或外國交涉事項「須俟集會議決辦法由師傅請旨揀員前往接洽」……溥儀還是把大權交給「師傅」了。此時溥儀的師傅還有三位，其中朱益藩常駐北京，且在北京景山清室辦事處列名管事，莊士敦不久就離開溥儀，能在天津行在主事的師傅只有陳寶琛了。

在當年的報紙上，有關溥儀行蹤的報導很多，其中也包含了陳寶琛的行蹤。一九二五年三月十日，《京津泰晤士報》主筆驅車前往張園拜會溥儀，他們會見並晤談時，陳寶琛和莊士敦在座。同一天，陳、莊以及羅振玉和朱益藩還出席了在張園召開的「御前會議」，討論溥儀東渡的具體問題。

在三月十四日的張園「御前會議」上，再度討論東渡問題。剛從北京「微服」來津的載灃，與陳寶琛一起堅決反對溥儀赴日，其理由是：一，趁著孫中山逝世的機會，向政府交涉恢復優待條件事宜。二，前此已向平政院就取消優待條件一事提起了訴訟，該院正討論中，應該等待結論。三，爲體面計，溥儀出洋，川資不能不向民國政府追索。四，天津「租界」很安全，無妨蟄伏一時再作打算。這實際就是「復號還宮」的路子，載灃和陳對此謀劃已久。這裏有載灃幾天前給溥儀的信爲憑，其中寫道：「皇帝安好！來函備悉，知現在居津一切平安爲慰。唯據陳師傅云：皇帝有出洋之說。余意則似不可過速，總以在津不動爲妥……」

如果說報導常有誤差，私人書信卻是千真萬確。儘管溥儀傾向於立即東渡，什麼「優待條件」也不談了，至於赴日川資，寧向遺老們攤派，也不願向民國政府要錢。然而，最後還是聽了載灃和陳寶琛的意見，在天津一住就是七年。原來陳師傅風塵僕僕於津京間，主要是建立起與載灃的聯盟，以決定溥儀的前程。

十、來自師傅的約束

溥儀遷津數月後，陳寶琛也把家眷移往天津，在英「租界」耀華里九十三號賃宅而居，依例每日進見溥儀。人們總是能看見一位頭戴瓜皮圓帽、身穿古銅狐裘、外套黑緞馬褂的身材矮小的老人，坐在一輛披掛紫色韁繩的雙套馬轎車內，來往於英「租界」和日「租界」之間的馬路上。這輛專用紫韁馬車的費用，在溥儀賞給陳師傅每月一百元的車馬費中，只占很小的比例。

陳寶琛這時的思想感情，同樣流露於他的詩作之中。有一首是經過「辮帥」張勳在天津的故宅時，聯想起八年前那場復辟的短夢，有感而吟成，題爲《過張忠武宅同愔仲蹊園韻》：「義輪不趁魯戈回，萬事人間總可哀。未死宿心隨墓草，何年殘卻換池灰。舊廬蕭瑟空流嘆，大陸瘡痍正費才。遼海茫茫華表鶴，塵沙滿眼爲誰來。」

在陳寶琛眼裏，「復辟」仍是前進的「義輪」，「辮軍」仍是英雄的「魯戈」，而他所思念的太平盛世，自然就是溥儀治下的中興的「大清國」了。他在與鄭孝胥唱和的《次韻蘇庵九日作》中寫道：「人間何世更商聲，忍死終思見太平。叢菊再開非故土，迷陽獮望奈吾行。桑田海水相更迭，蟬翼千鈞有重輕。一昨澄漪亭子上，西山猶對晚松明。」

陳寶琛年近八旬，卻對職守毫不懈怠，僅從溥儀的《召見簿》上統計，自一九二六年一月末至三月的兩個月內，召見達三十二次之多。就是說，溥儀和陳師傅每月至少有一半以上的日子是要見面的。

不但陳寶琛本人忠於溥儀，他的親屬、子女也陸續走進了「行在」的圈子。繼其外甥劉驤業在「行在」任職後，兩個兒子陳懋需和陳懋隨的名字，首次出現在一九二六年三月八日的《召見簿》上。

溥儀在天津再沒有高高的宮牆障眼了，他接觸了街市的喧鬧，感到很新鮮，經常獨自上街，或帶著婉容和文繡，逛珠寶店、百貨店、服裝店和餐館，喜歡什麼便流水般的花錢。陳寶琛和胡嗣瑗等人對溥儀揮霍浪費雖不過問，卻堅決反對他私自上街遊逛，認爲有失皇帝尊嚴，且不安全。《我的前半生》中曾談到，胡在開明戲院的包廂裏看見了溥儀和婉容，後來又聽說溥儀曾到中原公司理髮，遇上這兩回事，他都上奏引咎辭職，經溥儀再三撫慰，並表示改正，他才肯甘休。其實，這都是陳和載灃早就商定的基調。就在前引那封載灃致溥儀的信中，醇親王表明反對溥儀東渡的態度以後，又說：「善後諸事自由各該王大臣等協商辦理，並請皇帝在日界常駐，不可往遊他界爲要，甚爲繫念。」

陳寶琛對溥儀的約束與溥儀對陳師傅的尊重總是一樣多，這在其他人身上是很難發生的。一九二六年一月十四日，溥儀親筆給陳師傅寫了一封信，陳當時正在北京辦事，溥儀在信中表達了他的關心與信賴：「敬問陳師傅安好！久未晤面，極爲想念。近日天氣驟寒，外間感冒甚多，尙祈時加珍攝，以慰余懷。京都各事如何？亟念。幾時返津？尙望函覆。朱艾卿師傅處望致意！乙丑十二月一日書。」

檔案中還存有若干王公大臣致陳寶琛的信，因爲要辦的事都與溥儀相關，當然要呈給溥儀看，便留在溥儀手邊，而入了歷史的檔案。這些信的內容，既顯示了陳在溥儀身邊的地位，又透露了他當年的一些活動。

十一、為了「復號還宮」

一九二六年五月廿六日，管理北京清室辦事處的朱益藩，給陳寶琛寫來一封長信。從這封信中可以看出，溥儀與民國政府就恢復優待條件而進行的談判，由陳牽頭已經開始了。遵照他的指示，朱益藩「振筆疾書，意在詳明」地擬就一篇書面聲明。

恢復優待條件是陳寶琛心目中久有的目標，所以在這時提出，是因爲時局有了變化。一九二六年四月，中華民國臨時執政段祺瑞通電下野，直系軍閥和奉系軍閥聯合起來控制了北京政權。在陳寶琛和朱益藩看來，「此際緊要關頭，自應大眾出全力以赴事機，未可大意」。其東渡緩議，天津暫安的方針既定，陳、朱要赴的「事機」，當然就是指「復號還宮」了。其時，陳通過與北京清室辦事處之間的書信、電報、電話和人員往來，遙控關於恢復優待條件的交涉。

朱益藩的來信還談及他對此前與時任北京衛戍總司令的直系將領王懷慶交涉結果的看法，他認爲王懷慶所擬的「三層」意見，與馮玉祥修改優待條件的「五條」規定，並沒有很大的差別，是不能接受的。他說，「爲今之計」只有說服吳佩孚接近之人，設法能讓吳佩孚明瞭，所謂「三層」意見「未盡合事理」，從而「改弦易轍」。朱益藩又說，最近還要找王懷慶做說服工作，「但其忙亢太甚，每不能盡其辭，看文件又粗心，與武人打交道真費事也」。

爲了取得當年與張作霖聯合執掌北京政權的吳佩孚的支持，陳寶琛決定親自出馬，於一九二六年七月，偕胡嗣瑗赴北京，與民國政府商談恢復《清室優待條件》並撤銷「清室善後委員會」的問題。

胡嗣瑗，生於一八六九年，字晴初，又字愔仲，玨士等，貴州貴陽人。光緒二十九年中進士，精通史學，擅長詩詞、書法。點翰林後，歷任翰林院編修、天津北洋法政學堂總辦，又曾充直隸總督陳夔龍的幕僚。辛亥革命前後任江蘇金陵道尹、江蘇將軍府諮議廳長。民國初年因文名，被直隸都督馮國璋聘爲督軍公署秘書長，繼而隨馮玉祥赴江蘇都督任，頗受青睞。他雖然當了民國的官，但在張勳復辟期間表現很好，先是慫恿馮國璋響應復辟，未獲同意，即利用秘書長職權擬電稿，以馮的名義表示擁戴溥儀，自己也出任張勳復辟政權的內閣左丞。復辟失敗，他被馮國璋免官，卻毫無悔意，隱居於杭州西湖的「五峰草堂」。這段經歷大概就是陳寶琛不以他爲「貳臣」且另眼相看的原因吧！特別是自一九二二年十一月廿五日，胡因獲賞「在紫禁城內騎馬」而接近溥儀以來，對陳極為尊重，觀點一致，關係甚恰。天津「行在」辦事處成立以後，溥儀命胡與鄭孝胥共同管理總務處，而日常事務多在他的身上。其間，陳和胡都反對溥儀東渡，都主張「復號還宮」，可謂情投意合，這回才一起到北京來了。

據事後胡嗣瑗向溥儀彙報經過情形的信件，陳寶琛和胡嗣瑗於七月十八日入京，當即「分頭與民國辦事各人接洽」。七月廿一日會見海軍部總長兼代國務總理杜錫珪和海軍部軍法司司長、海軍總司令部參議鄭寶菁，杜是陳的舊交，又係吳佩孚手下大將，自然有話好說。不過，這位臨時代理的國務總理，處置「優待條件」這類原來不曾接觸的事情好像隔靴搔癢。胡描述晤談過程說：

「杜於優待條件之來由與善後委員會之當去，尚多隔膜。經臣為之詳析開說，似已大致明白。渠意欲由政府酌派二三人，與皇室所派人員討論具體辦法。臣與陳寶琛商酌，此層當可承諾。」

至七月廿三日上午又會晤了王懷慶，此人一九二四年以前就擔任京畿衛戍總司令，溥儀曾把紫竹院行宮賞給他作為私宅，當然有個老臉老面了。這回「皇室」的代表找到他，似乎沒有回到「三層」意見的老路子上去，但他的答覆不疼不癢。胡敘述談話過程說：「臣以取消（善後）委員會為先決問題，向之切實聲說。渠謂內閣如果定議，自問必可照辦。且亦主張由我專派二三得力人員，與民國交涉進行之法。」當天下午會晤吳佩孚討賊聯軍總司令部秘書長張其鍠，胡與之「面談辦法六條」，請他協助尋求吳帥的支持。張其鍠滿口應允，並表示還將轉托安國軍司令部秘書長鄭謙向張作霖說項，「約同協力辦理」。

關於「六條辦法」，經胡整理成文並加封送交張其鍠，為此還另寫了一段聲明文字：「一、三、五等條須吳（佩孚）大力提倡，商同東（北）張（作霖）分電京中軍政當局，敦促速辦，大局皆受其賜，不但為皇室謀也。二、四、六等條為皇室直接利害所關，望吳、張商明電行各主管機關遵照，則所全實多。」

有了初步的結果，胡嗣瑗即返津向溥儀報告去了，陳寶琛繼續留京，「與杜錫珪接洽派員一節」，並讓其甥、管理天津「行在」交涉處的劉驤業「入京幫同奔走」。

前引胡嗣瑗致溥儀的信寫於七月廿七日，溥儀閱後，對陳寶琛和胡嗣瑗極為稱讚，特於七月廿九日下一「手敕」，給予嘉勉。胡即於七月三十日再向溥儀遞信，據云陳尚未來信，故近期「與杜閣商洽情形」須「俟復到再為面請進止」。但他認為，這次與民國交涉事關重大，除清室天津和北京兩個辦事處責無旁貸全力投入外，還應「慎選二三員會同陳寶琛駐京專辦此事，隨時與兩處協力籌維，籌脈絡貫通，一人有一人之用」。為此，胡還推薦了三個人：一為陳毅，一為王世澂，一為薛之珩。

綜上所述，溥儀、陳寶琛、胡嗣瑗等為了恢復袁世凱所立的《清室優待條件》，並廢棄馮玉祥修改優待條件後成立的「清室善後委員會」，不僅抓住了吳佩孚和張作霖上臺執政的政治大氣候，還在選派代表以及談判策略等方面動了許多腦筋。而且，與陳寶琛的談判遙相呼應的，還有康有為的吶喊，由他代表的復辟派，把「復號還宮」的黃龍旗又扯到社會上去了，從而形成一股不大不小的反動逆流。儘管如此，這一切不久便成了泡影。

張作霖是主動給溥儀磕過頭的，吳佩孚也經常在得到「皇上」的賞賜以後謝恩稱臣，他們也許有意把溥儀送回宮裏去。然而，他們既然生活在時代和民眾中間，就要識時務，豈敢輕易應允陳寶琛或康有爲的要求？特別是北伐軍勢如破竹，節節勝利，更令直奉兩系自顧不暇。至一九二六年十月，吳佩孚先被北伐軍打敗，杜錫珪隨即離開「代國務總理」的職位，張作霖也感到勢單力孤而自嘆前景不妙了。陳深知大勢已去，不得不放棄「復號還宮」的希望。

十二、主張「靜待觀變」

陳寶琛注重歷史的教訓，以穩健著稱。溥儀在清宮時，他念念不忘恢復清朝的統治，自張勳復辟遭到慘敗，他清醒而謹慎了，絕不肯輕易再提「復辟」二字，溥儀出宮以後，他又致力於「復號還宮」，後因時局變化，談判無效，「還宮」的希望破滅，他又主張「靜待觀變」，而不贊成有任何過分之舉。

一九二七年至一九二八年間的陳寶琛仍然是對溥儀影響最大的人，也是溥儀的主要依靠對象之一。翻開當年溥儀的《召見簿》就能看到，陳幾乎每天都出現在溥儀面前，那時候能獲如此殊榮的實無幾人。

從待遇看，陳寶琛也是給溥儀辦事的人中間最高的——每月五百元，而載濤作爲「太廟行宮照料」月例只有一百元；「行在」一隨侍的月例僅十七元，三十天的伙食費才六元。對陳來說，「月例」只是從溥儀那裏獲取收入的一小部分，更多的是賞賜。

一九二七年陳寶琛八十初度，除夕日特賦詩志感：「通宵爆竹似平時，八十衰殘不自知，何意蜷居一樓地。適來羅拜五男兒。君臣義在難歸老，弟妹情長奈遠離，混一車書終可待，天心人事正推移。」他感念君臣之義，雖高齡而不能啓齒告老，溥儀的恩賞自然也是有加無減。

是年九月十九日，溥儀傳旨：「太傅陳寶琛由同治戊辰科進士，歷事三朝，啓沃朕躬，職兼訓護，年登大耋，已屆蕊榜周甲之期，著加恩賞戴雙眼花翎，並親書『瓊林人瑞』匾額賜之，以示尊寵師儒至意。欽此。」如此恩賞，實令陳受寵若驚，自謂「本非夢寐所敢期，又豈捐糜所能報」，表示將「勤炳燭於耄齡，猶思見復旦光華之盛」。

是年十月廿三日即陳寶琛的八十生辰，溥儀賞賜御書匾額一方、御書對聯一副、御書福字壽字各一方、御製詩一幅、壽佛一尊、白玉如意一柄、貂褂一襲、緞匹四件、銀鼎一座、銀瓶一對。陳叩頭謝恩，只領賜品，隨後專摺感謝「又忝殊施」，尤對溥儀「拈韻揮毫」，「親灑奎章」而以爲是終生榮耀，「感激涕零，忘其老至」。爲此還寫了兩首詩，縱情於筆端。一首題爲《恩榮周甲蒙賜御書「瓊林人瑞」匾額感賦》：「少時塗抹老郎當，六十年來夢幾場。晚節敢爲科第玷，行朝猶率祖宗章。阮潘生世何多幸，李左酬勳未可方。誰信違天天轉篤，蹉跎折補本尋常。」另一首題爲《恭和御製賜壽詩原韻》：「一摟潮汐送年芳，奎藻高懸夜吐芒。駑鈍心期余蹇蹇，龍潛文采自堂堂。久荒菊徑從臣里，偶聽松濤就賜莊。終望及身見平治，健行無息用斯臧。」

據溥儀的駐津辦事處原存《恩賞簿》載，陳寶琛八十壽辰過後獲賞更多，十天以後受賞現洋兩千元，兩個月以後又賞現洋一千元，四個月以後再賞現洋一千一百元，如此一直賞賜下去。

一九二八年一月廿三日係農曆戊辰年正月初一，溥儀傳諭免除行禮，並親筆書寫大吉春條若干，分別賜給身邊諸臣。看到自己教讀出來的帝王已經得心應手，陳寶琛十分高興，當天搖卦又逢大吉，乃賦詩志感：「筮易初爻得允升，堂廉合志有明徵。未乾墨畫蟬聯下，群捧紅箋雀躍興。書戒日新惟一德，聖由天縱固多能。六齡親手揮神筆，歲歲宜春受寵曾。」

那麼，主張「靜待觀變」的陳寶琛最重視的工作是什麼呢？下面是檔案中留有痕跡的兩項，由此可見一斑。

管理北京清室辦事處的寶熙一九二七年三月十五日致函陳寶琛，告以「兩奉手教謹悉」，《德宗景皇帝實錄》一百三十六函、《德宗景皇帝聖訓》二十九函、《德宗景皇帝本紀》十八函和《宣統政紀》十三函等，准於三月十七日早車「恭運至津」，「即將各箱抬往尊寓，安放一夜，以便次日公同進上。」三月十八日午時，在張園舉行隆重的典禮，陳以監修總裁官的身分主持「恭送」，「迎受」者當然就是溥儀了。儀式程序是早就擬好了的，特引錄出來以見其盛：

「恭擬二月十五日午時迎受《德宗景皇帝實錄》、《聖訓》、《本紀》禮節，祇候聖裁。屆期前一日，由管理辦事處人員等敬謹於行殿樓下正中安設黃案。屆期由監修總裁官等恭送至行在大門內，排理整齊。偕同派定執事各員敬奉至行殿樓下正中，陳列案上，咸退出，至階下行三跪九叩禮，興，序立。恭請皇上詣書案前受書，行三跪九叩禮畢，還宮。各官均退，禮成。」

陳注重此類事，因爲它不僅是禮儀問題，且渲染著濃重的復辟和帝王的氣氛。

檔案中還保存著一封陳寶琛給溥儀的親筆信，日期無載，應寫於一九二八年前後，從內容上看得出陳與「行在」的深刻關係。當時，管理「行在」收支處的景方昶剛去世，讓誰來填補這項主管財務的空缺呢？陳一向注重人事，自然會在這時提出原則意見，「恭讀手諭，知聖躬漸即康復，稍釋下懷。景方昶逝後，兩處均關重要，得人綦難，亟盼簡擇。此外尚有所聞，關係甚鉅，非面陳不可。謹尊諭明日來見。臣寶琛謹覆。」

陳寶琛主張「靜待觀變」，卻不是不想變，不要變。每年農曆五月十三日即張勳宣布復辟的一天，陳與萬繩栻（字公雨，曾任張勳的秘書長，參與策劃復辟）、胡嗣瑗等，必定聚會紀念，飲酒賦詩，以抒發懷念舊國，報答清朝，矢忠溥儀的思想感情。一九二七年，歲次農曆丁卯，上距丁巳之變整十年矣，陳寶琛乃以《五月十三日公雨招飲張忠武別業有詩次和》爲題賦曰：「歲運如環又在丁，萬方兵甲幾曾停，孤行報主心虛赤，九死爲神骨故青。門館年來長寂寂，鬢眉公等並星星。酒闌忍淚看遺像，扈聖康時儻效靈。」「忠武」即溥儀賜給張勳的謚號，陳年年要來看他的遺像，以求「扈聖康時」之「靈」呢！

十三、「行在」的「外交」

然而溥儀並不願意無期限的「靜觀待變」，早在清宮裏的時候就不大安分，惦記著出洋，出宮以後對「復號還宮」也不甚感興趣，他的願望是在全國範圍內重建清朝政權。爲了實現這一目標，溥儀想方設法聯絡軍閥，以便利用他們的武裝力量。陳寶琛既不能完全制止這種傾向的發展，又不願意任其自然，乃插手其間，儘量對溥儀施加影響，溥儀有時聽他，有時則乾脆不聽，自作主張。

溥儀曾一再給張宗昌提供財力上的支援，但在陳寶琛看來，張是不成氣候的，一九二八年初，張阻擋不住蔣介石、馮玉祥和閻錫山的聯合進攻，兵敗灤河，其時張學良又自北路拒之，堵住了他出關的退處。張宗昌於夾擊之下危在旦夕，乃急派金卓參謀向溥儀求援，由於陳竭力勸阻，溥儀只寫了一個鼓勵性的手諭了事，等於把張宗昌放棄了。

一九二八年六月，奉系首領張作霖被炸，陳寶琛、朱益藩致函張學良表示慰問並送輓幛。張學良乃於八月廿四日覆信，稱頌陳、朱「德望高崇，海內欽仰」，表示「尙祈時頒訓誨，俾作準繩」。此後數月，安福系小政客費毓楷向溥儀提出一個方案，要求給予大宗經費的支持。這個方案的內容是，由費出面聯絡日軍將領河本大作，即實施炸斃張作霖的指揮者，收買張學良的侍衛人員，從內部暴動，實行武裝復辟，以迎接宣統皇帝就位。陳當即戳穿了費毓楷藉以騙錢的伎倆，成功地阻止了溥儀花費這一筆政治投資。

溥儀住在天津的幾年裏，畢竟聯絡了不少的軍閥，也花費了無數的金錢，他在這方面得到了鄭孝胥的支援，陳寶琛則因此而與鄭發生矛盾，怨恨他把溥儀引上歪路。

溥儀一方面聯絡軍閥，一方面仍想出洋，利用外國軍事力量以達到復辟的目的。一九二七年至一九二八年，北伐軍節節勝利迫近京津，羅振玉奏請東渡，溥儀動心了，而日本田中義一內閣也決定按君主之禮接待之，日本軍部則已準備好了保護溥儀啓程的軍隊。唯陳寶琛屢屢出面堅決勸止，加之形勢趨緩，似乎對溥儀的「行在」並沒有太大的威脅，溥儀終於放棄了東渡的念頭，而陳和羅的分歧則因此而擴大了。

「行在」圈內的遺老們中間，有人已經看到，陳寶琛僅以「毓慶宮行走」的「帝師」的身分，想完全控制溥儀不可能了，必須取得名正言順的職位才行。原清末南書房行走、都察院左副都御史、遺老溫肅，乃於一九二八年八月十九日進見溥儀，「於時事略有敷陳」，頗令溥儀好評並面諭：「嗣後如有所見，可隨時請見，或具摺奏請。」其後，溫肅又於八月廿六日具摺提出三項建議。

第一項就是在溥儀之下設立「總理之員」，可擔此任者即陳寶琛也。

溫肅提出的第二項建議是「外交宜急定大計」。當時，溥儀的「行在」已經有了「東三省爲他日興復之基礎」的決策，進而必然考慮到對日外交問題，曾有兩種意見：一種認爲應在溥儀離津後再聯絡日本，另一種認爲應在溥儀留京期間就著手聯絡。溫肅贊成後者，他認爲這項外交工作應由陳寶琛與日本駐北京公使芳澤謙吉「密商」，而且要搶在段祺瑞、張學良等軍閥與日本聯合之前。

溫肅這兩條建議，無非是要溥儀把「行在」的內政外交大權統統交給陳寶琛。

其第三條建議是「興復大事必宜有主力之軍」，他「奏請酌用李景林」，利用舊部關係瓦解奉軍，並組建自己的武裝力量。這一條實屬陳力所不及，當然也就無法包攬在他的手中了。

溫肅這篇奏摺對陳寶琛在張園時期，特別是一九二八年前後的長處和短處、地位及影響，都有客觀的說明。

十四、光環漸趨暗淡

一九二九年至一九三一年間的溥儀的《召見簿》上，仍是差不多每天都有陳寶琛的名字，他若因私出門必須告假，回來再銷假。就各種文獻記載來看，儘管這一時期內他的地位未曾降低，待遇還繼續提高，然而其作用僅限於處理日常的交辦事項，對溥儀的政治影響似乎減弱了。

一九二九年二月九日，係己巳年除夕，陳寶琛與胡嗣瑗以詩唱和，開始流露出思想與時代不諧的悲哀，不過，陳老夫子仍以「強項」自慰，他在詩中寫道：「去日堂堂胡不歸，晨光獻歲更熹微。思艱行在需三鑒，厭亂都人望六飛。猶有遺臣誰是靡，能知四周豈無揮。危冠到老仍強項，吾道何傷舉世非。」嗣後胡患病臥床，由於這位大管家位居樞要，乃奏請「給假調理並請派員代理處務」，陳奉旨往胡宅慰問，同時帶來溥儀的諭旨：「毋庸拘定假期，病癒即行銷假，欽此。」由陳探病傳諭，自然是「行在」的最高禮格了。

一九二九年七月十四日，溥儀傳下一道手諭，「命改定辦事處致南京政府電稿」，直到溥儀認可。不料陳寶琛有意見，「欲改數字」，溥儀不允許，「韜遂改一字發去，次日乃奏」。這種「先斬後奏」的做法激怒了溥儀，其下文明載於鄭孝胥七月十六日的日記中：「上下手諭申飭辦事處，並飭以後擬稿奏定後，須簽字乃准發。上意，擬稿有未是處，許諸臣力爭，不許擅改後奏。此實辦事處之疏忽。手諭中有『膽大荒謬』語，仍命將原諭繳上。」

溥儀發了很大的脾氣，可見他在政治方面已不那麼聽太傅的了，然而從禮格上來說，對老師的尊重絲毫未減。據一九二九年九月的薪水清單，陳寶琛作爲「毓慶宮行走」的「月例」仍然是「行在」中最高的。

一九二九年十月廿五日，陳寶琛八十二歲壽辰之際，溥儀賞以「老圃黃花標晚節，仙洲丹桔擁高門」御書對聯一副並如意文綺等，太傅感恩之下吟詩一首，還呈給溥儀看了。詩云：「贏駑加齒繫宸襟，親御仙毫振玉音。既晚勖爲霜下傑，不遷鑒此歲寒心。談經避暑恩彌厚，授服懷憂力豈任。耄學宋臣才及第，愧無塵露答高深。」

陳寶琛差不多年年元旦都有詩，回首舊歲，展望新春，便要發些議論，往往就是他的真情實感的流露。一九三〇年一月三十日，即農曆庚午年正月初一，陳也寫了一首詩，就叫《庚午元旦》：「五年無此好風日，八十三翁喜獻春。爆竹徹宵喧夢甚，桃符比戶照眸新。民勞得勿真思漢，居陋猶堪托避秦。卻爲鄉邦憂長亂，開門節度亦無人。」

十五、三十年代初的師傅風貌

當二十世紀三十年代降臨的時候，又有一位遺老出現在溥儀身邊，他叫陳曾壽，字仁先，湖北浠水人，光緒年間進士，官至監察御史，辛亥後在杭州、上海賣字畫賣詩文爲生。一九三〇年秋天，陳寶琛向溥儀推薦他擔任婉容的師傅，他就此攜眷赴津，眷屬中還包括他的姑爺周君適，此人後來曾回憶在天津最初見到陳寶琛的情景，所述形象而真切，活靈活現。

有一天，我上街回來，看見大門口停一輛雙套馬轎車，紫色的馬韁。我剛走進陳曾壽的書齋，一眼就看到一個身材矮小的老人，身穿古銅色的狐裘，外套黑緞馬褂，頭戴小瓜皮帽。陳曾壽正在恭恭敬敬地陪著談話，看見我便小聲說：「這位就是陳太傅。」叫我上前拜見，我立刻跪下磕頭。陳太傅起身彎腰把我扶起來，並問我的姓名家世。陳曾壽從旁介紹，提到我的曾祖父周恒祺，陳太傅立刻肅然起敬，說：「周年伯和先伯父是壬子翰林同年，我曾見過多次，我們兩家是通家之好。」陳曾壽對我說：「你應該稱陳太傅為太年伯。」陳太傅含笑點點頭，態度更加和藹了。問我的學業，勉勵我用功讀書。隨即和陳曾壽談了一些別的話，起身告辭。

送走陳太傅以後，陳曾壽叮囑我說：「弢老最講究年誼，你要小心在意，不要錯了規矩。」我問，他坐的馬車為什麼用紫色韁繩？陳曾壽說：「本朝制度，對於德高望重的王公大臣，有賜紫禁城騎馬、紫禁城乘二人肩輿，以及賜紫韁等等，這是出自特恩，不易得到的。」

過幾天，陳寶琛派家人送來了兩張請柬，約陳曾壽和我到他家晚餐。那天在座的有萬繩栻、胡嗣瑗、楊鐘羲、佟濟煦、劉驤業等人。肴饌是福建味，樣樣都精美可口。席終，陳寶琛叫劉驤業拿出家藏舊書畫請大家鑒賞，精品不少。當看到一件王煙客的山水長卷時，佟濟煦說，這是上賞的，原來要賞郎世寧的《百駿圖》，陳太傅認為太珍貴了，不敢接受，才改賞了這件煙客長卷。這一天，我既飽了口福，又飽了眼福。

幾面之下，陳寶琛的思想、習慣、風度、交際、生活境遇、言行狀貌、精神追求，以及他和溥儀之間深層的關係，都表現了出來，且由目睹者周君適栩栩如生地敘述出來了。

一九三一年二月十六日，即農曆辛未年的除夕之日，在婉容的外賞清單上，記著「賞陳老師果品四筐」。婉容的年節賞，一般不及於親屬、女友以外的人，但賞單上總是少不了兩個人：被尊稱為陳老師或陳師傅的一定是陳寶琛，再就是她本人的老師陳曾壽。查溥儀的賞單也是如此，對師傅、臣下或其他遺老，除「陳師傅」外一律直書姓名，這當然也是一種格外的禮遇。

陳寶琛繼續參與「行在」的日常活動，並管理其間的重要事務。這一點，僅從胡嗣瑗記於辛未年的日記上摘引若干，就足以證明了。

一九三一年三月一日係溥儀二十六歲生日，胡嗣瑗記載當天壽宴的情況說：「十三日爲萬壽聖節，到園後遵諭停止行禮。到者凡九十二人，共開席九桌，亦有未入座者。飯後，上出面同諸臣攝影，日本司令香椎暨參謀、翻譯共四人亦在列。陳寶琛今日亦到。」

胡嗣瑗在三月廿九日日記上，記下了他和陳寶琛進見溥儀商討有關事宜的情形，頗富君臣共事之行狀旨趣：「十一日與陳寶琛同入對，陳明致東北政委會、河北官產處各函稿。得旨：『甚是！』並以昨單應賞各人如何分別等差，面請進止。承交匯業銀行日經理原田致醇邸書一件，奉諭：『可帶下與律師等同閱之。』因將二十七號開庭，該行呈請延期，我方代理律師執不可，法庭允一星期內再傳各節，一一陳奏而退，午後回寓。」

由於清末各地皇產的管理，以及清末以來因借貸存取而與各類銀行發生糾葛，涉及官府和法庭的訟案迭起，自然成爲溥儀和「行在」必須面對的一項工作。

一九三一年四月間，以聯繫軍閥爲由騙溥儀錢財的費毓楷漏了餡，經胡嗣瑗處理未能盡合溥儀的意思，乃命陳寶琛主持。胡在四月廿四日日記中略載其事云：「近午，欽奉手諭一道，以追問費毓楷吞沒珠串一事，嚴加詰詞，頗慮根究不已，激成事端，叮嚀至再。實則承辦此事，自愧手段太鬆，並隨時陳候聖裁，未敢專行當斷。近兩日伏聞上意力主寬緩，已決由陳寶琛酌量主持。」

這是一件棘手的事情，「費毓楷利用榮源一味設辭恐嚇」，溥儀也傾向於寬緩了，一直經手處理此事的胡嗣瑗並不服氣，溥儀只有讓陳寶琛接過去續辦。

四月廿九日是日本裕仁天皇的生日，即所謂「天長節」。據胡嗣瑗日記載，是他和陳寶琛代表溥儀「赴日本總領事桑島主計公館」致賀的，此類禮儀外交活動也是陳的日程上常有的。

因各種情由而陪溥儀進膳的機會也很多，如胡嗣瑗六月廿七日記：「溫肅、章梫（字一山）來，與陳寶琛同陪上午膳，兩人各得賞玉佩。」溫、章兩人都是參與過張勳復辟的著名遺老，與陳寶琛交厚。

十六、「九一八」事變的先聲

歷史證明，「九一八」事變絕不是偶然的，在發生事變的半年以前，溥儀的天津「行在」裏已有人感受到它的先聲。之所以如此敏感，因為裏面住著一位當過清朝皇帝的人，日本方面既然已經內定溥儀出任傀儡，則先期透透消息試探反映，當然不足為怪。作為日軍武裝佔領中國東北地區這一歷史事件的先聲，鄭重其事地傳遞到溥儀的「行在」，至少有四次，且陳寶琛大多預聞。

第一次是在一九三一年二月廿一日，日本國會議員高山山本前來洽談委託調查農墾及籌建亞細亞洲教會事宜，溥儀方面領銜談判的就是陳寶琛，會談過程在當天的胡嗣瑗日記中有載：

「午後回寓。陳寶琛邀過其寓，與日人高山山本及李芬、林棨等會談。高山帶翻譯陳姓、謝姓。據言，三四日內便歸國，以議會休會期間辦事較易著手。前云代皇室貸款日金二百五十萬元，以一百五十萬元撥歸皇室收用，以一百萬撥爲農墾經費，此事已經通訊接洽，每次當可辦到。但要求得一皇家家庭顧問與委託調查農墾書，當答以委託調查農墾自可照允，至家庭顧問須請旨定奪。山本又言，其國大本教會規模宏大，其教主志願欲擴充爲亞細亞洲教會，擬戴大清皇帝爲盟主，現已構造宮殿，迎駕前往駐蹕等語。當答以此事所關尤巨，須先明白該教宗旨及成立以來經過情形，方可酌請進止，再爲答覆，非立談可決也。彼允將其教中刊佈書籍摘要寄請研究。坐談約四刻餘鐘乃散。」

這顯然是一次尚未暴露實質問題的重要談判：所謂「農墾調查」，實爲特務活動；所謂擬以溥儀爲「盟主」的「亞細亞洲教會」，實爲傀儡演習。次日胡嗣瑗向溥儀報告會談情況說，高山山本要求得到「皇家家庭顧問」頭銜不能答應，「一恐其資格不稱，二恐範圍太廣、太泛，萬一另生枝節不易應付」。胡嗣瑗提議，由「行在」辦事處奏請聘爲「名義顧問」，「另函委託調查農墾事宜」，溥儀贊成，命胡「即可照辦退下擬稿」，再經溥儀「閱定」後，「加函送陳寶琛轉交」。這說明「行在」的顧問們當時還清醒，不願讓溥儀完全受制於人。

第二次即一九三一年七月廿三日，溥傑從日本回國度假，把當時在鹿兒島某聯隊任大隊長的吉岡安直透露的日本軍方的消息傳遞給溥儀，大意是日本對張學良的統治不滿，或許將在中國的滿洲採取行動並迎立溥儀，因此，溥儀重新掌權的可能性增加了。這件事在當天的胡嗣瑗日記中有載：

「聞溥傑本日歸自日本，船抵塘沽改乘火車，下午一兩點鐘可到，聞到時醇邸來會。傍晚陳寶琛亦來見。」

可見溥傑帶回的資訊是特別引起關注的，凡能參與「行在」決策的重要人士都到場了。

陳寶琛原打算七月廿四日「赴北戴河避暑」，他平日常以郊遊賞花、會友集飲、吟詩作畫自娛，天太熱的時候也想去海濱住幾日，聽到溥傑帶回的消息，竟取消了避暑計畫。據《直廬日記》載，到了第二天，「陳寶琛來，以戰耗頗亟，車路恐有阻滯，北戴河之行作罷。」

第三次在一九三一年七月廿九日，日本華族水野勝幫子爵訪問天津的時候，向溥儀贈送了寓意明顯的扇面，上寫：「天莫空勾踐，時非無范蠡」，謂溥儀「臥薪嚐膽」，必有以報。陳寶琛恰於前一日請假赴京去了，直至八月十三日歸津銷假。

第四次則是溥儀派往日本東京的打探資訊的人員回報的，這人便是陳寶琛的外甥劉驤業，他赴日時還帶去若干書畫以爲掩護，於一九三一年八月十八日返回天津，胡嗣瑗在當天日記中有詳明記載：

「初五日，劉驤業歸自日本，昨夕由北京來，先過寓晤談。帶去畫件，以彼都經濟狀況不佳，迄未售出。又言近事，似東鄰有利用意，或可有所舉動亦未可知，但彼人直云一切皆爲我忙，有倭將某某不日可來接洽等語。余意此事宜迎宜拒，關係甚大，非預先通盤計畫，臨時必不能因應適宜。將來是否代表其政府行爲，尤不可不加審度，倘貿然落其掌握，則後患真有如不能言、不忍言者。鄭孝胥父子對此一味高興，卻是可憂耳。余趨直，驤業旋亦來園，入對時聞亦主慎重考慮云。」

劉驤業在日本期間即與舅父陳寶琛魚雁不斷，歸津以後，爺倆多次同時進見溥儀，他們和胡嗣瑗的觀點一致，對於來自日本方面的將有重大舉措，並要求溥儀合作的信號持慎重態度。

在這個不久即被實踐證明「宜迎宜拒關係甚大」的問題上，陳、胡從一開始就與鄭孝胥父子發生了分歧，這一分歧一直延續到僞滿年代。

到九月八日，有關的資訊更多了，陳寶琛、胡嗣瑗仍堅持慎重的態度，胡在當天日記中寫道：「昨夕陳寶琛歸自京，來與談連日近事，說話極多，出示劉驤業所得日人某、奉天、大連三電，趣其前往，劉意持重。極是！」弓已拉滿，箭已上弦，時間邁著嚴峻而沉重的步伐，跨入了「九一八」事變之前的最後一個星期。溥儀的「行在」，這時已是「山雨欲來風滿樓」了。

胡嗣瑗在九月十二日日記中記有「聞某國人有迎駕還鄉之說，語似有因，宜注意」這樣一段話。第二天，謝介石到津引起陳寶琛和胡嗣瑗的注意。此人係臺灣人，與日本各界廣有聯繫，後來出任僞滿外交部大臣。他到津後即拜會了鄭孝胥，還饋贈了臺灣土物，陳疑與「迎駕還鄉」之說有關。

這個時期正趕上文繡離園出走，聘請律師與溥儀打離婚官司，攪得溥儀心神不寧，很想出遊散心，正如胡嗣瑗日記中寫的：「上意實不樂，鬱鬱久居於此，有暫遊旅大之諭，至爲激切」。當然，溥儀出遊主要還是惦記「東鄰」、「迎駕還鄉」的虛實，他還是很希望能首先在東北地區重建清朝政權的。於是，胡建議「先派劉驤業、鄭垂前往觀察」，等他們回來後再決行止，如屬勢在必行，再與日本有關方面聯繫不遲。溥儀認爲「可行」，並於次日召見劉、鄭二人佈置了任務，胡當天記其事云：

「劉驤業來言，午前入見，派同鄭垂東去事。因告以務宜探明彼方真相，於我之行止遲速相宜不相宜，歸來為上切實言之，庶免毫釐千里之謬，驤業似已領悟，約今晚回京，略檢行裝，明晚來津。」

事情已經非常明白，當溥儀一定要「出遊」的時候，陳寶琛、胡嗣瑗建議派員觀察，實為緩兵計，目的是阻止出遊。

又過了一個夜晚，胡嗣瑗到「行在」辦事處，正碰上鄭孝胥，兩人又談起都關心的溥儀出遊之事，胡記其事云：「初七日到處，與鄭孝胥言，昨議六飛行止，細思對內對外難處甚多，萬萬不可孟浪，孝胥亦似領會。余意鄭垂、劉驤業此去，總以觀察彼方趨勢為最要，可行與否俟歸後再商，不能遽有預備也。」繼而入見溥儀，「又詳言昨議出遊一節，對內對外應先籌慮之處甚多，總宜俟劉驤業、鄭垂觀得真相後，尚須將內部籌畫妥洽，方可打算行止。」一番苦勸終於邀得溥儀的贊同，當即頒旨：「並無成見，若有益則動，倘無益而更有損則不動。」

當「行在」的「君臣」這麼對話的時候，已是一九三一年九月十八日上午，唯響在凌晨的罪惡炮聲尚未驚動天津而已，但那炮聲很快便改變了這裏的計畫。

十七、「行在」裏的「主拒派」

溥儀和陳寶琛師徒間最嚴重的分歧，就發生在「九一八」炮聲響過之後。

一九三一年九月十九日清晨，大街小巷的報童高喊「號外」，奔走於途，把瀋陽城上空風雲驟變的驚人的消息帶給百萬天津民眾。鑒於政治形勢突變，胡嗣瑗認為「出遊當然暫止」，但不應放棄這次事變能夠帶來的機會，他主張派陳寶琛的外甥劉驤業密赴東北「往觀大勢」。

溥儀很贊成，並讓劉帶了他的「手敕」和「舊玉八件」前往。當天晚上，胡、劉兩人還商量了「觀察之法」。

更爲令人震驚的消息又於次日傳來，「瀋陽、安東、營口、長春同時均爲日軍襲而據之，奉軍一無抵抗」。溥儀乃召胡嗣瑗而諭之曰：「關外之變是否影響到我尚不可知，但不能不先有籌畫，應與陳寶琛等各抒所見，以備採擇。」其實，溥儀這時已經聽到了鄭孝胥對日軍「主迎」的意見，只是尚未信從，且向胡徵詢意見道：「鄭孝胥謂可許以儘量移民雜居，境內一律開放，其說可行否？」胡認爲，東北地區管轄權尚不在手，對當地軍民趨向亦無把握，故不能簡決「對外迎拒」。溥儀遂命：「可與陳寶琛等細商，明日候宣。」

關於「細商」的情況，胡嗣瑗在九月廿一日的日記中有簡明記載：「初十日，陳寶琛、朱益藩、鄭孝胥、陳曾壽先後到處，傳上昨諭，詳細會商。孝胥云，須看變化，不能預定辦法；朱益藩認爲非機會不可輕有表示；陳寶琛以爲時機尚早；陳曾壽謂，俟糜難不可收拾時或許有辦法出來。大都無具體研討。鄭孝胥入對頗久，其餘諸人至午後未宣，陸續散去。」

這裏鄭孝胥的「須看變化」顯然是狡猾，他要觀察在座諸位的臉色。劉驤業「東行」之前，鄭孝胥分別給南滿鐵道株式會社總裁內田康哉和日本關東軍司令官本莊繁寫了信，讓劉帶在身上以作引薦，說明早有勾連。而且也是他最先提出「移民」、「開放」等具體政策。如果說溥儀起初還是重視陳寶琛、胡嗣瑗的意見，則從九月廿一日「入對」的情況看，對於鄭孝胥的意見溥儀也聽得進了，甚至在一時之間忘記了陳寶琛等人的存在，君臣之間的分歧已經顯露。

當時，溥儀身邊的人對「九一八事變」實有三種態度：鄭孝胥「主迎」，胡嗣瑗主張「靜觀變化，相機籌之」，陳寶琛、朱益藩等「主拒」。雖然陳、朱都抱有復辟清朝的政治理想，但他們不相信能夠借助外力而實現之，陳更以爲「民族是不能得罪的」。陳念念不忘丁巳年張勳復辟之役，當此之際，乃「以丁巳藏酒分餉仁先、有懷、愔仲」爲題寫詩一首，貶「主迎」者爲要權術的：「開甕難忘造釀年，酌君今夕且酣眠，國人刻意薰丹穴，術者公言幸奉天。此局倘非孤注博，故鄉合有一成田，崎嶇最念人從後，可許持荷寒日邊。」

在三種意見中間，溥儀頗信胡嗣瑗，曾對其表態說：「所慮甚是。我總以沉靜爲主，隨時措注可也。」

時局仍在劇烈演變之中。所謂「滿蒙獨立運動」日盛一日，先有袁金鎧在奉天宣布「獨立」，建「委員制」，繼而熙洽在吉林、張景惠在哈爾濱宣布「獨立」，建「長官制」。報紙上則傳出日本人打算迎接「宣統皇帝「歸王滿洲」的消息。「心竊惴惴」的胡嗣瑗，在十月一日的日記中寫入一段關於歷史真相的重要情節：「聞昨午後，駕臨日司令部。向夕，宣鄭孝胥來，似有所謀議。須晤孝胥，語多影響，但云兩三日後上必召公面詳云云。心竊危之，而孝胥意自得也。」

這說明溥儀不但離開陳寶琛「主拒」的意見愈來愈遠，連胡嗣瑗的「沉靜爲主」也開始拋卻了。已經二十六歲的溥儀畢竟已有自己的主見，他急於得到一塊地盤，建立自己的朝廷。爲此而與鄭孝胥「主迎」的意見漸漸靠近，「駕臨日司令部」那天，溥儀甚至不讓陳、胡等知悉他在日司令部的活動內容，卻特別召見鄭，令其得意起來，陳、胡則「心竊危之」了。

鄭孝胥是在一九三一年九月三十日晚上八時被溥儀秘密召見的，他在當天日記中寫道：「詣行在。召見鄭孝胥、胡嗣瑗，陳淑妃事；既退，復召孝胥，令擬恢復大意。吉田來，請下午幸日本司令部，勿使人從……靜園電話，今夜八時入見。上語在司令部所見板垣參謀部來使及羅振玉，司令部請上乘日艦赴大連入奉天，羅振玉為熙洽、榮厚之代表，候乘輿至奉，吉林先宣布復辟。」

溥儀特赦後，在中國歷史博物館看到了這篇日記，又回憶歷史細節，並寫入《我的前半生》一書中。他說，那天下午，應日本天津駐屯軍司令部香椎浩平中將的邀請，單獨前往海光寺日本兵營，與專程來接他赴東北的關東軍參謀板垣征四郎的代表上角利一見面，羅振玉則帶著東北保安副總司令張作相的參謀長、遠支宗室熙洽盼望「皇上」立即到「祖宗發祥地」主持大計的信件同而來。但溥儀沒有馬上表態，香椎遂亮出威脅的口吻，說天津的治安情形不好，希望考慮板垣大佐的意見，動身到東北去。

據《鄭孝胥日記》十月一日至二日載，溥儀連續召見鄭，「詢出行事宜」。與此同時，仍瞞著陳寶琛、胡嗣瑗等人。就在二日召見鄭以後，胡來尋風摸底，鄭則含而不漏，只從趨勢上說，兩人辯論了一回，其間的來言去語已被載入《直廬日記》。

鄭孝胥：事機越說越像，恐公須準備隨行。

胡嗣瑷：彼方來意云何？在此尚有置喙餘地，若草率東去，落人掌握，豈復能容我忖量去就耶？

鄭孝胥：此局恐非行不可，在此在彼，直無區別，如再顧慮，只好不去。

胡嗣瑗：論者皆主不去，固未免專看一面，縱使可去，豈事前一無商榷，我輩唯知盲從瞎跑，萬一發生意外，誰任其責？

鄭孝胥：（怒）今日但問去不去？更無他事可以預商。公有所欲言公自言之，我已許相隨東行，如遇危難辦，一拚耳！斷不能退縮示怯。

所謂「東行」，自然就是「主迎」派的出關投敵之舉，如此關鍵的問題，不能不在溥儀的天津「行在」內引發尖銳的對立和衝突，最後就要看溥儀的抉擇了。

當此之際，溥儀顯然已經有了傾向，他不但站到了「主迎」派的一邊，而且更信任鄭孝胥。就在這次「幸日本司令部」的前一天，「行在」內還發生了這樣一件事，《鄭孝胥日記》載：「詣行在，召見，詢時局。上云：『羅振玉、周善培等皆求手諭，許以便宜行事，如何？』孝胥對曰：『天時人事輾轉相乘，至有今日。願以定靜處之。躁進者見用，必損盛名。宜以敬慎相戒。」

鄭孝胥擔心溥儀會落入別人的掌握，也打出反對「躁進」的招牌，然而，他與胡嗣瑗辯論所說的話，卻是地道的「躁進」行徑。畢竟溥儀還沒那麼「躁進」，他沒有馬上接受上角、羅氏和香椎的安排，決定暫時不動。他認爲尚未摸到日本實權人物的底牌，還不可就今後動向問題表態。

十月三日奉命出關探聽虛實的劉驤業回到天津，帶回了溥儀當時最爲關注的資訊。《我的前半生》一書曾談及劉這次出關，「沒有能見到內田康哉和本莊繁」，其實不然，胡嗣瑗日記中所載細節甚明：「二十二日……劉驤業適從東邊回。據言由大連而奉天而長春、吉林。見內田，頗以此次舉動純出軍人，爲初意所不及，有非戰條約由其簽字，今國際遇此不幸事誠難爲懷之語。對吾主人意頗欣向。見本莊，詞氣亦頗殷勤，寄語請上珍重。頒物均照領。其不能遽有露骨表示，亦所處時、地使然耳……大要彼人未嘗不欲我爲東蒙主，但難於一意孤行，直起直落。我果自有組織，彼必相機暗助。」字裏行間只能反映出內田康哉和本莊繁的狡猾，雖然也顯露了日本軍政兩界的摩擦，畢竟未就溥儀「東行」做出具體承諾。

聯繫自九月三十日以來日方若明若暗、若清若混的態度，溥儀遂在十月四日專就「東行」與否發佈一道「諭旨」：「日前該國司令官請往茶會，並無切實表示，彼此談話均屬項上圓光，但據稱時機來到宜先出動，彼當臨時知照部署云云。我但告以萬一出此，必須我有地方行政實權，方對內對外進行一切，否亦兩無所利耳。此事有無遲速均不可知，刻仍力持鎮靜等因。」

溥儀的「力持鎮靜」，實際是繼續摸底，而他要達到的目的也很明確：「必須我有地方行政實權。」顯然，溥儀在當時既不信從陳寶琛「主拒」的意見，也不輕信鄭孝胥的「主迎」的意見。他是想出關的，但又不想當日本人的傀儡，他那時還比較慎重，這實際是胡嗣瑗的主張。

十八、歷史之辨

溥儀爲了達到自己的目的，再派劉驤業「東遊」摸底，「仍取道奉吉」。胡嗣瑗「因囑注意吉事，並商略彼擇晤一二人，能由淺入深，說以利害最要」。

與此同時，「主拒」的陳寶琛和「主迎」的鄭孝胥繼續爲爭取溥儀而角鬥。胡嗣瑗日記錄下了眾臣陪溥儀進膳的一個場面，頗有意味：「聞陳寶琛言，昨夕陪膳時，鄭孝胥又大談其開放政策，言之津津。莊士敦報以冷語云：『若然，人得毋謂之賣國耶？』孝胥不服，寶琛則曰：『國非我有，亦慷他人之慨！』孝胥並強辯不已，此人其有心疾矣。」

鄭孝胥也在一九三一年十月七日的日記中，詳載了這一場發生在主迎派和主拒派之間的很有代表性的辯論：

「召莊士敦、陳寶琛、鄭孝胥、鄭垂，賜膳，命孝胥誦《洛神賦》兩段於收音機中。今年爲民國之二十年，今日爲陽曆十月七日，更三日則彼所謂『雙十節』。彼以『雙十，爲國慶，適二十年亡矣，此誠巧合，天告之也。民國亡，國民黨滅，中國開放之期已至。誰能爲之主人者？計亞洲中有權力資格者，一爲日本天皇，一爲宣統皇帝。然使日本天皇提出開放之議，各國聞之者其感念如何？安乎，不安乎？日本皇帝自建此議，安乎，不安乎？若宣統皇帝則已閒居二十年，其權力已失；正以權力已失而益增其提議之資格，以其無種族、國際之意見，且無逞強凌弱之野心故也。吾意，共和、共產之後將入共管，而不能成者，賴有此一人耳。此事果成，誠世界人類之福利，種族、國際之惡果皆將消滅於無形之中。視舉世之非戰條約、苦求和平者，其效力可加至千百倍。孔孟仁義之說必將盛行於世。願天下有識者撫心平氣而熟思之。此語已語莊士敦、吳藹宸，惟弢庵聞之謂爲慷他人之慨。弢庵八十四歲矣，固宜爲此語，正以他人徒有慷慨而不能自爲故耳。」

這一時期，鄭與陳經常辯論，但鄭的日記從不詳載雙方論據，這一回卻例外了。

陳寶琛「主拒」的意見，實爲溥儀身邊一批遺老的共同主張，有位名喚陳毅的遺老新逝，此人字貽重，號郇廬，湖南湘鄉人，光緒三十年進士，清末曾任郵傳部左參議，一九一七年張勳鬧復辟時，他是最積極的策劃者。他不但把一部記述思想言行的《郇廬詩集》手稿留在了人間，還把一批申明政治主張的奏摺遺呈溥儀。其中如《論鄭孝胥主開放用客卿摺》、《論東行依日本之害摺》等，都是反對溥儀出關的。知音仙逝，胡嗣瑗哀嘆道：「抉發諸病，如洞見垣，一方人今日危難至此遽無此人，爲之悵惘不怡，如何如何！」

在這陳寶琛、鄭孝胥激烈角鬥的短時期裏，溥儀仍然觀望，還很相信胡嗣瑗的話。而且，他也希望瞭解日本人，接觸日本人，但卻不願意表明自己的傾向。胡嗣瑗把這樣兩個生動的情節寫入一九三一年十月十一日的日記：

「九月朔日……又覃師範前談東人消息，觀其人尚穩慎，可備驅策，據稱與宇垣有舊，本莊輩皆其故人，似可傳諭答慰之，留爲他日之用。得旨：『可。』退下即與陳曾壽言之。承論：『須見某日人，據言東陲必將囑我。尚有同來二人，明日來見，須賞一飯，略爲宣示大意。』因請宜從東亞和平上立論，不可少落邊際。得旨：『極是。』」

與此同時，溥儀又派出劉驤業「與商衍瀛同赴遼」。商字雲汀，廣東番禺人，晚清進士，翰林院編修，「小朝廷」時期奉溥儀派爲南書房行走。此人擅長算卦問卜，溥儀每逢疑難，輒命扶乩請老祖降壇指示。當此之際，他作爲東北紅十字會的頭面人物，承擔著爲溥儀秘密聯絡奉系將領的工作，曾代表溥儀，向東北邊防軍副司令長官、吉林省政務委員會主席兼國民政府委員張作相，向東省特區行政公署長官兼南京國民政府軍事參議院長、東北政務委員會委員張景惠賜贈白玉等禮物。劉驤業這次出關，還帶了胡嗣瑗致吉林省財政廳長兼吉林官銀號總辦榮厚（旗人）的一封信，「告以劉驤業東去，望與詳談一切」。

溥儀另外派出的家庭教師遠山猛雄這時也已到達日本，遠山攜在身邊的是分別致日本陸相南次郎和日本黑龍會首領頭山滿的兩封黃絹信，上面均有「宣統帝」的玉璽和鄭孝胥的簽名副署。如果說命劉驤業東行是要打探日本關東軍的態度，則派遠山猛雄東渡就是要直接摸日本陸軍軍部的底細。

爲了摸準情況，溥儀還託付了一個人，就是外人罕知的蘇錫麟。他是張作霖的親信部將，曾任張的騎兵衛隊旅旅長、薊榆鎮守使等職。同時他又很尊崇溥儀，曾參與張勳復辟。有如此雙重身分的人正好便於當年的聯絡活動，遂被溥儀派赴當時尚未淪陷的熱河，「有所接洽」，也瞭解一下國民黨方面的舉措。

在歷史即將拐彎的時候，溥儀慎之又慎，不敢輕易邁出「東行」的第一步，總括起來原因有三：一是日本軍界的態度乃至日本最高當局的態度，尚未徹底明朗，可否憑藉，能否得到地方行政實權，都須調查；二是日本政界持異議。據《鄭孝胥日記》載，早在十月三日，日本駐津領事館後藤副領事就曾「約鄭垂往談，謂東行宜慎重」，似乎上角與羅氏潛來天津的風聲已漏。到十月十四日，日本駐津總領事桑島主計來見溥儀時，還帶了滿鐵總裁內田康哉的一句話來：「一切請上珍重，不可輕動，所事應看天心民心所向何多也，云云。」

十月十五日，日本領事館又派人晉見溥儀，「勸帝勿急」。與此同時，日軍司令部也向溥儀耳邊吹風，「以爲機至當行，不必告人」，明確流露出日本駐津領事館與日軍駐津司令部之間的矛盾；三是陳寶琛爲首的一批遺老堅決「主拒」。

十九、溥儀出關前後

進入十月份以後，以關東軍爲後援的主迎派的活動也愈演愈烈。金梁成了最活躍的人物。金梁，字息侯，清末進士，一九二四年曾出任「小朝廷」的內務府大臣，後來長住瀋陽，這時正擔任「奉天地方自治維持會」的成員。據《鄭孝胥日記》載，十月八日，「金梁遣其女至行在上書，求謁上面交，於是皇后召見，受其書，略言：一切皆備，候臨幸，即宣言恢復。」十月十日，「金息侯覆書云：『東事已妥，舊號即可營業，亦大快事。』」

當此之際，金梁還通過徐良向溥儀傳過許多話，內容也大同小異。徐良即康有爲的忠實門生徐勤之子，畢業於日本學習院，學習院是日本皇室的學校，包括從小學到大學各階段，中國人能入學習院的甚少，徐良在校時只有三人，除了他，還有張之洞之子張仁樂和廖承志。回國後，周旋於康有爲與溥儀之間爲復辟效力，被稱爲康的「小門人」，康死後來天津，任中原銀行經理，是靜園的常客。

金梁、徐良固然都是溥儀信賴的人，但在「出關」這決定命運的一步上，是不能單憑一封信或幾句話就拿主意的，溥儀遂在十月十六日早晨發佈口諭：「徐良屢代金梁傳語，云彼中推戴已歸一致，究屬只紙不可信，欲派該員前往慰問，在奉各員果能一致，明白表示，再商行止，等因。」這口諭在胡嗣瑗日記中有案可查。

「主拒」派陳寶琛自然希望抓住這個機會，而在最後關頭改變溥儀的主意。「靜觀」派胡嗣瑗也趁機給溥儀潑了點冷水，他發表意見道：「臣請此事如上意已定，務切戒該員縝密，不但關係大局成敗，即其個人利害亦不可不知，庶免浮動害事。」

就在溥儀發佈口諭的這一天，上角利一和羅振玉來津勸駕之事也傳開了，胡嗣瑗已把經過寫入日記：「近午，又奉宣入見，知徐良頃來，言渠到日司令部，聞本莊派上角者到津，備迎駕入奉，謂事如發動，行多不便，宜先離津或暫駐大連，再定入奉遲速日期，較爲穩便。」

陳寶琛和胡嗣瑗這時才獲悉，日本關東軍司令官本莊繁的目的，是先把溥儀接往大連，以後再談成立新國家的事情。他們勸溥儀「不可貿然輕信，要慎重從事，恐其中有詐」。他們說：上角的身分未明，他能否代表關東軍，關東軍又能否代表日本政府，都看不準；日本天津駐屯軍司令部與日本駐津領事館尚不一致，不可靠一個，背一個；東北的局勢變化、國際列強的真正態度，以及「民心」的趨向等等，目前還未見分曉；羅振玉「魯莽乖戾」，徐良「言過其實」，不可相信，至少要等劉驤業、遠山探得真相之後，才能決定行止；身居天津，可進可退，有利於向日人交涉條件。

溥儀在《我的前半生》中說，「頭一個表示反對的是陳寶琛，追隨他的是胡嗣瑗、陳曾壽」，當溥儀提到熙治的信「決不會說謊」時，陳寶琛沉痛地說：「天與人歸，勢屬必然，光復故物，豈非小臣終身之願？唯局勢混沌不分，貿然從事，只怕去時容易回時難！」

第二天，徐良把日本天津駐屯軍司令部翻譯官吉田忠太郎秘密擬訂的關於溥儀出關的具體辦法呈給溥儀過目，其中談及由天津乘船「直趨營口」，「又云不得帶從人，只可先以上角、徐良二人隨去」。胡嗣瑗認爲「足見其謀之詐妄」，並揭露說，金梁、徐良等「欲孤注我主人，成則專功，敗則不顧」，乃「請上一切從緩」。

這件事，在當天的鄭孝胥日記中也有詳明的記載：「詣行在。召見胡嗣瑗、鄭垂，出吉田來書云：『當告領事館以擬乘日商輪至營口。請領事及司令官保護，獨徐良一人從。』乃羅振玉、金梁、徐良之謀也，日本桑島領事、香椎司令皆勸慎重。」似乎鄭孝胥與胡嗣瑗的態度並沒有兩樣，其實他們的出發點截然不同：胡確實希望「從緩」，而鄭擔心羅振玉等人「專功」。

然而，溥儀的傾向更趨明朗，他這時只想儘快做好領事館的工作，早些離津出關，遂在十月十八日召見鄭垂，「命往日本領事館商暫赴旅順之策」。十月十九日，當胡嗣瑗與鄭孝胥一同站在溥儀面前時，「皇上」又發佈了新的「口諭」：

「昨吉田忠太郎來見，已如所商語之，據云在奉板垣盼去甚亟，實出相助好意，似未便卻之太峻。擬仍前議，先移旅大再看局勢。到旅大後消息較靈，接洽較易，但須與領館善爲說辭。略言津謠太多，公私諸感不便，願暫時避地旅大，亦在該國保護之中，庶彼對於本國政府說得過去，不至留難，等因。」

於是，溥儀又派了鄭垂去日本領事館當說客。

據《鄭孝胥日記》載：「詣行在。召見鄭孝胥、胡嗣瑗，咨赴旅順之策。召見鄭垂，使往日本領事桑島商之。桑島述內田之言，勸加慎重，謂此間必無危險，彼當負保護之責，姑與香椎司令官商之。鄭垂覆命，上有不豫色。」這不是一般的問題，想說服人家談何容易！

當時，日本外務省和日本軍部在中國問題上存在嚴重的對立，前者通過駐津總領事館勸告溥儀暫時不要離開天津，後者則通過天津駐屯軍鼓動溥儀立即出關。對此，陳寶琛主張聽外務省的，認爲文人主政是天經地義，所以他只肯聯絡日本駐華公使芳澤謙吉、駐津總領事館以及東京政友會的人物等。溥儀則認爲能夠決定他的命運的，不是日本政客而是軍人，他看到了這樣的事實：日軍正以槍炮改變著中國。

溥儀和陳寶琛在對國際社會的認識上，也存在著重要的分歧。面對日本軍閥挑起的侵華戰爭，國際社會中若干有勢力的國家，如英、美、法等態度曖昧，他們一邊觀望，一邊採取兩面三刀的政策。對此，陳是很警惕的，以爲其中必有陰謀，不受表面現象的迷惑。溥儀的感覺則不同，僅憑一兩件事情就認定英國袒護日本了。他在自己的書中敘述了這樣一件事：一九三一年十月初，英國駐津軍隊司令官牛湛德准將訪問靜園，對溥儀因「九一八」事變而獲得契機表示「私人的祝賀」，並說：「如果陛下能在偉大的滿洲重新登極，陛下的僕人牛湛德，願意充當龍旗下的一名士兵。」

有了這些分歧，溥儀在一些具體行動上也不那麼顧忌陳寶琛了。在十月三十日的《鄭孝胥日記》中，出現了如下記載：「詣行在。召對，寫諭旨十道，派張海鵬爲滿蒙獨立軍司令長官，馬占山爲北路總司令，貴福爲西路總司令，憲原、憲基等人爲大佐參謀，其東路總司令及預備軍、前敵、保安諸總司令皆以空白諭旨備填寫人名。」溥儀人未出關，卻儼然已組建起關外的軍隊，可見他早把主意拿定了，而這一切都是瞞了陳的。

一九三一年十一月二日在溥儀的《召見簿》上，出現了日本駐遼特務機關長土肥原的名字。他是專門來勸溥儀「到東北去主持一切」的，並表示日本將「尊重領土主權」和他的「自主」。就在溥儀準備答應的時候，正在北京的陳寶琛看到報紙上有「土肥原欲攜溥儀組織明光帝國」一類新聞，匆忙返津，下車直奔鄭孝胥家「詢近狀」，繼而又往靜園晉見溥儀，溥儀這才把會見土肥原的詳情告訴他，並答應再與身邊老臣商量一下。於是就有了在靜園召開的「御前會議」，以及陳與鄭那一場著名的辯論。

陳寶琛反對出關北上，鄭孝胥則主張速赴東北，兩人大戰若干回合。針對鄭的「時機莫可錯過」的論調，陳指出：當前東北政局未定，且日本內閣與軍部態度不一，「輕舉妄動有損無益」，更無需擔心日本人先把「恭親王」溥偉扶上去，占了溥儀的「皇帝寶座」。辯論發生在十一月六日，據《鄭孝胥日記》載：「詣行在。召對，咨東行大意。對曰：『毋失日本之熱心，速應國人之歡心。此英雄之事，非官吏、文士所能解也。』」這段話實實在在透露了那場辯論的內容和氣氛。溥儀對兩人的辯論並不表態，但心裏認爲陳是「忠心可嘉，迂腐不堪」。

十一月八日以後，溥儀不再召見陳寶琛了，直到十一月十日，由日本人組織的漢奸便衣隊大肆騷擾華界的「天津事件」，終於把溥儀送上從白河碼頭開往遼寧營口的日本輪船。那天日本「租界」全日戒嚴，溥儀又故意不給陳寶琛、胡嗣瑗、陳曾壽等送通行證，使他們根本不能進入「租界」，更到不了靜園，也就不能知曉「皇帝起駕」的計畫，無從攔阻溥儀的行動了。所以，在陳曾壽之弟陳曾植十一月十一日的日記中，才有「雖陳弢老亦不知也」這句感嘆的話。連溥儀的臨別留言也是在營口登陸後的十一月十三日才公佈的，此諭曰：「園內一切事宜歸陳曾壽全權辦理，所有當差人等稟承咨詢可也。」

二十、旅順之行

溥儀在營口一上岸，便感到上了土肥原的當，先被關東軍的代表控制在湯崗子溫泉旅館，繼而又被送到旅順，封鎖在大和旅館內，直到一九三二年一月十五日，日本才准許他遷入肅親王府，兩天後，溥儀的「密諭」傳到天津靜園：「諭陳師傅、胡嗣瑗、陳曾壽仍維持駐津辦事處，一切便宜行事。陳、胡安心，甚妥勿慮，定期即召來，勿萌退志。」「密諭」中還用了「夢寐之間，思見卿等」及「相見匪遙」等詞語，以表達他對陳寶琛等老臣的思念之情，陳乃決定「赴旅順請安」。

一九三二年一月廿四日，八十五歲高齡的陳寶琛由其子陳懋復和外甥劉驤業陪同，乘濟通丸在北方最嚴寒的季節裏抵大連，暫憩星浦大和旅館，當即約鄭孝胥和鄭垂父子來見，並共進午餐。據《鄭孝胥日記》載，「弢殊健」，還談及「南京開『國難會議』，邀載濤、達壽、寶熙、衡鈞、段祺瑞、王揖唐、陳三立等，林棨赴南京未回」等情。陳寶琛當天就要赴旅順見駕，鄭孝胥則怪他未先電告，「言倉猝赴旅，恐難入見」，陳寶琛答以「此來只盡己之心，若不得見，亦無可如何」。遂於當天「日斜」時刻，逕往旅順肅親王府。據陳曾植日記載，「門衛日人聞弢老來頗表敬意，立爲傳達召見」。當天晚上住在旅順大和旅館。

第二天，溥儀同時召見陳寶琛和鄭垂，則陳、鄭兩家始於天津的御前辯論，又在旅順展開了新的回合。鄭孝胥依據其子的敘述載入日記：「大七自旅順歸，云陳寶琛奏謂：『宜命使赴東京，謁日本政府商條約。』上詢鄭垂，對曰：『不可。日本政府未議及此，而我先言之，徒爲所輕；若以私往叩，彼必不答。』」顯然，溥儀未動之際，陳極力攔阻出關，彼時手中尙有主動性；溥儀既已入了關東軍之籠，陳乃退而求其次，強調與日本政府訂約，無非盡力爭取主權而已。鄭垂則「一針見血」：處在此時此地，除了俯首聽命，別無他途！

陳寶琛還代陳曾壽呈遞了一份奏摺，其中的話顯然也代表了他的意見：「爲今之計，宜先設法脫目前之羈絆，復在津之自由。然後相機善爲應付，使彼見我無汲汲之意，乃不致啓其輕侮之端。庶進可免挾制之危，退可有迴旋之地……使內而國人，外而列強，皆曉然於皇上所處之地位，超然獨立，並非日人之傀儡，無所疑猜，然後人心歸向，列邦共認，中興大業，庶肇於茲。」

一月廿七日，即陳寶琛來到旅順的第三天，鄭孝胥和鄭垂父子忽入陳所住的大和旅館，以「日本人要開會，旅客一概不能容留」爲因由，「催毋老行」。陳說，本擬即行，但已命兒子陳懋復、外甥劉驤業赴大連換金票去了，等兩人一回來馬上動身。繼而往肅王府向溥儀辭行，溥儀還戀戀不捨，囑其在大連多住幾日，「稍緩歸津」。然而，待他返回旅館時，卻見鄭氏父子早把他的行李裝上了汽車，逼著他隨車赴連，而陳懋復和劉驤業恰在這時回了旅順，並因此獲悉真相：原來並無日本人要開會之事，實際是板垣征四郎又來與溥儀談判，鄭氏父子怕陳參與其事，便迫不及待地催促他離開旅順。

此事首尾與鄭孝胥同日日記正相印證：「小七、九六登奉天丸赴滬，遂與大七赴旅順。召見，聞板垣明日到，命鄭孝胥、羅振玉先與會議。附公車返大連，甫至，復得電話：板垣已到旅順。即以汽車往。板垣延在日本酒館共飯，席散，宿大和旅館。」

一月廿八日，鄭孝胥和羅振玉作爲溥儀的代表，與板垣征四郎在旅順大和旅館一號房間，就「聯合三省爲滿蒙自由國」問題舉行會談。板垣提出「推舉宣統帝爲大總統，軍民分治，立法、行政、司法三權分立，滿、蒙、漢、日本、朝鮮人民無分畛域，合爲一體」。羅振玉對「不稱皇帝」提出異議，鄭孝胥也表示：「皇帝總統之名，須加討論。若權歸皇帝而聘用日本名人爲最高顧問，必可成中日合作之效。」對此，溥儀的態度也是堅決的，「謂共和制不適於亞洲，若舉總統，則不能就」。

一月廿九日下午，鄭孝胥返回大連以後，曾往朋友家與陳寶琛晤談，鄭並未詳談實情，所謂「弢詢昨事，告以辭總統而已」。

一月三十日，溥儀派人「召弢老復入見」，告以與板垣會談的情景，「言擬建滿蒙共和國，請上爲總統，上未允」，「上述拒板垣事甚詳」。陳寶琛亦「痛陳其不可，請上堅持」。羅振玉之四子羅福葆當時在場，後來曾在親屬間講述過當時的情景，他說陳師傅見到皇帝就放聲大哭，跪在地上撞頭說：「皇上，這件事千萬答應不得，答應了，要受千秋萬世的罵名。」皇帝看到這個樣子，也流下眼淚，什麼話都說不出來。陳懷著沉痛的心情向溥儀告別說：「臣風燭餘年，恐未能再來；即來，亦恐未必能見。願上珍重。」言畢，凄然而行。

一月三十一日，鄭孝胥「至南方旅社視陳弢庵」，兩人圍繞溥儀的前途問題再度爭論起來。在籌建「滿蒙新國家」問題上，鄭雖然也表示堅持帝制，反對共和，但他認爲更根本的問題是所謂「門戶開放」，首先是向日本開放，這卻是陳寶琛所反對的。在陳的質問之下，鄭被迫談及溥儀的尷尬處境，承認難以實現清朝復辟，「神氣不似前此之高興」，而把責任全推到羅振玉身上，並揚言「將從此不管」。陳乃毫不客氣地斥責他說：「言汝隨上來，不離左右，此事豈羅一人之責！此時乃言不管，何以對上？」鄭被問得啞口無言。

第二天，陳寶琛就難過地離開了大連，據《鄭孝胥日記》載，他「至埠頭欲送弢庵，濟通丸已開」，兩人又是不歡而散。

廿一、堅辭「府中令」

就在陳寶琛離開大連的當天，陳曾壽應溥儀電召，攜婿周君適抵達大連。他成了陳寶琛繼續關注溥儀與板垣談判的眼睛和耳朵，成了陳寶琛繼續與鄭孝胥爭辯的嘴巴。

據周君適回憶，陳曾壽離津時，特撰《留別弢老》七律一首，以贈陳寶琛：「貪天已罪況居奇，辛苦彌縫敢息機。肝膽何緣分楚越，雲龍自古賴憑依。食箋臥席從捐棄，奇計常談孰是非。傅德保身念年事，臨歧鄭重更沾衣。」

周君適作爲當事人深悉內情，他說這首詩的起句「貪天已罪況居奇」即指鄭孝胥，全詩則是對陳、鄭論戰的評價。陳寶琛很快就和了一首，題爲《次韻仁先將之大連留別並示愔仲》：「眩人作劇太離奇，囊底貪天失鏡機。豈有同舟心膽異，故應接壤輔車依。觸蠻抵死猶爭戰，堯桀平情孰是非。中壽何知臣服罪，事成早辦遂初衣。」

十天的旅順之行雖然短暫，卻使陳寶琛看清了溥儀作爲日本關東軍籠中之鳥的處境，他感到溥儀已經失去了主動，恢復大清帝國的最後希望隨之而十分渺茫了，但他從感情上又很不願意也不能夠擺脫與他的皇帝學生的關係，乃寄希望於求神問卜，並於隆冬季節親往津郊關帝廟求得一籤：「祖宗積德幾多年，源遠流長慶自然。但使勤修無倦己，天須還汝舊青氈。」

陳寶琛似乎又得到了安慰，向家人解釋說：「瀋陽是本朝的豐鎬舊都，『舊青氈』這個籤很不壞！」聯想陳曾壽最近來信中介紹的旅順最新動態，似乎已初見應驗：「今日到旅順見上，說話甚多。總統一節，蘇廠（鄭孝胥）極力主張，且興高采烈，以爲指日上任矣。經板垣到旅見面勸駕兩次，上嚴詞拒絕。板心猶未死，大約尚有第三次。好在上意堅決，當不至落其圈套，而蘇廠又掃興矣。」

然而，終歸還是落入圈套，占卜幫不了陳寶琛。到二月十九日報上登出消息，說奉、吉、黑三省「長官」張景惠、熙洽、臧式毅等，與板垣征四郎在瀋陽會商「建國」事，結果確定「新國家」的名號爲「滿洲國」，元首稱「執政」，爲終身職，並發表宣言稱「諸族共和，期自由自治精神之達成」。二月廿四日，陳曾壽電告天津，證實了這一消息，在電文中隱稱僞滿「共和國」爲「公司」。

落套既定，對陳寶琛來說，鄭孝胥已經取得勝利，然而陳是很不情願接受這一事實的，當即與在津的胡嗣瑗商討對策，並急電探詢溥儀的態度，電文自然仍以隱語：「公司定貨允否？盼覆。」二月廿七日，陳曾壽的覆信到了，並無好消息，所謂「新國家爲一非驢非馬之形式，然處於不得不允之地」。他在致胡並轉陳的信中，詳述了溥儀等在談判中的處境，這封信也是受命而寫：

「自提出大總統後，上極力拒絕。旋派羅、鄭、上角赴奉晤板垣，面盡一切。乃鄭一味敷衍，不傳本意，毫無結果。昨日板自來，改爲『執政』名目，避去『共和』字樣。勢在必行，加以威脅。壽與鄭父子不免衝突。上不得已，乃允其暫行執政。俟議會議定國體，或為君主，再加審慎，度德量力，以定去就。若民主，則立即辭退。囑其將此意宣言之，渠亦允諾。惟此局面，明是騙局，但不允則危機立見。其錯在離天津，此後乃必至之果。叔言（羅振玉）此時頗持正論，而已無及，但頓首自咎而已。上屬以經過情形轉告，屬勿過懊惱。請即轉告太傅（陳寶琛）。」

儘管溥儀仍表示對陳寶琛、陳曾壽、胡嗣瑗等信從和依賴，而對鄭孝胥等頗有怨恨，甚至大罵鄭垂「非人類」，最後還是走上了鄭氏父子鼓吹的道路，基本放棄了「正統系」的十二個條件，同意「暫任執政一年」，一年之內，憲法成立，國體決定，再定去就。一九三二年三月九日，溥儀在長春就任偽滿執政。

對陳寶琛來說，從大連歸來而至溥儀終於出任偽滿執政，是其心情最灰暗的時期。就在這種心境裏，他於一九三二年二月中下旬寫下了一生中最後一道親筆奏摺——《壬申密摺》。從存世的這份奏摺的前五個段落來看，陳表達了自己的鬱悶心情，述說了鄭孝胥如何以欺矇手段一步步把溥儀帶向絕境。認為溥儀必受鄭害，回憶了自己在大連時與鄭辯論的情景，建議溥儀速把胡嗣瑗調到身邊以助謀劃。從中可以看出這中國最後一位太傅當時的思想面貌。以下是密摺原文：

竊臣去臘得覲天顏，四蒙召對，而憂憤鬱結氣窒舌蹇，尚多不達之詞，歸程惘惘，魂夢依馳至今。

竊見陛下以不貲之軀，為人所居為奇貨，迫成不能進不能退之局，而惟其所欲為，始則甘言逼挾謂事可立成，既悟其狂矣，而經旬累月慫為欺矇，則先之以謝某之嘗試，而後使外人出面強之以不可從，幸聖明洞燭而堅拒之矣。然如一珍物之求售，而有一包買包賣之人上下其手，則必如其價而後諧，且即使變其名稱，而實之不存，則猶之以二五為一十，此豈陛下始願之所及哉。

陛下奮發有為，亦思使貪使許，然此種情偽又豈臆之所及，即自負機智甘墮其術中，臣聞其旬餘未上直，亦住津兼旬，臣怪而詢之，則曰無事可辯。夫既身任外交，且負緪相從，際此艱危鮠颱決疑補闕，豈能稍離左右，聽客所為，成則貪功，敗不任咎，坐視陛下之孤危者，今既情見勢絀矣。

臣前過大連，曾痛切言之，謂此舉為皇上成敗所關，亦即伊一生名節所繫，無論其能否禪補，總當盡忠竭才以盡此心。臣於陛下為二十三年之君臣，於（鄭）亦六十四年之世舊，望切憂深不覺其言之激也。

亦謂胡嗣瑗宜急來，胡嗣瑗則以奉諭命管在津辦事，則慮趨詣又被排擠，致陛下為難者，然伊僅參帷幄，非如臣等與（鄭）之常直接於外人，似不至借詞於外人，以為傾軋，且深信胡嗣瑗之但知我上，斷不至從爭意見以害成，目下而擴大國人之仇外，且並其思舊之心而能變之，此時進止尤不可不慎，憂思迫切，中夜不寐（以下缺）。

溥儀就任偽滿執政後僅隔一天，就把陳曾壽召到臥室之中「密語良久」，他還躍躍欲試要

「恢復祖宗疆土社稷，救百姓於困苦」。既存此心，當然就離不開陳寶琛、陳曾壽和胡嗣瑗等人，而這些人固然可以反對僞滿，可以反對溥儀當「執政」，但卻無論如何不能夠拒絕爲溥儀服務，也就是爲復辟大清朝的「中興事業」服務。

胡嗣瑗雖然已出任僞滿執政府秘書長，但只負責處理溥儀身邊的事情，如收發私人信件，管理侍從、侍醫、侍衛，掌管禮儀，監督內廷開支等，總之是管溥儀個人的事，而不參與僞滿政務。

陳曾壽則明確向溥儀表示「只願常侍左右，不居官職」。僞滿「建國」之際，溥儀已公布他爲「特任執政府秘書」，他堅決不赴長春，並仍按清朝遺臣的規矩奏請溥儀「收回執政府秘書成命」。直到溥儀「准辭秘書職」，並傳諭「同處患難，不可遠離」，屢召速回長春，「每月由內帑賞五百元」。至此，陳曾壽才同意回到溥儀身邊，並向溥儀請求「在長春添設一辦事處，專管承轉兩陵及京津辦事處文件事宜」。他不但替自己安置了一個位置，還規定了它的性質，「不在執政府組織之內，以清界限，而免混淆」。陳曾壽只求按原有名分爲清朝皇帝服務，但卻不願參與僞滿機構。

僞滿執政府剛開張的時候，擬設「府中令」，是爲管理「執政府」的最高行政長官，「上欲弢老任之」，陳寶琛堅辭不就。雖然如此，他也並未想過拋棄君臣之義而置溥儀於不顧，只是採取了既不同於胡嗣瑗、又不同於陳曾壽的爲溥儀服務的方式，即以在野的自由之身，繼續爲溥儀「入主中原」的復辟事業奔走聯絡。

廿二、北上瞻覲

陳寶琛對日本殖民統治和僞滿傀儡政權懷有深深的戒心，但他還是以高齡之身不顧風雪嚴寒北上瞻覲，以盡「君臣之道」。

從陳寶琛與朱益藩的通信中可以看出，早在一九三二年七月中旬，陳已經動了北赴長春的念頭，他八月廿二日致函胡嗣瑗：「鄙於月內，俗事粗了，尚擬秋後趨赴左右，以遂瞻就之微忱。彼時政局更新，當有端倪矣。」這正是弢老北赴長春的初衷。在九月四日的信中他又寫道：「來教所謂宜左右之，免與趣旨相背，誠爲要義。秋涼本思趨往瞻覲，爲此又須入都靜察些時，亦須題旨准定，方可遵循。」可見陳北上不僅僅爲「瞻覲」，他的心目中還有政治文章可做。

陳寶琛第一次赴長春的行程如下，一九三二年十月八日自天津港乘船出發，九日到大連，轉火車於十日抵長春，下榻於交通銀行大樓，住兩月餘，同年十二月十二日離開長春，當晚住在瀋陽，十三日赴大連，十五日乘「天潮丸」返津。

陳寶琛在長春期間，除多次謁見溥儀並與胡嗣瑗等密談外，還與鄭孝胥詩酒往還，從他們一唱一和而留下的篇章中，可以看到陳、鄭兩人間始於天津那場辯論的繼續，也能反映陳在長春的某些活動。

十月十一日，鄭孝胥「至交通銀行視弢庵」，他看到這位年邁的同鄉「狀頗清秀，額瘤已消」，遂「爲說半年以來情況」。實際他們自二月初不歡而散，迄今已有八個月了。鄭在當天的日記中還寫道：「弢庵、王緝亭、黃默園、許魯山、葉曼多、蕙奇皆和《重九》詩。」

鄭孝胥這首《重九》寫於一九三二年十月八日（農曆壬申年九月初九），詩云：「壯年猶記戍南荒，晚向空桐惜鬢霜。自竄豈甘作遺老，獨醒誰與遣重陽？菊花未見秋無色，雁信常遲海已桑。定有餘黎思故主，登高試爲叩蒼蒼。」他已經當了好幾個月的僞滿總理，在詩中流露出志滿意得的情緒，自以爲是「獨醒」者，且已輔助舊主開創了新局面，正是秋天有色，滄海已成桑田，還要「登高試爲叩蒼蒼」。

陳寶琛抵長春後，見到此詩即和一首，題爲《次韻蘇庵壬申九日》：「高山溯自太王荒，車馬東來四百霜。天近見龍猶在野，秋深旅雁總隨陽。中興未盡煩回紇，太簡誰能議子桑。可慰舊京佳氣望，別來吟鬢覺微蒼。」兩人之間的共同語言也唯有復辟清朝這一樁事了，在陳看來，「龍猶在野」，「中興未盡」，溥儀至今還沒有「正名」，只是個不倫不類的「執政」，僞滿政權也還是個非驢非馬的「過渡之局」，又何以樂觀！「可慰舊京佳氣望」，還是多想想入主中原的事吧！

陳寶琛在長春期間與鄭孝胥的應酬，幾乎天天都有。據《鄭孝胥日記》載，十月十二日，「弢庵、子獻來」；十月十五日，「與藹宸、小七同過弢庵」；十月十六日，「過弢庵，同遊西園，林葉半黃，水次小坐，同來寓中晚飯，征宇、幾士、午原、藹宸、藻宸皆在座。」

一九三二年十月廿二日是陳寶琛八十五歲生日，鄭孝胥寫了一首賀壽詩：「天回朔漠作神京，國老東來舉世驚。八十五齡真好漢，重陽半月見耆英。中興方略資長策，北地雄豪待主盟。細楷清詩時一出，知公不減舊心情。」鄭詩用語雖恭維，實質內容卻還是他自己的一套，稱陳爲「國老」，稱長春爲「神京」，說「國老東來舉世驚」，而對陳的「中興方略」、入關

「主盟」，只表示理解，所謂「知公不減舊心情」。

陳寶琛的和作《次韻酬蘇庵》可謂針鋒相對，他認爲長春頂多可視爲「陪京」，眼下的局面不過爲一時之勢，告誡鄭等不要忘了爲溥儀去爭真正的皇權，所謂「宜受璽」，而他自己也不會忘記爲入主中原效力，所謂「老我歸尋息壤盟」。原詩如下：

「啓東興盛並陪京，遷地因時世莫驚。日角重光宜受璽，雪花九月助餐英。諸君好勒浯溪頌，老我歸尋息壤盟。贈策袁庸何敢比，從來王道視人情。」

陳曾壽的女婿周君適當時正在僞滿執政府任職，他在二十世紀八十年代初出版的《僞滿宮廷雜憶》一書中，還回憶出陳寶琛險些激怒板垣征四郎的一段故事，可見這位太傅並不曾陶醉在風花雪月和棋琴書畫之中，他更注重政治：

「在一次宴集中，打『嵌字格詩鐘』，用『中日』兩字嵌在一副七言對聯的第一個字裏。陳寫的一聯是『日暮可堪途更遠；中乾其奈外猶強。』在座有鄭孝胥的侄兒把這聯詩鐘抄下來，帶給鄭孝胥看，轉抄到了板垣手裏。板垣把它記在手冊中，加注『陳寶琛詩鐘譏日本』。有人爲之解釋說，文人偶然遊戲筆墨，無足介意。板垣才不再提了。」

這當然不會是「遊戲筆墨」，而反映了陳寶琛對控制著僞滿局面的日本殖民統治的看法，這看法來自日常細緻地觀察。例如當他獲悉陸軍大將武藤信義於一九三二年八月接任日本關東軍司令官的消息後，即在九月四日致函胡嗣瑗問道：「報謂虛谷十日後方入見，此時想尙無動靜耶？」「虛谷」隱指武藤，陳在長春期間，對武藤的舉止言行更加關注，他要看清這些日本要人怎樣控制僞滿？又究竟能給溥儀多少實權？這也是他來長春的一個主要目的。「詩鐘」事件還說明，陳與鄭孝胥的矛盾早已超越了「主迎」和「主拒」兩派辯論的性質，實際已帶有與日本殖民統治對抗的性質，不過由於陳的社會聲望以及他與溥儀的特殊關係，才得以避免不堪想像的結局。

據說日本人也曾挽留陳寶琛，提出仍給予「太傅」的名義，也被陳辭掉了，他還對溥儀說：「你左右的人一個好的也沒有！」正巧有家報社來求字，他便順筆寫下「旁觀者清」以明志，刊出後更得罪了日本人。有一天夜裏，受日本人指派的殺手持刃來到陳的住處，恫嚇他說：「人民派我來殺你，我看你老了，不忍加害，你快走吧！」他一笑置之。

陳寶琛將行，在《鄭孝胥日記》中留有如下記載：十二月九日，「弢庵來辭行，將以十四日行」；十二月十日，「視弢庵，即送其行」；十二月十二日，「至車站送弢庵行」。這一天爲農曆十一月十五日，似較原訂行期延後了一日。

陳寶琛從長春返回天津途中，先後在瀋陽和大連停留，十二月十二日在瀋陽下車，當天即有一信致胡嗣瑗，次日又發一信，告胡說，在瀋見到日本駐津司令部翻譯官吉田忠太郎，他馬上去長春，將住兩宿，然後返津。陳寶琛曾與密談，「所語均極切至」，吉田則「自稱願盡微力」。因此陳希望胡能利用這個機會，「即爲上達，言可前定爲佳」。他在致胡嗣瑗的信中寫道：「所有爲難情形，不妨儘量與說，彼就近可與虛谷熟籌辦法，虛谷與彼亦有相當交情也。」陳還表示要在天津等待結果。他沒有明言何事，係爲溥儀爭幾分自主之權是可想而知的。

陳寶琛於十二月十三日下午赴大連，擬乘「天潮丸」渡海，而該船「阻風未至」，直到十五日晨才進港，這時，吉田忠太郎擬乘的「長平丸」也已到達，陳還惦記著托吉田辦的事情，遂致信胡嗣瑗謂：「『長平丸』頃已到連，吉田本約乘此到津再晤。有謂其本國促令早歸者，不知其仍遊京津否？」

在大連候船時，陳寶琛想起兩天前離開長春，鄭孝胥、胡嗣瑗等都到車站送別，陳頗爲感慨，遂從大連給胡寄回了題爲《車發長春賦別送行諸君子》的一首律詩：「渡海瞻天亙七旬，衰癃乞得自由身。永懷旰食勤求莫，習見謙光篤善鄰。有忍故能當大任，不和敢說是忠臣。臨分哽咽還延跂，周漢中興匪異人。」

陳寶琛的這首詩非常值得玩味，是他這次出關前後七十天的總結，他最終辭掉了在僞滿任職的安排，從而不但「乞得自由身」，還把自己與鄭孝胥、羅振玉等從根本上區別開了。他希望在溥儀身邊服務的同輩和晚輩，在僞滿的環境下，要爲舊主盡心盡力，要講究對付日本人的策略，要懂得必要的容忍，要堅持「爭主權」和「入主中原」的復辟清朝大目標，他把自己的希望全部寄託在這上面了。

陳寶琛也把這首詩寄給了鄭孝胥，卻改動了若干字句：改「有忍故能當大任」爲「有欲豈能無共主」，顯然加入了諷刺的意味，改「周漢中興」爲「翊贊中興」，則顯示了程度上的區別。鄭當即和了一首：「忽忽殘年過七旬，豈能忘患只忘身。楊旁未可容酣睡，海內誰云等比鄰？聊以神州喻唇齒，忍看諸夏廢君臣。弢翁老去名尤重，應仗新詩悟國人。」鄭在和詩中對弢翁表示理解，維持一個表面上的尊重，其實是說他老了，不用再操心管事了，寫寫詩發發牢騷也就算了。

一九三二年十二月十五日下午四時整，「天潮丸」航離大連港。一夜過去，「船窗夢醒，猶疑在葵園前廳也」。這一天「海波如鏡」，陳寶琛又在船上執筆研墨，寫信向胡嗣瑗問道：「聞虛谷十二日有兩時之談，能融洽否？」傍晚時分，輪船靠港。陳太傅的雙套紫韁馬車又出現在天津街區的大道上了。

廿三、魚雁暗送

這一時期陳寶琛爲溥儀服務的主要方式，是保持與在溥儀身邊管事的僞滿執政府秘書長胡嗣瑗頻繁通信，藉以溝通兩地資訊，瞭解僞滿政局的變化，而爲大清朝的「中興」定方略，資長策。

由於不得不面對日本武力控制下的僞滿洲國這一特定的政治環境，陳寶琛這時所嚮往的，首先是改變溥儀的政治處境，使之擺脫「政非己出，事由人斷」的傀儡地位。

在一九三二年十二月廿三日的信中，陳寶琛引述國際社會對僞滿「極爲軒豁呈露」的評論之後說：「無人對此虛構之獨立國加以承認，即日本亦無此要求，然則有舉莫廢，亦視此後之能否勉副獨立二字，以求爲可承認已耳！」「有舉莫廢」實在是無可奈何，只有退而求「勉副獨立」了。在這種心境下，他也不能不關注著僞滿政局，遂在信中又問到關東軍司令官武藤信義（虛谷）和僞滿總理鄭孝胥（夜起）的情況：「虛谷受事後，旬必一見，於建國規模，有無裨贊？夜起所聘顧問，能否得人？實爲繫懷。」溥儀與武藤的定例會見，鄭和日本顧問的關係，這當然都涉及主權問題。

在一九三三年一月廿七日的信中，陳寶琛寫道：「彼（指日本）果能贊成我之實現獨立，使我可洗傀儡之詬，彼亦世有統監之嫌，不亦饜人心而息眾議乎？是在秉鈞者之開誠曉辭也。」在他看來，「但視同蒙藏」，即得到如蒙藏地區的自治權，「已非我所甘受」，還要爭獨立權。當然他也知道，「此則固非虛谷所能主」，須經日本政府決策。

溥儀出任僞滿執政前與日方約定：一年爲期，實行帝制。將屆期滿，陳寶琛乃在一九三三年二月一日的信中提醒鄭孝胥和胡嗣瑗說：「所急之者，一年之期已近，不能不預籌表示，夜起有無計畫，公意如何？」他希望利用這個機會，爭回幾分自主之權。

在二月十六日的信中，更具體地闡述了這個問題，他希望日本對僞滿起碼能像英國對愛爾蘭、加拿大那樣給予充分自治的權力。他寫道：「約期瞬屆，而西風忽轉，鄰（指日本）之勢成騎虎，雖強支門面，曠日持久，終恐有圖窮匕見之日，則取實而捨名，如蒙藏之自治而內屬，早聞青溪有此規劃，爲調解之地，英之愛爾蘭、坎拿大（舊譯名）即其例也。然亦必我真有獨立之精神，自治之權力，始有以解於旁人之指摘。」

在一九三三年二月廿五日的信中，陳寶琛又從國際輿論和「國聯」的態度爲僞滿爭主權，他寫道：「亟宜勉求自治，成爲獨立，使人有可承認，鄰爲我即自爲也。」如此無奈地向日本殖民者爭主權，這實在是歷史的悲哀。

在一九三三年三月二十日的信中，陳寶琛建議溥儀與武藤信義商洽，明確要求彼方「隱爲扶助」，而不要「顯爲把持」，再利用可能出現的中日直接交涉的局面，奠定「自治」，「獨立」的基礎。他寫道：「隱爲扶助與顯爲把持，固自有別。上於虛谷，盡可開誠佈公，指陳利害，切實與商，所謂中外共見共聞者，固不止於一時之得失也。觀內田之就商於幣原，其杌隉可想。彼若強硬到底，則不獨熱河不值一鼓，即華北亦孰當其鋒，難保不惹起世界大戰爭。彼若顧慮及此，聽從調解，則我實先受之。而考其實際，能自比於愛爾蘭、加拿大乎？……誠能乘此轉樞，或尙有立腳之餘地。否則與其取消於他日，不如此時磊磊落落之表示。不知已與虛谷商之否？」

這實際是讓溥儀向日本關東軍司令官攤牌，或者允許「自治」，或者乾脆辭掉僞滿執政，然而在這兩個方向上都沒有路。

陳寶琛還透過相識二十多年的日本友人神田正雄，向日本政界元老進言，「但語以作保護國之元首，不如爲退位之帝王」，這件事寫在一九三三年四月二日的一封信中。在別的許多信中，也一再表述過自己的這種觀點，例如在一九三三年五月一日的信中，他就表示過反對鄭孝胥「省心省事而不惜爲太阿之倒持」的主張，這實際講的還是「自治」、「獨立」、「主權」等問題。

對於僞滿的某些政務，陳寶琛也有過評論，提過建議，但無一不是爲了「爭主權」。例如當他聽說僞滿境內「每邑設一推事，皆用日人」時，便在信中追問此事，表示了不滿。又如一九三三年八月新任關東軍司令官菱刈隆到任之際，陳又寄望能趁機有所更張，他寫道：「新使已到，所見能逮所聞否？既表示不干涉宗旨，或不至盡食其言，所患我自無人而授人以柄也。」又說：「主人果有知人安民之本領，使人見而誠服，旁落之權，何患不可收回？學以廣才，能忍而後有濟，現惟靜修以待時耳！」爲此，他還陸續向溥儀推薦了王聘三、秦晉元等一些人才，就是為了收回「旁落之權」。

再如，溥儀登極為「康得皇帝」以後，即傳出將訪問日本以示答謝的消息，陳擔心因此而在世人面前暴露傀儡的醜態，遂於一九三四年三月廿四日寫信道：「風傳秋後六飛（指溥儀）亦東，則斷斷不可，難保無媚外僥倖者，甘言以熒聽。所賴離明乾斷，不為所動，免授諸方以口實，失眾望而梗前途。區區過慮，故於公豫言之。」他雖未能阻擋溥儀訪日之舉，卻也延緩了這次出訪的行期。

再如，日本天皇的弟弟雍仁「訪滿」的消息傳出後，陳也寫信建議：歡迎雍仁的禮遇不要過於隆重，「稍一不慎，即無以保持獨立面目，並兩國平等之道」。再如，一九三四年七月，陳寶琛聽到溥儀將廢掉「皇后」婉容的消息，立即寫信表示反對，他又擔心有人乘機把倭女導入後宮以取代婉容，實行枕邊監視。

為了改變溥儀的政治處境，最終實現復辟清朝的理想，按照陳寶琛的策略，一方面不得不向日本「要獨立」、「爭主權」，另一方面他也認識到，必須建立自己的軍隊，完全依賴日本人的刺刀肯定是不行的。

陳寶琛積極鼓動溥儀聯絡吳佩孚、于學忠、韓復榘、石友三以及王懷慶的舊部等各路軍隊，組建屬於自己的武裝，「入主中原」。他在一九三二年八月十一日的信中寫道：

「此節亦不能不資外力，但究以中人為主，必須劃清界限，如果南下收京，則視僻處一隅受人保護者，難易較然，尤宜豫策安全。」他在一九三三年二月十六日的信中又寫道：「都人之望翠華，固不免於見卵求時，夜但有機可乘，亦不便禁遏。」流露了對溥儀「入主中原」的渴望。

陳寶琛還希望利用張作相在東北軍中的聲望和影響，把張學良下野後留下的十萬部眾變爲溥儀的御林軍。承德失守後，作爲第二集團軍總司令的張作相便離開軍職，又未受南京政府任命的國民政府軍事參議院上將參議，從此寓居天津「租界」了。他不但與慶親王載振爲兒女親家，而且其舊屬張景惠、熙洽等已出任僞滿要職，似乎有條件接觸他。在一九三三年四月二日的信中，陳寫道：

「爰立（隱指張作相）自木蘭歸，即蟄伏意界新居，不見『留』（隱指張學良）面，亦不赴『青』（隱指蔣介石）招，且不作答。東北軍隊，留此猶逾十萬眾，得其一呼必立應，『留』既去，未可柔致也。但須由我出面，俾免顧忌。新京有所親暱者，與通殷勤否？前伯材到東，正爲此，現尚覓人探其真意也。聞渠去歲，曾訪道子，甚款洽。河北以稅重餉加，疾視黨治，誠得此輩發難，當能先成一新局面，則難題漸近，既可免受制於一隅，而後入於互相利用之正軌，公意謂何？」

在一九三三年七月十七日的信中，陳寶琛又提出了聯絡黃郛的策略，黃郛就是一九二四年十一月間驅逐溥儀出宮時攝政內閣的代總理，經手修改了優待清室的條件。爲什麼要找他呢？陳寫道：「黃在北方，爲軍閥所疾視，而何應欽亦與之不相容，困於孤立，欲去者屢矣。日方能多方扶持之。查黃於長城血戰之始，曾發表意見，抨擊日本甚力，並非完全屈服於日者，我方亟應乘此時勢，設法與之聯絡，收爲我用，彼在代閣時，尚有修改優待條件，非喪盡天良可知，庶不至終入迷路，聽命於他人也。」

雖然陳寶琛想出許多辦法，招兵買馬，希望給溥儀奠下實力的基礎，但是，既然溥儀已經鑽進了日本人設下的繩套，就完全失去了號召力或影響力，不要說他已無法建立起軍事力量，即使辦得到，日本人也絕對不會允許的。至於向日本人爭「主權」要「獨立」，也只能是畫餅充饑。

廿四、再赴長春

時年八十六歲的陳寶琛身體日衰，但自一九三三年七月以來，多次表示要「再踏前塵」，「支疲瞻覲」、「仍循前轍」、「航行輦達」、「以遂瞻就之忱」，他再赴長春的願望終於實現。

一九三三年十一月八日，陳寶琛乘船離津前往大連，十一日換乘火車於當晚抵長春，由鄭孝胥、胡嗣瑗、陳曾壽等迎往旅舍暫住，十三日移居偽滿執政府，又住了兩個多月，於一九三四年一月廿九日離開長春，仍乘火車到大連，再由海路於二月一日返抵天津。

陳寶琛這次就住在溥儀身邊，隨時見面，無所不談，瞭解到更多更具體的情況，雖然他們對談的內容沒有留下記錄，但從有關資料中可覓蹤跡。他回到天津那天，就給胡嗣瑗寫了一封信，其中道：「此別至爲悃悃，每念吾皇操心慮患之言，與足下菀結孤危之況，則不能寐。」所謂溥儀的「操心慮患之言」，在該信中提到用人問題：「日昨侍側，上勤勤以人才不足爲言，然非近在關東者，羅致又多不便。」在陳曾植的同日日記中，則記載了陳寶琛對控制偽滿的某些日本要人的評論：「弢老歸，談悉種種，令人氣悶。倭人舉動，總帶幾分鬼蜮性質，終非好相與也。」

陳寶琛回到天津的第二天，就謁見了當時住在天津的載澧，轉達了溥儀對父親的孝順之意，溥儀希望父親到長春住一段日子，但據陳獲得的資訊，「似尚無行意」。一個月後，溥儀當上了「康得皇帝」，然而，陳寶琛在長春時已看透了這件事，所以他不等著參加「登極大典」就返回天津了。連溥儀自己也沒有多大興趣，在籌備大典期間，僞滿國務院顧問宇佐美勝夫一再勸說，讓溥儀親自宣讀《即位詔書》，他才同意念了一遍。

從這以後，來自長春的消息都令陳寶琛失望。

隨著溥儀登上「帝位」，先把胡嗣瑗從僞滿執政府秘書長的實權位置，「升遷」到僞滿參議府，實際是日本人不許他待在溥儀身邊，搬掉這個聯絡溥儀與志在復辟清朝的遺老的「中轉站」，這首先打擊了陳寶琛。

一九三四年三月九日，即溥儀「登極」後第九天，陳發出一封致長春某親近之人的信，在無奈地說了一句「移宮換羽，當有一番新氣象」之後，便用隱語探問：「玉出店後，仍得到店否？」胡嗣瑗別號自玉，而「店」字代執政府或僞宮廷，此話是說，胡離開溥儀身邊的職位以後，還能得到機會靠近「皇上」嗎？陳認爲「掌內盆之責任吃重」，沒有人可以代替胡，而比他更適於擔任「秘書長」的職務。「然其爲群小所嫉，不知離照能不爲所奪否？此夙夜所惶惶者也。」

到了五月初，又傳出日本將派天皇裕仁的弟弟秩父宮雍仁爲專使訪問僞滿的消息。陳寶琛擔心由此促成溥儀訪日，「恐失內地人心，並滋國際誤會」，非常著急，遂在五月五日致胡嗣瑗的信中又加以勸阻。他說，「兩君相見」在當前並不能解決什麼問題，「斷不宜輕身而往，主其議者，皆別有肺腸，睿照固已堅持，尙宜早籌所以應付之方，免致臨時爲所節制」。

不久，陳寶琛已經看出雍仁來訪是擋不住的了，乃專文就禮節問題提出意見。他寫道，當日本秩父宮雍仁以「御名代」身分來訪時，「所有迎送供應，自應參酌今日國際禮節並我方情形，借示優異。然禮遇過隆，稍一不慎，即無以保持獨立國面目並兩國平等之道」。於是，他特意查閱了同類的國際應酬前例，以說明迎送雍仁應取的禮儀和規模。他最不願意看到溥儀所在的那塊地方失去「獨立國面目」。

一九三四年六月初，陳寶琛聽說了關於婉容的傳聞，在六月五日的信中，他第一次提及此事。他聽溥修說日本駐津領事館翻譯官吉田忠太郎喜歡「揚言宮秘」，吉田夫人又與婉容熟悉，而最近吉田夫婦已赴長春，肯定有機會出入後宮，「不可不防」。他希望堵塞後宮的漏洞。在七月十一日的信中，陳又提到這件事：「月前有廢椒之謠，不知其所由起（且聞滬上有欲疏阻），一山以爲詢，鄙力辨其爲謬誕。」他反對溥儀廢后，最根本的原因，是擔心溥儀的後宮被「導入倭女」。正如信中所說，「前數夕夢中恍惚有人告以妄幸導入倭女家，河陽諫阻不聽，大哭而醒」。

身在天津，心繫長春，陳寶琛不能不爲溥儀身邊的種種而操心。

廿五、三赴長春難遂願

自一九三四年九月起，陳寶琛給胡嗣瑗的信中，又屢屢言及再赴長春的意願。九月十六日的信中有「尚擬東上」一語，是內心的決定；十月十六日，信中有「相見在即」一語，是起程之兆；十月廿七日信中說情況微有變化，「適風雨驟寒，痰嗽復作，此輪遂又緩行，計須一月方能晤教矣」；十一月廿九日，信中告以仍然不能成行，「衰軀近方粗平，恂屆三九高寒，恐不能勝。擬俟開正，再圖瞻就」；十二月七日，信中繼續表達了這位老臣北上叩主的信念，「相睽又已滿歲，宮府之中，封域之內，進退何似？百聞不如一見，極思趨前，一謦縷縷。衰疾侵尋，徒自愧恨。」

自第二次從長春歸來，陳寶琛因高齡身體日衰，確已失去遠行的能力了。他在一九三四年三月九日寫道：「孱軀日親醫藥，諸病雖略減輕，然終不能健復，過此星期，尚欲到院一診，開一常服之藥，方敢到津。」從北京到天津都必須把常用藥品備好。

四月十三日他又寫道：「鄙入春醫藥不斷，喘嗽漸平，而寒濕散注肢末，指腫妨書，趾爛礙履，療治涉旬，頃始出戶。」進入五月，陳寶琛增添了「掌癬腫痛，癒而復發」的新病，以致「搦管猶艱」。六月三日他寫道：「鄙來津逾旬，腰痛加劇，掌癬亦未癒，稍遲仍當入都。」九月七日他又寫道：「衰軀近惟腰腳疲軟，眠食尚照常，稍健猶當航輦趨朝，以伸積戀，但畏寒不能久住耳！日來掌癬又發，作字孔艱。」這些記載都是陳寶琛的自我感受。

陳寶琛三赴長春的心願難遂，而與鄭孝胥的吟唱詩和未絕，一九三四年十月十六日，鄭又作了一首重九詩寄給弢庵，陳的和作《次韻蘇庵九日》於十一月十四日寄返鄭宅，詩云：「老向人間尚眼明，見君喜又見新京。風光漸共山川異，心力猶能道路輕。救世匹夫俱有責，忘家我輩豈無情。年年來和重陽什，北海羈居苦待清。」

陳寶琛這時仍感到「心力猶能道路輕」，要三赴長春，宣傳他的「救世」方略，他還自加了一條注文：「以借寓未定，再展行期。少緩仍當賈勇詣前，不敢畏寒也。」有人見之，十分欽佩地說：「此老意猶豪健，有百歲之望。」

陳寶琛在這個時期的思想面貌反映在他寫的詩詞中。

陳寶琛與胡嗣瑗唱和的一律，表達了還要北上、以就「詠觴」那種志在復辟的「豪健」之情：「葵無早暮總傾陽，菊已衰殘尚耐霜。西日麾戈容可返，北風攜手敢嫌涼。此邦漸喜稀桴鼓，隔歲還來就詠觴。民欲天從寧或爽，關山自古有周行。」

陳寶琛寫於一九三四年十二月七日的一封信中還提到「夜起曾寄五古兩章」，核以《鄭孝胥日記》，一九三四年十一月十日有載：「作《寄弢庵》五古二首，使默園代寄，並抄寄秋岳、次貢。」這兩首五言詩今已無見，但從同期鄭孝胥所寫許多五言詩中都有「中興」一類內容可想而知。

廿六、最後時光

從一九三四年十月末算起，陳寶琛已經步入人生旅程的最後四五個月，這一段日子裏，他還關注哪些問題呢？

首先，陳寶琛密切關注國內政局的發展變化，不但觀察國共兩黨的進止，而且隨時分析日本以及英、美、蘇的動向，而爲溥儀的發展找機會。

一九三四年十月廿七日，陳寶琛致信胡嗣瑗，分析「鐘山」蔣介石的行止說：「鐘之北來

（聞又中止，行蹤正秘），爲解軍會而設行營，以充己力，並調北軍南下，冀免他方狼顧。然西南違言，內部暗鬥，終未有已。此數月中，正復多事。」

十二月廿五日，陳又提出利用英美並操練新軍等方略，他寫道：「目下大勢，鐘山急於自謀，縱共入湘。若竟入蜀，則成坐大，非從秦隴遏其通道新疆，聽與蘇俄聯合，後患豈可勝言？鄰到此時，豈能坐視？而我捨鄰，亦誰能爲助？英美雖嫉日，亦不能不利用之矣。然回紇助唐，必有李郭新練之軍，能否應用？仍用滿洲國，能慰思漢之心否？亦一疑問，宜予籌之，勿笑其太早計也。」

蔣介石繼一九三四年十一月攜夫人宋美齡親往五台縣河邊村會見閻錫山，又於一九三五年一月十六日自奉化抵滬，訪晤段祺瑞。陳寶琛由此感到華北局面要變，但他同時認爲，日本人不會爲溥儀謀進取，他們的行動出於一己之私利。陳寫道：「鐘山既遠召琅玡，又親訪柯古（段祺瑞），而蜀已瀕危，兩粵亦漸露骨，變恐不遠。鄰狙伺其側，自有所利，未必有心及我。」這時日軍主力集結於熱河境內豐寧縣，而第七師團谷壽夫旅團受命自承德開往熱河與察哈爾邊界地區，與宋哲元部對峙。

一月十九日，日僞軍開始向察哈爾省的沽源縣境和獨石口方面進犯，到廿二日戰鬥打響。何應欽則命宋哲元「讓步」，在長城以外竭力避免衝突。陳寶琛在一月廿三日信中寫道：「察邊勢雖稍鬆，內訌恐未有艾，處處予人以可乘之隙，但視鄰之於我，如何措意？熏風如能大處著眼，則知利我即所以自利，彼此當無不達之情，去題即不遠矣！」可見他對利用日本人是很不放心的。

二月五日，陳寶琛就所謂「中日大灘會議口約解決察東事件辦法」發表看法。這個辦法是由國民黨政府一再退讓而達到的，大灘會議在二月二日舉行，訂大灘口約，規定察東各地劃爲非武裝區，中國不得駐兵。陳評論說：「察晉殆將降伏，芻尼而求逞志，理或有之。有自南來者，謂鐘山一一順受，三國鼎峙，華北之患可紓。果爾，彼爾豈能饜服其黨徒？難猶未已也。」陳並不認爲國民黨一時退讓了，華北問題就解決了。

此後，日本關東軍駐瀋陽特務機關長土肥原賢二奉命偵察中國南北形勢，於二月六日到北平。第二天，先與北寧鐵路局長殷同、薊密區專員殷汝耕密談，繼與國民黨軍政要人何應欽、湯爾和、王克敏等會晤。二月十日，土肥原賢二自平到津，訪晤河北省府主席于學忠和天津市長張延諤。大概就是這些會晤中產生了中日間新的妥協，對此，陳寶琛在二月十二日的信中寫道：「近聞鐘與鄰期，以三月不得復言排鄰（教科書其一也），鄰亦勿縱生邊事，期滿再定他議。此江夏新函告與此間當事者，不知能踐其言否？」

其次，陳寶琛仍關注溥儀預訂中的訪日之行，既難阻止，乃求緩行。他在一九三四年十二月七日的信中說：「六飛東遊，或難中止，能否緩至秋間？」一九三五年一月六日，陳又以占卜結果，建議溥儀在四月份訪日：「既知東幸不能中止，則以二三月與五月皆非宜，而以四月爻辭爲吉。開摺請爲代呈。」一月廿三日，陳再提出「從臣」問題：「他日東幸，從臣尤須得人，此時即應留意。」陳重視「從臣」人選，是爲了有利於向日方爭主權的謀劃。二月五日又問：「東遊從臣，當已擬定？」二月十二日再問：「六飛恐難展期，從臣已否派定？」溥儀於一九三五年四月二日至廿七日間首訪日本，確實尊重了陳師傅那一卦。

再次，陳寶琛聽到婉容與隨侍有染的後宮傳聞以後，又很關注宮廷典章制度的修正和健全。在一九三四年十二月廿五日的信中，陳建議在後宮設「女官」：「修訂大典，舊制自不能無所損益，亦不能盡取彼邦之典範，一一摹仿，宮闈位號，其一端也。閹寺勢不能復，應設女官否？藎慮必極周詳，願聞其略。」

後宮事發，溥儀極爲憤怒，擬以「避寒」爲名，令婉容移居大連，永遠置之冷宮。所以，陳寶琛於一九三四年十一月廿九日信中追問「椒病欲移旅大療養」是否確實？又在一九三五年一月十七日信中再問：「聞十二日駕幸旅大避寒，是否爲椒養病致訛，抑同行先歸耶？」一月十四日曾發佈「宮內府佈告」，說「皇帝、皇后兩陛下於本月二十一日行幸啓旅順」，但在一月十九日又佈告「皇后」之行「因事停止」，原來溥儀想把婉容送到大連後就廢掉的企圖，遭到日本人的反對和婉容的拒絕，只得作罷，而旅順方面已經做好準備，溥儀乃於廿一日隻身而往，直到廿六日返回長春。其間陳寶琛於一月廿三日再度追問：「日內駕幸旅大，想爲椒療養，而椒中止何耶（是否益劇）？」二月五日陳又言及：「椒之病狀，一樓密邇，主上何以爲懷？思之踟躕，旅二爻矢，或應於此。不可不爲之防，庶幾有備無患。」二月十二日陳還問：「椒病能稍安否？」後宮出了問題，固然可以說是小事一樁，但流播市井，瓦解了「帝王之威」，那可就是大事了！陳之所繫正在於此。

最後，陳寶琛還建議邀請溥儀的英文師傅莊士敦前來東北。他寫道：「近見莊志道所編一書，主人處必曾送呈，不知近亦通函否？能約其東來，一敘闊悰，亦情理之常，或當有用處。日英正在接近，以謀東亞之局，必不至觸其所忌（肯來，當為措來回川資），公謂然否？」溥儀尊重陳師傅的意見，遂有九個月以後的莊士敦長春之行。

此外，陳寶琛對溥儀的用人問題也掛在心上。他在一九三五年一月六日的信中寫道：「聞侗伯作古，替人誰屬，乏才可嘆。」侗伯即郭宗熙，曾在溥儀的小朝廷裏任職，後隨溥儀到長春，出任僞尚書府大臣。他死後，溥儀提議由袁金鎧繼任。

一九三五年二月四日，即農曆乙亥年正月初一，這一天陳寶琛寫了兩首詩，這是他一生中最後的作品了。一週後，他把題爲《乙亥元日》的一首七律寄給胡嗣瑗「館丈正之」。詩云：「嗚鞭萬戶盡春聲，百變誰能廢夏正。始旦人爭瞻旭日，無風天特假暄晴。蟄坯欲振身滋耄，龍德方中歲一更。博得東鄰呼米壽，稱觥夢已到新京。」詩中表達了他對清朝復辟的堅定信念，以及對溥儀這位舊主至死不渝的忠誠。

陳寶琛給胡嗣瑗的最後一封信，寫於一九三五年二月十五日，當時胡正在天津休假，陳很想知道溥儀及長春的近況，但因「僵臥病坊，不能奮飛，殊自悵悵」。原來長在額頭上的瘤子碰破了，流膿出血，並有腫痛，乃入德國醫院手術治療，自以爲療養數日，可以平復。其實，他的致命之症是肺炎，其病狀在陳致溥儀的遺摺中已寫得很清楚：「竊臣自去冬偶患痰咳，調理就痊。前月望間，舊恙復作，尚可支持數日。以後體中發熱，痰涎壅塞，喘促不安，改由西醫診治，針藥兼施，未能奏效。自是病狀益危，氣息僅屬，輾轉床褥，勢將不起。」又據《鄭孝胥日記》載，陳最後因肺炎住入醫院是在二月廿七日，其家人三月三日給鄭的電報寫著：「肺炎五日未解，頗可慮。」至五日午後一時歿於京寓。

陳寶琛逝世前還惦記著溥儀的前途，叨念著「此局將何以繼」，他口授給溥儀的遺摺中還談及夙願未償的遺憾：「……方期三春氣暖，再詣行期，乃茲一息之尚存，借致五中之愚慮，不圖心長命促，福薄災生，空懷捧日之忱，無復回春之望。生機已盡，恨無路以瞻天；素願未償，徒銜悲而入地。命也如此，夫復何言？伏願我皇上求賢納諫，親仁善鄰。修德乃可服人；得道方能多助。因人心之思舊，亟為遠大之圖；戒王業之偏安，宜有綢繆之計。庶幾上慰九廟之靈，下副萬民之望。則臣身雖死，臣目長瞑，無任感激淒戀之至。」

陳寶琛去世後，溥儀特諡「文忠」晉贈「太師」。鄭孝胥也寫了一首輓詩，評價陳的一生：「弢庵功名士，文字興不淺。少年負盛望，騰躍至貴顯。中間忽垂翼，在野久偃蹇。六十方還朝，乃復丁國變。倉皇作遺老，耆及志未展。一生若三世，老眼差自遣。石交惟簣齋，極意為論辯。何至抑忍堪，相輕似微偏。其詩必可傳，五言晚尤善。和章兼細楷，重疊盈篋衍。銜悲檢殘墨，駒隙欹一泫。」

在另一首題為《九原》的詩中，鄭孝胥寫出他對晚年陳寶琛的理解，他不但深知陳忍死「東望」的心情，也深知這種心情永遠不會得到安慰了。原詩僅四句：「王室吉興豈妄言，待時未可議南轅。弢翁忍死猶東望，難慰斯人在九原。」

又經過了幾年偽滿官場生涯的鄭孝胥，到這時，其思想感情與陳寶琛重新接近，他的輓聯：「幾番出塞豈灰心，遼瀋先歸，須臾無死；未睹回鑾休瞑目，曼殊再起，魂魄猶思。」這似乎與遺摺中的「戒王業之偏安，宜有綢繆之計」相吻合，或者說是兩人間的政治論戰至此可以終結了。然而，在日本的軍隊、刺刀和殖民統治的條件下，陳要「獨立」、爭「主權」和「入主中原」都是辦不到的，而鄭也在此後不久就被日本人趕出了偽滿國務院，只因為他一九三五年五月在王道書院講演時發了一句牢騷：「滿洲國已經不是小孩子了，就應讓他自己走走，不應總是處處不放手。」弢老若能多活數月，親眼看到這一幕情景，又會怎樣的感慨啊！

廿七、歷史評說

陳寶琛在青壯年時代，面臨沙俄、日本和法國對我國的侵略，屢以上疏方式堅決主戰，請誅喪權辱國的崇厚，並毀其所擅定的有辱國家主權的條約，他還曾奉旨馳赴抗法前線，以實現自己的主張。他敢言敢諫，「好彈劾，間言朝政得失」，與張之洞、張佩綸、寶廷等，同為中國近代史上聲名顯赫的「清流黨」領袖人物，他更以敢在慈禧太后面前犯顏直諫而聞名。一八八五年被慈禧罷官後，在家鄉辦學校、修鐵路，直到宣統登極後才被重新起用，官至御前進講的「帝師」，其間又以為戊戌六君子昭雪的提案而震動朝野。對於晚清年代的陳寶琛，作為曾影響過近代中國的重要人物，依據其歷史貢獻，而給予客觀公正的評價是毫無問題的。

陳寶琛六十四歲的時候碰上辛亥革命，他從「忠君報國」這一儒家人生價值觀出發，誓作「不事二主」的忠臣，甘當遺老，繼續作為清廢帝溥儀的師傅，除了諄諄教導「小皇帝」，並受命撰修《德宗實錄》、《德宗本記》外，還不遺餘力地為復辟清朝奔走效勞。對於這一時期的陳寶琛，我們參考他的出身和個人經歷，雖然不必過於苛求，但既然其思想和行為已經背離了社會前進的方向，當然是不能給予肯定的。

陳寶琛八十四歲以後，也就是他一生中的最後四年，聽到了「九一八」事變的隆隆炮聲，面對日本帝國主義的侵略，面對在我國東北山河上拼湊起來的僞滿洲國，面對扮演傀儡角色的清朝末代皇帝溥儀，他必須接受民族立場這個尖銳的政治問題的嚴峻考驗。那麼，在這個考驗中，他又是怎樣表現的呢？也許這一點更具有複雜性，學術界歷來很少言及。複雜就在於他的皇帝學生——溥儀已經被日本人利用了，他相知多年的同事鄭孝胥等也被日本人利用了，成了漢奸，在這種情況下，能把陳寶琛區別開來嗎？我認爲是應該區別的。

對辛亥革命以後的陳寶琛的評價，應該用兩把尺子加以衡量，第一把尺子是進步與反動，他作爲遺老，念念不忘世受大清的「國恩」，把自己的才智都投放到廢帝溥儀身上，這當然是反動的；第二把尺子是愛國與賣國，用這把尺子來衡量，則我們都應該承認他是愛國的，而不是賣國的。陳與溥儀、鄭孝胥等相同的地方，在於他們都自命爲清朝的遺君和遺臣，都是復辟派，而他們的區別則在於溥儀和鄭等已由復辟走向賣國，陳則能清醒地分析時局，絕不從民族的立場、愛國的立場上後退。

「九一八」事變前，陳寶琛就對日本的陰謀保持著充分的警惕，事變後，又明確地提出了拒絕與日本人合作的愛國主張，這正是他晚年中最值得肯定的大節。如果溥儀當年能聽從他的勸誡，一定會打擊日本軍國主義者拼湊僞滿洲國的陰謀，也會對中華民族全面抗戰起到好的影響，但這一切都讓背著他潛赴東北的溥儀給斷送了，從而形成了處在日本人眼皮底下那種既不能進也不能退的被動尷尬的境地。雖然這時已經失去了主動性，陳還是親往旅順勸說溥儀不要參加僞滿傀儡政府，又北赴長春堅決辭掉了讓他就僞滿執政府府中令或留在長春仍任「太傅」

的安排，對於陳的生平來說，這無疑也是大節問題，也是應該肯定的。

在無可奈何之中，陳寶琛又建議溥儀向日本人要「獨立」、爭「主權」，同時積極拉攏關內各路軍閥以組建自己的軍隊，從而實現「入主中原」的目的。雖然他不會不知道「與虎謀皮」這種希望的渺茫，但事已至此，也只好退而求其次，拿死馬當活馬開它一刀了，即使都是一些很不現實的想法和作法，也跟身任僞職爲虎作倀的鄭孝胥之流有性質上的區別。至於陳出於復辟的理想，爲了溥儀的緣故，而屢往東北淪陷區，又不得不在一些公開或私下的場合交際應酬，對於這表面文章一類的小節問題，我們應當衡量當時的背景給予客觀的理解。

陳寶琛是愛國的，是堅持民族氣節的，他的民族立場是站穩了的。這說明在民族矛盾上升爲社會主要矛盾的時代條件下，即使是反動復辟集團的最高層，當它向賣國方面轉化的時候，也會分化出進步的因素，陳和溥儀的另一位師傅朱益藩不參加僞滿傀儡政權就是明證。

陳逝世後，子女在墓碑碑面上陰刻「清晉贈太師太傅陳文忠公之墓」。墓前原豎有花崗石神道碑，碑面由鄭孝胥楷書「清誥授光祿大夫、贈太師太傅陳文忠公神道」，此碑今平放在螺洲陳氏五樓之晞樓前。據說，當年開弔之日，螺洲路上的素車白馬絡繹不絕，靈堂兩側的輓聯悼詞重重疊疊，榮極一時。南京國民政府也下令褒揚，並贈送匾額，其後人謹遵「不事二君」之遺訓，婉而拒之。

陳所喜愛的一首詩，恰能深刻地表現出陳的處境與心境：

「獨憐幽草澗邊生，上有黃鸝深樹鳴。春潮帶雨晚來急，野渡無人舟自橫。錄韋蘇州詩，八十八叟陳寶琛。」

【參考文獻】

＊陳寶琛：《陳文忠公奏議》，刻本。

＊陳寶琛：《滄趣樓文存》，新版線裝本。

＊陳寶琛：《滄趣樓詩集》，刻本。

＊陳懋咸、陳懋恒：《閩螺江太傅陳公年譜》，刻本。

＊耆齡：《賜硯齋日記》，中和月刊二十世紀四十年代刊本。

＊金梁：《遇變日記》，載《文史資料選輯》第十三輯。

＊中國第一歷史檔案館藏《清廢帝溥儀檔》。

＊胡嗣瑗：清室駐津辦事處《辦事記要》，未刊手稿。

＊胡嗣瑗：《直廬日記》，未刊手稿。

＊遼寧省檔案館編：《溥儀私藏偽滿秘檔》，檔案出版社一九九〇年版。

＊陳曾壽、陳曾植：《局外局中人記》，載《文史資料選輯》第十九輯。

＊中國歷史博物館編，勞祖德整理：《鄭孝胥日記》，中華書局一九九三年版。

＊周君適：《偽滿宮廷雜憶》，四川人民出版社一九八一年版。

＊溥儀在撫順戰犯管理所的交代資料。

＊撫順戰犯管理所編：《戰犯情況報告》，油印本。

＊溥儀：《我的前半生》，群眾出版社一九六四年版。
＊陳貞壽、黃國盛、謝必震：《陳寶琛傳》，未刊。
＊劉蕙孫：《關於陳寶琛生平的一個關鍵問題》，未刊。

滿漢雙榜進士——溥儀和伊克坦

一九一三年十一月九日，溥儀賞賜滿文師傅伊克坦黃絹對聯一副，文曰：「松柏有本性；山水含清暉。」對其人品學識極盡讚揚。

一、兩件奏摺

伊克坦（一八六五～一九二二年），字仲平，姓瓜爾佳氏，滿洲正白旗人，西安駐防。光緒十二年進士，以編修歷至都察院副都御史，充滿蒙文學堂監督。

據《清史稿》載，伊克坦任監督時，曾向光緒皇帝奏請爲清太宗（皇太極）時代的儒臣達海「從祀文廟」，認爲「達海創定國書，翻譯經史，有功聖教，允宜附祀」，他在奏摺中寫道：

「達海以肇造貞元之佐，擅閎通著述之才，歷相兩朝，瞻言百里。其初奉命詳定國書，重加圈點，發明音義；又以國書漢字對音未全，於十二字頭之外有所增加，而國書之用乃廣。復定兩字切音之法，較之漢文切音，更爲精當，而國書之制乃備。」

同摺中，伊還提出爲達海「敕建專祠于盛京，以昭矜式」。他看到盛京（今瀋陽）東門外尚存達海的墳墓，但已是「榛莽荒蕪，碣碑剝落」，乃請「敕下所司修治看護」，「用示朝廷崇尚實學、藎念儒臣之至意」。

伊克坦的另一件重要奏摺是在宣統年間，因皇帝典學而發，他在奏摺中寫道：「我皇上睿哲性成，聰明天縱，沖齡踐祚，洪業肇基，當此春秋典學之時，實爲聖敬日躋之始。」該摺主要內容有三：一曰「請崇聖學」，他認爲給皇上制定教學科目，「自應會通今古，融貫中西，不可拘於舊例」；二曰「請擇賢傅」，他主張破除「師傅向以大臣選充」的「舊制」，「擬請敕下內外大臣，各舉所知，勿拘資格，略仿乾隆十四年詔舉經學人員成例，擇其品端學粹、教育卓著成績者，請旨召用，隆以師傅之任，分門講教，而仍派大臣總司其成」；三曰「請肅規制」，他建議取消「選派內監伴讀」的「舊制」，「擬請改選王公大臣之賢子弟昕夕侍從，學學相長，並參考學校制度，建設講堂，陳列圖書彝器，觀摩肄習，以收敬業樂群之效」。

大概就是這兩件奏摺爲伊克坦鋪平了進宮之路，宣統三年，他以滿漢雙榜進士的身分，和清末狀元、大學士陸潤庠，二十歲點翰林、三十歲當內閣學士兼禮部侍郎的陳寶琛，同時受命擔任帝師。

二、滿文課堂上的插曲

伊克坦學問高深，受派教授滿文。起初，他按宮內滿文師傅的傳統做法，在有皇帝身分的學生面前「立講」，後來遵隆裕太后命，才順從了漢文師傅「坐講」的習慣。然而，整天沉埋於音節語法之中，牙牙學語，不免枯燥，溥儀學得很不專心。加之這位師傅其貌不揚，身材短小，一臉黑痲，授課時往往正顏厲色，遂使幼年溥儀感到無聊乏味。每逢伊師傅授課，溥儀便坐不住板凳，想跑到外面去痛痛快快地玩耍。無奈皇家也有家法，縱然是皇帝亦不得胡來，否則讓四位皇貴妃知道了，那是很痲煩的。於是，溥儀也只好收斂野心，守在課堂上與老師對坐。偏偏這位伊師傅執教嚴肅，絕不肯爲了取悅皇帝學生而於授課內容之外胡謅八扯。溥儀實在難耐，便把滿文課本擱置一旁，或信筆作畫，或翻看其他有趣的書籍以消磨時光。伊師傅急了，只能責罰伴讀毓崇。溥儀明知醉翁之意不在酒，卻想出鬼點子，順竿登高，亦傳旨斥責毓崇。伴讀孩子無錯受罰，帶淚而歸，其父溥倫還得入宮賠罪，實屬可憐。

有一天，伊克坦授課完畢，正襟危坐，舒展神情，不料溥儀忽然想起戲弄老師的故伎，悄悄脫去鞋襪，隔座將腳丫子伸向講臺，又要去夾捋伊師傅的鬍鬚。惹得師傅一時性起，怒吼道：「皇上豈可把老丫丫伸向臣的臉上、嘴邊，得勿穢乎？」「老丫丫」即指溥儀的腳，那是宮中特定叫法，而溥儀的手則被稱作「老香香」。

「剛洗過的，哪會髒呢？不髒！不髒！」溥儀慢聲慢語地故意氣人。

「毓崇聽著：汝之所爲太失儀了！太失儀了！」氣急敗壞的師傅又不得不向伴讀洩憤。

「毓崇失儀，得罪師傅，來人啊，傳旨杖罰！」溥儀就像沒事兒似的，似乎在替老師「出氣」。

伊克坦向毓崇洩憤是對著溥儀，而溥儀責罰毓崇是不是對著師傅呢？學生雖小畢竟是皇上，老師豈能不心存猶疑？遂晉謁敬懿皇貴妃，奏請「開缺」。敬懿溫語相勸，再三慰留，並親派內務府大臣世續於第二天前往毓慶宮「監讀」，這件事才算平息。

其實，溥儀到底還是小孩子，哪會不淘氣呢？不過因為身分特殊，平時無拘無束，在師生關係方面便做出了一般孩子不敢為的事情，這是怪不得老師的。有的文章因此指責伊克坦「教授無方」是不公允的。曾與之共處多年的莊士敦這樣評價：「他的性格本沒有引人注目之處，卻非常樂觀、和藹，這使他在宮內外頗孚眾望，深得人心。」

起初溥儀的滿文成績較差，隨著年歲漸長也不斷進步，逐漸不但能用滿文說日常用語，而且還能寫得不壞了。經過大約四年多的學習，溥儀已能閱讀《聖諭廣訓》、《滿洲孝經》等滿文書籍了。《清史稿》用「朝夕入講，遇事進言，憂勤彌甚」這十二個字評價伊克坦的帝師生涯，是一點也不過分的。該書伊的本傳還特別提到一九一七年七月上旬「辮帥」張勳進宮那幾天的事：「丁巳復辟，潤庠已前卒，寶琛為議政大臣，伊克坦一不爭權位，日進講如故。及事變，誓臨危以身殉。」溥儀對伊師傅也愈來愈敬重，早在一九一五年，溥儀就曾特賞黃絹對兒一聯，文曰：「世臣喻喬木；晚節視黃花」，藉以稱頌師德。

三、辯誣

端康皇貴妃宮裏的首領太監信修明，後來寫回憶錄講了伊克坦的壞話，如說他「酒後妄言」，常因「哄騙」溥儀而受到陸潤庠的「面責」。特別是把一九二一年九月因辭退御醫范一梅事，引起端康和溥儀兩人失和的責任，硬推在伊身上。說他借機挑唆溥儀向端康鬧事，並因此釀成了溥儀生母瓜爾佳氏服毒自殺的悲劇。

信修明寫道：「民國十年秋，端康派人到深州買了批蜜桃，分賜近臣。經挑選後，將最好的數筐給了皇上及各主位，並分賞毓慶宮諸師傅各一筐。因茶房太監與南書房的錯誤，名單上忘列伊克坦師傅。端康未看出，總管也未核對，真是無意闖出大禍。直至諸師傅謝恩時，方知無伊名。伊克坦以此爲恥辱，懷恨在心。」

縱然有過「蜜桃事件」，伊克坦也絕不會因此而中傷端康。溥儀自己回憶，他對端康不敬是因爲端康採取慈禧對待光緒的辦法，派太監監視他的一舉一動。對此，溥儀的幾位師傅都忿忿不平，而首先講話的是陳寶琛，並非伊克坦。至於說到伊不久患中風「咬斷舌根而死」，更屬無稽之談。

有一次，伊克坦與陳寶琛爭執起來，伊認爲陳不向小皇帝溥儀說明內務府的積年弊端，這就是欺君，言辭激烈。還有一次溥儀自剪了髮辮，當時只有伊當面進言，表示反對，其他師傅都不說話，內務府大臣耆齡也只是背後發發牢騷。伊確實有保守的一面，但他敢以自己的觀點爲溥儀負責。「伊克坦忠直有遠識，主開誠佈公，集思廣益；而左右慮患深，務趨避，時復相左。」《清史稿》的這個說法是符合實際的。

伊克坦以端莊的品行贏得溥儀的信賴，一九二一年一月廿四日，溥儀傳旨命伊在內務府大臣紹英丁憂期內代其職務：「紹英現在穿孝，總管內務府大臣著伊克坦暫行署理。欽此。宣統十二年十二月十六日。」

伊克坦居於阜成門內屯絹胡同，生活儉樸，以私蓄購置了一些房產。平日態度嚴肅，不苟言笑，但性情很急躁。特別是晚年多病，性格變態，常去毓慶宮前院師傅們的休息室中，為一些小事而與陳寶琛等人拍桌子大吵，尖嗓怒罵，聲震屋瓦。陳卻能諒解他，從來不唇槍舌劍地加以反擊。

「伊克坦憂鬱遂久病，日寄於酒」，到一九二二年九月廿六日離世時，已經病了三年。享年五十八歲。他在遺摺中自述病情云：「臣病體淹纏，於今三載，迭荷聖慈矜憫，寬予假期，幾經延醫，多方調治。有時脾弱肝強，飲食銳減；有時髖酸腰軟，步履維艱。諸方雜投，迄無大效。入秋以後，病勢日增，陰虛火炎，舌齦腐爛，土虧水敗，泄瀉頻仍。伏枕呻吟，生機已盡，群醫束手，殘喘僅存。」太監信修明所謂「咬斷舌根而死」大概便是從「舌齦腐爛」一句附會而來。

此前，溥儀剛剛傳旨確定了大婚吉期。作為溥儀的啓蒙老師，自知不起的伊克坦只盼能看到兩個月後標誌他的皇帝學生成年的那一天，然而卻無從遂願了。

四、忠臣遺諫

伊克坦病勢危篤之際，溥儀破例由王公載澤和內務府大臣耆齡陪同，於一九二二年九月廿六日下午一時乘汽車親往老師寓所探病。在此之前，他只在生母服毒治喪期間才出宮往視、行禮，前後兩次。據莊士敦回憶，溥儀到達時，伊師傅剛好神志清醒，費勁地點點頭以表示認出了皇帝主子。當天晚上七時，伊溘然長逝。

莊士敦在《紫禁城的黃昏》一書中評價他的這位同事，用語謹慎：「伊克坦是宣統皇帝最早的三位師傅之一，是滿族人。他的任務是教皇帝學習滿文，或者不如說，是使皇帝長大成人而不致對祖先的語言文字一無所知。他的個性沒有十分引人注意的地方，脾氣溫和，開朗愉快，無論在宮裏還是在其他地方，他都受到人們的愛戴。我很難說他的滿文水準是否高深，但是我認爲，他講北京語要比講滿語流利得多。根據我的判斷，皇帝對於滿文的學習並不認真，雖然他也學會講點滿語，滿文也寫得相當好，但他絕不會成爲一位優秀的滿文學者。伊克坦去世後，便沒有再選派其他滿文師傅，同時皇帝本人宣布，以後要把英文作爲滿清宮廷的第二語言。」

九月廿九日由陳寶琛代遞遺摺，伊克坦在遺摺中依例述及自光緒十二年入仕，由翰林升遷副都御史、副都統，直到皇帝師傅的經歷。此外還有一篇諫書，可見他對皇室的耿耿忠心，特擇其重要數語如下：「……臣伏願我皇上學貴及時，事當法祖。立志必期於堅定上，處事力戒夫粗疏。正士宜親，務虛懷而納諫，佞人必遠，毋姑息以養奸；勿以逢迎而昵近僉邪，勿以安逸而遂忘遠大。庶幾日新聖德，馴致中興，上慰祖宗在天之靈，下副臣民無窮之望。曾子有言：『人之將死，其言也善。』深望聖明鑒其愚忠，賜之採納，則臣身雖死，臣目長瞑，無任感激淒戀之至。」

遺摺方遞，即有人擬出文直、文恪、文肅、文端等謚法，供溥儀擇定，溥儀遂圈用「文直」二字，頌揚伊克坦學識淵博、爲人正直。同時，晉贈「少保」，以示格外加恩。又派貝子溥忻前往奠醊，賞給陀羅經被並治喪銀三千元，其子延緒賞給乾清門三等侍衛。

【參考文獻】

＊中國第一歷史檔案館：《清廢帝溥儀檔》。
＊溥儀自傳稿本，未刊。
＊信修明撰：《老太監的回憶》，北京燕山出版社一九八七年版。
＊趙爾巽等著：《清史稿》，中華書局一九七七年版。
＊莊士敦著：《紫禁城的黃昏》，紫禁城出版社一九九一年版。

「藏魄傍廬」見「風骨」——溥儀和梁鼎芬

一、梁鼎芬其人

梁鼎芬（一八五九～一九二〇年），字星海，一作心海，號節庵，又稱葵霜閣主。廣東番禺人。出身官宦家庭，三歲時以母爲師，接受啓蒙教育。不幸母親早逝，他卻因此得到機會，能在父親膝下傾聽不斷來訪的高級官員和著名學者們高談闊論。在大部不能理解的話語中間，聰明的孩子竟對「詩詞」和「劍術」兩類話題發生興趣。父親還在自尊自重方面對他進行人生教育，使他懂得了：如果必須在「死」與「辱」兩者之間做出抉擇的話，那就應該毫不猶豫地選擇前者。

光緒六年，梁鼎芬考中進士，授職編修。時值法國對越南用兵、步步進逼，負責督辦越南事宜的李鴻章秉承慈禧意旨，主和不戰，遷延觀望而坐失時機。人莫敢言，梁偏上疏，彈劾深受慈禧太后寵信的北洋大臣李鴻章，疏上不報，旋追論之，卻被斥爲「妄劾」，「交部嚴議，降五級調用」。梁遂辭官返鄉，「伏處田里十有七年」。其間，幸被愛才好客的張之洞延爲幕賓。張任兩廣總督，輒聘梁「主廣雅書院講習」；張任兩江總督，輒聘梁「主鍾山書院」；張任兩湖總督，梁「又隨還鄂，皆參其幕府事」。據《清史稿》載，當其時也，張之洞銳行新政，學堂林立，「言學事惟鼎芬是任」。

梁鼎芬與康有為是好友，但他在戊戌政變期間未被波及，因那時他尚在廢籍，又對維新各項舉措並不熱心。正如有人所評，「他實際上是反對變法運動的」。

光緒二十六年，慈禧攜光緒躲避八國聯軍逃往西安，梁鼎芬「首倡呈進方物之議」。或因救駕有功而重獲起用，初由端方推薦，出任「直隸州知州」。繼由張之洞推薦，朝廷頒詔，命赴「行在」，用為知府，「發湖北，署武昌，補漢陽」。又逐步升遷，「擢安襄鄖荊道、按察使，署布政使」，至此已成為僅次於總督、巡撫一級的地方長官。梁鼎芬遺摺中所謂「荷德宗景皇帝特達之知，起自廢籍，由知府薦至臬司」，說的就是這段經歷，「臬司」即指出任湖北按察使。

再入廟堂之高的梁鼎芬操守如舊，並不看重頭上這頂烏紗帽，更不因早年「建言獲罪」而卻步。先具摺奏請化除滿漢界限，繼於光緒三十二年入宮覲見皇上和太后，歷史重現，又當面彈劾慈禧晚期的寵臣，指斥慶親王奕劻「通賕賄」，「請月給銀三萬兩以養其廉」。同時，梁鼎芬還彈劾了直隸總督袁世凱，說他「權謀邁眾，城府阻深，能陷人又能用人，自得奕劻之助，其權威遂為我朝兩百年來滿、漢疆臣所未有，引用私黨，佈滿要津」。

為了表白真誠，梁鼎芬把心都掏出來了，他十分動情地說：「我皇太后、皇上或未盡知，臣但有一日之官，即盡一日之心。言盡有淚，淚盡有血。奕劻、世凱若仍不悛，臣當隨時奏劾，以報天恩。」

連張之洞最初也不知有此疏，聞而嘆息，懼受牽連故也。果然，忠心不得好報，再度被激怒的慈禧下詔「訶責」，梁乃「引疾乞退」，以江蘇鎮江焦山海西庵爲清靜之地，與世隔絕，閉門讀書。

光緒三十四年，皇帝和太后先後死去，梁鼎芬「奔赴哭臨，越日即行」，當時，張之洞已以軍機大臣入閣管理學部事務，但梁並不前往拜謁而求進身，第二年張之洞死，梁聞之親往送葬直至原籍南皮。至武昌革命黨人舉事，梁再入北京，得到直隸總督陳夔龍的推薦，又奉命以三品京堂候補，不久，奉派爲廣東宣慰使，其時南方正燃燒革命烈火，「粵中已大亂，道梗不得達」，梁無法赴任，乃兩度前往梁格莊清西陵，叩謁光緒皇帝的暫安之殿，在梓宮前「瞻仰泣涕」，爲表達其景仰思念之情，還在寢殿外面露宿。然而，直到宣統皇帝退位，其候補身分也未獲實授。

二、小朝廷的陵工大臣

愚忠阻絕了梁鼎芬的升遷之途，卻又給了他參與崇陵建設的機會。

崇陵的興建頗費周折，光緒生前不爲慈禧太后所喜，慈禧不提建陵的事，滿朝文武更沒有敢說的。直到光緒和慈禧一九〇八年相繼崩逝，溥儀即位後，才匆匆爲光緒建陵。當時，攝政王載灃派溥倫和陳壁爲勘定萬年吉地大臣，圈選清西陵梁格莊西部偏北的一塊平坦谷地爲崇陵陵址，於一九〇九年動工，到清政府垮臺時，工程完成量不及一半。梁鼎芬遂在辛亥革命以後，經陳寶琛推薦，主持了崇陵工程的管理事宜，時稱「種樹大臣」。其間，梁「南北奔馳，露宿風餐，不遑安處」，他後來寫在遺摺中的這幾句話並沒有誇張。

據一位目睹者說，他長期住在梁格莊光緒帝停靈的暫安殿旁，每天朝奠於梓宮前，風雨無阻。同時，拖著一條行動不便的病腿，乘棚車往施工區各處瞻視，問長問短，工人沒有不認識他的。

然而，建陵經費常常短缺，關於清帝退位的那個「優待條款」中，雖然規定了「光緒帝陵寢（崇陵）如制妥修，奉安典禮仍如舊制，經費由民國政府負擔」，但續修一年餘又發生問題，使工程停頓下來。

一九一三年春天，孝定景皇后（隆裕）「升遐」，經當時的國務總理趙秉鈞與清室內務府大臣紹英協商，決定從民國政府優待遜清皇室的「歲費」中，撥款趕修崇陵工程，才使中國最後這座帝王陵墓得以在是年年底竣工。爲了解決建陵經費，梁鼎芬費盡心機，奔走聯絡，他的這份努力也起到了重要作用。

一九一三年十二月十三日舉行「奉安」儀式，光緒皇帝和隆裕皇后梓宮安葬於崇陵，珍妃金棺安葬於崇妃園寢。梁鼎芬靈前執紼，「恭送如禮」。他由兩人攙扶著，自暫安殿起槓一直走到地下宮殿。人們退出後，發現梁坐地不動、身軟如泥，竟要爲光緒殉葬，後被人強行背出。

奉安後，梁鼎芬自願留守陵寢，清室感其忠誠，遂以溥儀名義頒旨，讓他守護崇陵並料理種樹事宜。檔案中至今保存著溥儀的一道「諭旨」，那是在梁接到任命「聖旨」，依慣例辭謝以示自謙之後頒下的。這份由總管內務府大臣世續、景豐和紹英副署，而在一九一三年十二月廿四日發佈的諭旨內容如下：

「欽奉諭旨，梁鼎芬奏懇請收回成命一摺，梁鼎芬辦事認真，誠篤可靠，所有崇陵種植樹株事宜，著仍遵前旨，妥爲經理，毋庸固辭。欽此。宣統五年十一月二十七日。」

三、崇陵綠化始末

歷代清朝皇帝對清西陵綠化都很重視，常常撥出專款用於陵區植樹。道光八年，一次就撥銀一萬一千零五十兩買苗栽樹，道光十三年又補栽樹木一萬零三百七十株。在護林方面，清政府也有周密的安排，管理西陵的西陵內務府中有專職護林員，在護陵的八旗兵中還設有若干「樹戶」，每天都在林中巡視，防火防盜，嚴禁砍伐。

崇陵興建在清王朝垮臺前後，地宮、寶城等工程經費，都是遜清皇室與民國政府反覆磋商才解決的，實在顧不到陵區綠化，所以，無論建陵計畫中，還是與參與工程廠號所簽的合同上，都沒有栽樹的條文。梁鼎芬認爲，崇陵無樹則是很大的缺憾，既不美觀，又關風水，於是最早提出了崇陵植樹的計畫。雖獲溥儀頒旨委以「崇陵種植樹株事宜」，卻無分文經費撥付，梁在難中不懼難，首先帶頭捐款一千元，然後又募集一筆款子。

據當時隨梁鼎芬募捐的人講，梁先買二三百隻陶瓷酒瓶，分別裝滿崇陵寶城頂上的白雪，封口後，貼上寫有「崇陵雪水」字樣的紅紙簽，然後帶一份申說崇陵必須栽樹的公啓，用車拉著裝有崇陵雪水的陶瓷瓶，挨門逐戶地拜訪那些皇親或遺老。給他們看看公啓，再送一瓶雪水，勸其捐款以充植樹經費。如對方寫在捐啓上的數目與其身分、職位相稱，則含笑而別，否則以激烈言辭使其難堪。若拜會不遇，則留言改日再訪，直至把捐款拿到手才肯甘休，梁就用這種辦法解決了綠化崇陵的經費。

募得款項後，梁鼎芬用之從豐台和蠡縣等地買了大批松、柏、檜、楊等樹苗，並身體力行，親率工人們植樹、澆水、捕蟲，終於完成了崇陵內隆恩殿四面及崇妃園寢等地的植樹任務，前後兩三年間共栽樹四萬零六百零一株。

就在梁鼎芬護陵植樹期間，袁世凱爲報數年前受梁彈劾之仇，派刺客來殺他，匕首已經頂在胸前，他面不改色地說：「能死在先帝陵前於願已足，汝其快快動手可也！」刺客竟被感動，說明來歷並勸梁離開，梁則堅定地表示：一定要看到松樹長大才走。

紫禁城內的小朝廷有感於梁鼎芬在植樹護陵方面的功業，對其「賞賜稠迭、恩禮有加」，溥儀還特別頒旨，對只有「三品京堂候補」身分的梁氏，特「賞加二品銜」。

梁鼎芬本人對這一段種樹生涯也很留戀，特意頭戴紅頂花翎大帽，身穿蟒袍黼褂，腳登朝靴，手把鋤頭，站在一棵樹苗旁邊，請人拍攝一張照片以爲紀念，此照在王公遺老中間廣爲流傳，影響很大。更請人繪「崇陵種樹圖」長卷，在上面題詠的文人墨客很多，最醒目的一首七絕是溥儀的師傅陳寶琛寫的。詩云：

「補天回日手何如？冠帶臨風自把鋤。不見松青心不死，固應藏魄傍山廬。」

四、毓慶宮的授讀生活

一九一六年七月，紫禁城小朝廷內正在舉薦毓慶宮授讀新人選。因爲這時，陸潤庠已死，徐坊病危。有人推舉《新元史》著者柯劭忞，載灃嫌他口音不清晰。紹英薦熙彥，陳寶琛和伊克坦以其「身事三姓，名節已虧」而擋駕。黎元洪推薦梁鼎芬，起初也遭到載灃和世續的婉謝。辛亥前，黎是湖北新軍協統，而梁在湖北歷官多年，他們顯然有共事關係。同年九月廿四日溥儀傳旨，授梁鼎芬「毓慶宮行走」，賞加二品銜，並賞在紫禁城內騎馬。同時受命的還有朱益藩。

梁鼎芬入值毓慶宮，絕非黎元洪薦舉之功，他們可能是朋友，思想上或有相通之處，政治上則不是同路人。據莊士敦說，「辛亥革命後，梁鼎芬曾懇求黎元洪脫離民國，恢復清朝。當這一活動失敗後，他便跑到清西陵，在他的已故君主光緒帝的墓前痛哭一場」。從「管理崇陵種樹事宜」到成爲皇帝的師傅升格許多，這當然也是褒獎，因爲梁固有「風節」之名，又在種樹期間贏得新的聲譽。

梁鼎芬依例奏請「皇上」「收回成命」，以示謙讓。嗣後，由總管內務府大臣世續、紹英、耆齡副署，而在一九一六年九月廿九日頒發的諭旨內容如下：「欽奉諭旨，梁鼎芬奏請收回成命一摺，梁鼎芬學問淵博，堪資啓沃，著仍遵前旨，在毓慶宮行走，毋庸固辭。欽此。宣統八年九月初三日。」

梁鼎芬受命二十餘日，溥儀賜以親筆黃絹對聯，文曰：「讀書眾壑歸滄海；下筆微雲起泰山。」繼而賞穿帶膆貂褂，這是小朝廷對梁的道德與學識的評價。他善詩能文，其詩詞，上承晚唐詩和宋詞的特點，別具一格，充滿憂傷哀怨的情調，他曾把自己的淚水喻爲滔滔不盡的江水，一直流淌下去。他也能書，字體娟秀。

梁鼎芬執教嚴而有法，重在從政治上訓練小皇帝，善於聯繫時事、貫通歷史，曉之以理，動之以情，給溥儀造成深刻印象。當年《平報》刊登一文，敘述幾位師傅與溥儀之間教學關係頗詳。談到梁雖不無虛詞，卻大體屬實，並透露出毓慶宮授讀生活的氣氛：

「四師傅（指陳寶琛、伊克坦、朱益藩、梁鼎芬）中，帝最親近者為梁節庵。蓋節庵忠清，遜位後一人而已。其所以教帝者，除所課外，必以國家近事聞，指陳得失，推溯先後。間及聖祖（康熙）、高宗（乾隆）之英武，時繼之以涕淚。帝為所感，每至淚盈雙睫，室內黯然。其所以責未造貴親之專橫，尤斤斤不少阿附。且每當師帝痛談後，節庵必以溫語撫慰之，雄語興奮之，俟帝躍躍，然後出宮。故每至節庵授課後，時間必越定限，帝亦異常興奮也。清帝之能力去宮中積弊，半由節庵之所教也。節庵歿後，清帝甚哀，如失心腹。」

五、在張勳復辟的日子裏

在張勳復辟的日子裏，梁鼎芬的愚忠又一次經受了嚴峻的考驗。

一九一七年六月三十日夜，張勳、康有為等潛入清宮，秘密召開御前會議，與溥儀的幾位師傅，還有內務府大臣們，商議決定立即發動復辟。梁鼎芬是其中最積極、最活躍的人物之一。第二天，溥儀在乾清宮升座受賀，並宣讀了康有為草擬的即日起「臨朝聽政，收回大權，與民更始」的「上諭」後，梁首先奉派前往民國大總統府，勸說他的老同事黎元洪退位，並交出總統印璽。

作為既得利益者，黎大總統已不再是武昌起義時的黎大都督了。那時，他拖著一根長辮子被革命黨人用槍逼上都督寶座，還不肯擁護起義，不肯在安民告示上簽字，一言不發。現在不一樣了，他拒絕了梁的勸說，抱著總統印璽跑到日本公使館去了。

七月七日，段祺瑞率討逆軍與張勳的定武軍接火，紫禁城內也落下了炸彈。梁鼎芬又接受溥儀密遣，由耆齡陪同前往日本公使館謀退路。然而，事已至此，沒有任何部隊願意「入京勤王」，退路安在？兩天後，段祺瑞的軍隊包圍了北京各城門。接著，城內要道及清宮附近都成了巷戰場所。炮火隆隆作響，槍彈密如雨下，梁卻表現出異常的堅定和勇敢。這天，他像平時一樣乘坐馬車，穿越擠滿士兵的街道，來到神武門前，再換乘宮轎入宮。

此刻交戰雙方正在景山和宮內屋頂之間相對射擊，轎夫們懇求他不要冒生命危險穿越露天的深宮大院，梁則從容入轎，命轎夫們前進。沒走多遠，便有一排槍彈掃射在沿路的宮牆上，隨後磚頭瓦塊也朝著宮轎和他們頭頂砸來。轎夫們請求暫入附近宮室躲避，梁大吼一聲：「公事不可耽誤！」轎夫被感動了，都把生死置之度外，抬著轎子直奔毓慶宮，居然能平安抵達。這個故事是梁去世時，陳寶琛等師傅憶及他的生平而講述出來的，確鑿可信。

梁鼎芬在張勳復辟事件中的表現並非偶然，溥傑回憶說：「梁鼎芬總是津津樂道他的一些『光彩』事。如常講慈禧如何賞識他；袁世凱曾派刺客去殺他，刺客如何聽了他侃侃之言後離去；袁世凱當了民國大總統後，他如何大罵袁的紅人孫寶琦是『貳臣』等等。由於他在民國時，有這許多『忠』於清室的表演，大家就送給他一個『梁瘋子』的綽號。」

六、朱益藩的「寶塔詩」和溥儀的漫畫

槍彈擋不住梁鼎芬，瀉肚卻把他治了。這位梁師傅平日喜歡大油大肉的飲食，常用葷油拌熱飯，也吃得很多，卻常常引起腹瀉。有時在轎子裏就犯病了，到達毓慶宮已是褲腿淋漓，臭不可聞。同業師傅們勸他免課回府，他不情願卻又無可奈何，意興闌珊地狼狽而去。

有一次，正授課時犯病，梁鼎芬急呼「臣在告外！」溥儀不解，瞪大眼睛刨根問底，想弄懂「告外」二字的含義。梁又急又不能抗旨，「告外」二字尚未解釋明白，褲內已經充滿液態有味物質，溥儀恍然大悟，立即放行。朱益藩則一揮而就，寫篇「寶塔詩」記下這件趣聞，此事看來好笑，卻貫透著梁的愚忠。

梁

節士

吃魚翅

一箸兩匙

吃飽就拉屎

端便盆無停止

臭氣熏人皆笑之

在溥儀的師傅們中，梁鼎芬既不是最早來的，又死得較早，所以不像陳寶琛、朱益藩那樣

受到倚重。然而，溥儀對梁還是非常尊敬的。

一九一八年一月十三日，按農曆是丁巳年十二月初一，溥儀每年此日，依慣例晨起梳洗後前往養心殿，揮毫先書「開筆大吉」四字，然後寫春聯或福壽字，用以頒賜臣下。是日溥儀寫字時，適梁鼎芬在側觀看，遂將這一日活動始末寫成一篇記事：

「十二月初一日記：請駕淨面冠服，畢，開筆大吉，寫春條等。梁老師亦進內看予寫字。寫畢，太監等謝恩。畢，與梁老師看手卷及書，賜坐。命宦取茶，談一小時，師退。還體順堂，食餑餑，食畢，退出。予乃早餐，畢。如四宮請安。四宮乃敬懿、莊和、榮惠、端康四貴妃。請安畢，自此一天無事。及至四鐘，乃晚餐，畢。看書，至八鐘乃寢。至初二又起，以下不記。」

從這篇記事看，溥儀和梁老師的關係確實不同尋常：先是老師觀察學生寫字，繼而展研宮藏歷代名畫、書法手卷，又長時間地品茗坐論、暢談時局，最後請老師到體順堂吃了餃子再走。

至此溥儀尚覺未能盡意，又在那篇記事後面，畫了一幅漫畫，並題名為《梁老師進內觀予寫字之圖》。畫面出現了六個人物：一是正揮毫的溥儀，那年他才十二歲，所以個頭最小；一是梁鼎芬，留著長長的鬍鬚，站在溥儀身後專注地觀看寫字；一是懋勤殿總管太監張源福，雙手捧硯；一是溥儀的總管太監阮進壽；還有四十八處都總管、宮內最高的太監張得安和一個為溥儀撫紙的小太監宋敬明。

溥儀畫完，破例將這幅有文有畫的作品賞賜給梁鼎芬了。據溥傑說，溥儀十一歲時的這件作品，成為梁家的「家寶」，並由梁的孀母將其精心裝裱起來，成為長卷，又請朱益藩、鄭孝胥、胡嗣瑗、朱汝珍、趙爾巽等幾十名舊臣遺老題跋，這些人趁機以「臣」自稱，對溥儀極盡頌揚之能事，同時也抒發了「忠於故君」、不忘「大清」的內心話，從而使長卷確實成了有價值的歷史文物，因爲它對辛亥革命後仍在故宮中做「關門皇帝」的生活，對宮中的一些禮儀，對遺老的一些活動等等，都提供了真實的證據。

七、遺摺與哀榮

一九一八年十月，梁鼎芬「感受風痹之疾」。其實，這病是植樹守陵期間「風餐露宿」而作了根的，所以《清史稿》本傳說，早在張勳復辟之際，梁「已臥病，強起周旋」，由此愈演愈烈，終至癱瘓臥床，「溫熱鬱蒸，遂成黃疸，迭經中外醫家診治而飲食銳減，元氣益虧，痰湧液枯，勢將不起」。其後，梁又「懇請開去差使」，溥儀不允，並於一九一九年六月廿八日傳旨：「梁鼎芬奏假期屆滿，病仍未痊，懇請開去差使一摺，著再賞假兩個月，安心調理，勿庸開去差使。欽此。宣統十一年六月初一日。」延至一九二〇年一月三日病逝。臨終口授遺摺，對溥儀寄以無限的希望。

這份經耆齡和朱益藩商議定稿的遺摺寫道：

「伏願我皇上勤學親賢，謹身納諫，立志務期堅定，用財力節虛靡。臣前此每日手書進講諸條，皆昔賢爲學之方，明主懋德之要，尙祈時加省覽，日進無疆，則臣雖死之日，猶生之年矣，臣無任感激淒戀之至。」

溥儀收到遺摺，痛失良師，遂傳旨稱讚梁鼎芬「學問優長，持躬端謹」，「以三品京堂候補，管理崇陵種樹事宜，並在毓慶宮授讀，恪盡厥職」。溥儀在這道諭旨中繼續寫道：「方冀克享遐齡，深資啓沃，茲聞溘逝，悼惜殊深，加恩予謚文忠，晉贈太子少保銜，賞給陀羅經被，派貝勒載瀛帶領侍從十員即日前往奠醊，賞銀三千元治喪，由廣儲司給發應得恤典。」其子梁劬也獲賞「乾清門三等侍衛」的頭銜。

順便提及，梁劬是個殘疾之人，後來的生活主要靠溥儀賞賜，朱益藩在一九三三年九月初致胡嗣瑗的信中還曾爲梁劬謀「存恤」，經胡呈覽後，溥儀立飭內廷局「撥賞」。

梁鼎芬去世時，任民國總統的徐世昌也以老同事的身分，派代表攜治喪銀一千元，參加了哀悼儀式。梁文忠公九泉有知，或許不肯接受吧？

一九二〇年一月三十一日，陳寶琛、朱益藩、耆齡等在梁鼎芬宅「上祭」，當天晚上，陳改定了耆齡草擬的輓梁之聯：「論定蓋棺，孤中惟有荃能察；義均從葬，遺魂長同樹不凋。」寄託了他們共同的精神境界。

遵照梁鼎芬的遺囑，他的屍骨被埋在梁格莊後山的山麓下，這塊位於光緒墓地（崇陵）附近的墳地是梁生前自己選定的。他主持崇陵植樹時期，有一次來到這裏，覺得風水俱佳，又可「藏魄傍廬」，遂坐下不走，令隨從打聽該地產權。得知爲某姓私產後，即托人買下，並聲明身後葬埋於此，今則如願以償了。

八、在梁鼎芬身後

梁鼎芬死後，江蘇鎮江焦山海西庵的僧人，把他當年住過的房間及房內陳設、用具，照原樣保留下來，又搜集了一些詩書手跡，署明「梁文忠公讀書處」供人觀覽，以資紀念。梁鼎芬自少有名詞林，詩文以悲慨超逸稱，書法以瘦勁秀麗著，有《款紅樓詞》、《節庵先生遺詩》（六卷）行世。

梁鼎芬二十七歲時因奏事而罷官，即留鬚，每以自豪。國學大師王國維寫《贈太子少保梁公輓歌辭三首》悼之，其首章云：「海內論忠孝，無如髯絕倫。盛年憂國是，苦口出詞臣。屢困屠鯨手，終休飾豸身。平生肝膽在，臨老故輪囷。」

梁鼎芬原配龔氏係王先謙的外甥女，據講「貌美能詩」，卻與梁氏琴瑟弗諧，以致發生婚變，龔氏後來成了文廷式的外室。然而，梁、龔之感情尚未完全破裂，梁、文的交情也沒有就此斷絕。其後梁並未續娶，只在晚年納婢做妾，操持家政。

清末民初之際，梁能以「風節」「譽滿天下」，說明封建守舊勢力之頑強。而被他的精神鼓舞起來的一代封建遺老，卻使崇陵綠化工作得以在其生前身後繼續下去。據遜清皇室檔案記載，梁鼎芬離開崇陵以後直至他逝世後，繼續報效崇陵種樹經費的遺老大有人在。

在溥儀的小朝廷時代，以至後來他到天津、到長春，始終注意保護祖陵以及陵區的樹木，不過顯然是愈來愈力不能及。一九二八年夏天，發生軍閥孫殿英動用炸藥盜掘清東陵乾隆裕陵地宮和慈禧菩陀峪定東陵地宮事件。那時溥儀在天津日「租界」當寄人籬下的寓公，手下沒有一兵一卒，只好向國民黨政府提出抗議，在自己家裏設靈堂祭拜，再發些「有我在，大清就不會亡」之類的空洞議論。

一九三八年秋天，崇陵地宮也被一股身分不明的軍人盜掘了。其時，溥儀已在偽滿當上傀儡皇帝，而日本侵略軍的勢力也已囊括了華北地區。在這種情況下，溥儀組建一支以其堂弟溥佐爲隊長的西陵守備隊，兩百多名隊員多數爲八旗子弟，他們的任務就是護陵護林。

與梁鼎芬僅有數月同事關係的莊士敦，在其所著《紫禁城的黃昏》一書中，也對梁的精神發過一段議論：

「也許，梁鼎芬本人現在已經只不過是一道徘徊的幽靈之光，這光曾使他過去疾步穿過墓地時感到悚然顫慄。如果他的夢想能夠實現，如果他能與數以萬計的尚未誕生者一起再次出世，就像他從前那樣，那麼，這將有益於他的國家。這時的中國，容易藐視像梁鼎芬這樣的人，但又不能把他捨棄。」

【參考文獻】

* 中國第一歷史檔案館：《清廢帝溥儀檔》。
* 趙爾巽等撰：《清史稿》，中華書局一九七七年版。
* 《平報》等二十世紀初期報刊資料。
* 耆齡：《賜硯齋日記》，中和月刊二十世紀四十年代刊本。
* 溥儀自傳稿本，未刊。
* 溥傑：《關門皇帝的一則日記》，載《文物》雜誌。
* 王慶祥：《崇陵綠化與梁鼎芬》，載《國土綠化》一九八九年第一期。

*羅繼祖：《溥儀諸傳》，未刊。

*全國政協文史資料研究委員會編：《晚清宮廷生活見聞》，文史資料出版社一九八二年版。

帝師兼御醫——溥儀和朱益藩

一、「紅翰林」再進宮

朱益藩（一八六一～一九三七年），字艾卿，號定園，江西省蓮花縣人。出身在一個世代書香而又瀕臨破產的農村家庭中。父親朱之傑是咸豐九年進士，以知縣候補，奉旨幫辦河工，但因重病在身未能赴任，這卻使朱益藩自幼得到父親更多的指導，他聰明好學，四歲即能執筆作大字。一次正練字時，父親悄然在身後猛拔其筆，卻未能抽出，乃知孺子「將來必以書名於世」。不久，父親作訓兒詩十首，寫成條幅掛在牆上，朱見其中「青春原不再，慎勿事遊嬉」句，「慎」字遺漏一筆，當即提筆補上，令父親大爲驚奇。同治五年父親去世後，母親不顧家庭生活陷入困境，又將年僅六歲的益藩送到本村私塾中求學，在學識淵博的塾師朱武礄的精心指導下，練就了堅實的古文和書法功底。

光緒元年，朱益藩經科場考試補優廩生，十年後由省學政保送朝考，取拔貢，繼而以知縣分發試用，簽分廣東。他在拜謁廣東布政使張之洞時得到指教，毅然放棄「候補」斗筲微官的機會，返籍攻讀。至光緒十五年赴省參加恩科江西省鄉試，中舉人。次年入京應庚寅恩科會試，中貢士。接著，又在保和殿複試中獲賜進士出身，在保和殿御試中獲欽點翰林院庶起士。這一年他才三十歲。三年後散館，授翰林院編修。

既已躋身清顯，步履宮闕，朱益藩乃以宮廷近侍詞臣的身分，輾轉於翰林院和詹事府之間。光緒十九年，他第一次大考翰詹科道獲二等第二名，奉旨以洗馬升用，先換頂戴。在此前後，他曾獲派奉天鄉試同考官，獲升詹事府詹事，獲授湖北省鄉試副考官，獲任翰林院侍讀。光緒二十三年，他第二次大考翰詹科道，獲一等第一名，高中「館元」，擢翰林院侍讀學士，欽命南書房行走兼經筵進講大臣。每日入值，與光緒皇帝談論歷史、文學、詩詞、書畫等知識，並應承宮內各色書寫差事，亦供皇帝和太后諮詢時政，時為清廷最高統治集團中的智囊人物。

這期間，對朱益藩來說，最榮耀的工作是在養心殿給光緒皇帝和慈禧太后「進講」《貞觀政要》，以及歷代帝王盛衰興亡的史實和緣由。進講時，由總管太監引領朱益藩至御座前，行禮畢，即在西面几案前落座開講。除皇帝、太后外，其餘諸御前大臣均恭立東面聽講。朱常常向御前太監們瞭解皇帝和太后正在讀什麼書，有哪些很想弄通的疑難問題等，以便有所針對地提前備課，所以能在進講時應對如流，深受信用。

光緒二十六年，朱益藩獲授右春坊右庶子，在此前後，他多次「考差」（凡京官中翰林出身者均可應考遴選，中選者由學部奏請簡放各地主持考政）中選，由學部簡放奉旨出京，先後為湖南鄉試正考官、浙江鄉試正考官、陝西學政、山東提學使等，迭掌文衡，時稱「紅翰林」。

嗣後歷任京師大學堂（北京大學前身）總監督、宗人府府丞、都察院左副都御史等職，其間還兩度派充廷試赴日遊學畢業生監考官及閱卷大臣。他引進新學，獎掖留學，促進了西洋科技知識在中國的早期傳播。

辛亥革命發生之時，正值朱益藩丁母憂已返鄉，清帝遜位的消息傳來，他決心留鄉隱居，甘當遺老。乃在花塘村置田建房。他爲小樓取名「賜書樓」，爲花園取名「定園」，就在這裏一面爲母守孝，一面讀書課子，兼以養花種菊。袁世凱雖以江西財政廳長之肥缺誘其出山，卻不爲所動。

一九一五年，紫禁城內的小朝廷多次電催朱益藩進京，讓他擔任遜帝溥儀的漢文師傅，這是因陳三立向陳寶琛推薦而確定的。朱難忘故主「龍恩」，隻身入京受命。直到一九一六年三月才告假返籍，接來眷屬，遂在北京東城秦老胡同賃居。同年九月廿四日，清宮內「關門皇帝」頒下一道聖旨，把朱與梁鼎芬一同「派在毓慶宮行走並賞朝馬」，從此有了「帝師」的正式名分。同年十一月四日，朱入宮請安。遂由總管內務府大臣世續、紹英和耆齡副署，又頒下溥儀的一道新旨：「欽奉御旨，毓慶宮行走朱益藩著加恩賞給二品銜，仍在南書房行走，並在紫禁城內乘坐二人暖轎，欽此。宣統八年十月初九日。」同年十一月廿八日，朱再一次接到溥儀的諭旨「賞穿帶膝貂褂」，同時「蒙恩」的還有梁鼎芬和耆齡，兩月間三度提格，實屬格外加恩了。

二、毓慶宮的歲月

自清朝道光皇帝以來，毓慶宮便是皇帝的讀書之所，該宮閉鎖在一個院落之中，院內有一列配房，專供皇帝的師傅們休息或進餐，有被稱作「蘇拉」的僕役伺候。師傅們每天按時由神武門或東華門、西華門進宮，一入宮門即可乘坐內廷特備的轎子，穿門登階，直至景運門前下轎，再步行經過祥旭門、惇本殿而抵毓慶宮，沿途侍衛人等都要面向師傅行禮致敬。師傅們總是先入配房飲茶休息，等候作爲弟子的皇上駕到。直到「關門皇帝」溥儀的時代，此一規矩絲毫未改。

當溥儀乘坐十二人或十六人抬著的金頂黃轎進院後，陳寶琛、朱益藩等師傅要在配房內起立致敬，目視溥儀的大轎升堂入室，抬入毓慶宮，再落座候傳。待溥儀進入書房說聲「叫」，太監、蘇拉等便會一直把這個「叫」字傳入配房，上第一堂課的師傅就要應聲而入了。師傅進入毓慶宮以後，照例有拜師儀式，係由溥儀在先師孔子像前行禮，然後向師傅深深一揖，師傅則要側身讓過，就算禮成。

溥儀在一九二一年一月五日的日記中，記載了毓慶宮授讀的實況：「早四時起，書大福壽字十八張。八時上課，同溥傑、毓崇共讀《論語》、《周禮》、《禮記》、《唐詩》，聽陳（寶琛）師講《通鑑輯覽》。九時半餐畢。複讀《左傳》、《谷梁傳》，聽朱（益藩）師講《大學衍義》及寫仿、對對聯。至十一時功課畢，請安回宮。是日，莊士敦未至，因微受感冒。遂還養心殿，書福壽字三十張，複閱各報，至四時餐。六時寢，臥帳中又讀《古文觀止》，甚有興味。」

這篇日記大體透露出溥儀當年上課和溫習的時間安排。他每天上午九時左右吃早餐，此前上一堂課，此後上一堂課，由幾位漢文師傅輪流執教。中午稍事休息，並進茶點。下午由莊士敦授英文課，四時前後進晚餐。晚上則是自由溫課時間。每天的講讀和作業時間都有嚴格規定，即所謂《窗課章程》，不過隨著溥儀年歲的增長，這個章程也被不斷地重新更改而已。每一堂課的授課時間，最初爲五刻鐘，後來達到兩個小時。每十天有一個休沐日，端午節、中秋節各休假一天。每年過春節，臘月二十四日放學，正月初六日開學。暑假較長，一般從七月下旬開始，到八月中旬結束，約二十天。

每天由宮中爲師傅備早點，四鮮四乾四點心，共十二碟，吃不完可以帶回家。每年端午節、中秋節和春節各有數百元至上千元的賞賜，是溥儀對師傅的「節敬」。夏天入伏，每伏派人往師傅家送十個西瓜消暑。寒暑假開學時，溥儀要向師傅作一揖，並一例頒賞，每人端硯一方，朱墨四笏。此外，溥儀以及各宮皇貴妃過生日時，對各位師傅也都有賞銀或賞物。

據檔案資料所載，朱益藩在清宮那段時期得到的待遇和賞賜是很高的，如一九一七年九月十八日，莊和皇貴妃（同治帝的珣妃）過生日，九月廿三日，榮惠皇貴妃（同治帝的瑨妃）過生日，十月七日，端康皇貴妃（光緒帝的瑾妃）過生日，朱各受「千秋賞」銀兩百兩。一九一八年二月八日（農曆丁巳年臘月二十八日），溥儀頒春節賞，朱受銀一千元，荷包、元寶、金銀八寶、貂皮等若干。同年九月十四日（農曆戊午年八月初十日），溥儀頒中秋節賞，朱受銀一千元。一九二〇年七月九日，朱益藩六十壽誕，溥儀賞給御製詩一首、白玉如意一柄、鍍金佛兩尊、古畫一軸、對聯一副、御筆書摺扇一柄。一九二一年二月二十日，溥儀過生日，即所謂「萬壽聖節」，當天溥儀升殿受賀，朱隨班行禮，受節賞銀一千元。朱晚年得子，溥儀就將自己幼時玩過的一套精製的軍樂隊泥人玩具賞賜給師傅。這一類賞賜不勝枚舉。

朱益藩不僅學識廣博，對教學也極爲認真，正如莊士敦所說，他「爲人誠摯坦白，古道熱腸，盡力維護中國的舊道德和傳統文化」。溥儀則說他「教書的時候不大說閒話」，十分莊嚴。朱給一般人留下的印象卻是「生平無疾言厲色，好獎進後輩」。師傅和弟子的感情還是融洽的，師傅對弟子的影響也是很大的。

三、反對溥儀的改革措施

朱益藩比陳寶琛小十歲，開始執教毓慶宮時尚不足花甲之齡，但思想上對大清帝國愚忠成分，實爲保守與頑固，較之陳毫不遜色。

有一天，民國總統黎元洪的特派代表，經溥儀允許後，向朱益藩贈送一枚二等嘉禾帶綬勳章，君命難違，朱「乃不得已而受之」，但內心卻很尷尬。認爲以清廷師傅而受民國總統的勳章是非禮行爲，遂把勳章深藏箱底，從不對家人提及此事，直到逝世以後，家人檢視遺物才翻出這枚勳章。

朱益藩忠誠於已被推翻的大清王朝，也熱衷於爲重振晚清王室出力，但他的頭腦很清醒，善於權衡利弊，懂得量力而行，所以有時能在客觀上起一些進步作用，他不與張勳爲伍即是一例。

一九一七年六月，張勳率辮軍入京，準備擁立溥儀，實行復辟。爲了穩操勝券，出身江西省奉新縣的張勳，首先找到同鄉朱益藩，希望能夠得到支持，請他參與活動並出任要職。當時溥儀的幾位師傅如陳寶琛、梁鼎芬等，都積極投身到復辟事件中去了，唯朱態度消極，他力勸張勳審時度勢，改道而行。朱說：「方今清廷遜位未久，若亟圖恢復似欠妥當，應考慮各方形勢和自己的實力有無把握。」他指出：「北方地方武裝，均屬直、段兩系勢力範圍，而君之力佈置於徐州，鞭長不及馬腹，一旦有警，首尾難顧，何況人心叵測，安可不防？切不可造次，應深思熟慮之。」朱作爲皇帝的師傅，拒絕參加到輔政七大臣中去，就這一點，實比陳寶琛更有預見。然而，張勳未聽勸告，固執己見，於七月一日宣布復辟後，僅十二天就短命夭亡，幾乎把溥儀推向絕境。

朱益藩愈忠誠於大清帝國，也就愈反對溥儀對清宮和清制的改革。一九一九年初，有人考慮到溥儀將面臨出國留學等前程問題，乃建議讓他學習英文和西方科學知識。王公大臣和師傅們雖然勉強接受了這個建議，但對應聘入宮的英文師傅莊士敦不甚放心，當莊最初給溥儀授課時，朱甚至以陪伴爲名跟蹤監視。然而，莊到底還是把一些新思想、新觀念帶進清宮裏來了。

由於莊士敦的影響，溥儀在紫禁城四牆之內採取了若干除弊布新的改革措施，如裁減內務府機構和官員、遣散太監、清點皇產及宮中文物珍寶等。對此朱益藩沒有絲毫熱情，他希望保護封建制度留存至今的一切，討厭所謂「西方文明」。這樣，在朱和莊之間發生論戰或其他形式的正面衝突，也就成爲不可避免的了。莊在《紫禁城的黃昏》一書中這樣談到他對朱的印象：

「我認識他時，他任帝師已四年。雖然他在北京社會上很有名望，但在我看來，他缺乏陳寶琛那樣的個人魅力。他不會講北京話，只能講他自己家鄉流行的『官話』，實際上，這種『官話』仍是一種方言，與宮中講的官話頗爲不同。因此，我和他之間的關係，不如和他的兩位同事那樣親密。不過，我很欣賞他的坦率和真誠。他衷心擁護中國一切事物的舊秩序。他厭惡西方文化，並對此直言不諱。他雖然比陳寶琛年輕十歲，但在精神上，他卻屬於更為守舊陳腐的一代。他對改革毫無熱情，對於紫禁城中的種種腐敗現象和弊端，完全採取一種寬容的旁觀態度。我曾多次努力勸說他睜開眼睛看看這些問題，正視對內務府進行整頓的迫切需要，但他始終無動於衷。甚至對不講人道的太監制度，他也表示堅決支持。在他看來，太監制度既然是從兩千年前的周朝沿襲至今的，那麼就有充分的理由，在二十世紀的中國繼續存在下去。」

由於陳寶琛、朱益藩思想均趨保守，宮中頑固守舊勢力遂把兩位師傅當作代言人，靠他們影響溥儀，阻止一切新事物的發生、發展。一九二一年十一月上旬，由莊士敦介紹的美籍眼科醫生霍華德進宮為溥儀檢查眼病，配製眼鏡。朱以「不合祖制」為由竭力反對，但不果。霍醫生於十一月十六日再度進宮，向溥儀進呈了配製完成的眼鏡，溥儀的鼻梁上從此架起了「二餅」。

一九二一年十二月十日，溥儀提出在養心殿安設電話機，內務府大臣耆齡即赴醇王府商議對策，載灃乃囑陳、朱二師傅「相機進言」，他們的勸駕果然奏效，溥儀遂取消了在養心殿安設電話的計畫。幾天之後溥儀又決定遊山，並派莊和載澤、載濤隨扈。十二月二十日是行動的日子，那天凌晨，月亮還沒有落下去，陳、朱二師傅便進宮對溥儀作行前苦勸，終獲採納，溥儀傳諭停止遊山。當時在場的耆齡感慨說：「若非十餘年恩誼，無此篤摯，他人雖欲進諫，亦不敢如此切直，上又何能臨發中止耶？」

一九二四年，溥儀加大了在宮中推行改革的力度，於三月三日旨派懋勤殿行走鄭孝胥為總管內務府大臣，掌印鑰，賞頭品頂戴，令其全權整頓內務府。鄭遂以佟濟煦為內務府堂郎中，陸續宣布撤銷若干機構等改革措施。但他很快就受到宮內頑固保守派的強烈反對，掌權不足三個月就失敗了，於六月廿五日被免職，仍回懋勤殿去了。同日，溥儀傳旨命紹英佩帶總管內務府大臣印鑰，同時命朱益藩「會同辦理內務府事宜」，保守派就此戰勝了改革派。朱過問內務府期間，辦了一些大事，其中一件便是由溥儀在九月二十日頒旨，派羅振玉、王國維和袁勵准從養心殿開始，檢查並審定陳設品。然而，這時離溥儀出宮已經很近了。

四、進宮不輟，參與機要

對溥儀來說，朱益藩的地位和影響僅次於陳寶琛，比幾位內務府大臣更受到尊重。他每日進宮不輟，不但給溥儀講授《大學衍義》等課程，還參與機要、謀劃，協助溥儀清理書畫和文物，參與對溥儀治病、大婚、出遊、見客等事宜的策劃，並受命處理「小朝廷」與民國政府的交往關係。連溥儀向臣下頒賜壽匾、對聯，一般也由朱代擬代書。

據檔案資料，一九二一年六月一日，載灃在醇王府召集載振、載澤、載潤、載洵、載濤、溥倫、陳寶琛、朱益藩、紹英和耆齡等人商議溥儀大婚事項，議定貢王之女、良說之女、端恭之女和文絢之女爲候選人，向皇貴妃們進呈名單和照片。大婚籌備處就此開始工作，朱在其中起了重要作用，至一九二二年三月十日，由溥儀宣旨確定以婉容爲「皇后」，文繡爲「淑妃」。至四月廿八日，端康等三位皇貴妃以直奉戰事將開爲由，提出趕辦大婚，並經溥儀宣布「上諭」，定在五月五日舉行。載灃、陳寶琛、朱益藩等均以爲失禮，表示反對，遂由朱益藩出面規勸溥儀，收回成命，最終成功。至十一月十九日因屆「舉行大婚典禮」，對相關重要人士酌加懋賞，「陳寶琛著授爲太傅，朱益藩著授爲少保」。至十二月一日舉行了溥儀大婚典禮，十二月四日因大婚禮成，溥儀頒旨，因「恭辦典禮、大典勤慎周詳」，對朱「賞給御書匾額一方，並交該衙門從優議敘」。至十二月廿四日溥儀再頒諭旨：「內務府奏議覆從優議敘朱益藩等，擬請各加一級記錄二次請旨一摺，著依議。欽此。宣統十四年十一月初七日。」

據檔案資料，一九二二年五月，民國國會有人倡議廢止皇室優待條件並撤去帝號，社會輿論表贊同和表反對的均不乏人。在此情況下，溥儀與朱益藩有過深談，溥儀試探性提出，鑒於目前民國政府財政困難，人民痛苦不堪，願主動廢止優待年俸。朱聞言安慰溥儀說，不必管政府和人民的困難，只須把推翻大清王朝的人視爲仇敵。溥儀回答說，他們既是我的仇敵，就更不應該拿他們的錢了。爲此，溥儀還傳旨於五月六日派員開始清理各種陳設等皇室財產（朱未參加），跟胡適也談及相關內容。至八月二日，國會議員中屢屢有人提出反對繼續優待小朝廷的議案，朱與陳寶琛等一直參與籌謀抵制的辦法。至一九二三年五月九日，社會上又傳出國會議員李燮陽、鄧元要求追究溥儀參與張勳復辟一事並取消優待清室條件的議案將付討論，載灃、陳寶琛、朱益藩、紹英、耆齡、寶熙等當即商議了因應之策。

一九一三年二月廿一日，即隆裕太后逝世前夕，載灃奉旨入宮「照料內廷一切事務」，至一九二二年十二月六日，因溥儀已經大婚，開始了成年生活，載灃擬遵祖制辭去「照料」之職，從此不再干預宮中事務。但朱益藩與陳寶琛、紹英、耆齡等都認爲，宮廷內事「隱憂方深，前途漠漠，不知如何變幻也」，希望挽留載灃，乃籌商了相關的辦法。至十二月十二日，溥儀在毓慶宮召見載灃，溫語慰留，請辭「照料」之議遂息。

朱益藩對清宮內情的瞭解與建議是非常深刻的，這可從一九二二年十二月二十日的耆齡日記上找到說明。那天，在張恟伯約定的聚會上，朱益藩述說宮內近事，感觸良多。耆齡在座，聞而傷心，載入日記：「聞艾老述內事，使人心灰意沮，事出軌範，已屢見其端，將來恐有甚於此者。年來聞見，有日退，無日進，此中殆有運數，自非一二人所能挽回。與其合汙，何如自潔！又恐人以恝置見責，區區進退真兩難矣。」

一九二三年春天，正是溥儀與溥傑及莊士敦等密謀離開紫禁城的時候，一時之間，頑固保守的太妃、王公和遺老們非常緊張。二月廿五日晚上，忽然傳出「溥儀攜溥傑出宮不知何往」的說法，人心騷動，慌亂一團。至次日上午，端康、敬懿和榮惠三位太妃先召載灃，繼見溥儀，追究誤傳的根由。當晚，載灃、陳寶琛、朱益藩、紹英、耆齡等，詳細商討了嚴格門禁的各項措施。

五、「儒醫」奇特的健身理論

朱益藩系統地鑽研了中國古代的醫學典籍，成了頗高明的中醫師。他並非御醫，卻受到溥儀的信任，在平時兼任溥儀的保健醫生，溥儀稱之為「儒醫」，一旦感到身體不適，便最先把他召來「請脈」。一九一六年十一月二十日，溥儀欠安，傳朱「請脈」，據耆齡日記載，至次日「皇上服朱師傅方已見效」，又隔一天，「皇上已大安」。這是有關朱為溥儀診病的最早的記錄，上距他被派到毓慶宮還不到兩個月。

不但溥儀常找朱益藩「請脈」，宮裏的師傅、大臣本人或家屬病了也請他診治，如一九一九年五月一日，耆齡之子惠均病，請朱益藩診脈，此後隔日診脈一次，並連服朱的處方，「病漸減」。他不但能診脈處方，也會針灸，自家人有病也由他治療，也曾爲來求醫者醫治疑難大症，治癒者不少。有位遺老患頭風，腫大如斗，遍訪名醫而無效，朱處一方，一劑消腫，數劑康復。還有一位老太太年高九十歲，患尿截，兩整天排不出，腹脹如鼓，朱診脈後沉吟良久，提筆處方，又加生麻三錢。病人服後僅數小時即順暢排尿，腹脹亦消，霍然而癒。人問其故，朱說：「膀胱熱盛，則小便閉塞不通，如壺中水由於熱氣過於膨脹，滴水不能外泄，若將壺蓋一掯，水則沛然而下矣。」

朱益藩反對溥儀參加劇烈的體育鍛煉活動。作爲溥儀的師傅，他要求自己的「皇帝學生」在一切場合都能保持天子的尊嚴和威儀，舉止文雅，行動有節。如果這是可以理解的封建學者之見，那麼作爲溥儀的保健醫生，爲什麼反對一個少年參加可以增強體質的體育活動呢？原來，朱信奉一種奇特的健身理論，認爲每人體內都有「元氣」，它是生命賴以維繫的寶貴物質，而且數量有限，一旦消耗便無法再獲得補償。把「元氣說」引申到人生方面，就會得出這樣的結論：如果年輕時長期參加劇烈運動，就會大量消耗體內固有的元氣，則不可避免地導致未老先衰或夭折。反之，倘能在年輕時注意保養元氣，則年老之後也會有旺盛的精力，而獲延年益壽之效。

朱益藩曾反覆使用他的健身理論，勸阻溥儀，讓他少參加或不參加「戶外運動」。一九一八年六月，溥儀開始練習騎馬，連續練了半個月左右，忽然在六月廿三日感到身體不適，遂傳朱「請脈」，朱乃乘機宣傳自己的健身理論，溥儀聽信後頒旨：「天氣暑熱，以後每逢一、六日乘馬，如遇落雨毋用預備。欽此。」於是，運動量大大減低了。然而，溥儀的偶然之舉，並不意味著相信了朱的健身理論。這一方面是因為溥儀天性好動：打網球、玩高爾夫球、養狗、騎自行車，書房怎麼關得住一個正在發育的少年？另一方面，溥儀又得到了莊士敦的鼓勵。莊、朱兩人曾為此事而面對面地辯論過，莊認為朱那套說教毫無科學道理，讓溥儀不予理睬。顯然，莊的觀點更符合溥儀的心情。

擁有奇特健身理論的「儒醫」朱益藩，還絕不相信「洋人」的西醫。起初溥儀也只信中醫，因為宮裏太醫院的御醫都是中醫，御房內也只收藏中藥。當然，朱的觀點也必然會影響到他。

一九二〇年十二月中旬，溥儀右手生小瘡，疑為疔毒，乃先按中醫用紅線紮在手腕上，再兼服「菊花飲」或「護心散」等藥，效果不好。莊士敦見了，奏請傳外科醫士進宮診病，溥儀抱著試試看的態度傳下諭旨。經內務府大臣紹英和耆齡商議，決定延請醫術高明的狄博爾醫生。十二月十五日傍晚，狄被引帶入宮，經診察認為「無妨」，稍微外傷處理，靜養幾天就好了，從此，溥儀開始相信西醫。

一九二一年九月中旬，一天深夜溥儀正睡覺，忽然小腹疼痛起來，即傳被他奉為「儒醫」的朱益藩「進內請脈」。溥儀疑是受寒引起，朱師傅就給處了一劑專治受寒的猛方，其中有一味竟是爆竹裏的火藥，遂不敢貿然照方服用。儒家古訓中有「君藥臣嘗」之說，溥儀便找了兩個太監先嘗，他們服後感到肚子很難受，溥儀便不敢再服。又延請狄博爾，據狄講，係「過食生冷」所致，留下草麻子油一瓶並處一方，至次日「聖躬大安」矣！

打這以後，溥儀的治病記錄上，擔任治療的人就不再是清一色的太醫院御醫或「儒醫」朱師傅了。

當然，這也僅僅是說「儒醫」的權威性不那麼大了，朱益藩仍然受到溥儀的信用，僅舉一例：一九二四年一月廿五日，溥儀身體違和，晚膳未進，乃宣朱引領蕭丙炎進內「請脈」。蕭亦爲江西人，曾任前清都察院御史，精於醫道，借助朱的推薦而獲溥儀信任，此後數年之間未曾離開過溥儀身邊。此例還能證明，溥儀對中醫的興趣也未見減少，後來他在僞滿年代，也主要使用中醫師爲御醫，甚至能對中醫處方自行增減藥味和用量。直到特赦後，他還保存著把中醫藥方親筆抄入日記的習慣。與此同時，他的西醫知識也在不斷增長，僞滿時患病常召西醫大夫診治，在撫順戰犯管理所內還學會了注射和量血壓，晚年治病更以西醫爲主了。

六、管理清室留京辦事處

一九二四年十一月五日，溥儀被逐出宮，朱益藩也隨之結束了他的清宮生活。從是日起到十一月廿八日止，溥儀在醇王府住了二十多天，對他來說，這是一段心驚肉跳的日子，醇王府的大門和院牆，都在鹿鐘麟的荷槍實彈的士兵看管之下，無論王公還是大臣，都在「被阻」之列，「唯陳、朱兩師傅得入」，這是曾任清室總管內務府大臣的金梁在日記中寫下的一句話。

金梁在當時還是以激進派的面目出現的，他代溥儀擬好了一份宣言書，喊出「敝屣一切，還我自由」的口號。他主張立即發表宣言，使中外咸知：以民國政府給的優待歲費開辦平民工廠和平民學校，連皇室「應得私產」，「亦當捐充教育、慈善、文化各事業之用」。十一月十四日，金梁設法進入醇王府晉見溥儀，再度提出他的主張。在當天的日記中，他明明白白地寫出了自己的意圖：「倘能發表宣言，昭示中外，使人人皆知天下爲公，別無他意，然後復我自由，再謀遊學，托內事於忠貞之士，圖其大者遠者，一旦有機，立即歸國。臣意亂極必治，其端已見，必不遠也。」

對於金梁的主張，溥儀是贊成的，但載灃、陳寶琛、朱益藩堅決反對。所以宣言也未能發出。朱的態度已被金梁錄入日記：「至北府。王爺（載灃）先出，數言近日事已和緩，汝所言，眾議不妨再看云云。及入見，則王（爺）已先入，蓋慮吾之多言來監視耳。時朱師傅亦在，亦言再看。（皇）上謂：『十三年來無日不言再看，今萬事已看完矣，何猶曰再看、再看也！』（金）梁對：『今所謂再看者，無非看段（祺瑞）、張（作霖）耳。無論段、張不足恃，即能恢復九日（即十一月五日）以前之局面，能再入宮乎？能再受趙孟貴賤之優待乎？今唯有還求諸己，速以收拾人心爲主，不可束手待人宰割也。』朱（益藩）以他語亂之。」

一九二四年十一月廿八日，溥儀避入日本駐北京公使館。一九二五年二月廿三日，溥儀潛赴天津，駐入日「租界」張園。這時關於溥儀的行止仍有兩派意見：一派以鄭孝胥、羅振玉、金梁爲代表，主張溥儀離津赴日；一派以載灃、陳寶琛、朱益藩爲代表，主張溥儀居津不動。溥儀本來是想赴日的，但又不能不尊重父親和師傅們的意見，其後在天津一住就是七年，而把金梁的「遊學」計畫置諸一邊了。朱益藩則奉命管理清室留京辦事處，沒隨溥儀遷居天津。

一九二六年九月廿七日，溥儀曾頒一旨：「朱益藩在毓慶宮行走有年，朕深資啓沃，著毋庸管理留京辦事處，即行來津，照舊入直。」朱並未照辦，不願赴津，溥儀也只好收回成命。

一九二五年四月十七日，溥儀傳旨：「現將內務府改設辦事處，著載潤、朱益藩、寶熙管理留京辦事處事宜，並由載潤佩帶印鑰。」次日，經段祺瑞執政府批准，清室辦事處即清室駐北京辦事處正式設立。地址在北京景山西門路北三號。啓用印鑒「清室辦事處之關防」。朱益藩等利用這個機構，爲溥儀辦了一些事情。

溥儀出宮後約半月，榮惠和敬懿兩太妃也被迫出宮，暫居榮壽固倫公主家中，爲了穩定她們的生活，清室駐北京辦事處從一九二五年四月起，爲兩太妃在麒麟碑胡同購屋修造新府，至同年八月告竣。兩太妃遷入新府前暫居六國飯店，其間還要給她們舉辦「千秋」慶典，平時則管理她們的生活起居巨細事項。

一九二六年五月，朱益藩參與了清室和政府談判恢復優待條件的工作。廿五日那天，溥儀命胡嗣瑗擬定與顏惠慶（**以北洋政府國務總理攝行總統職權**）政府洽商的「七條」要點，同時還起草了致吳佩孚、張作霖和王懷慶的函稿，隨即電告朱益藩。第二天，朱即覆函陳寶琛、胡嗣瑗等，詳述與政府談判有關事宜，並向溥儀提出進一步談判內容的建議。

一九二七年一月十二日，溥儀的親筆御旨傳到北京：「上諭留京管理辦事處事宜。載潤、朱益藩：著將三海及頤和園妥爲整理潔淨，以爲朕之行宮。欽此。十八年十二月初九日。」從這道諭旨來看，溥儀似還有返京定居之念。

一九二八年八月廿四日，陳寶琛和朱益藩收到東三省保安總司令張學良的親筆簽名信，事由六月四日張作霖被日本關東軍陰謀炸斃，爲穩定東北政局，直到六月廿一日張學良才宣布發喪。溥儀聞訊，即命陳、朱兩師傅給少帥寫了一封慰問信，並送去御筆輓幛以盡悼念之意，於是就收到回信。少帥尊稱陳爲「弢老」、朱爲「艾老」，以敬重的口氣寫道：「素諗先生德望高崇，海內欽仰，尚祈時頒訓誨，俾作準繩，是則私心所禱祝者耳。」

朱益藩的工作大部分是溥儀所滿意的，也有溥儀不滿意的，這裏僅說一件。一九二九年六月，故宮博物院又欲接收清室在景山壽皇殿供奉的清朝歷代皇帝、皇后之聖容，在這次交涉中，溥儀認爲朱很不得力，對他不滿。溥儀還給溥傑寫信談及此事。溥傑自日本回信「對朱益藩不勝其憤也」，認爲他係「在北京有職守者」，「對此事始終冷然」，「頑鈍昏庸」，真「亡國大夫也」。而且說他「不若張成和萬一，亦對不起張成和」。

張曾任溥儀在宮中時的總管太監，溥儀出宮後，命他守護壽皇殿，一九二六年十二月曾爲護衛壽皇殿聖容而挺身抗爭，受到溥儀嘉獎。與溥傑同在日本留學的潤麒也致函溥儀，憤怒譴責朱，他寫道：「初見益藩，見其一種忠實之狀態，殊堪欽慕。孰不知其血之尚若是冷也！哀莫大於心死，朱益藩殆心已早死矣。」

此事發生整整兩年後，張成和又被故宮博物院驅逐出壽皇殿，「強迫離職」，張不從，遂被毆打，傷其一耳，此事已在一九三一年六月五日前後「成訟」。

溥儀獲悉後，乃於六月十日傳諭：「朱益藩對於此事何以延不報聞，亦有未當。俟問明真相，必須究詰。」溥儀還電命朱，前往慰問張成和。又派佟濟煦入京調查真相，爲此胡嗣瑗特函朱，說明「張成和事不能不認真追問」。

七、謹守教化之責

朱益藩雖然常住北京，離開他的「皇上」遠了，卻始終不曾放鬆對弟子的教化之責，不但每月之內都要赴津接受召見，而且居京期間也函電不斷，同樣關注著溥儀的舉止言行，並隨時發表意見。

一九二七年四月下旬，溥儀攜婉容往天津開明戲院觀看梅蘭芳的《西施》，胡嗣瑗認爲有失帝王威儀，遂奏勸並自劾，溥儀大爲感動，乃於四月廿七日發佈諭旨，稱讚胡嗣瑗「忠愛」，「賞給貂皮一件以旌忠直」，還表示「朕當誓改前非，永念祖宗付託之重，以符卿等期望之殷」。朱益藩聞之動情，乃援筆致函其主，全信如下：

恭呈御覽：

昨由津處抄寄二十六日諭，恭閱之下，仰見皇上從諫之勇，胡嗣瑗進言之切，君臣之間蓋兩得之，為之喜而不寐。雖然，一時之聽受非難，而永久之持守為難，苟能行之有恆，不復再蹈前轍，是即成湯改過不吝之心，聖德日新基於此矣。否則詔辭雖美，只為塗飾觀聽之具，非臣所望於皇上者也。

又，臣在津屢見駕出，詢之近侍，皆言未知所向，私心每為之惴惴。夫君出而命有司所之，此常典也。至乘輿已駕，有司未知所之，則人皆以為怪，而皇上乃每至出園門後，始告御者以所往，在直諸臣皆不之知，其可怪為何如？

方今時局變幻，人心險惡，在在皆伏危機。津地五方雜處，從穢所聚，視他處為尤甚。奈何以祖宗付託之身，徇片時之欲，輕於嘗試，可為寒心。

嗣後車駕外出，應請預行明白宣示，俾諸臣得以各盡其心，為之詳細審量以定行止，必能斟酌妥善，有所裨益。

至某父子意在貢媚，不知大體，不敬孰甚於是！以後自宜痛絕，勿復假以詞色，則皇上善善惡惡之心，益昭然若揭矣。

愚昧之言，伏祈裁擇。

臣益藩謹上　初一日

朱益藩在信中要求溥儀出門上街務必先告知值班大臣，以防在不靖的時局和複雜的環境之中時有不測，他還指斥鄭孝胥父子「不知大體」，說明這時他們之間的矛盾已深。

發生在溥儀身邊的另一件大事，是「淑妃」文繡於一九三一年八月廿五日離園出走，要跟溥儀打離婚官司。朱益藩即於八月廿九日提出「擬請太妃蒞津解紛」，但因文繡索款五十萬元，胡嗣瑗「立由電報告知益藩，彼方態度不妙，所擬緩行」。八月三十一日，朱又提出勸導文繡的新建議，「以淑妃未入宮前曾住洵邸內頗久，可否囑載洵夫婦調解開導？又見報載文綺勸戒其妹一書極明白中肯，可否請上召之來津，令其設法挽救」。載洵即溥儀的六叔，文繡就是經他推薦而入宮的。文綺是文繡的堂兄，曾在報上發表公開信，斥責其妹與遜帝離婚之舉。

胡嗣瑗把朱益藩的新建議奏報溥儀以後，溥儀當即與胡討論了這個建議，並相應做出了決定，這一過程已被胡簡略地寫入《直廬日記》：

「承諭：朱老師擬囑載洵調解一事，不知載洵夫婦久已反目，向來不免有利用淑妃之意，若令其加入無益有損；至叫文綺一層，汝意以為何如？臣對：文綺勸戒其妹全出該員深明大義情關手足，若遽由我招來商同挽救，恐彼方或且誣爲一切皆係被人嗾使，轉多不便，得旨：極是！臣因言若由朱老師訪晤其人，致辭嘉勉，倘能自動來津料理，庶亦可收釜底抽薪之效。得旨：可即照覆朱老師酌行之。」

胡即按溥儀的旨意於九月一日給朱覆函，讓他對文綺「設法接晤嘉勉，聽其自行來津向乃妹開導」。此事後來雖未奏效，但朱卻做了不少工作。

八、以書法名世

朱益藩的父親從小就看出他這個兒子將以書法名世，確實看準了。朱學書從臨碑開始，早年學歐、柳，中年兼學李北海，後又師從米襄陽，晚年則肆力於王右軍《蘭亭序》，楷書則學釋智永。他習字甚勤，無論嚴寒酷暑，堅持臨池不輟，加之平生所見古代書法真跡及宋代拓本碑帖甚多，出入其間，到晚年筆墨爐火純青，深得王羲之和米芾的精髓。

朱益藩常與學書的人談論臨池之奧，認爲中國書法藝術有數千年歷史，名家輩出，有豐富的藝術遺產，所以繼承傳統來哺育自己，是必經的道路。臨摹古代真跡或碑帖，不僅要鑽研各種字形結構的技巧，更重要的是汲取筆法和神韻。所以探討古人成功的經驗，臨摹只是學習的過程，創造才是最後的目的。

朱益藩善寫楷書，尤善擘窠大書。其書渴潤相間，剛柔互濟，雄秀得宜，造旨極高。評者認爲，朱書在有清一代之中，可與劉石庵、翁覃溪並行，直追王夢樓、李春湖。因此，朱的書品早在晚清的宮廷中就已備受尊崇，後來朱辦七十壽誕，溥儀的賜壽詩中還有「善書健腕猶飛白，旨酒溫顏自渥丹」之句，也稱頌了他的書法。

當朱益藩在十九世紀的最後年代和二十世紀最初的年代裏，也就是任職於翰林院和詹事府的時候，他已因攻於書法，而不能不承應宮內楹聯及各色書寫差事了。每年臘月格外繁忙，要為御筆書畫題詞，要為宮內外各門各處撰寫春聯，要代太后或皇帝書寫賞賜給王公大臣的春牌或福壽字，如此等等。

到了「小朝廷」時代，朱益藩承擔的應景書寫的差事就更多了，特別是溥儀到天津以後，朱更成了他的「書寫大員」。

評者認為，朱益藩的書法也正如他的為人，保守有餘而進取不足，筆法圓熟，但終究跳不出「館閣體」的樊籬，很難自成一家。可以說，朱書是學者之字，而不是書法家的創作作品。

九、「但主拒，不主迎」

「九一八事變」的炮聲是在一九三一年九月十九日傳到天津的，朱益藩也乘九月二十日早班車到達天津，當即晉見溥儀。溥儀針對時局的變化傳下諭旨：「關外之變是否影響到我尚不可知，但不能不先有籌畫，應與陳寶琛等各抒所見，以備採擇，等因。」陳寶琛、朱益藩、鄭孝胥、陳曾壽、胡嗣瑗等紛紛發表意見。

據九月廿二日《直廬日記》載，溥儀對朱的非常明朗的態度頗有保留，他認為「遼變事不可知，朱老師但主拒、不主迎，亦太固執」。胡嗣瑗的意見「此時迎拒皆說不到，宜靜觀變化，相機籌之」，則得到了溥儀的首肯。胡認為：「萬一日軍進據哈爾濱與赤俄一生糾葛，則禍變正未有艾，更不能遽謀我方行止矣。縱赤俄與日南北不相侵擾，而國內如必迫出最後通諜，情勢亦與今日不同，更須沉默爲是。近日外有浮言胥動，切不可少露痕跡。」溥儀對此極表贊同，「所慮甚是，我總以沉靜爲主，隨時措注可也」。

在這以後的一個短時期中，日本關東軍先後派出上角利一和土肥原等來津勸誘溥儀，使其內心漸生出關的意向，朱益藩看在眼裏，十分懇切地開導其弟子說：

「聞得我正與日方共謀建立滿洲政權，臣愚以爲這一措施似乎欠妥。日本侵略中國的野心，早在甲午中日之戰時就暴露無遺，舉國皆知，而今又製造『九一八事變』，侵略我東北三省，魚肉鄉民，舉國同憤，皆欲一致抗日，奈何甘冒天下之大不韙，而與日本合作，共謀建立所謂滿洲國政權，寄居他人籬下討生活，甘當傀儡耶？凡事都要頭腦清醒，冷靜思考，爲人子孫者，意圖恢復祖宗舊業，志固可嘉，但必須審時度勢，認清大勢之所趨，試問我們現在兩手空空，何所憑藉？依仗日本之勢力果可靠乎？出此下策，不過徒令一些別有用心者，得以窺測我們的意圖，用來作爲勾結日方之資本，坐令日本借此招牌，作爲侵華的橋頭堡，以遂其侵吞中華之野心，使國家民族蒙受莫大損害，此事萬萬不可爲，伏祈慎重考慮之。」

遺憾的是，溥儀並沒有愼重考慮朱益藩的意見，終於在一九三一年十一月十日，背著陳、朱二傅，悄悄地出關而去，走上了背叛祖國的可恥之途。

一九三二年三月九日，溥儀在長春就任僞滿洲國執政，其後兩次電召朱師傅，他皆以年老體弱「不耐東北嚴寒」爲詞而力辭不赴。他不但不滿於溥儀的偷渡之舉，更不滿於當時圍繞在溥儀身邊的鄭孝胥父子等，認爲他們「成事不足，敗事有餘」，「依仗外勢專爲身謀，不恤大體，不顧恩義，不諳掌故，一切以意爲之。眼前必鬧笑話，異日必多流弊，聽之不可，爭之不得」，因此是絕不可以與之同流合污的。一九三四年三月一日，溥儀在「新京」（長春）舉行「第三次登極」大典儀式，北京的王公舊臣紛紛前往朝賀，希圖在「新朝」中謀一席位，朱對此卻極爲冷淡，不但自己不往，也不許子侄借重他的名義前往。我們不能不承認，這確是一種可鑒千秋的民族正氣，可以垂範後世。

從朱益藩的一生來看，「但主拒，不主迎」顯然是他的一段最明亮且最榮耀的歷史，反映了他在民族危亡的關鍵時刻所表現出的愛國和進步的氣節，這是其他趨利棄義、「伴龍」投敵的王公遺臣所不可相比的。然而，溥儀終於出任僞滿「執政」和「皇帝」以後，他雖然婉拒電召，不往「新朝」就職，甚至連北上拜謁舊主都給免了，但他還是不願意斷絕與「清帝」的恩誼和聯繫，不願意放棄對「皇上弟子」的開導與規勸。他從這時起直到去世的幾年中間，透過給胡嗣瑗寫信的方式，用隱語與溥儀保持密切的聯繫，一方面繼續給溥儀管理留京辦事處，另一方面則時時關注著東北的政局，探討形勢，參與機宜，爲溥儀的復辟事業出謀劃策。

當此之際，日軍仍步步進逼，在華北地區製造新的傀儡政權，以圖擴大殖民統治的地盤。面對這種形勢，朱益藩內心很苦悶，他在致友人的一封信中寫道：「主權放棄，恢復良難，此爲弟一苦痛。龍旗未睹，今茲疆場之役，以華攻華，只是爲人作苦力，於我無與。弟對此局啼笑皆非，默念將來則更懼多於喜也。」

一九三二年五月十八日，朱益藩致書僞滿執政府秘書長胡嗣瑗，分析華北時局，提出由溥儀「入關」「救國」的方略。他主張動員北洋軍閥吳佩孚出山，依靠他統帥張學良、韓復榘、閻錫山和張宗昌各路將領，與日軍協商停戰，擁立溥儀入關稱帝。關於談判的實施，可先在北洋政府時期的參議院和眾議院的舊議員中活動，商酌與日本人談判的原則，如能達成一致，則可代表民意發出通電。

這一「迎鑾入關，收復政權」的方略失敗以後，朱益藩又在一九三三年五月四日致書胡嗣瑗，提出新的策略，即利用華北和中原的武裝力量，與已經佔領東三省和熱河的日軍以實力言和，共同擁戴溥儀。與前一種方略相比，這已經是降而求其次了，但這新的策略又告破產。

最後，朱益藩只能以給胡嗣瑗寫信的方式，給溥儀出些主意，希望他與日本人打交道的時候，能聰明一些，多爲自己爭得一點「主權」，減少一些當傀儡的恥辱，以改變處境，如此而已。例如在一九三二年七月十九日的信中，朱提出了防止受制於日人的問題，聽說僞滿「擬設總監」，認爲「是直高麗我也」，即以對待傀儡朝鮮國王李民的辦法待溥儀，他寫道：「果爾自當力拒，不能通融。」當朱已能證實確有溥儀與日本簽訂的《日滿密約》後，遂在一九三二年八月廿八日的信中寫道：「與倭密約十七條，似非盡揑造。果爾，則無事不受鉗制，較待三韓尤爲苛酷。此約不廢，直無一事可爲。」

一九三三年五月三十一日塘沽停戰協定簽字，僞滿被視爲「第三者」不予外交參與權，朱對此深感悲哀，在六月二日的信中寫道：「遇有交涉須由鄰邦出面，是我無外交，將來恐成慣例，得毋高麗我乎？」他獲悉溥儀將於一九三五年四月訪問日本，斥之爲奇恥大辱，在一九三五年二月一日的信中用了「准諸春秋來朝之例，其辱我亦已甚矣」一語，來表達他的憤怒。

朱益藩固然有機會表達自己的觀點，但無力回天，他的「方略」、「策略」、「主意」

等，都絲毫沒有起到實際的功效，既不能實現大清王朝的中興，也不能解脫舊主於虎口，但他對僞滿、對溥儀出任傀儡元首的態度，卻已經很分明了。

十、逝世前後

一九三五年三月陳寶琛逝世以後，朱益藩也步入了人生的最後年代，他這時在政治上已經失望，雖然還與胡嗣瑗通信，從而與溥儀保持著聯繫，也在北平的「清室留京辦事處」做些事情，但已沒有很高的熱情和龐大的計畫了，只有向詩文書畫及史料掌故求自娛，總是擺脫不了將抱憾而終其生的感覺。

到了冬季，朱益藩便從冬至那天起，填寫「九九消寒圖」，即把一塊木板置於書案之前，用紅筆大書「庭前垂柳珍重待春風」九字，這九個字每字九劃，他每天用墨筆填上一劃，九九八十一天剛好填完，至此已是冬去春來了。

性格倔強的朱益藩終生以清朝遺老自況，決不與國民黨官員來往，一九三六年春節前，北京市長秦德純派人送來新版《四書》一部，天津市長蕭振瀛也派人送來狐皮筒一襲，他們要表示敬意，卻吃了閉門羹，朱拒不接見，使來人十分難堪。翌年，朱逝世，此事才見報：「聞某要人曾拜訪朱某，卻遭閉門羹，說明其脾氣改變，以是知其不久於人世云云。」其披露之手法可謂妙矣。

朱益藩晚年因遠離溥儀，斷了經濟收入，乃在琉璃廠各南紙店掛筆單賣字，以潤筆收入維持家庭生活。

朱益藩身體素健，晚年讀書寫字可以不戴老花鏡，牙齒堅固，精神矍鑠，很少疾病。一九三七年春天偶患肺炎，導致心力衰竭，醫治無效，於三月十日歿於北京寓所，享年七十七歲。北京各報均載訃聞。呈遞遺摺後，溥儀即指派留京辦事處載濤代表致祭，賜祭一壇，賞陀羅經被一襲，誥授光祿大夫，晉「太保」，予謚「文誠」，賞銀五千元治喪。本擬停靈四十九天，做完「七七」之後開弔發引。不料，朱歿後才四十天，其繼配易玉燕因傷心過度，心臟病發作而歿，享年四十七歲。溥儀聞之，又派載濤率員弔唁，賜祭一壇，誥封一品夫人，賞治喪銀兩千元。

朱益藩夫婦於五月一日同時開弔受奠，由清朝翰林楊鐘羲、傅增湘、張海若分別擔任題主官和左右襄題官。前來祭奠的，有遜清皇室代表、北平民國政府和軍事等各界要員或他們的代表、故舊、門生、親朋戚友及北平市民等，終日絡繹不絕。由於朱益藩門生故舊頗多，加之他給許多大商店、大商號寫過招牌，給窮苦市民免費治過病、送過藥，所以設路祭的多，自動加入送葬行列的人也多，葬禮極為隆重。

與朱益藩同具「帝師」正式名分的陸潤庠（一九一五年去世）、梁鼎芬（一九二〇年去世）、伊克坦（一九二二年去世）和陳寶琛（一九三五年去世）等人，都已先他而去，他因此成為中國最後一位皇帝的師傅。朱作古僅僅幾個月，溥儀的英國師傅莊士敦（一九三八年去世）也離開了人世。一部相沿兩千年的中國帝王教育史就此結束。

【參考文獻】

＊中國第一歷史檔案館：《清廢帝溥儀檔》。
＊耆齡：《賜硯齋日記》，中和月刊二十世紀四十年代刊本。
＊清室駐津辦事處：《辦事紀要》，未刊。
＊胡嗣瑗：《直廬日記》，未刊。
＊朱益藩書札。
＊江西省蓮花縣政協文史資料研究委員會編：《末代帝師朱益藩》，中國海洋出版社一九九三年版。
＊本書作者存藏的有關文獻資料。

「合同」師傅——溥儀和莊士敦

莊士敦（一八七四～一九三八年），英國蘇格蘭人，原名雷金納德·佛萊明·莊士頓，中文姓名莊士敦，字志道，取《論語》「士志於道」之意。他早年在牛津大學攻讀東方古典文學和歷史，獲碩士學位。一八九八年來華，此後一兩年即發生了八國聯軍打進北京的事件，就在這中國將被帝國主義列強瓜分的政治背景之下，莊士敦奉派先到香港，任英國總督的私人秘書，繼於一九〇四年被派到山東，在英國殖民地威海衛的首任行政長官史迪威·勞克哈特爵士手下當秘書。一九〇六年升任「知事」，一九一六年至一九一七年代理威海衛行政長官，一九一九年起擔任溥儀的英文教習，一九二七年出任威海衛最末一任行政長官。一九三〇年回國，在倫敦大學教授中文，兼任外交部顧問，被英國皇室授予爵士。

莊士敦在大學讀書時，就立志尋究燦爛的中國文化的真諦，後來以學者兼官員的身分在華一住三十四年，遍歷二十餘省名山大川，熟悉了各地風土人情。他行萬里路的同時讀萬卷書，漢學功底非常深厚，還曾悉心研讀儒、道經典，廣泛涉獵經、史、子、集諸部，也喜歡中國的古典詩詞。他原來信仰基督教，後來又對中國的佛教發生興趣，訪問了許多名山古剎，與當地高僧及法師討論宗教和哲學問題。作爲英國官員，他當然也有興趣研究政治。作爲一位「中國通」，他還非常喜歡中國的飲茶之道和牡丹花卉。

通過對東西方文化與政治的研究，莊士敦先後出版了《佛教徒的中國》、《儒教與近代中國》、《威海衛獅龍共存》和《紫禁城的黃昏》等著作，也可謂學貫中西了。

一、受聘簽約，「洋鬼子」進宮

莊士敦能夠當上溥儀的英文師傅，開始於李鴻章第四子李經邁的推薦。此人精通英語，在晚清之際曾多次爲朝廷向英國借款充當中間人，與英國許多上層人士關係密切。同時，宣統年間載濤赴歐考察陸軍時，李以首席隨員身分同行，從此兩人關係不錯。張勳復辟失敗後，「小朝廷」感到有壓力，唯恐溥儀的皇帝尊號和優待條件將被取消。就在這種情勢下，李經邁向載濤建議，讓溥儀學英文及自然科學知識，以備政治有變時，把出國留學作爲退路。

李經邁的建議打動了載濤，然而載濤還必須說服胞兄載灃——在紫禁城內負責「照料一切」的醇親王，必須說服宮中的四位皇貴妃，必須說服「小朝廷」的內務府大臣以及陳寶琛、朱益藩、伊克坦、梁鼎芬等「帝師」。據莊士敦自述，這項說服工作「曾引起過不小的騷動」，保守派們強烈地予以反對，他們擔心年輕的宣統皇帝會變得「摩登」起來，由於西方人的言傳身教而愈來愈不滿於宮廷現狀。儘管他們的擔心不無道理，而且也被後來的事實所證明，載濤的說服工作最終還是獲得成功。因爲他居然能夠打通關節，得到當時在位的民國總統徐世昌的贊助，從而形成了宮內保守派們難以抵制的強大壓力。載濤遂受命處理此事，他很快便透過李經邁向英國駐華使館交涉，而找到了莊士敦。

一九一九年二月廿二日，莊士敦接受了當時清室內務府的聘請，成爲溥儀的英文師傅。溥儀的其他師傅都是接到「聖旨」就進宮赴任了，唯有這位莊師傅，是與有關方面簽了合同才到宮裏來的，在中國兩千年歷代帝王的教育史上，這是個先例，也是最後的一例。這份合同的原件至今保存在中國第一歷史檔案館中。全文如下：

中華民國內務部特派員許寶蘅、清室內務府特派員李鍾凱與英國莊士敦先生訂定合同如下：

第一條：聘任英國莊士敦先生為清皇帝教習，專任教授事宜。

第二條：教授學科依左列所定：英語、英文、數學、歷史、博物、地理。

第三條：教授時間每日二小時至三小時，每月農曆逢二日停止教授。

第四條：暑月及中國春節假期至多不得逾一月。

第五條：清室待遇教習與其他師傅同。

第六條：教習授課時待遇清皇帝與其他師傅同。

第七條：教習每月薪金為中國銀幣六百元，又津貼一百元，於陽曆每月月初由清室內務府發給。

第八條：教習住宅由清室內務府預備中國式房屋一所，不取租金。

第九條：聘任年限以三年為期，自一九一九年二月二十二日起，至一九二二年二月二十一日止。

第十條：聘任年限屆滿時，教習回國旅費由清室內務府發給中國銀幣六百元。

第十一條：聘任年限屆滿時，如經雙方同意，得繼續訂立聘任合同。

第十二條：教習因有事故自願辭退時，須於三個月前備函通知清室內務府。

第十三條：教習如曠廢教授至三個月或不能履行合同，或有其他情事為清室所不滿足時，清室得隨時辭退。

第十四條：教習自願辭退或被辭退時，其回國旅費仍照第十條所定發給，如係被辭退時，並發給三個月薪金、津貼，即中國銀幣二千一百元。

第十五條：教習未得清室之許可，不得收受其他之聘約。

第十六條：本合同用中文繕正二份，一份交莊士敦教習收執，一份存清室內務府。

中華民國內務部　特派員　許寶蘅

清室內務府　特派員　李鍾凱

英國教習　莊士敦

中華民國八年（西曆一千九百十九年）二月二十二日

一九一九年三月四日，莊士敦第一次進宮，由內務府大臣世續和耆齡引領覲見溥儀，並開始在毓慶宮授課。然而，究竟應該給這位洋人何種身分？讓他具有什麼樣的地位和禮遇？兩派之間的爭論仍在宮內繼續著。

在中國，能成爲皇帝師傅的人都是全國最優秀最有名氣的學者，他們的地位絕不在地方總督或朝廷大臣之下，他們可以不受限制地晉謁皇帝，並坐在皇帝面前，遞交奏摺或提出口頭建議。清朝歷代皇帝的師傅都曾被授予「頭品頂戴」，或加封爲「太保」、「少保」一類尊號。然而，莊士敦被聘爲溥儀的英文教習以後，宮內的皇貴妃們、內務府大臣們還堅持說，不能授予洋鬼子「皇帝師傅」的地位和頭銜，雇用他的唯一目的是教授英語，他只配與內務府管財務的司房打交道，而不應過問政事，不給他「頂戴花翎」以及其他榮譽。這種看法遭到載濤以及被他說服的載灃的駁斥，他們認爲皇帝的英文師傅和漢文師傅應該享有同等地位，否則不但在實際上行不通，而且將得罪英國政府。

對莊士敦的最有力的支持來自於溥儀本人，他與每天進宮授讀的莊師傅朝夕相處，全方位接受他的影響，對這位洋師傅很有好感，對學習英文也很快就表現出濃厚的興趣。莊入宮才十幾天，推薦了莊的那位李經邁，便在他所居住的上海寓所接到了「皇上」的「英文聖詔」和頒賜的貴重物品。這位前朝名相之子立即上奏一摺，感謝「皇恩」，對於皇帝「天稟聰明，邁越前古，欣忭莫名」，對於「莊教習教授盡心，欣喜萬狀」，最後表示「臣居上海，離京稍遠，不能當差，恐惶之至，而盡忠之志，日夜弗敢忘也」。

不久，溥儀傳旨，給予莊士敦「紫禁城內賞乘二人肩輿」的特權，即由宮廷提供兩名轎夫和一種小亮轎，允許莊士敦乘坐入宮，並一直把他抬到毓慶宮內。與此同時，溥儀也給了莊「毓慶宮行走」的頭銜。這說明莊已被正式確認爲皇帝的師傅，享受到該職位應得的尊榮與特權。

二、以書為妻，授讀滿五載

按聘用合同規定，「小朝廷」要給莊士敦預備住宅，遂在安定門外張旺胡同租用一處標準的北京式四合院，連五間正廳，再加內、外院的廂房，足有三十多間房子。然而，莊士敦全家只有他自己，另外雇了一個管事的和一個看門的。

原來這位莊士敦信奉獨身主義，終生不娶。在他看來，結婚意味著殷勤地伺候妻子，還得表現出溫情脈脈，還得接受女人的約束，這一切實在太麻煩了。

在莊士敦居住的五間正廳中，擺滿了從地板到頂棚的高大書架，存藏著數千卷各類書籍。平時，莊總是坐在一張特製的大書桌旁讀書，他風趣地說：「我現在有了這些書籍，它們就是我的妻子，能和我作無聲的談話，我也不必伺候它。」

這位以書爲妻的洋大人，進宮不久便和太監們吵了一架。原因是這樣的：按宮中慣例，凡被「小朝廷」新任命的官員，進宮前要預備些銀錢或小物品，作爲賞賜或見面禮，以應酬接觸到的太監們。然而，一個從來不曾跨進中國皇宮門檻的外國書呆子，哪曉得這種「慣例」呢？這位新來的「毓慶宮行走」既然不肯掏腰包，太監們便毫不客氣地當面索要。莊士敦一本正經地回答說：「你們要多少，我可以給多少。但有一個條件：你們必須給我寫一張正式收據。」太監們聽說這個條件，又氣又惱，寧可放棄這筆賞賜，也不願意寫那張收據，怕莊士敦把收據轉交皇上，因而砸了飯碗。

儘管太監們對這位洋大人很反感，溥儀卻愈來愈尊敬他。莊士敦自述他在毓慶宮內給皇帝授課的情景說，從進宮時起，溥儀就給了他和漢文師傅完全相同的待遇。上課時，溥儀面朝南，坐在一張八仙桌的北邊，莊則面朝西，坐在八仙桌的東邊。倘是一般大臣覲見皇帝，必須面北而跪，對師傅屬於破例從優。而且，每當莊走進書房時，溥儀立即起立，等莊進抵毓慶宮中央部位，師生同時行鞠躬禮，然後分別落坐，莊在授課過程中如因故離座，則溥儀也要站起來，直到師傅返回座位，他才坐下。

莊士敦授讀很認真，對學生嚴格要求。他進宮五個月後，「小朝廷」決定在近支王公子弟中給溥儀挑一個伴讀英文的，並確定了溥傑。但莊士敦以載濤之子溥佳「英文有基礎」為由，反對這項成命。溥儀遂根據莊的意見，於一九一九年八月十四日傳旨派溥佳伴讀英文，同時為敷衍載灃的面子，增選溥傑入宮伴讀漢文，還賞給溥佳和溥傑兩人「紫禁城內騎馬」。

溥儀學英文從單字和會話起，讀過《英文法程》，繼而又讀《伊索寓言》、《金河王》、《艾麗絲漫遊奇遇記》等。莊士敦穿插給他講述世界歷史和地理知識以及一篇篇的英文故事。有趣的是，莊能把中國古代文獻與英文結合起來，教溥儀翻譯《論語》等儒家經典著作。上英文課時，溥儀有時也淘氣，或與伴讀溥佳在桌子底下踢腳，或趁老師不注意，幾筆勾畫一張人物速寫……不過，溥儀對英文還是愈學愈有興趣，會話和書寫能力都很不錯。

一九二一年秋天，莊士敦發現溥儀是近視眼，建議延醫檢查並配製眼鏡。得到溥儀准許後，即於同年十一月七日引領美國眼科醫生霍華德（Dr. Howavd）入宮給溥儀檢查。此事驚動了陳寶琛和內務府大臣們，他們強烈反對。可是，莊士敦也不示弱，他聲明如果橫遭無理干涉，就辭去英文教習職務。次日傍晚，溥儀在毓慶宮召見霍華德，公開支持莊師傅。一週後，溥儀便戴上了第一副美國式的近視眼鏡。

五年後，莊士敦還曾回憶這件事的細節，由記者撰文刊登在倫敦的報紙上。該文寫道：「在幾年前，莊士敦先生教溥儀用英文講時間方面的用語。有一天，把一塊表放在溥儀面前的桌子上，問他現在幾點鐘？他不看面前的表，卻轉過頭去看掛在書房後牆上的大鐘。老師很奇怪，問他爲什麼不看桌子上的表？小孩皇帝回答說：『我看不見。』莊先生這才發現溥儀的眼睛有毛病，遂馬上與皇族人員以及內廷官員們商量，建議找個醫生看看，但遭到了巨大的反對。『皇帝可以戴眼鏡嗎？』有人這樣問道。其他在場的人全都認爲皇帝是不能戴的，在他們看來，一個皇帝居然戴起眼鏡，這是荒謬的事。莊士敦先生終於堅持了他的觀點，北京醫師聯誼會的霍華德先生很快就來治療皇帝的眼病了，並爲他測光配鏡。」

溥儀對莊士敦愈來愈信賴了，經常賞賜銀錢、古瓷、書籍、字畫和玉器等。莊得到賞賜以後，也像其他師傅一樣，前往乾清宮或養心殿向溥儀叩拜謝恩。幾位皇貴妃也常常賞賜水果或點心，命太監一直抬到張旺胡同，引起街坊鄰里的一陣轟動。當年的《時報》還曾報導過端康皇貴妃向莊士敦賞賜野山參和西洋參的事情，說明到這時，莊士敦已在「小朝廷」站穩了腳跟。

一九二二年一月十日，當莊士敦與中華民國內務部及清室內務府所簽合同即將期滿之際，溥儀表示衷心希望莊留任，遂續簽合同。溥儀很高興，傳旨賞賜莊二品頂戴：「莊士敦教授英文三年匪懈，著加恩賞給二品頂戴，仍照舊教授並賞給帶膝貂褂一件。欽此。」莊也當即上了謝摺：「聞命之下，實不勝感激之至，謹恭摺叩謝皇上天恩。」據說莊喜形於色，轉托內務府大臣耆齡代購官帽上面的珊瑚頂珠，這種玩意兒耆齡多得很，隨手就找出一枚送給他，他便很高興地戴上了。

同年十一月十九日「皇帝大婚」行將舉行之際，溥儀又賞賜莊「頭品頂戴」，這才與陳寶琛等處於同等地位了。其實，論給溥儀的影響，莊士敦絕不亞於任何一位漢文師傅。

三、清宮難禁，紅杏欲出牆

一九二二年夏天，溥儀的思想深處正在發生著巨大的演變，他在這場一時之內難以告人的演變中最信任的人物便是莊士敦。爲了把思想演變化作具體行動，他已經透過溥傑，偷運出宮中大量最富價值的字畫珍寶，從而作好了經費準備。他又在同年五月二十日傳出一道諭旨：「李經邁著加恩賞給太保銜。欽此。」提高了這位薦手的身價，緊接著，他就在六月三日急不可待地付諸實施了。

關於實施的過程，莊已詳明地寫進了六月八日致李經邁的信中了。莊所以要寫這封信，「把目前宮中情形詳細告訴李」，是因爲之前已遵照溥儀之命給李發過電報，讓他即來北京，所以要讓他瞭解情況，做好準備，以便到來之後，「對於皇上可能談到的各項問題」，予以充分地「奏對」。從這時的政治背景來說，正值奉軍在直奉戰爭中大敗，直系軍閥首領吳佩孚控制了北京，民國政府原總統徐世昌被迫離職出走。莊在給李經邁的信中寫道：

端午節那幾天，我不在北京，一直到三日上午以前，我還沒回來。到家就聽說，在前幾天徐（世昌）總統突然退位逃走了。當天上午，皇上從電話裏知道我回來了，派心腹人送給我一封鉛筆寫的中文條子，要我下午三點鐘到宮裏住處見他。他還命我到時開兩輛汽車來，在東華門外等著，但不要說是奉他的旨意。最後，他希望我對他的條子絕對保密，不要讓皇族的人和其他的師傅知道。

到了指定時間，我乘坐自己的汽車到皇宮去，從公共汽車房又要了另一輛汽車。遵旨把兩輛汽車都停在東華門外，我就照平時上班那樣進了宮。皇上已經在養心殿等著我。這次會見沒有第三者，談了一個多小時，這是我從未經歷過的一次最為難得的體驗。首要的事就是，皇上要我馬上把他送到英國公使館去。他的決心是那麼堅定不移，甚至一開頭都不願意跟我商議一下，這說明了他要汽車的用意。

他和我坐一輛汽車，幾個侍衛人員坐另一輛跟著。皇上接著說，他一到公使館，就打算發出一封給中國人民的通電，說明他對於吃閒飯、拿國家津貼金過日子的地位深以為恥，不僅願意放棄民國政府作為退位代價給他的四百萬元，而且願意廢除他的帝號，和一切有關權利，包括享有的皇宮私產在內。電報發出以後，他將提出立即進行訪歐的佈置，只是在出洋的必要安排辦妥之前，需要麻煩英國公使款待。

我要說明一下，皇上這個決心，並不是由於最近的政局的發展才引起的，而是因此更加強烈了。正如我曾對您說過的，他和我在過去一二年間，經常談論到有關民國政府對他的地位問題，他愈來愈清楚地認識到，他目前所處情況是彆扭的，丟臉的。即使北京政局沒有變動，他也不會緘默多久的。他早已不是一個孩子了，他已經到了完全可以形成自己觀點的年紀了。並且他對於目前所處地位的根本謬誤之處，已逐漸有了固定的看法，在改變地位之前，他是不會安定下來的。要想勸告青年人將他的激動情緒忍耐下來，或者用您來電的話來說，就是「靜待」一下，都是徒勞無功的。這種勸告，只能更增加他的反感，甚至會使他對勸告人的才智也不信任了。

我十分瞭解皇上一定會這樣想的：要是我對上述事件提出「等著看看」政策的話，唯一的後果是，他對我的信任會受到嚴重地打擊，並且他會想到去找別人求援。近來他一再對我說過，他把我當作宮廷裏所有人（除了那些王子以外）中唯一真正同情他的人，唯一真誠關心他的幸福的人。可是他所要求的，比單純的同情還要多，從我這裏得不到滿足，當然就會找別人了。

皇上宣布他打算離開皇宮，並發佈廢除權利聲明這件戲劇性的突然事件，並沒有真正使我感到驚訝，因為我知道他長期以來的心思，從他那方面說，他也很瞭解，原則上我完全贊成他打算要做的事。這就是為什麼他偏要找我而沒有別人可以信賴的原因。

我用如下的論點勸他不要單單選在這個時刻來實現他的意圖。我指出：如果他恰好在總統被迫退位逃出北京這個時候離開皇宮，跑到外國旗幟下受保護，這兩件事情在報紙輿論上和社會公眾中，必然地自然而然地會默認為皇上和總統的命運曖昧地拉扯在一起了。隨著總統下臺而來的譴責，極有可能多少也會指向皇帝身上。這樣就會出現一種輿論，揣測徐世昌和皇上之間共同搞什麼政治陰謀，皇上的逃亡正是由於心裏有鬼。即使是隨後發出的廢除津貼和尊號的電報，也不見得就能打消公眾的懷疑，還會引起議論說，皇上不過是為了「保全面子」，才用自動廢除的把戲，來避免在不久後被迫這樣做罷了。我還指出，由於中國目前沒有國會（這時甚至連總統也沒有），就沒有一個機關和機構有權接受他廢除津貼和帝號。他要想這樣做，也可以向中國國民發個通電，可是沒有一個人或人民團體有權接受或承認它——而它必須取得公認。

我又進一步指出：皇上以為英國公使館在這個事件中會把他當作貴賓接待，這一點恐怕估計錯了。假如不久以前發生了內戰，北京有陷入嚴重混亂可能性，那麼，在我的建議下，英國公使一定會答應說，要是皇上個人受到危險的威脅，可以在英國公使館裏替他找個住處，這倒是完全實在的。可是目前的情況卻完全不是那麼一回事。對皇上個人並沒有受到什麼實際危險威脅，貝爾利·阿爾斯敦（Beilby Alston）勳爵同意接待他在英國的保護下，是沒有根據的。想利用英國公使館這個地方，躲開皇族人員和宮中大臣的干涉，來起草告全國的通電，進行出洋的準備工作，這完全是皇上一廂情願的想法。因此我認為，貝爾利·阿爾斯敦勳爵不可能在英國公使館款待皇上的，這是非常肯定的。即使他個人願意這樣做，我想，英國政府能讓自己不義地參與非法干涉中國內政的行動中，也是完全不可能的。

我提議，為了馬上解決問題，我可以到公使館去，把事情擺在公使面前，並聲明在一小時以內就可以把他的答覆帶回來。這件事終於不需要了，因為皇上很勉強地同意了我的看法，把目前要做的一切行動拖延下來。但他堅持說，不管英國公使館接待不接待，反正他下定決心，要幹他認為（也是我認為）應該做的事，具體說，就是廢除民國的津貼和所有屬於他的皇族私產。他可以等幾天——只能等到認為他的行動直接跟徐總統退位有關係的類似之處減低到最小程度為止——那時他就會發出通電。

於是我請求他，先跟您商量後再這樣做。我知道，要他找那些王公、前攝政王、內務府大臣，或者他的中國師傅們商量，是沒有用的。除了三個中國師傅以外，他對任何人都不信任，對那些死抱住傳統習慣的人，他認為在目前緊要問題上不能提出什麼有實際意義的見解。不過對於您，他有不同看法，因為他從未見過您，這一點我可以負責。我提醒他，他剛剛任命您為頭等侍衛，還說當我頭一次建議這個任命時，我曾向他保證過，對於您可以擔保是真正忠誠的，這一點可以不加考慮。這個談話對皇上收到一點效果，他終於同意等您到來，但是要我給您發一個急電，要您馬上就來。這點我照辦了。一出宮，我就到電報局去發了下面的電報給您：「奉旨著即來京，特急。」第二天（六月四日）我收到您的覆電：「力諫靜待，目前無可作為。」

四、放棄「歲費」，緣是為哪般？

莊士敦這封信寫得很長，因爲他並不只想把它作爲寫給私人朋友的一封普通信件，還「打算把這封信抄送一份給英國公使，如果他認爲合適，就轉送英國外交部」，從而希望這封信能作爲他的「最後的業務報告歸入檔案」。因此，他在這封信中還把他對溥儀的認識、對清室的瞭解、對民國政府的思考等都寫了出來，留下了一個熟悉中國、特別是清宮內情的外國人的實錄及理解，實在是很寶貴的。

莊士敦認為，溥儀是個有理解力、善於思考的人，是個對各種不同政治觀點的報紙都很熱心的讀者，他對中國的現狀比許多博學的成年人都知道得多，對清朝的歷史和所以衰落的各種原因，都有全面的理解。尤其是他對西方國家的政治和社會狀況的瞭解，要比他的中國師傅們多得多，因為這些師傅的學問全部只限於本國的歷史和文學，而他則能夠對中外加以對比。他對自己所處的地位也沒有看錯，對十年前那場革命以及自己的退位，都沒有什麼怨恨和抵觸，如提到像慈禧太后那樣的人物時，總是極為坦率的，常常使用會被保皇黨們稱為大逆不敬的那種用語。最近幾年他愈來愈感到，不做任何事情而白拿國家的巨額津貼是可恥的，對於這種丟臉的事，他似乎已經不能忍受了。

莊士敦還認為，溥儀非常憎惡當時盛行於清宮之內的貪污盜竊之風。他曾對莊講過宮裏發生的厚顏無恥的盜竊宮內財寶、行賄、偽造賬目以及上下之間分贓這類事件。他還談及一九二一年四月十四日莊和太妃（**同治的珣妃**）病逝之際，她那個宮裏的太監們就在停屍的房間裏，為了偷盜財寶而打起架來，他本想懲罰肇事的人，但一些從中獲利的王公大臣以及全體太監都起來反對他，使他難於下手。鑒於此類種種，他認為死抱住民國優待條件所帶來的巨額津貼不放，而主要用來供養一大批坐食山空的人，給他們創造撈錢的機會，實在是毫無意義的。四百萬元的「歲費」，已經超過了當時最大的王朝——維多利亞女皇皇室每年的費用，更遠遠超過了清宮退位皇帝和幾位太妃過最豪華生活的實際需要，而且，單是皇族的動產和地產，只要管理適當也足已供應清室的費用了，所以「歲費」的存在其實也並不是為了「皇上」及「皇眷」的真正福利。溥儀對此已有很深的體會，宮裏的大人物們並沒有多少真正關心他的。

莊士敦還說，溥儀當時已清楚地認識到，民國的國會一旦重新召開，必然討論對清室的優待條件，或者大加修改，或者乾脆廢除。與其被動地取消「歲費」，還不如自動放棄尊號和津貼，而取得全國公認。

總之，溥儀早已有了放棄民國津貼和皇帝尊號的打算，到一九二二年夏天突然變得急迫起來，按莊士敦的分析，主要有三點理由：第一，他要逃避自己所處的難以忍受的可恥和丟臉的地位；第二，他想連根拔掉宮中貪污腐化和爲非作歹的種種醜行；第三，他希望變被動爲主動，在世人面前樹立良好的形象。

溥儀急於放棄他的無用而繁重的私產，除了上述這些理由，還有一點，就是他要趁著年輕，輕裝走向世界，他要到英國去留學，以現代知識充實自己，通過一條新的道路，去尋回祖宗的江山。

溥儀能有這些思想，不能不說是受到了莊士敦的深刻的影響。莊說過，宮中從大臣到太監的所有人，無不把溥儀當作「天子」，與常人殊，但在莊看來，他不過是個有人性的孩子而已。把一個孩子關在監獄一般的皇宮裏，沒有新鮮空氣，沒有充分的活動，沒有性情相投、稱心如意的夥伴，而只有極端矯情造作的所謂皇帝的生活，對他的健康、身體、知識和精神都有害的生活，這是多麼的殘忍！莊的主張是「與其使他的身心健康受到損害，寧可犧牲掉一切東西」。何況溥儀所面對的已不再是帝王的真正的權力，或者說，只剩下空頭「尊號」，卻還要向歷代皇帝那樣過著嚴格隔絕的生活，真是太划不來了。莊的這些教育，很快就把一個十六七歲的孩子給鼓動起來了，這是必然的。

莊士敦不但以思想影響了溥儀，還屢次提出建議，促請各王公大臣和溥儀本人，注意優待清室條件中的規定事項，適時移居頤和園。因爲他擔心溥儀仍居宮禁，容易予人藉口，指責清室破壞優待條件而予以取消。再者，移居頤和園後，一些不必要的排場可免除，從而節省大筆經費，克服經濟困難。但這些建議終因遭到清室官員的反對而無由實現。就在不久前直奉戰端將起之際，莊還曾徵得英國駐華公使貝爾利•阿爾斯敦爵士的同意，在英公使館內撥出一個房間給莊居住，而莊可以溥儀師傅的名義邀請他的學生溥儀前往同住，藉以作爲客人給予保護。後因局勢趨緩，而沒有必要實行這一計畫了。但這些建議和計畫，卻爲溥儀新的脫離紫禁城的考慮架設了思想階梯。

五、清查皇產，提出新舉措

就在莊士敦給李經邁寫這封信的一個月前，溥儀曾在一九二二年五月六日頒發一道「御旨」，派陳寶琛、李經邁、紹英、耆齡、寶熙等人清理皇室財產。至五月二十日溥儀又「傳旨」，添派劉體乾參與清理皇室財產。

原來溥儀的這項舉措，也是出於莊士敦的建議。那是在幾個月前，溥儀最先向莊吐露了要放棄「歲費」的想法，莊即寫信告訴了住在上海的李經邁，李則勸莊提醒「皇上」，「在沒有全盤清查皇族的財政狀況以前，這樣做是不明智的」。莊贊成這一說法，遂向溥儀建議道：「過去十二年中，由於宮廷官員大量的管理不善、侵吞款項和貪污盜竊行爲，目前完全沒有辦法說清楚究竟皇族實際上還有什麼財產?究竟負債到什麼程度?這樣,爲了皇上的利益,在調查清楚皇上佔有的動產和不動產有足夠供養他的相當維持費以前,希望他不放棄津貼。」

根據莊士敦的建議,溥儀決定委派一個專門委員會清查皇產,而且這個委員會的成員不能只限於近幾年來管理過皇族財務的人擔任。莊則立即推薦了李經邁和另一位旨趣相投又具有相當資歷的劉體乾兩人,得到了溥儀的首肯,還特意給李經邁賞加了「太保銜」,據莊說是「頭等侍衛」,有被皇帝隨時召見的特權。儘管遭到一些人的強烈反對,溥儀毫不動搖,他非常乾脆地告訴內務府大臣,命他們通知前攝政王說,他再也不當傀儡了,他的旨意一定要執行。

關於清查皇產的具體作法,莊士敦提出「迫切需要同民國政府達成一項明確的協議,規定什麼樣的動產是屬於皇帝的,可以歸他絕對自由處理」。這是針對報上常常登出宮中珍寶被盜賣的消息,嚴重損害皇帝和皇族的名譽。所以,莊說到底還是爲溥儀打算的。清查皇產的「諭旨」確實得到了執行,並一直查到溥儀離宮之前。

對於廢除「歲費」和「尊號」,莊士敦主張要徹底,「廢除整個宮廷制度連同他所包括的一切」,認爲「這就是皇上最大利益中的崇高願望」。他說,如果保留空頭尊號,勢必還要繼續那種矯情造作的生活,且將爲此靡費大量的金錢,而且還將受到激進報紙對「皇上」的粗野而輕蔑的攻擊。從外國的觀點來看,無論溥儀是否擁有尊號,他都是一個前皇帝,絕沒有本質上的差別。假定中國國民都同意君主立憲是解決國內政治動亂的最好辦法,則「皇上」重登寶座的運氣也不會因爲放棄了尊號而減少,也許更加有利。而且,「皇上」出洋留學歸來,也許會當選民國總統,然而其前提必須是廢除空頭「尊號」。

應該承認，莊士敦對溥儀是愛護的，正像他在信中所說：「我和皇上的交情是最誠摯的，不然的話，老實說，我早就辭職不幹了。」他還說：「我更爲關心的是看到年輕皇帝成長爲一個心靈健全和身體健全的人，而不是看到他成爲保皇運動的中心。」談到自己的前程時，莊這樣說，如果「歲費」、「尊號」和宮廷今後照舊下去，說明他爲「皇上」謀利的努力都落空了，他將辭去現在的職務。但如果那幾樣東西終於讓「皇上」給結束了，則王公大臣和宮裏的一大批人都將因此失掉發財和糊口的機會，他也不會「作爲皇上的師傅或親信的顧問而小心翼翼的保護著自己的地位」。然而，他最後說：「辭職後，或許我還繼續留在中國，我必須鄭重聲明，我隨時準備著，皇上什麼時候想到找我諮詢或協助，我將以個人身分愉快地爲皇上效力。」

一九二二年七月七日，即莊士敦致李經邁的那封信發出整整一個月後，劉體乾赴滬，莊事先與之商討過，兩人都希望於數日內劉與李「一同來京」，以便按照他們的計畫清查皇產。

六、「離經叛道」，共赴新思潮

到了一九二三年的夏天，莊士敦在英國《泰晤士週刊》上發表了一篇題爲《記清帝近事》的文章，反映了在此前後莊與溥儀師徒間相互的交往與理解。有人以文言形式將它譯出，刊於一九二三年八月份的《燕都報》上，摘要如下：

余作斯文，請先將皇帝之名詞一述。世人對於今之滿洲元首，或稱遜帝，其實滿洲之遜帝，與現在歐洲之各國退位之帝王不同，彼之得以沿用帝號，握有若干權利，蓋規定於一九一二年皇室與民國所協定之契約。此項契約且確定皇帝得受民國政府優待經費，以充皇室之用。而民國視皇帝，並應採用待遇外國君主之禮。

一自此約簽訂，皇帝常居北京禁城，享其南面之尊崇，與歷任民國大總統頗能相安無事。不過我人所亟應辨明者，此所謂皇帝，非中國之皇帝，乃大清之皇帝，或簡稱清帝。清之云者，華文對於滿洲兩字之譯義，滿洲則清帝先世遼金韃靼之名也。

皇帝嘗自擇取一英文名曰「亨利」，在大婚之先，又為其后擇取一英文名「伊莉莎白」，蓋與「亨利」同一得自英王室史鑒者也。

皇帝較一般華人為高，而發育固未成熟。其軀體瘦削，眸子黑而平，笑容雅可愛。容止若頗有思想，手小而構造完美，指柔妙，有美術家之氣息。其態度為滿洲士人之態度，此外則亦無可多譽者。

皇帝頗稟受其先世高宗純皇帝之詩才，著作殊不少，亦善為今日少年中國所風行之白話詩。其文言之詩篇，多用贋名，投登北京某報，故知之者僅有二三人，即採錄其詩之主筆，亦不知果為誰氏作也。

皇帝之文學，經其師傅之指導，造詣當甚高深，彼輩固皆名聞全國之學者也。華人之以文名者，往往善書法，皇帝濡染其風，亦頗能之，信筆揮灑，常為見者所驚佩。即英文書法，亦雄偉，且格式優美，此固其天賦之氣稟，初非英文師傅之力也。皇帝於中西繪事，不論人物花卉，無不佳妙，且運筆極敏捷，偶執鉛筆而有所繪，不數筆已栩栩欲生矣。

皇帝於思想教育及一般情勢均如漢人，皇帝之先世到處求與漢人同化，頗著成效，滿漢種族之見於以漸泯。皇帝亦常傾向於今日中國之新思潮，雖然與在昔之成法相悖，而能吞忍。皇帝居恒好讀報，求知之心若渴，故於國內外社會政治潮流，均較其所與共處者為稔。皇帝於一九二二年初即毅然去其髮辮，縱三太妃、兩太傅之力而不為屈。滿洲建國以來，禁城中見無辮之主上，自皇帝始。所惜其左右，以為乃違背祖宗成法，故迄保持其脈尾不廢也。

皇帝甚了然彼今所處地位，暨中國在國際上所占地位。皇帝精神充足，而絕無如彼少年時代應具之快樂與活潑。皇帝頗不以今所居不自然之環境為然，常思自由。不過彼初未有政治上之野心，亦不欲與皇室頑固派樹敵云。

莊士敦在這篇短文中介紹並高度評價了他的中國「皇帝」學生，同時透露出，他們在一兩年的時間裏逐漸形成的「離經叛道」的思想，仍在發展而走向「新思潮」。

七、不懼恐嚇，管理頤和園

一九二四年四月二十日，溥儀頒發諭旨：「著派莊士敦管理頤和園、玉泉山、靜明園事宜。欽此。宣統十六年三月十七日。」之前的幾個月中，莊雖然繼續得到溥儀愈來愈多的信任，但內務府大臣等宮裏的頑固派們都痛恨他，恨不能一腳把他踢出宮外，然而溥儀這個諭旨卻不是順著他們的意願。原來溥儀已於三月三日命鄭孝胥爲總管內務府大臣，掌印鑰，全權整頓內務府，莊正是在這個「整頓」開始之際接到諭旨的，是要讓他有力地參與整頓工作。管理頤和園等紫禁城外的皇產，是直接為放棄「歲費」而做的一項必要的先期工作。

據《鄭孝胥日記》載，朱益藩和紹英等人都反對把莊派往頤和園，至少也希望能削減他的部分權力。五月廿三日日記就留下了這樣的記錄：「入內。有旨：仍令莊士敦管理頤和園、靜明園、玉泉山事務。此旨於三月十七日（即西曆四月二十日）已擬上，留中未下，或曰朱艾卿沮之。今日孝胥猶未入，上以電話語紹英，令傳旨告莊士敦；紹復擬旨，有『會同』字樣，內侍持旨下，云『上命除去會同二字』。紹復請先示攝政王，上從言。」溥儀最後還是堅持了自己的意見。

然而，諭旨尚未頒下，風聲剛露，莊士敦又收到一封匿名恐嚇信，說如果他膽敢赴任，路上就有人等著殺他，他笑而不顧，僅在四月十六日會晤鄭的時候「交匿名信一封」。幾天之後，莊回到溥儀身邊，談及匿名恐嚇信時說：「我也沒有坐車，偏騎馬去，看他們敢不敢殺我，結果我還是活著到任了，我早看透了那些人！」「那些人」指的就是宮裏的頑固派。一個月後的五月十九日，莊又與紹英、榮源、耆齡等一同陪侍溥儀前往醇親王府探親，照舊與他們周旋。

可是，莊士敦的力量畢竟有限，鄭孝胥的力量也很有限，宮內所剩不多的那點實權還是操在前攝政王、原任內務府大臣的那幾個人，以及溥儀的幾位中國師傅手中，到一九二四年六月廿五日，溥儀不得不傳旨「開去」鄭孝胥「總理內務府大臣之缺，仍在懋勤殿行走」，宣告「整頓」失敗。原內務府大臣紹英官復原職，溥儀又在六月廿七日傳旨，命朱益藩會同辦理內務府事宜。

應該說明的是，莊士敦對溥儀的幾位中文師傅另有看法，他高度崇敬陳寶琛、朱益藩、伊克坦等人的品德和學識，認爲他們「一點兒也沒有參與宮廷的舞弊的陰謀，在道德上是無可非議的」。然而，「作爲舊式學校的學者，他們完全和中國的政治、社會、文化運動脫節，眼界比皇上本人還狹隘得多，他們從未出過洋，一點兒外語也不懂，恐怕他們還不大相信在中國以外存在著什麼有名的文明國家」。莊正是基於這種認識，而把幾位師傅也歸入保守派的行列。

莊士敦雖然已在距紫禁城二十多華里以外的頤和園任職，但他還是溥儀最親信的顧問，不過只是把他的辦公時間分別兩部分了，一部分還在紫禁城，一部分則在頤和園。當時莊有四個住處，一爲北京安定門外張旺胡同的四合院，二爲紫禁城內御花園養性齋，三爲頤和園內諧趣園的湛清軒，四爲櫻桃溝別墅。莊來往其間，享受著三百年清王朝留下的最美麗的風光。作爲莊的朋友，陳寶琛、鄭孝胥、羅振玉和王國維等也都是頤和園的常客，被莊引爲上賓。如《鄭孝胥日記》八月十一日載：「弢庵來，言十四將遊西山。」八月十四日又載：「出過莊士敦，談久之。」八月廿五日則載有另一種情形：「莊士敦來送花四盆。」

這期間，不但莊士敦常回到紫禁城內溥儀的身邊，溥儀也常到頤和園去由莊陪同遊玩，共進午餐，利用這個機會，溥儀還結識了莊的許多中外友人。《鄭孝胥日記》五月廿四日載：「十時，內務府來電話，云『上召，入見。』即詣神武門入宮。上云：『即幸頤和園，隨扈。』至四時，自玉泉山靜明園回宮。與壽民俱入諧趣園，有山澗，水聲甚喧，坐談久之。壽民誦余爲志贊羲《養魚圖》所題七絕。」莊回憶說，他還曾陪同溥儀在八月間遊覽西山八大處各寺廟，這也是溥儀第一次前往那裏。鄭孝胥也聽陳寶琛談及此事，其實是在七月十七日那天遊山，溥儀剛買下兩輛汽車，便乘之遊覽了西山，歸途中順便在陳府稍憩，對師傅感嘆道：「今日始睹真山耳。」至七月廿二日，溥儀「又幸西山，夜九時半始還宮」。

鄭孝胥深感不妙，乃趁七月廿四日召見之機，「諫西山之遊侍從太多，用費太奢，時候太晚」。其實，早在五月廿九日，就有「柯劭忞上疏諫止幸頤和園，上召見柯，溫旨慰諭。」然而，柯、鄭的諫阻都未能擋住溥儀的車輪，八月十七日又去了一大幫人，溥儀、婉容，還有些民國政府要人，居然連祖宗的「忌辰」也不大顧忌了。據《鄭孝胥日記》載：「赴莊士敦之約於頤和園，上、后皆臨，以忌辰，未就坐，男女十餘人，孫寶琦、顏惠慶、王懷慶皆在，攝影而散。」八月二十日又有載：「電話召見，至神武門，上已出宮，隨往頤和園泛舟，至聽鸝館午膳，復御舟至龍王廟，五時還宮。」然而，溥儀並不滿足於乘坐原為慈禧太后準備的這種御船——笨重的大遊艇，他又提出要親自動手，在昆明湖上划船，莊遂在天津、煙臺和上海各造了一艘小遊艇，但尚未啓用，紫禁城已不再屬於溥儀了。

八、北京政變，「洋師傅」救駕

到一九二四年十月中旬，紫禁城內的一切還都照舊。《鄭孝胥日記》十月十七日載：「召對於儲秀宮後殿。攝政王入宮。復召柯劭忞、莊士敦、榮源、溥儒、溥傑，同賜膳，一時乃退。」莊士敦出席清宮內這種場合的「賜膳」，大概已是最後一次了。十月廿三日，當直系軍閥和奉系軍閥正在展開山海關決戰時，吳佩孚所部馮玉祥突然倒戈，回師北京，發出和平通電，並軟禁了總統曹錕，解散了國會，支持黃郛組成「攝政內閣」，是為「北京政變」。

當政變發生時，莊士敦正在城內安定門的寓所，遂驅車前往紫禁城，見到神武門對面的景山已被武裝士兵控制著了。他來到御花園養性齋時，溥儀正在那裏等候他，隨後，他們又一起登上御花園的假山，用望遠鏡觀察景山，只見那裏確實佈滿了軍隊。然後兩人返回養心殿共進午餐，這幾天，他們一直討論著政變將給清室帶來怎樣的影響。宮內驚恐萬狀，連病逝於十月二十日正停靈於慈寧宮的端康太妃的喪事，也只好暫停不辦，「封靈」而待時局平靜。

在這關鍵的歷史時刻，溥儀最倚重的還是莊士敦和鄭孝胥，兩人在十一月初分別從英、日駐北京公使館得到可靠的情報：馮玉祥就要派兵進宮，逮捕溥儀，並沒收皇宮財產。還有的太監傳來消息，原被驅逐的太監中有人到馮玉祥的司令部控告溥儀盜賣宮內古物。當此惶惶不可終日之際，溥儀曾派莊前往東交民巷使館區，爲其預先安排避難之所。

莊士敦回憶當時的情況說，十一月二日「皇上」召他進宮，與鄭孝胥以及溥儀的岳父榮源等，討論用什麼適當的方法把「皇上」撤至使館區，但似乎有些晚了，認爲進入紫禁城的每一道門都有軍隊在外面嚴密把守，而平時守衛神武門的皇室衛隊已經撤至神武門內，馮玉祥的軍隊則已逼至門外了。這時，「皇上」把收拾好的一捆重要文件和一包非常貴重的物品交給莊轉移，他便寄存在匯豐銀行了。等他返回宮中，「皇上」又取出端康太妃遺留的裝滿珠寶戒指的小匣說：「如果留在她的寢宮裏，一定會被一搶而光，挑選一件你最喜歡的留作紀念吧。」莊遵命挑了一件精緻的碧玉戒指。

十一月五日，馮玉祥的一批軍隊終於進入紫禁城，佔據並關閉了神武門，「皇上」的電話已被割斷，爲了拯救「皇上」，莊士敦與載濤同車進宮，但被堵在神武門外，毫無辦法。莊乃決定立即到使館區去，請求外國公使團盡力設法保護「皇帝」。他們直奔荷蘭公使館，見到了外交使團團長、荷蘭公使歐登科，及英國公使羅奈爾得・麥克利爵士，他們商定將與日本公使芳澤謙吉一起，於當日下午前往會見新任外交總長王正廷，向他提出保證「皇帝」人身安全的意見。

當三位公使會見王正廷時，王暗示中國所發生的事情純屬內政問題，外國使館無權干涉。三位公使回答說，如果不爲別的，而是爲了人類的利益，他們有權使自己相信皇帝並沒有受到殘酷對待或侮辱，因爲對皇帝的任何虐待，都將被他們各自的政府看作是不愉快的事情。王見勢不妙，遂改變了口氣，向公使們保證皇帝沒有危險，他說，皇帝的尊號應停止使用，朝廷和內務府應該廢除，「溥儀」應成爲民國的普通公民，民國政府不過是要遵照人民的意志，同前皇室協商一個新的協議，修改原來的優待條件就是了。

就在莊士敦焦急地等待著三位公使拜訪外交部的結果之際，溥儀與其「后」、「妃」一行，已於下午三時左右「被馮軍押出禁城」，「送至醇王府，派兵監禁」了。莊獲悉三位公使與王正廷商談的結果這張底牌後，即驅車前往醇王府向溥儀報告，據鄭孝胥說，這是當天晚上六時三十分左右的事情。莊隨後又奉溥儀之命返回使館區，保持與各國公使們的接觸，並及時把溥儀身邊發生的事情告訴他們，以接受外援。

在莊士敦看來，宮廷制度、帝號及其所伴隨的一切特權的廢除，並沒有什麼不好，而且早在他的意料之中。只是這些廢除不是由於寬宏大量和勇敢高尚的青年君主的自願行動造成的，唯有這一點令他感到遺憾，因爲他最清楚，「皇上」早就要放棄剛剛被廢除的那些東西了。

當莊士敦於第二天早晨再驅車來到醇親王府的大門口時，便被告知「禁入」了，無論莊怎樣抗議，也無論溥儀怎樣抗議，把守王府大門的馮玉祥的軍隊絕不允許莊去見他的學生。「禁令」一直持續到十一月廿四日段祺瑞就任執政，政局發生新的變化，馮玉祥的部隊才從醇親王府撤出，而由京師員警總監派員警接替了。次日，中外報紙刊出消息：

「段祺瑞昨就臨時執政之職，其首要行動之一是，撤銷對滿清皇帝設置的並引起外界強烈不滿的種種限制，並通知其師傅莊士敦先生，他可以拜訪皇帝了。」

段執政辦公室確實已正式通知莊，告訴他可以自由拜訪溥儀了。與此同時，溥儀也派人告訴莊，說馮玉祥的部隊已離開醇親王府，希望他立即前去。

十一月廿六日，莊士敦終於見到了他的「皇帝」學生，他們緊緊地握手，親密地交談，共處了整個白天。也是在這天，莊收到了緊隨段祺瑞進駐北京的張作霖元帥的密信，讓他天黑以後前往帥府一敘。原來，張作霖擬定了一個恢復皇帝特權的計畫，希望莊能把這一資訊傳遞給使館區的各國大使。莊遂準備了三份備忘錄，分別交給了英國、日本和荷蘭公使。

九、暗渡使館，得罪張作霖

那幾天，政治形勢瞬息萬變，馮玉祥將有另一次政變的說法又使醇親王府內的人們驚慌失措起來。十一月廿八日，鄭孝胥和陳寶琛來到莊士敦的住處，磋商爲「皇上」尋找新住所的問題，這次他們商定，寧可冒犯段祺瑞執政和張作霖元帥，也要把溥儀先遷移到位於東交民巷使館區東口哈德門（即崇文門）附近的蘇州胡同，租借一座空閒住宅，作爲內務府的辦公處。但次日早晨，又傳來馮玉祥正在增援城內部隊，並在西山住處突然召集高級將領會議的消息，莊等擔心馮的軍隊突然返回醇親王府，威脅溥儀的生命。這兩天的報紙又登出聳人聽聞的消息，據《鄭孝胥日記》十一月廿九日載：「昨報載李煜瀛見段祺瑞爭皇室事，李忿言：『法國殺路易十四，英國殺君主事尤數見。外交干涉，必無可慮。』張繼出告人曰：『非斬草除根，不了此事。』《平民自治歌》有曰：『留宣統，真怪異，唯一污點尚未去。』」

鄭孝胥、陳寶琛、莊士敦等遂以時局危險爲由，讓「皇上」立即到使館區去，把自己置於一位外國公使的保護之下，溥儀立即表示同意。他又隨手交給莊一包珍珠和一些寶石，就一齊乘汽車離開了王府，先來到使館區內的德國醫院，曾進宮給溥儀看過病的狄博爾醫生就在這裏，莊讓溥儀在此稍候，並把代他保管的珍珠和寶石交還溥儀，隨後即與鄭、陳等往日本、荷蘭和英國使館預爲安排，最後得到了日本公使芳澤謙吉的首肯，從而住進這位公使夫婦的臥室——公使館內最好的房間。

當「皇后」婉容知道了這一切，也要和溥儀在一起，但她的汽車卻在第二天被阻攔在醇王府內了，她便寫了一張條子請「皇上」設法營救，溥儀把條子交給了莊士敦，莊又把這件事告訴了芳澤謙吉，芳澤採取果斷行動，派外交秘書去接婉容，仍是不能通過門衛，芳澤便親往段祺瑞執政府，請他們不要限制「皇后」的行動，這才把婉容接往使館。

對於溥儀的暗渡使館，當前攝政王不得不向段祺瑞和張作霖作出交代的時候，他毫不猶豫地把責任推卸到莊士敦身上。十一月三十日晚上，莊又去拜訪張作霖，這回張對莊連一點客氣都沒有了，強烈地譴責他把皇帝帶進使館區，當莊略爲解釋時，張就粗魯地打斷他的話並反問道：「只要我張作霖在北京，難道還會在醇親王府發生損害皇帝的事情嗎？」然而，莊正是因爲考慮到張不會在北京長期待下去，才決定在他離開之前把「皇帝」從險境中撤出。

鄭孝胥在當天日記中對此有載：「上復召，即至日館。莊士敦適自張作霖寓中來，張怒莊以上適日館，斥責甚厲，且云：『他使館猶可，何故獨往日館！』莊憤甚。」僅僅幾天之後就有消息傳來，張作霖已在灰濛濛的寒冷的拂曉裏乘專列離開了北京，這裏又處於馮玉祥的軍事控制之下了，莊爲此而慶幸，他以先見之明拯救了他的「皇帝」學生。

從一九二四年十一月廿九日到一九二五年二月廿三日，溥儀在日本公使館逗留了約三個月，與此同時，莊士敦根據英國公使羅奈爾得•麥克利的建議，作爲客人暫住英國公使館內，以便盡可能地靠近「皇帝」，溝通資訊，商酌策謀。莊回憶說，這期間，「皇帝」經常到英國公使館他的住所來，偶爾同他一起在使館區南部的一段城牆上散步，在這裏能看到樹木參天的天壇公園，也能看到紫禁城金燦燦的琉璃瓦屋頂，有一天晚上，他們還碰上了蘇聯駐華公使卡拉漢。

莊士敦把管理頤和園的差事正式結束下來，也是這期間的事。他在一九二四年十二月十一日致當時已有名無實的內務府大臣紹英（字樾千）的信中說：「樾千仁兄大人鑒：敬啓者士敦前奉諭派管理頤和園、靜明園事務，自維理應盡力，維查近來事局，雖欲勉盡責任，實所不能。且國民軍已將頤和園殿宇加黏封條，既未通知清室，亦未和士敦接洽，情形如斯，士敦願即辭卻該管理職責，爲此函達閣下查照。再，園中進款存放滙豐銀行者，隨收隨支，截至本月尚存銀六百六十四元三角六分，合併附陳，肅此奉布。順頌時祉。弟莊士敦頓首？搖十二月十一日」。顯然，頤和園等處與紫禁城一起，都被馮玉祥的國民軍收繳了，從此莊已不能執行他在這裏的公務，他成了清朝和遜清派駐於此的最後一位管理者。

十、「文證」公佈，譴責「復辟狂」

溥儀選擇在乙丑年（一九二五年）龍抬頭（二月初二，即西曆二月廿四日）的前夕，喬裝爲學生，離開日本公使館，潛赴天津，並在天津日「租界」張園設立「行在」，開始了一段新的生活。對此，社會上流傳多種說法，有的說是日本政府迫於中國人民的譴責，狡滑地轉移溥儀，繼續控制，以備後用。還有的說是溥儀用爲出洋之過渡，甚至說日本方面已「承諾給他一座宮殿居住」。甚至連溥儀的「忠臣」金梁，也給「皇帝」出洋準備好了一份「隨侍大臣」名單，而位居其首的正是莊士敦。

莊士敦確實是也許唯一瞭解當時內情的人，他回憶說：「如果日本政府在一九二五年至一九三一年間的任何時候向皇帝暗示過他在日本將會受到熱烈歡迎的話，他會爲這個把他在天津那種單調乏味的生活改換成自由廣闊生活的機會而感到高興，因爲他也許會在優美的京都附近或在可以看見無與倫比的富士山的一個鄉村別墅裏過著悠閒自在的生活。但他並沒有得到日本政府的這種暗示。相反，正是通過我向皇帝表示，無論他在日本或在滿洲的日本關東租界地出現，都會使日本政府感到『嚴重爲難』。」

當溥儀的天津生活開始時，莊士敦萌發了辭謝「帝師」之想。一九二五年三月三日，鄭孝胥命其子鄭垂入京「勸莊士敦勿辭」，莊答以「上英文久廢不讀，已不忍素餐，不得不辭」。

溥儀還是挽留了他一個時期，他仍住北京，時而應召赴津。

溥儀住在天津張園最初的幾個月裏，繼續受到社會輿論的譴責，這些譴責主要來自一個叫作「反對優待清室大同盟」的組織，說溥儀仍有「推翻共和制的打算」，「主張嚴厲懲處，甚至處死包括皇帝本人在內的帝制分子」。莊士敦也成了被譴責的一個主要對象，對他的譴責在一九二五年八月形成高潮。

溥儀出宮後成立的以李煜瀛爲首的「辦理清室善後委員會」，在一九二五年七月三十一日點查溥儀寢宮——養心殿後殿時，發現了溥儀與社會上的復辟勢力相勾結、密謀恢復清朝統治的有關文件和信件共二十一件，證明他們在一九二四年春夏之間還在策劃復辟大清帝國，遂把這批文件和信件作爲「復辟文證」予以公佈。其中被說成是「頭等重要的文件」，就是著名的保皇派領袖康有爲寫給莊士敦的一封長信。據莊回憶：

「信中包含了一些忠於皇上的資訊，敘述了近來他在華中旅行的情況，談到他在一些有影響的地區視察到對皇帝持有友好和同情的態度。我把這封信轉給皇帝閱讀，皇帝又把它存入他個人的書信文件匣。信中當然沒有任何證據證明皇帝或清宮或我本人同政治陰謀有牽連。」

或許莊士敦本人確實不支持溥儀復辟，但卻不能因此否認復辟勢力的存在，就在那二十一件「文證」中間，還有一封康有爲的弟子徐良從香港寄給莊的信，他在信中公然提出，擬入廣西勸說桂系軍閥林俊廷「起兵攻粵」，又對孫中山先生語涉不敬。當然，也可以認爲這並不能代表莊的觀點。

僅僅幾天之後，北京的《民報》就刊出了一則消息：「自從前清皇帝抵達天津以來，莊士敦先生一直以他的學生的名義，向所有歐洲帝國主義國家駐華的公使和領事建議，並向各國提供各種特許，盡力爭取他們在復辟運動中的支援。由於其陰謀的結果，英國代辦C．M．帕勒里特（當時英國公使羅奈爾得·麥克利爵士休假回國）受到了他的影響。自上海『五卅』慘案以來，莊士敦先生同英國代辦一起，一直在這一君主政體陰謀中起著更加顯著的作用。」

報上的文字被莊士敦斥爲「卑鄙的謊言」，隨著這「謊言」的流布，「反對優待清室大同盟」還發表了一封致英國駐北京公使的公開信，宣稱代表四億中國人，要求把莊驅逐出境，否則將要把他處以死刑。於是，段祺瑞政府秘密通知莊，希望他給予公開答覆，以便政府能夠採取措施，「把反清鼓動者的活動控制在適當的範圍之內」。莊的答覆很快就在英文的《京津時報》和許多中文報紙上刊出了，其中最後的段落如下：

「即使這位十九歲的皇帝隱居在天津，也仍然免不了他的敵人對他進行惡意的攻擊。他們並不滿足以武力使他失去原退位協議中所賦予他的權利和特權，現在仍在試圖以一切可能的手段使他失去去年十一月政變時強加於他的修訂協議中保留的特權。他們持續不斷地指控他陰謀復辟君主主義。例如，在今天早晨出版的中國報紙中談道：他在天津受到君主主義集團中積極分子的包圍；他同駐津的各國領事建立了密切關係；他最近向某一外國請求保護，並承諾一旦他恢復皇位，即准予該國在華以各種特權；他正在同某一軍事集團聯合，其目的也在於復辟君主主義。無需多說，沒有一點真憑實據能夠支持這些荒謬的斷言。」

段祺瑞政府確實並不支持「反對優待清室大同盟」，既沒有「驅逐」莊士敦，更不可能把他「處死」。然而，溥儀想復辟還是真的，莊幫助溥儀「同駐津的各國領事建立了密切關係」也確有其事，只是不能證明莊這樣做的目的也和溥儀一樣是想復辟清朝，如此而已。溥儀一九五四年在撫順戰犯管理所接受偵訊時留下了這樣一段口供：

「在天津的時候，由我的英語先生莊士敦介紹，我和英國領事（名字忘了）、司令官希斯、參謀柏喀德、參謀法克斯，以及英國報紙主筆伍德海都認識了，我和他們都互相邀請吃過飯。英國歷任司令官邀我參加每年的第一次世界大戰兵士戰死紀念碑祭禮的觀禮，並列席觀看他們的閱兵。我還參觀過英國驅逐艦。後來，英國鈕湛德司令官也邀我吃過飯，和我打過網球。英國國王第三子曾來過我國，當他經過天津時見過我，我招待他吃茶點，同他一塊兒照相，我送他我的照片，他回國後，又通過英國領事送來了英王喬治給我的相片。」

十一、聯絡軍閥，並非為復宮

一九二六年年初，在溥儀周圍的遺老中間，又有人「彈劾」莊士敦了。《鄭孝胥日記》一月十日載：「升允上封事，劾莊士敦，請罷退。」武昌起義時，升允是陝甘總督，既屬大員，又矢忠清廷，他的話應該是有分量的，卻也未能動搖莊的地位。一月廿九日，莊的名字又出現在溥儀的《召見簿》裏，每天與陳寶琛、鄭孝胥、胡嗣瑗等同時被召見，直到二月十日。《鄭孝胥日記》記下了十日那天的情形：「詣行在。莊士敦偕其友英人馬君來謁，上手諭云：『頃猶居臥室，恐不便見客。』莊云：『無礙。』馬某取諭藏之，曰：『以爲紀念。』馬乃莊之同學也。」隨後莊就離開了天津。

三月三日，莊士敦又回到溥儀身邊。據溥儀回憶，這時莊的工作重心已轉移到奉英國政府之命留華處理英國名下的庚子賠款（即按一九〇一年清政府與列強所簽屈辱的《辛丑合約》，分期支付一九〇〇年即庚子年「八國聯軍之役」的戰爭賠款）相關事宜，同時也利用與民國政府打交道的機會，幫助溥儀聯絡吳佩孚等軍閥。但可以肯定，莊的「聯絡」並不是爲了重返紫禁城，莊在三月廿五日寫給溥儀的一封信便是實證：

陛下：

自上次天津分別後，每天我都在思念您，迫切期待再見的日子。最近，我自京赴滬，因未及在津謁見，深以為憾。不幸的是，我們從北京來，於晚間到達，翌晨五時半即離津，因此沒有時間給我去張園見您。我已命從人前往說明這個情況，諒他已去了。到滬後，每日忙於開會，商議「庚款」問題。我曾見到幾位中國官員，他們以前曾任清朝大臣，其中有唐紹儀，他以極其友好謙恭的言辭向我問起陛下，並衷心向陛下請安。我不打算去看康有為，因為一去找他，中國報紙就要發表，會產生難以估料的後果。

我們正在赴漢途中，在那裏打算住一星期。非常高興的是，我們要見到吳佩孚，也許有機會同他談及您的事。我們可能還要去長沙，不過尚未確定。回來時，將在南京停留幾天，可能要會晤孫傳芳。我們還想在回滬前到蘇、杭一行。數週內希望回到華北，在天津無疑至少會有幾天逗留。

威靈頓（Willington）勳爵及其夫人很想訪問陛下和皇后，很遺憾，這次過津未能實現。北返時，他們必將到張園致以問候，他們甚望能得到陛下召見。他們向您祝賀並請安，他們還祝願皇后早日康復。

國民軍失敗對陛下會產生極其重要和極為愉快的結果，可是，我懇切地希望您不要聽那些人勸您回到紫禁城去的話，即使是張作霖和吳佩孚來勸也罷。我想您會同意這個意見的，所以毋需我多講什麼了。我自然盼望您很快就可能回到北京，可是我可以肯定，您要回到皇宮去是危險的，而且是無望的。（也許正像您所預言的，馮玉祥在撤出北京以前把它燒毀了，這問題也就解決了。）如果張作霖在北京能穩固地建立一個真正強而有力的政府，對您的待遇和住處問題一定要重新考慮。您知道，我是更願意您到「夏宮」（指頤和園——譯者）去住的，要是這點不能考慮，或有危險，那麼在北京城內或近郊如湯山這樣的地方，更為適合於接待您。最好是住在熱河行宮，或者答應張作霖的邀請去瀋陽。這件事不忙決定。如果張、吳願意，對您來說，最好的計畫是到歐洲一二年，同時即可安排一個合適的住處。對這個問題要給時間讓新政府解決，並固定下來。

胡適同我們在一起。我告訴他，正在給陛下寫信，他請我向您問安。盼您迅速回信，寄上幾個寫有收信地址的信封，作回信之用。

致以

最深的敬意！

常屬陛下的忠僕　莊士敦

一九二六年三月廿五日於長江蕪湖附近「大同」輪船上

顯而易見。莊士敦幫助溥儀聯絡吳佩孚、張作霖，完全是出於復辟清朝以外的目的，他希望給溥儀安排這樣的前程，或者在「夏宮」、「熱河行宮」、「湯山」、「瀋陽」等地盡享中國平民的待遇，或者出遊歐洲，再謀前程。

四月四日，莊士敦又從漢口致信溥儀，談到了他同吳佩孚會晤的情形：「北方傳來的消息大好！我高興地聽到了國民軍失敗的消息，但願他們永遠不能再起。我在議會中會晤吳佩孚兩次，並會見了張蔭華（Chang Ying Hua）及其他人，他們全都懷著最大的崇敬談到陛下。我建議吳佩孚、張作霖早日在京會晤，即時我希望他們對陛下將來的幸福和安全能做出專門的安排。」

四月廿五日，莊士敦又從上海開利旅店致信溥儀，談到他與孫傳芳、顧維鈞等的會晤與接觸：「數日前欣奉陛下來信。我們住南京已數日，我已會晤孫傳芳數次。離南京後到杭州去，遊玩西湖美景。不久前回到上海，昨天在鄭孝胥公館同幾位中國貴官共進晚餐。也許我們不去香港或廣州了，我卻希望在一二週內能離滬去津，能和陛下再見面，將給我莫大的愉悅。今天我同顧維鈞共進午餐。他說五月五日乘『通州』輪去津，八日可到。也許我們同時走，越快越好。」

雖然莊士敦已投身到處理庚子賠款問題方面去了，但他同時還在爲溥儀謀前程，而溥儀也在考慮把莊留在身邊的辦法。《鄭孝胥日記》五月七日載，「孝胥請命胡嗣瑗入京與王懷慶商四事：一宮殿，二頤和園、玉泉山，三房產，四田產。王懷慶已出示，西苑之田產納租照十三年以前之例，今宜召內務府舊管冊底，派員專理其事，聯坤謹慎可用。頤和園、玉泉山宜仍敕令莊士敦收管，由王懷慶酌調軍警保護。宮殿及房產則詢王懷慶熟商辦法。」

不知為什麼，莊士敦並沒能在五月八日如期到津，直到五月廿六日，他和威靈頓勳爵的名字才同時出現在溥儀的《召見簿》裏。五月三十一日，溥儀又一次召見了莊，而鄭孝胥也在當天夜晚會晤了莊和威靈頓，「莊士敦來。夜十點，赴英領事卡君請茶會，晤威爾（靈）頓伯爵。威以退還賠款事來中國，今授坎那大（加拿大）總督。莊士敦言，明日入京，半月後與威俱返倫敦，三個月後復來。上幸英領宅。」

六月十四日，溥儀接到莊的短信：「昨日佟濟煦電話告訴了我關於『夏宮』的事。我將於六月十九日攜威靈頓勳爵赴津。他即將返英，不擬在津逗留，而我將留住兩週，這樣就可以同陛下談許多事情了。」

十二、充當信使，遜帝與英王

在六月十九日以後的半月之內，溥儀多次召見莊士敦。六月廿二日召見時，香港監督鹿亞德在座。六月廿七日，他是與陳寶琛、羅振玉、胡嗣瑗和佟濟煦等人一起被召見的。七月三日召見後，溥儀開始擬寫致英王喬治的信，其中有這樣幾句：

「陛下：乘莊士敦先生返英之便，謹致函感謝您對我的健康的關懷。作為一個在外國人庇護下生活的流亡者，實際上，我未能給您以表達我的謝忱和敬意的什麼實物，只好希望陛下能接受隨函附上的我親手書寫的字畫……」

這封信是在七月五日定稿的，莊馬上就要離京返國了。據《鄭孝胥日記》，陳寶琛、鄭孝胥、莊士敦等人這幾天裏也在頻繁地交往。七月三日，「莊士敦約至忠信堂晚飯，晤其友少佐博爾克德」。七月四日，「夜，與弢庵共宴莊士敦」。

莊士敦說，這是他在中國居住二十八年中第二次回國，爲了處理英國的庚子賠款問題，他必須返國進行短期訪問。七月六日，溥儀在莊行前最後一次召見他，並賞賜他幾件禮物：藍寶石戒指一件，西服領帶小鑽石月牙式別針一件，溥儀的相片（攝於乾清宮）一張，陳氏花卉冊頁一冊。莊收到禮物，立即呈上謝函：「我深深感謝陛下今日送來的美麗禮物。我很抱歉和慚愧，不能到張園向您致謝，過幾個月我從英國回來時，希望能做到。」

莊士敦剛回到倫敦，當地《每日新聞》的記者就發出了採訪他的消息。還配發了兩張照片，一張是莊士敦的，說明文字這樣寫道：「莊士敦先生，中國流亡的小孩皇帝宣統的私人教師。他最近回到倫敦，這將使許多人想起英國人時常發現自己所處的不合適的地位，如果註定要處在那種地位上，那就要著手去掌握生疏而困難的局勢——這會使得其他種族的人感到驚異和讚佩。」另一張是溥儀夫婦的，溥儀在右側，穿黑馬褂，戴眼鏡。婉容在左側，穿白色便服，梳高髻旗人髮型，戴珠寶宮花。也有一段說明文字：「前中國的小孩皇帝和他的妻子最近攝於北京的照片。」

這篇由記者採寫的報導文字，談到溥儀的處境時說：「目前中國還沒有一個穩定的政府，因此，皇帝的地位是極爲特殊的。儘管『基督將軍』馮玉祥在一九二四年十一月把皇帝從紫禁城裏趕出宮外，並取消了一九一二年簽訂的退位協議（指優待條件），可是，他還是答應了民國政府將來仍每年給前皇帝五十萬元（原協議規定為四百萬元）『歲費』，這筆錢實際並沒有給過，皇帝和他的家屬現在都生活在窘迫的境遇中。他在北京城裏或近郊的某些產業，比如世界聞名的『夏宮』，仍由『基督將軍』繼續統治著。目前的臨時政府已同意交還給他，不過，在政局情勢還不穩定的時候，他要回到首都，是極端危險的。」

文章還談到莊士敦與溥儀的關係：「莊士敦先生在紫禁城住了六年，他是內務府大臣和皇帝的老師中被允許住在這裏面的唯一的人。這幾年中，他得到了騎馬或坐轎進皇宮的權利，這是只有少數幾個人才能享受的恩典。他被賞戴花翎（這是九個品級官員中最高級的標誌），還賜給貂褂，也是過去在中國的任何外國人從未享受過的殊榮。」該文繼續寫道：「皇帝今年二十歲，實際上是作爲日本保護下的流亡者住在天津的。也許他已把他的生命付託給莊士敦先生了，所以兩年前那個姓馮的所謂『基督將軍』佔據了北京時，就是莊士敦先生用汽車安排好皇帝逃到北京『使館區』（指東交民巷）的，這個地方是中國法律管不著的。要不是這樣，皇帝的一條小生命就完蛋了，當時要求對他就地執行正法。」

文章用語雖有點兒玄，但還可以說符合事實。該文又談到中國時局和溥儀的前途，重申了他不爲溥儀謀復辟的觀點：「在目前中國的敵對勢力之間的軍事行動中，很多事情要看大勢所趨來決定。眼下是張作霖和吳佩孚的軍隊占了上風，據信他們對皇帝是友好相待的。曾經提過建議，孩子皇帝和他的大臣們應該抓緊時機，實現王朝復辟，把前皇帝宣統捧上寶座。還沒這方面的任何活動跡象，這事情受到了最爲熟悉內情的人所嘲笑，莊士敦先生就認爲滿清復辟既不可能，又無希望。」

記者在訪問中還透露出資訊：「莊士敦先生今天離開本市去休假，準備要著一本書，敘述在紫禁城六年的生活。幾個月後他將回到中國。」

十三、赴津祝壽，會見康有為

一九二七年二月九日，莊士敦的名字出現在《鄭孝胥日記》中，第二天又出現在溥儀的《召見簿》中，他剛從倫敦回到天津，就趕來給他的「皇帝」學生祝壽了。二月十一日，《召見簿》上還有莊的名字。二月十二日，《召見簿》上不但有莊的名字，又出現了戊戌變法的領袖康有爲的大名，他也給「清帝」祝壽來了。二月十三日，莊仍然名列《召見簿》。莊這次也帶了幾位英國朋友來，據《鄭孝胥日記》載，二月十二日，「夜，赴莊士敦之約於忠信堂，坐有英國四客，其一初至中國，欲譯漢字名刺，余爲定聶羅二字」。

二月十三日，「夜，與弢庵、楫先同宴莊士敦並其友白佳厄德甫得」。給溥儀祝壽那天，莊也把他的英國朋友聶羅等帶了去。

二月十四日，即農曆丁卯年正月十三日，是溥儀的生日，從宣統皇帝登極時起，這一天就是「萬壽節」了，清帝退位後，溥儀身邊的人和全國的遺老，仍把這一天視爲「萬壽日」，屆時必從各地趕來叩拜。莊士敦回憶那天的情景說：

「是日清晨，康有爲在他的忠實弟子徐良的陪同下前來訪我，我們就皇帝的過去、現在和將來的問題交談了很長的時間，嗣後一起到皇帝在日租界的寓所張園去祝壽。皇帝熱情地歡迎我們，當這位老人跪在他面前叩頭時，皇帝連忙從座位站起，拍了拍老人的肩膀讓他坐下。這以後我就再也沒有看到過康有爲了。」

二月十五日，溥儀又召見了莊士敦，莊在《紫禁城的黃昏》一書中，說他「去威海衛赴任之前曾同皇帝一起在天津相處了幾天」，指的正是從二月十日至十五日這大約一週的時間，然後他就投入到新的公務中去了。原來這位漢學家在倫敦已被任命為英國皇家駐威海衛的行政長官，負責管理大英帝國在遠東中國版圖內「租界」的這一塊「前哨陣地」。莊三十歲時，曾作為首任英國皇家駐威海衛行政長官史迪威・勞克哈特爵士的秘書來到威海衛，繼而以「知事」協助行政長官處理公務，後來還曾代理行政長官。但當民國政府和清室內務府把擔任退位皇帝溥儀的私人老師這一選擇擺在莊的面前時，他毫不猶豫地離開了威海衛的職務，來到溥儀身邊。現在，他又不得不離開溥儀，重新回到威海衛去。

莊士敦在赴威海衛上任前的約一個半月中間，曾多次來津看望溥儀。他的名字在二月廿七日、三月八日至九日、三月十六日至十七日、三月廿六日至廿八日的《召見簿》上都出現了。三月廿六日那天，這已是莊向溥儀辭行之前了，溥儀又賞了他幾件紀念品：帶金鏈的金馬錶一件、仿乾隆瓷碗一對、仿乾隆瓷瓶一件、團龍鈕子二匣。三月廿八日，溥儀「賜膳」，實為給莊餞行，飯後還特意到莊將搭乘的輪船上看看。此事《鄭孝胥日記》有載：「詣行在，賜膳，莊士敦及英國武官二人皆侍，從幸裕生輪船。莊士敦附此船明日赴威海，為辦事大臣，辦理交還威海事。」第二天莊就離開了天津。

莊士敦是在一九二七年三月三十一日到威海衛就任新職的，恰恰在這一天，與他同時被指控為替溥儀「謀復辟」的著名的保皇黨魁康有為在青島逝世。其實，莊和康分別為溥儀設計的前程並不一致，但兩人確是好朋友。莊在二月會見他的時候，曾邀請他「在夏天時到威海衛來進行長時間的訪問」，不料卻這麼快就得到了他逝世的噩耗，他們已沒有機會就溥儀的前途這一話題，進行更深入的討論了。

十四、任職威海，魚雁未曾斷

莊士敦在威海衛任職的三年多時間裏，因忙於公務而很少赴津，但他始終保持著與溥儀的通信往來，有時他還會介紹某某經過天津時謁見溥儀，有時，溥儀也會命赴威海衛的追隨者捎帶禮品給莊。幸運的是，莊寫給溥儀的許多信件中，還有幾封存世，給我們留下了他們兩人間真實的交往。有趣的是，莊在信中對溥儀的稱謂，時而以「先生」，時而以「陛下」，或許是故意要表明他對稱謂是不認真的，以免人們會拿這一點來評判他對溥儀的政治態度。以下引錄莊的幾封信。

先生：

我已安抵威海衛，此間一切均和平安謐。每天我都想念著陛下，盼望您能到這裏來。也許過幾天您能來。在輪船上向您告別時。我深感傷心，我想陛下也有點傷心吧。不過我敢肯定我們不久將要再會的。

常屬陛下的忠僕　莊士敦　一九二七年四月十日

陛下：

朱汝珍君到此，得悉您安好，甚慰。他明天回津，將可把此間情形告知陛下。英軍不日將自上海增調此間。現此間有英戰艦二艘，可能日內還有增加。

陛下的忠僕　莊士敦　一九二七年五月三十一日

陛下：

今日收到您為此間官立學校書寫的漂亮的「匾」。我即將送給學校懸掛起來，我知道他們會恭敬地欣悅地接受。

幾天前收到陛下來信，處悉您身心俱安，甚慰。我知道報上說您去北戴河和北京，都不是真的。

鄧肯（Duncan）將軍幾天前重來威海衛，本擬赴津再謁陛下，可是他已回上海。他告訴我，他得到了陛下厚意的接見和款待。英公使藍普遜（Lampson）及其夫人、公子現與我同在威海衛，過幾天將回北京。

我不知道威海衛何時交還中國，但是英政府可能要等到中國有一個穩定的統一的政府出現。目前此間駐有大量英軍及戰艦。我也盼陛下能來訪問威海衛，如您來函中所說的，只是我擔心，您乘坐普通輪船前來很不安全，這是件難事。威海衛是很安定和平的。要有好機會，也許您可以來住幾天。

寄上幾張照片，就可知這是個什麼樣的地方了。其中有一張是我住宅的照片，這是一所很小的房子——比張園還要小。

祝您時刻健康和幸運。我老是想念您，總想再見到您。

陛下的忠僕　莊士敦　一九二七年八月十三日

先生：

陛下誕辰我未能赴津，深感慚愧和歉意。我已寫信給伯克哈德（Buv-knardt）少校，請他代表我向陛下祝壽。

寄上幾張此間剛發行的一份新報紙。這是威海衛的第一份報紙，恐怕編得不太好，也許可博陛下一笑。

孫寶琦打算到威海衛來住，他曾寫信給我，囑代為租賃房子，不知本月內是否能來？最近他住在大連。

每天我都想念陛下，祝您安好愉快。在您誕辰那天，我要為您的健康祝福。

我希望伯克哈德少校能平安地送到這封信，要是他辦到了，那麼他真夠個「老朋友」了。

榮幸的常屬陛下的忠僕　莊士敦

一九二八年一月廿六日於威海衛

先生：

是否可以讓我大膽地向陛下和皇族諸位，對於降在你們身上的野蠻破壞皇陵的沉重不幸，表達我的深切同情？當我在報上第一次讀到這個可怕事件時，我認為這個故事一定是某個無恥的新聞記者下流卑鄙的編造，因為我不能想像任何一個中國人居然能犯下這種殘暴的罪行。這消息現在證實了，我簡直找不出一個適當的字眼，來表達我的悲痛和惶恐。我已寫信給崇綺，請他告訴我有關這一罪行和依法處置罪犯的步驟的準確詳情。

我敢說，全體住在中國的英僑，聽到這一巨大暴行時，一定感到驚訝和憤慨。當這個消息傳到英國時，一定在社會各個階層中引起異常驚異的感覺，這種瀆神的暴行，居然會在一個被認為是世界上以稱頌崇敬死者而著名的國家裏發生。深深致敬！

陛下的忠僕 莊士敦 一九二八年八月十二日

先生：

李一之（Li-Yichih）君回到威海衛，他告訴我，榮幸地見到陛下。他還交我一張陛下給我的賀年片，另一張給威靈頓勳爵的，我馬上就寄到加拿大去。

李一之又告訴我，陛下讓我打電報給英政府，表示陛下對英王生病的關切，並祝他康復。昨天我已發了電報。

聽到陛下健康，我很感高興。我每天想念您，以不能見面為傷感。深深致敬！

陛下的忠僕 莊士敦 一九二八年十二月廿八日

陛下：

我很欣幸收到陛下的信，甚至到昨天還沒有接到。

在二月底，我本想能到天津給陛下祝壽，可是很不幸，當時我因為公務離不開，失去向陛下致賀的機會，感到很遺憾。我希望在回英國以前無論如何總得到天津一趟。威海衛很快就會交還中國，這裏已沒有幾個英國官員了。

祝陛下在新居（按：溥儀剛遷居靜園）安康，一切順利。

熱愛陛下的忠僕　莊士敦　一九三〇年七月十五日

據《鄭孝胥日記》，莊士敦在威海衛任行政長官的幾年中，曾向溥儀推薦過一個人，就是康有爲的弟子徐良。徐在一九二七年八月自上海赴天津，「過威海衛，嘗見莊士敦」，至八月廿五日獲溥儀召見。鄭孝胥在當天日記中寫下了這次召見的緣由：「徐良來，言召見時上諭以『此次鄭孝胥保薦，是以召爾』。孝胥曰：『不敢居保薦之名。上詢徐良可用否？孝胥曰：未深悉其爲人，試之乃可知耳。』鍾培英在禮和洋行，多無暇；存耆少經驗；欲召羅誠，而不知所在；故上憶及徐良，實由莊士敦之介紹也。」由此，徐追隨溥儀直到僞滿垮臺。

莊在威海衛期間，只因公於一九二九年五月廿九日前後到過天津一次。鄭寫道：「詣行在，從幸英國司令官午宴，坐有莊士敦、吳德赫及稅務司。歸後，上命莊士敦、鄭孝胥、鄭垂俱侍攝影。莊士敦此來爲交還威海衛事，明日歸威海。」

十五、「龍歸故里」，莊氏有「預報」

上面幾封信中最值得注意的，是寫於一九二八年八月十二日的一封，其背景是同年七月份發生了孫殿英率部盜掘清東陵內乾隆和慈禧陵寢的事件，棺材被砸開，屍體被拋在地上，四處丟散，慘不忍睹。溥儀極爲憤怒，在張園內擺設乾隆和慈禧的靈位及香案祭席，每天三次祭奠。於是，莊士敦寫信給溥儀表示慰問，據莊回憶，溥儀也給他寫了回信，還附了一份關於盜陵的詳細報告的副本。對這一事件，當局雖然成立了特別法庭，也審判了幾名犯罪的小頭目，但並不是認真做的，只給予輕微的處罰，而大頭目則逃避了一切處罰。

莊士敦認爲，他的皇帝學生「爲人和善，寬宏大量」，對當局的許多行爲如沒收財產、撕毀協議等「都能寬恕」，「唯獨這種駭人聽聞的盜劫祖墳的暴行是無法忍受的」，他失望了。「在此之前，他也知道滿洲的獨立運動正愈演愈烈，但他從來沒有參加過這種運動，也沒有認真地想過將來會有人請他返回滿洲故鄉的問題。他一直希望中國能夠恢復安定，繁榮昌盛，但現在不抱這種希望了」。莊仍以歐洲人那種特有的表達方式繼續說，經歷了盜陵事件的溥儀，「好像已同其受辱的祖先的靈魂會晤過，而他們卻極力勸他不要對使中國本身和使他們都蒙受了恥辱的民國抱有任何幻想，應把注意力集中在三百年前爲他們的帝國打下堅實基礎的那塊土地上」。

在莊士敦看來，溥儀後來出關到東北，是盜掘清東陵事件改變了他的思想所致，加之與此同時退出北京的張作霖被炸身亡，使「滿洲陷入分裂混亂」。他的這一看法就很難說是實質性的和客觀的了。

十六、「騎士」離去，依依師生情

一九三〇年九月十三日，莊士敦「在回英國以前無論如何總得到天津一趟」的希望終於如願了，他的名字又一次出現在溥儀的《召見簿》中。鄭孝胥在日記中還記了一筆：「詣行在。莊士敦自威海來覲，召見莊士敦、鄭垂。」在溥儀的二妹秉熹（即韞和）當天的日記中也有記載：「今天，莊士敦先生從威海來津，須臾即去。」九月十四日，溥儀又召見了莊，還讓其弟、妹等一一與莊見面，秉熹又寫入日記：「早赴靜園。今日莊先生來，予等亦見。予因一見莊先生即回憶幼年之生活，不勝感慨也。未念英文，四時許歸。莊先生此次之來，即為最末次也，因赴倫敦，不再來中國。」

據《鄭孝胥日記》，九月十四日，「詣行在。賜宴莊士敦、鈕湛德、陳寶琛、鄭孝胥、徐良、鄭垂……莊士敦約至皇宮飯店晚飯，以程君房墨及《海藏樓詩》遺之」。九月十五日，「詣行在，進講。上登舟送莊士敦之行」。這幾天的相處也給莊士敦留下了深刻的印象，他在《紫禁城的黃昏》一書中回憶了當時的情景：

在威海衛交還中國之前的兩星期，我到天津拜謁皇帝，向他辭行。因為我要離華回國，是否再能相見不得而知。我們討論了將來的前途問題，他告訴我說，他有理由相信他在天津的長期流亡生活不久就會結束……

在我從天津返回威海衛的那天早晨——一九三〇年九月十五日，皇帝來到我的旅館，一直逗留到我要上船時還未離開我。我們一起乘坐他的汽車到了碼頭，他坐在我的船艙內直到起航時才同我分手。輪船轉身調頭差不多用了半個小時的工夫，然後順流而下。在此期間，他一直坐在停於碼頭上的汽車裏觀望著，直到船身遠去了才離開。

他最後送給我的禮物是一柄摺扇，上面錄有中國人送別的五言古詩：「行行重行行，與君生別離。相去萬餘里，各在天一涯。道路阻且長，會面安可期。胡馬依北風，越鳥巢南枝。相去日已遠，衣帶日已緩。浮雲蔽白日，遊子不復返。思君令人老，歲月忽已晚。棄捐勿復道，努力加餐飯。步出城東門，遙望江南路。前日風雪中，故人從此去。我欲渡河水，河水深無梁。願為雙黃鵠，高飛還故鄉。」

摺扇上的五言詩，落款爲「庚午夏月初伏爲志道師傅書」，原來這柄表示惜別的摺扇早在一九三〇年七月中旬已經準備好了。就在這一年的十月一日，莊士敦代表英國政府把自一八九八年由清政府「租借」給英國的威海衛交還給中華民國政府。莊也就此完成了他在中國的使命，返回英國去了。

十月五日，當莊士敦剛剛搭乘「日本皇后號」輪船離開他生活了三十多年的中國的土地時，英文版的《星期日新聞報》就登出了稱頌莊士敦的文章，題目就是他的名字《雷金納德·莊士敦爵士》。文章讚揚他「在大英帝國的『前哨陣地』上，將不列顛的名字和善良、公平的含義連繫在一起，並且保持著良好的幽默感和善行」，說他「十數年如一日爲英國建樹了功勳」，是英國政府「最合適的公僕」之一。該文還稱頌他不計個人得失，功成引退，「帶著鮮明的『騎士風度』和光彩走開了，他和滿洲皇室的關係已經廢止了，土地也歸還給它自己的故主，而莊士敦在遠東卻連一處棲身之地都不復存在了」。下面的段落是從該文摘出的，其中的觀點大約可以代表英國政府對莊在中國服務的肯定。

莊士敦曾經長期獻身於鑽研中國文化及社會民情，對哲學、宗教、藝術和文學都很熱愛。他在經歷了各個不同的部門而成長為學者的過程中，尋找出一條直接通向中國人的心靈的捷徑，那就是他用自己性格上的美德和社會生活中的善行來取得人們的諒解。他以為人誠懇的態度引導人們與之真摯相處，而他的關於中國儒家經典的淵博學識以及他的大氣的學者風度，為自己樹立了很高的威望，只有為數極少的幾位外國人士才能達到如此境界。

除了把自己的大部分時間用於學習漢學知識外，莊士敦差不多就像一位遁世的隱士那樣生活著，因此他能在進入北京的皇宮任職以後，成為外籍人士社會圈裏負有眾望的人，因為他極其精湛的華語會話和博覽無比的中國學問，是如此地令人羨慕。在廣闊而博大的皇宮之中，他有機會鑒賞那些具有濃郁的前世界氣氛的禮儀和傳統的存世精品。

莊士敦自己回憶那段宮廷生活時說，在其教學生涯中從來沒有出現過無精打采的聽課者，人們極端高雅的性格特點得到了充分的發揚。同時，也從來沒有通過他的嘴，傷害或者激怒過別人的感情，更沒有吹捧或者過譽地誇獎他的學生兼主人。莊士敦不知疲倦地以自己仁愛的胸懷去感染他們善良和單純而優美的人格。

皇帝很快就長大成人，並在大婚中娶了一位動人的皇后，莊士敦遂逐漸把這對皇家青年夫婦介紹給外籍人士，許多外國人因此得到了謁見清帝並接近皇室宗親的機會。他們也時常出入於莊士敦在頤和園內極爲令人喜歡的寓所，那時莊士敦已被指定爲頤和園的主管人之一，頤和園廣闊的陸地庭園、湖泊和水路等，簡直可以被認定爲世界上最精美的風景勝地。

隨著政治條件的轉移，皇上不得不從宮中逃亡，失去帝號，並匿居天津，莊士敦與這個滿洲皇家的聯繫，又不得不在極大的惋惜中宣告結束而回到威海衛去了。

現在莊士敦已告別了中國，一位口若懸河、善窺人心、如此博學而又溫和的人離開了。凡是瞭解他的人，誰能不長久地縈念不已，並爲華北失掉了他而感到極爲惆悵呢！

十七、「御前辯論」，時刻正莊嚴

整整一年之後，莊士敦又來到了中國，這對他本人來說也是一件出乎意料的事情，原來又有了處理庚子賠款的公務，加之兩年一度的太平洋會議這一屆正好在中國召開，莊將作爲英國代表團的成員出席會議。他搭乘的輪船到達日本的前幾天發生了「九一八」事變，遂不再停留，而於十月二日進抵中國上海港。他當即給溥儀發了一封快信：

陛下：

我剛剛回到中國作短期逗留，擬於十月五日乘火車離滬北上。我不能經過天津而不向您問安，所以我打算十月七日（星期三）在天津停留一天，以便在那天能榮幸地拜訪您。在過去一年中，我每天都想念陛下，能夠這麼快見到您，是我最大的欣悅。

十月六日，英軍駐天津司令官牛津謁見溥儀，「言莊士敦過津，明早入覲」。溥儀很高興，那天特派一名隨侍到火車站把莊士敦接回靜園，老師和學生又在特殊歷史時刻度過兩個不尋常的日子。溥儀正面臨著「九一八」事變發生後對前程的抉擇，陳寶琛爲首的「主拒」派和鄭孝胥爲首的「主迎」派正進行著「御前辯論」，莊剛到津，便也被溥儀拉了進去。

胡嗣瑗的日記和鄭孝胥的日記都記載了同一個場面，那是十月七日晚上，溥儀賜膳，莊士敦、鄭孝胥、鄭垂、陳寶琛和徐良與席，陳、鄭之間大戰了三百回合。據《直廬日記》載，「鄭孝胥又大談其開放政策，言之津津。莊士敦報以冷語云：『若然，人得毋謂爲之賣國也？』孝胥不服，寶琛則曰：『國非我有，亦慷他人之慨！』孝胥並強辯不已，此人其有心疾矣。」由此看來，莊並沒有站在鄭的「開放政策」一邊，且斥之爲「賣國」。然而，莊確實已在這個晚上獲得了重要而明確的資訊，這資訊使他「能夠預見到在不久的將來將會發生什麼事情」。

十月八日的《召見簿》上仍有莊士敦的名字，但他下午就離開天津赴北平了。與張學良會見的時候，曾被問及「皇上的動向」，莊「沒有向他透露任何消息」。

十月十一日，莊士敦介紹一對洋人夫婦從北平到天津謁見溥儀，他爲此寫的短信如下：

「陛下：持信者爲馬西（Messey）先生夫婦，前幾天我已對您談及。馬西先生是加拿大駐美公使，他是五年前訪問過您的威靈頓勳爵夫婦的友人。我相信您會高興地接見他們。效忠陛下的僕人莊士敦一九三一年十月十一日。」

十月十七日和十八日，天津「行在」的《召見簿》上最後兩次出現莊士敦的名字。莊在回憶錄中說到，在這兩天裏曾「同皇帝進一步商談」，但卻避開了「商談」的內容，不過他沒有回避社會輿論對他的關注，他寫道：

「當時，中國的報紙滿篇謠言，說皇帝要到滿洲登極去了。有幾家報紙還信以爲真地談到我自己對皇帝的影響，並有幾位中國人前來找我，希望我運用自己的影響勸說皇帝不要離開天津。在皇帝離開天津前往滿洲之後，仍有人不斷地向我提出同樣的呼籲。我用一封長信回覆了他們中的一個人，這封信後來刊登在一九三二年十一月號的《國民評論》上。」

在這歷史的關鍵時刻，莊士敦究竟是怎樣影響溥儀的，外人還是不甚了了，但他這次是帶了《紫禁城的黃昏》書稿而來，並提出請溥儀寫一篇序文，這可是一個事實。莊這本書早在一九二七年就動筆了。他作爲辛亥革命後唯一在紫禁城中生活過的外國人，以中國由帝制向共和轉變的歷史爲背景，以與清朝末代皇帝溥儀共處的經歷爲內容，終於在一九三一年十月來華前完成了初稿。當他這次在天津得知溥儀有意出關重建清朝皇帝的基業時，又決定在書稿後面增寫一章《龍歸故里》。

深諳中國傳統文化的莊士敦，請溥儀爲自己的著作寫序，是援用歷代皇帝給當時完成的重要著作寫序文的成例，藉以加重書稿的分量。溥儀一生只寫過兩篇序文，一篇是爲《德宗景皇帝實錄》所寫的「御製序文」，另一篇就是答應了莊的請求，而爲《紫禁城的黃昏》所寫的序文。據《鄭孝胥日記》，溥儀於十月三十一日「命擬御製莊士敦所著《供職錄》序」，十一月一日，溥儀又「命以別紙書《序》寄莊士敦於上海」。由鄭以「供職錄」稱書名，可知當時《紫禁城的黃昏》這一書名尚未確定，而該書卷首的序言書影爲鄭孝胥筆跡，也可知其原因了。這篇序並不長，述及溥儀與莊的關係，稱道了師傅並推重他的書，雖出自鄭的手筆，內容和口氣卻是溥儀自己的。其文如下：

甲子十月，予自北府入日本使館，莊士敦師傅首翼予出於險地，且先見日使芳澤言之，芳澤乃禮予假館以避亂軍。乙丑二月，予復移居天津，距今七年，而莊士敦前後從予於北京、天津之問者約十三年中，更患難倉皇顛沛之際，唯莊士敦知之最詳。今乃能秉筆記其所歷，多他人所不及知者。嗟夫！喪亂之餘，得此目擊身經之實錄，信乎其可貴也！莊士敦雄文高行為中國儒者所不及，此書既出，予知其為當世所重必矣。辛未九月。

十月廿一日，莊士敦抵達上海，出席了在這裏舉行的太平洋會議。會後於十一月十日到南京，民國政府財政部長兼代外交部長宋子文會見了他，並表示希望他能返回天津，勸阻溥儀「不要去滿洲冒險」。莊回答說，「皇帝」知道他的動態，任何時候都可以直接同他取得聯繫，如果處於危險之中，需要他的幫助，只要說一句話，他就會出現在「皇帝」身邊，但這句話一定要由「皇帝」本人來說。實際上，莊已拒絕了宋子文的要求。

十一月十三日，莊士敦從南京返回上海，這一天正是溥儀秘密離津偷渡白河以後在營口登岸的日子。莊已從一份私人電報中獲悉消息，知道溥儀「已在滿洲」了。他還清楚地知道，

「皇帝離開天津前往滿洲完全是出自他個人的意願」，並在他那本書中，把這一過程概括爲「歷盡艱險，龍歸故里」。莊也就此返回英國去了。

十八、晉謁「康得」，偽國留足跡

四年之後，莊士敦帶著英文版《紫禁城的黃昏》親往「新京」（長春）晉謁「康得皇帝」溥儀，這或許可以算作歷史的「新的一頁」吧。

莊士敦之來，不能不說與陳寶琛的建議有關。陳獲悉《紫禁城的黃昏》一書已出版，乃於一九三四年十二月七日致胡嗣瑗的信中提出邀莊前來長春與「主人」一見的建議：

「近見莊志道所編一書，主人處必曾送呈，不知近亦通函否?能約其東來，一敘闊悰，亦情理之常，或當有用處。日英正在接近，以謀東亞之局，必不至觸其所忌（肯來，當為措來回川資），公謂然否?」陳這一建議中顯然也包含了政治內容。溥儀採納了陳的建議，然而，莊應邀而至的時候，陳卻已在半年以前仙逝了。

一九三五年九月十日夜，莊士敦從海路到大連港。據記者報導，莊發表談話說，「滿洲國」尚未得到英國的承認，亦未取得「國聯」的地位，不免會受到種種束縛。談及溥儀出關的原因時，莊說，他曾看到「皇帝陛下」受到中國政府的「種種虐待」，今天又得到滿洲「三千萬民眾的尊敬和友邦日本的協助」，他認爲「滿洲在英明皇帝的統治下能夠得到非常的發展」。幾小時之後，莊登上開往長春的列車，於九月十一日下午五時三十分到達。

在火車站月臺上，莊士敦受到鄭孝胥的迎接。這時，鄭已離開了僞滿總理大臣的職位，他是以老朋友的身分跟莊握手的。半小時後，莊在僞宮緝熙樓門前見到了他的「皇帝」學生溥儀。原來溥儀在三天前赴哈爾濱，出席在松花江上舉行的大典觀艦式，十五分鐘前才回到這裏。他不顧旅途疲勞，設家宴給老師接風洗塵，他們直接用英語交談，暢敘分別四年的懷念之情。「皇后」婉容也很活躍，她愉快地回顧了在紫禁城與莊師傅相處的日子。溥儀的二妹韞和與二妹夫鄭廣元（鄭孝胥之孫）也出席了家宴，他們一九三二年十二月至一九三四年五月在英國留學時就住在莊士敦家裏，去時僅夫婦二人，一年前從倫敦返回長春時已是三口之家了。家宴從晚六時進行到十時，記者報導說，這是皇宮裏一個歡樂的晚上。

在返回賓館的車中，莊士敦就訪問「滿洲」的目的發表談話說，他相信「皇帝陛下」，久欲前來拜謁。這次擬在「滿洲」停留兩個月，爲著書搜集有關資料及文獻。嗣後將往中國南部和日本考察，然後把得到的印象撰寫成書。

第二天是中秋節，莊士敦在長春市內觀光。九月十三日爲禮節性拜訪。上午九時拜訪僞滿外交部大臣謝介石和次長大橋忠一，十時拜訪僞滿國務總理大臣張景惠和總務廳長官長岡隆一郎。下午二時拜訪日本關東軍司令官南次郎，三時拜訪僞滿宮內府大臣熙洽。晚，出席鄭孝胥的宴請，僞滿參議府參議矢田七太郎和中東鐵路理事會督辦兼理事長李紹庚在座。十四日出席僞滿外交部主持的招待晚宴。十五日參觀教員講習所。十六日出席僞滿宮內府主持的招待晚宴。十七日出席日本關東軍司令部主持的招待晚宴。十八日前往鄭孝胥寓所再訪。九月十九日中午，溥儀在僞宮勤民樓清宴堂正式賜宴，把歡迎莊士敦的活動推向高潮，鄭孝胥也以「前官待遇」列席。

據《鄭孝胥日記》載，莊士敦與鄭孝胥曾作憶舊之談，特別懷念一九二四年十一月廿九日那個狂風大作的日子，他們共同「保駕」由醇親王府進入使館區，「皇上」因此而掀開了「歷史新篇章」。爲了紀念這一天，鄭孝胥特畫一幅《風異圖》，通過朦朧的塵暴，可以模模糊糊地看到紫禁城的城牆一角及亭閣，還題了一首詩：

「乘日風兮載雲旗，縱橫無人神鬼馳。手持帝子出虎穴，青史茫茫無此奇！是日何來蒙古風？天傾地坼見共工。休嗟猛士不可得，猶有人間一禿翁。」

該圖該詩裝裱成卷時，還特邀陳寶琛和莊士敦題詩寫跋。陳寫了四句詩：

「風沙叫嘯日西垂，投止何門正此時。寫作昌黎詩意讀，天昏地暗扈龍移。」

莊的跋語是用英文寫的，簡要地敘述了「扈龍移」的經過。莊這次來長春，鄭特意請人把那段跋語譯成了中文。

約在十月末前後，莊士敦在撫順考察數日，當時擔任僞滿國都建設局局長的鄭禹（鄭孝胥之次子）曾往撫順陪侍，莊在談話中流露出「欲上親信日本之援助，不可急於入關」的意思。這是鄭孝胥記在日記中的，如果沒走原樣，莊的政治態度應該是很明朗了：或者他與鄭一樣是親日的，支持溥儀投靠日本；或者他已經看出溥儀的虛弱，迄今並未能培植起自己的武裝力量，只好維持現狀而待時機。至十一月下旬，莊又返回長春。

十一月廿三日夜，鄭孝胥「餞莊士敦於公記」，溥修、潤麒和佟濟煦在座。十一月廿四日，下起了紛紛揚揚的大雪，鄭孝胥「至長春驛送莊士敦登車」，他的僞滿之行就此結束，而與溥儀在這天的話別居然也成了訣別。

莊士敦晚年在倫敦大學教授中文，兼任英國外交部的顧問，儘管他在僞滿的「新京」與日本人及其傀儡周旋，卻未曾向本國政府提供承認僞滿的建議，他所尊崇的也許並非「康得皇帝」，而只因爲「康得」即宣統，即溥儀。

莊士敦終生未娶，以書爲妻，度過了學者兼官員的一生。爲了表彰他的貢獻，英國皇室向他授予了爵位。他的以「龍歸故里」爲尾章的《紫禁城的黃昏》是一九三四年在倫敦出版的，一時洛陽紙貴，轟動歐洲。後來日文版也問世了，給作者帶來巨大聲譽。評論者認爲莊在這本書中，「把自己在華的經歷放在近代中國的大背景中，從一個諳熟中國文化，繼而又身爲帝師的外國人的特殊視角，對他耳聞目睹和親身經歷的大小事件，寫下了真實的記錄，字裏行間浸透著他的審視和思考」。

該書剛出版，莊就給溥儀寄來一本，待他訪問長春時，溥儀已命僞宮內府翻譯官樊植譯成了中文，是以文言寫成的手稿，溥儀就是通過這部手稿瞭解全書內容的。這部手稿的部分章節，迄今尙存於檔案部門，已成爲能夠反映溥儀和莊士敦交往生活的歷史文物了。

莊士敦以這本書的版稅購置了一個小島，懸掛僞滿國旗，陳列中國文物，逢年過節則穿戴清朝朝服，邀請親友聚會，藉以寄託對溥儀的思念。他在一九三八年病逝，時年六十四歲，就埋葬在《紫禁城的黃昏》換來的小島上。

十九、重新認識，批判舊世界

莊士敦逝世二十年以後，在經歷了「戰俘」和「戰犯」的一段漫長的人生之後，溥儀又以平民的身分回到了北京，並娶了一位美麗而溫存的女護士——杭州姑娘李淑賢。當他們結婚的時候，溥儀正在撰寫和修改他的回憶錄《我的前半生》。據李淑賢回憶，溥儀極為認真，一絲不苟，核實了各種各樣的歷史資料，其中也包括有關莊士敦的資料。

從前文中可以清楚地看出，溥儀對莊士敦是尊敬和信賴的，莊對溥儀也十分愛護和關心，他們在思想上是那麼的一致！今天不同了，當溥儀重讀那本《紫禁城的黃昏》時，他似乎第一次發現這位英國老師並不是完全實事求是的，常常為了炫耀自己和為了維護溥儀當年的立場而歪曲事實，他要澄清這一切，而把真相寫進自己的著作。

前文已經提及，溥儀在一九二二年六月初，即民國總統徐世昌突然下臺逃離北京之際，向莊士敦說出了離開紫禁城而經使館區出洋遊學的計畫，被莊以「時機不妙」為由勸止了。但計畫並沒有因此而放棄，兩人還都在準備，等待好機會的到來，到一九二三年二月下旬，溥儀又多次試探性地實行他的「計畫」，結果反而打草驚蛇，以致太妃、王公、大臣和師傅等交錯商議監視溥儀並加強門禁等防範措施，「計畫」終告失敗。

在《我的前半生》第三章第七節裏，溥儀寫了「小朝廷」在「出洋」問題上內部衝突的真相。當時王公、大臣為了保住「優待條件」和自身地位，都一致反對出洋。而溥儀感到處境很危險，同時，為了闖一條「復辟大清」的新路，在莊士敦的引導和二弟溥傑的支持下，經與荷蘭公使歐登科聯繫，秘密研究了逃出紫禁城的計畫。結果，由於以醇親王為首的王公大臣的發現和阻攔而告失敗。

莊士敦寫這件事的時候，故意歪曲事實。他繪聲繪色地敘述事情經過，竟把自己說成與此事毫無關係，只給荷蘭公使寫過一封信，並沒有「參與」溥儀出洋這個「極其孟浪」的計畫。其實，與荷蘭公使歐登科聯絡的具體辦法正是莊告訴溥儀的。溥儀指出，莊「捏造許多事實，聳人聽聞，以顯示自己的高明」，莊還極力替溥儀開脫。

溥儀在自己的筆記上引錄了莊士敦的原文，並逐句加括弧予以批駁或澄清。現將筆記內容的一部分引在下面：

「皇帝對這次失敗不如我所想像地那樣沮喪。他對這件事的態度更是輕鬆的（莊只看外表，輕輕掩飾了我的本質）。如果他那時候就想逃出皇宮的束縛，他絕不能有這種態度。開始的時候我對這個感到迷惑，但是在我們的談話結束之前，我覺得這個計畫最初不是他搞出來的（這是歪曲事實），而是另有其人。我相信他不過是聽人慫恿，帶頭幹起來罷了（純粹是臆斷捏造。故意為我開脫，而轉嫁責任於旁人）。我深信（為什麼不說『我確實知道』，而說『深信』？），真正的角色（不僅為我開脫，更主要是為帝國主義者開脫，為某公使開脫），就是那個我不願提名道姓的親王，若不然就是幕後還有別人。」（此言暴露他並不摸底而是胡猜，故作驚人之筆，轉移讀者視聽。）

莊士敦敘述了這一事件過程後，又進一步議論說：「因此我們就可以看出來，真正的主謀人物不是別人，而是那個有勢力的滿洲軍閥——張作霖，那個對舊皇朝忠貞不渝的張勳和他關係密切，因爲他們本來就有通家之好。那個不提名的親王在這個密談裏雖然是個必不可少的人物，但比較起來並不重要。他只是給予皇帝種種便利，讓他離開紫禁城後，安全抵達天津。張作霖的想法主要是，不管這個計畫成功與否，都不能讓人懷疑他和這個計畫有任何關係。這就是爲什麼這個經過長期考慮的密謀計畫在皇帝大婚後的幾個禮拜付諸實行。他們這樣做，就是需要找一個說得過去的藉口，讓皇帝上滿洲去，藉口就是讓皇帝舉行婚後謁陵的儀式。」

針對莊士敦的這一說法，溥儀毫不客氣地評論道：「這次我打算出走的內幕，並不是如莊士敦所說的那樣，這件事僅是我和溥傑商量的，所謂『負主要責任的那位親王』載濤，事實上並不知道。因爲載濤和我父親一樣，都不贊成我在平日離開故宮，放棄優待條件。我若告訴他，無異於告訴我的父親。至於張勳、張作霖就更不知道了。張作霖曾經贊成復辟帝制，那是另一回事，是不能和這次活動混爲一談的。莊士敦瞎說一氣，無非要顯示自己的高見，以自吹自擂，但這是根本違背歷史的。」

【參考文獻】

＊中國第一歷史檔案館：《清廢帝溥儀檔》。

＊莊士敦：《紫禁城的黃昏》，紫禁城出版社一九九一年版。

＊胡嗣瑗：《直廬日記》，未刊。

＊中國歷史博物館編、勞祖德整理：《鄭孝胥日記》，中華書局一九九三年版。

＊耆齡：《賜硯齋日記》，中和月刊，二十世紀四十年代刊本。

＊二十世紀二十年代至二十世紀三十年代初中文報刊《商業日報》、《燕都報》、《民報》等資料。

＊二十世紀二十年代至二十世紀三十年代初在英國和中國出版的英文報刊《泰晤士週報》、《每日新聞》、《星期日新聞報》、《京津時報》等資料。

＊遼寧省檔案館編：《溥儀私藏偽滿密檔》，檔案出版社一九九〇年版。

＊二十世紀三十年代偽滿中、日文報刊資料。

＊愛新覺羅・溥儀遺稿，李淑賢提供、王慶祥整理注釋：《愛新覺羅・溥儀日記》，天津人民出版社一九九六年版。

＊胡平生著：《民國初期的復辟派》，臺灣學生書局一九八五年版。

＊本文作者存藏的有關文獻資料。

「神交」——溥儀和黎元洪

溥儀和黎元洪並未謀面，但在若干歷史關頭上，兩人之間有來有往，或可稱爲「神交」。

一、從效忠清朝到反叛皇帝

黎元洪（一八六四～九二八年），字宋卿，湖北黃陂人。家道殷實，「清初時富甲各鄉」，其父黎朝相，曾以清軍將領參與鎮壓太平天國的戰爭，建有軍功，官至游擊（**九級清軍官制中的第五級**）。

光緒十四年，黎元洪畢業於天津水師學堂管輪科，由北洋大臣李鴻章賞給六品頂戴，並請以把總儘先拔補。嗣後，先派任「來遠」號快船差遣，繼調赴「廣甲」號兵船充三管輪。至光緒十八年初，經清廷批准從把總晉升爲千總，「儘先補用」。同年夏，又由三管輪提升爲二管輪。次年春，再由六品頂戴賞換五品頂戴。

甲午戰爭期間，黎元洪隨廣甲艦參加黃海海戰，失敗後跳海逃生，獲救後，因海軍已無空額，遂赴南京投效張之洞，深受信用，先委以監修炮臺，繼任爲炮臺專台官。

光緒二十二年初，張之洞奉旨返任湖廣總督，攜黎元洪同行，不久，任命他爲護軍後營幫帶（副營長）。其間，連續三次派他赴日本考察軍事，參與訓練湖北新軍。他在軍中的職務也由千總升爲守備，再升爲都司，授三品頂戴。到光緒三十年春，又升任護軍前鋒一、二、三、四營督司，同年夏湖北新軍改兩鎮制，黎元洪出任第二鎮協統，兼護軍第二鎮統制官，而此時，他已有了副將銜的官階。

光緒三十二年四月下旬至五月上旬，清政府練兵處把湖北新軍由兩鎮改爲一鎮一混成協，並列入全國統一編制，黎元洪出任第二十一混成協統領，其後在清政府舉行的兩次秋操中，因指揮得法而先後受到閱操大臣的嘉獎，並獲清廷賞戴花翎。

溥儀登極前後，正是黎元洪仕途生涯最高峰的時候，他備受張之洞的重用，以第二十一混成協統領之職，還兼管馬、炮、工、輜各隊事務，且管理兵工、鋼藥兩廠，宣統二年時又出任湖北陸軍講武堂會辦。自從當了協統，黎元洪月俸白銀五百兩，生活富足，在武昌中和門附近蓋了一幢中式樓房和一幢西式樓房供家居，並建有若干平房出租，還在武昌郊區紫房村買了不少土地出租。此時此刻的黎元洪，很感激朝廷的恩賜，滿足於一官半職，只想過一過衣食考究的生活。

武昌起義的風暴臨近了。宣統三年八月，正當湖北革命黨人密謀舉事之際，黎元洪雖然也站在反對革命的立場上，卻採取了有別於湖廣總督瑞澂和第八鎮統制張彪的高壓的政策，他不贊成以狂暴濫殺的兇殘手段對付革命黨人，只是因爲看清了革命運動迅猛發展的形勢，要給自己留條後路，這在客觀上緩和了他同革命黨人的矛盾。

十月十日夜，革命黨人熊秉坤率隊首先發難，佔領軍械庫楚望台。與此同時，駐守武勝門外塘角的二十一混成協輜重隊也縱火舉事。黎元洪聞訊，當即下令滅火，並召集四十一標全體官佐齊集會議廳，以防止他們率部回應革命。是夜，黎元洪坐鎮司令部，還親手殺死了四十標士兵、共進會會員鄒玉溪和被革命軍臨時總指揮所派往各營送信並聯絡回應起義、攻打督署的共進會會員周榮棠。其後，眼見大勢已去，始令官佐各自回營，還訓話要求「維持」以「不負皇恩」。嗣後，黎元洪先往參謀劉文吉家稍避，他以爲「身居協統，部下兵變」，自己肯定要糟了，如革命黨失敗，他必受朝廷處分，若革命黨成功，他能否逃命也不知道，遂以後事相囑，拜託照料家屬兒女。繼往四十一標三營管帶謝國超家躲藏，次日即被已經光復武昌的革命黨人查獲，並被挾至楚望台。

黎元洪竟對首義之夜的臨時總指揮吳兆麟說：「你爲什麼要革命？這是要全家誅戮的事！」又說：「快叫大眾各回各營，事情鬧得太大了，更不得了！」吳並不多說，卻把黎帶到諮議局，參加革命黨人籌建軍政府的會議。當會上公舉黎元洪爲湖北都督時，他面色慘白，口中不停地喊：「我不能勝任，休要害我！」

當此之際，又有立憲派人士湯化龍等婉言相勸，革命黨人蔡濟民等，則以強迫的口吻逼其接受推戴。黎元洪仍然無動於衷，蔡即拔出手槍厲聲說：「事已至此，黎公再不允就，我等只有自殺，以謝同志，而慰死難諸先烈！」話音未落，突然有一人舉刀自殺，血濺滿座，原係革命志士朱樹烈試圖以鮮血感動之，黎居然不爲所動，空氣頓時緊張起來。

正在僵持，革命黨人李翊東帶著當夜擬就的安民佈告而來，請黎元洪簽署，黎用發顫的聲音喊著：「毋害我！毋害我！」李氣急，當場拔刀欲殺之，被眾人勸止，乃提筆在佈告的都督銜下，代署了一個「黎」字，並說：「我代簽了」，看你還能否認不成！「於是，作為建立中華民國的第一張佈告——《中華民國軍政府鄂軍都督黎佈告》便迅速貼遍了武昌城。由此，黎元洪也搖身一變，由一個不願有負皇恩的清朝軍官，戲劇性地當上了首義軍政府的都督。

革命黨人所以一定要推舉黎元洪，因為當時知名的革命領袖均不在武漢，而黎是當時名將，用他可以懾服清廷，號召天下，增加革命軍的聲威；又因為他是鄂軍將領，素得士心，可以號召部屬附合革命；還因為他平時愛護當兵的文人，而這些文人全是革命黨，容易跟他合作。

佈告雖已貼出，黎元洪仍被看管於諮議局樓上，他心神不定，深懼革命失敗後家破人亡。直到武漢三鎮光復，革命風潮席捲全國，他才漸次轉變態度。

這時，數年後當上溥儀師傅的清末名士梁鼎芬給黎元洪拍發一份電報：「探交二十一混成協黎協統宋卿鑒：芬昔與張文襄論湖北將才，首推我公，不料今竟附逆。倘能率隊來歸，芬願以全家擔保，向朝廷為公洗刷也。敬候速覆。」電報被立即焚毀，沒給黎看。

十月十三日，黎元洪在槍口下接受了革命黨人的建議，剪掉「豚尾」長辮，露出圓圓的光頭，以此表明了附從革命的態度。然而，他當時就坦白地對人講過：「革命二字，從未聞之，今強制我於此，豈非意外之事！」

從此，黎元洪以「開國元勳」的姿態出現了。在十一月初登拜將台，向革命領導人黃興親授委任狀、印信和令箭；十一月七日和十九日兩次通電獨立各省來湖北組織臨時中央政府，遂以鄂軍都督執行中央政務；十二月廿一日接受由各省都督代表會議公舉的大元帥職，並委派黃興代行大元帥職權；至一九一二年一月三日被選為中華民國南京臨時政府副總統，仍兼湖北都督及大元帥職，隨後又被推選為同盟會協理和民社理事長。

一九一二年二月，南北和議告成。十二日溥儀退位，十五日南京臨時參議院改選袁世凱代替孫中山為臨時大總統，二十日黎元洪再次膺選連任副總統，就此結束了末代皇帝與首義都督並存的一段歷史。

二、黎、袁之爭

黎元洪當選南京臨時政府副總統以後，一方面設法穩固自己對湖北的統治，另一方面也緊緊盯住了全國政治局勢的發展。為了擴張政治實力，他把「寶」押在袁世凱身上了，在南北議和、孫中山與袁世凱的鬥爭中，他為自己選定了捨南就北，擁袁排孫的既定方針。成為袁世凱的北京臨時政府副總統以後，即屠殺湖北革命黨人，幫助袁世凱鎮壓「二次革命」。一九一三年十月六日，袁世凱登上正式大總統寶座，黎元洪隨於次日就副總統位。

黎元洪雖然得到了回報，但對袁世凱來說，他的歷史使命已接近完成。他畢竟不是北洋嫡系，卻有「開國元勳」之名聲、副總統之職位和湖北都督之軍權，袁對此豈能心安理得？乃屢屢電邀北上，以至特派段祺瑞親往武漢「勸駕」，黎不得已，遂於一九一三年十二月九日離鄂赴京。當他受到袁的隆重接待的同時，其兵權已轉歸北洋軍閥，其本人也成了袁的政治俘虜。

袁世凱給黎元洪一家安排的住處四面環水，非舟楫不能通過。這裏有座補桐書屋，曾是溥儀接受帝王教育的最早的書房；更令人寒心的是，這裏也是當年慈禧太后囚禁光緒皇帝的地方，原來就是位於新華門總統府內東北部的南海瀛台，大概是爲了避嫌而更名「小蓬萊」了。

袁世凱規定黎元洪的月俸爲一萬元，另給辦公費兩萬元，實則每天除散步、讀書、閱報、寫字外，無公可辦。袁世凱還移居古鑒軒，以「便於接觸，面談要政」爲辭。每天晚飯後七時左右，必約黎元洪在園中散步或在休息室暢談。袁世凱還一定要與黎元洪結爲兒女親家，結果議定以黎之次女紹芳許配袁之九子克玖爲妻。

袁世凱對黎元洪內行羈縻而外示懷柔，又在一九一四年五月廿六日發表黎爲參政院院長。他這樣做，無非是希望黎能支持他的帝制活動。然而，黎不但不參與擁袁稱帝，而且消極抵制。據黎元洪的長子重光回憶，袁世凱稱帝前曾徵詢黎的意見說：「近來有許多人要我做皇帝，親家，你看怎樣？」接著馬上又表白：「這些人當然是胡鬧。」黎鄭重其事地答覆說：「革命的目的是推翻專制，建立共和。親家，如果你做了皇帝，怎能對得起武昌死難烈士？」從此以後，袁再也不找黎談做皇帝的事了。

到一九一五年八月，爲袁世凱帝制服務的籌安會成立以後，袁想當皇帝的態度漸趨明朗，黎元洪從此閉戶，連參政院的會議也不參加了，並一再呈遞辭職書，辭總參謀長和參政院長職，對政事裝聾作啞，不聞不問。

就在「洪憲帝制」活動愈來愈高漲的時刻，袁世凱對消極抵制的親家下達了逐客令。事起於帝制派官僚楊士琦呈給袁的密諫：「中華議改帝國，副總統黎元洪近駐瀛台，觀感有礙。」

建議令其遷出。袁從其言，乃指使身邊人等大造輿論，說什麼「新皇」將「移居大內」，住到紫禁城裏去，而作爲政府所在地又及於袁、黎私宅的「三海」——中海、南海和北海，「將來須讓歸宣統居住」，當年的《申報》等北京報紙也傳佈此說。在袁、黎微妙的爭鬥中，溥儀，或者說是他的「宣統」尊號，就這樣悄悄地發揮著作用，實在夠可以的了。

黎元洪是聰明人，自然明白，遂以夫人多病，醫囑「須擇幽暢和暖地區居住，庶幾病體可以挽回」爲由，主動要求遷出瀛台。其實，黎早知這裏不是久居之地，曾多次要求遷居，袁世凱卻不允准，這回則痛痛快快地答應了，還花了十萬元爲親家購下東城東廠胡同的一座宅院。這是明代著名太監魏忠賢的遺園，也是清末中堂榮祿的故第，雖說民國以後改作將校俱樂部了，但榮祿作爲溥儀的外公，又把黎、溥兩人扯進圈裏去了。

一九一五年十二月十五日，剛剛承受中華帝國皇帝位的袁世凱，發出第一道命令——冊封黎元洪爲「武義親王」，以表彰其武昌首義並削平內亂等武功。不料，當冊封令下達東廠胡同黎邸時，被堅決地抵制了。黎絕然表示：「斷不敢冒領崇封，致生無以對國民，死無以對先烈。」並將冊封原匣一起退回了。

嗣後，袁世凱變換手法，先派成衣匠爲黎裁製親王服，被拒；繼派大禮官直赴黎宅重頒封誥申令，加以隨行步軍統領江朝宗雙手捧詔長跪不起，大耍無賴，仍不受，還把江朝宗轟出去了；又以政事堂公文徑送「武義親王府官制」至黎宅，請「武義親王開拆」，誘黎默認，亦被退還，再以親家的立場，派次子克文送「武義親王」金匾到黎宅，並謂「遵父命給大叔道喜」，還是遭拒，連標有「賞武義親王」紅帖的袁家拜年禮品都不收。

最後，袁世凱又決定興建武義親王府，命內務部勘查地點，曾擬建在蘇州胡同節烈祠，似覺不妥，又決定把溥儀生身父——清末攝政王居住過的集靈囿改作武義親王府，並派人請黎元洪遷入，未被理睬。

攆出瀛台，住入榮祿故邸，不居集靈囿，這固然是袁世凱和黎元洪勾心鬥角的幾部曲，似乎也內含著溥儀和黎元洪的緣分。

袁世凱稱帝以後，本應自居天子，海內皆臣，但他卻獨出心裁地規定了某些「例外」，即可以不向他稱臣的人。其中當然包括住在紫禁城內的宣統皇帝，同時也包括作爲「民國元勳」的黎元洪，他們受到特許，不算「洪憲皇帝」的臣民。

三、黎總統與宣統帝禮尚往來

「洪憲皇帝」一出，引得護國軍四起，袁世凱只當了八十三天「皇帝」，過了一會兒癮，就被迫宣布退了「皇帝」位。當時，護國軍方面要求黎元洪「代行總統職權」的呼聲很高，但袁還不肯離開總統座位，直到一九一六年六月六日他一命嗚呼，黎才在次日繼任總統。他和溥儀之間的禮儀性往來，也從這一天開始了。

一九一六年六月七日，年僅十一歲的宣統皇帝溥儀傳旨，欽派皇族載潤前往新華門內弔唁袁世凱。同時，欽派皇族溥倫前往東廠胡同，祝賀黎元洪就任中華民國總統。越日，民國政府也派了兩名官員到「小朝廷」，其中，徐邦傑是專門答謝弔唁的，而王揖唐則是專門答謝對新任總統的祝賀。兩人先後由耆齡導引，覲見了溥儀。

黎元洪雖能憑藉反對袁世凱帝制的護國軍的呼聲，而以副總統身分繼任總統，但軍政實權卻已落在北洋軍閥實力派首領段祺瑞手裏了。這時，段已把袁世凱時期的總統獨裁制，轉變爲責任內閣制，他本人出任內閣總理，實行另一種形式的軍事獨裁。黎當然不甘心於傀儡總統的地位，不久，反映著總統府與國務院之間爭政奪勢的「府院政潮」，便拉開了帷幕。在政爭中，黎也並沒有忘記宣統小皇帝。

當時，溥儀的書房師傅中，陸潤庠新逝，授讀乏人。有人推薦清朝進士、《新元史》著者柯劭忞充毓慶宮行走，被載灃以柯口音不清晰罷退；又有人推薦清朝進士、曾任晚清實業館副總裁，後出任袁世凱北京政府蒙藏院總裁的熙彥入毓慶宮授讀，卻遭到陳寶琛和伊克坦的擋駕，理由是此人「身事三姓，名節已虧」。

一九一六年七月廿七日，黎元洪總統推薦梁鼎芬當溥儀的師傅。梁也是清朝進士，官至湖北布政使，不但爲清末名士，還以哭謁崇陵而成爲最有聲望的遺老，他顯然是很適合的人選。黎所以薦梁，因爲他們同出於張之洞門下，梁因疏劾李鴻章被貶後，由張聘爲廣雅書院院長，嗣後又曾署武昌，補漢陽，兩人固有過從。武昌起義之際，梁還電黎斥之「附逆」，勸其回頭，並願以身家爲保云云。不過這一回，黎以總統身分薦梁反不爲「小朝廷」所納，經溥儀之父載灃與清室首席總管內務府大臣世續議定，予以婉謝。這反映了「小朝廷」對「首義都督」的戒心。然而，梁鼎芬對溥儀來說畢竟是難得的師傅人選，故在約兩個月後，終於傳出一道溥儀的諭旨，命梁鼎芬在毓慶宮行走。不過，這已經不算是黎總統推薦了。

九月二日，載灃特命清室總管內務府大臣紹英和耆齡，前往總統府拜會黎元洪，總統在居仁堂接見了他們，談話內容未曾外漏，或許是對於未能接受總統推薦的「帝師」人選加以解釋吧，無非表面上敷衍而已。

九月十九日是端康皇貴妃（光緒的瑾妃）做壽的日子，皇族及清室官員均往其住地永和宮行禮，黎元洪亦派步軍統領江朝宗入宮致賀，由耆齡帶見。

是年十月十九日是黎元洪的五十三歲生日，溥儀特別備辦如意一柄、壽屏一軸、壽聯一對作爲生辰禮物，並欽派總管內務府大臣耆齡，攜禮前往民國總統府邸祝壽。黎當即接見，還饋贈耆齡二等大綬嘉禾章，耆齡不敢受，回宮奏報溥儀，從而得到一紙正式的聖旨：「准其收受，欽此！」耆齡這才敢向總統府表示允領饋贈。據有關文獻記載，黎是在十一月一日派江朝宗把嘉禾章並綬送到清室內務府的。而爲了對溥儀賀壽表示答禮，早在十月二十日，黎就派出禮官黃開文入宮覲見宣統皇帝了。

一九一七年一月一日——黎元洪在總統寶座上迎來了第一個元旦，溥儀派員往黎府祝賀，雖然名義上是慶祝新年，他未嘗不知這一天原是中華民國的開國紀念日。次日，黎派總統府侍從武官長蔭昌入宮答謝，溥儀在乾清宮賜見。

二月四日是溥儀的十二歲生日，清宮內舉行了「萬壽聖節」的慶典。民國總統黎元洪的代表范源廉、民國副總統馮國璋的代表田獻章，以及民國政府的代表江朝宗、鶴春、袁得亮、治格和童崇仁等，排班參加了「恭祝萬壽」的活動。至此，溥儀和黎元洪兩人已相互祝壽過了。溥儀和黎元洪「禮尚往來」，平和地度過了整整一年的時光。

四、一道「賜封」假諭

在黎元洪、段祺瑞之間「府院政潮」步步升級的同時，辮帥張勳以定武上將軍、長江巡閱使和安徽省督軍的名義，連續召開四次徐州會議，串聯各省軍閥，討論復辟清朝的計畫，逐漸確立了盟主的地位，遂於一九一七年六月中旬，率所部定武軍四千餘人以調停政局爲名，北上入京。

張勳到京不久，康有爲也潛來了，他倆於六月三十日入宮，會合主張復辟的陳寶琛、劉廷琛等，秘密召開御前會議，決定立即發動復辟。

七月一日凌晨三時，溥儀在乾清宮升座，宣布復辟。登極大典未及收場，張勳就指派梁鼎芬爲清室代表，王士珍、江朝宗爲民國代表，李慶璋爲張勳個人代表，一起前往東廠胡同，當面逼迫黎元洪退總統位，並在擬好的向宣統皇帝「奉還大政」的奏摺上簽名蓋印。

黎元洪是在當天午夜時分獲悉張勳的復辟計畫的，他召來夏壽康等人，於凌晨二時密議辦法，卻似乎束手無策。據當時報導，黎總統感嘆時局，情緒激憤，認爲「全係自己不德所致，擬一死以謝國人」，左右急忙勸阻。

黎元洪既有一死的決心，自然不受威脅，他不但拒絕在「奉還大政」的奏摺上簽字，還怒斥來逼他退位的人。他以眼睛直視王士珍，罵其「毫無心肝，背叛民國」，又厲聲對梁鼎芬說：「民國係國民公有之物，余受國民付託之重，退位一舉，當以全國公民之意爲從違，與個人毫無關係。君欲盡忠清室，當爲清室計萬全，復辟以後，余對於清室即不負治安責任。」

雙方對峙約兩個小時，直到晨六時許梁鼎芬離去，黎元洪誓死不從。當天下午三時，王士珍、江朝宗和吳炳湘等人再度入府，仍以「退總統位，還政清室」爲辭，黎正顏厲色道：「當問國民，余不能私相授受。」

談不攏就硬做，從七月一日至三日，由張勳副署，溥儀連發十九道「諭旨」，宣布廢除民國紀年，改用宣統年號，這類內容雖然反動卻是真的，而那個黎元洪根本沒有認可的所謂「奏還大政」的奏摺以及據此所下的諭旨也列其中，這就是假的了。該諭原件尚存，全文如下：

宣統九年五月十三日，奉上諭：本日黎元洪奏請奉還國政，籲懇復御大統一摺，據稱該員因兵變被脅，盜竊大位，謬領國事，無濟時艱。並力陳改建共和諸多弊害，奏懇復御大統，以拯生靈，自請待罪有司等語。覽奏，情詞悱惻，出於至誠。從亂既非本懷，歸政無明大義，際此國事危岌，大局飄搖，竟能作吾民親上之先，定中國救亡之策，厥功甚偉，深孚朕心。黎元洪著賜封為一等公，以彰殊典，尚其欽承朕命，永荷天庥。欽此。

這就是退位皇帝溥儀賜封在任總統黎元洪爲「一等公」的一頁歷史，也是一段趣聞軼事。筆者曾認真考察溥儀當年發佈的復辟上諭的原件，大致有序：賜封黎元洪爲首諭，次爲授徐世昌、康有爲弼德院正、副院長諭，次爲授張勳等內閣議政大臣諭，次爲授萬繩栻、胡嗣瑗內閣閣丞諭，以下次第爲任命外務部尚書、度支部尚書、參謀部大臣、陸軍部尚書、民政部尚書、北洋大臣、南洋大臣、兩廣總督等職。其中，凡正式諭件都有清稿，有副署人簽名，有代表皇帝溥儀的「法天立道」印章，且有相應的草擬稿。唯賜封黎元洪諭和另外三兩個諭件無印章，且缺清稿，這似乎也能證明黎是不認賬的。不過，這個非正式諭件因涉及總統，仍是迅捷地傳播出去了。特別是溥儀在七月一日發佈的復辟詔書中也有「黎元洪奏請奉還大政，以惠中國而拯生民」一句，遂中外皆知了。

好在自七月一日至二日上午，黎元洪的對外活動尚未受到限制，那時北京全城高懸龍旗，唯有總統府仍掛五色旗，就趁這個機會，黎發出一則通電，為自己做了有力的辯護：「天未厭亂，實行復辟。聞清室之上諭，有『黎元洪奉還國政』之言，不勝驚駭，因思中華國體，由帝制而共和，根據五族人民之公意，元洪受國民之付託，當茲重任，當與民國相終始，此外他非所知。特此電聞，以免誤解。」

發出通電後，黎元洪又致電副總統馮國璋，以都中險惡，令其在南京代行總統職權，又起用段祺瑞為國務總理，命之興伐復辟。部署既定，張勳驅逐他出總統府的命令也到了，黎乃化裝出府，住入法國醫院，家屬則避入法國大使館，直到復辟失敗，並未復職，乃以一介平民息影天津。

五、溥儀自廢尊號和歲費之謎

馮國璋代理大總統職以後，與仍然掌握北京政府實權的內閣總理段祺瑞互相傾軋，終因皖系排擠，而於一九一八年十月任期屆滿時去職，親皖系的北洋派老官僚徐世昌經選舉繼任總統。徐是親清室的，張勳復辟失敗後，他出面掩護溥儀，使之逃脫懲處，歲費照撥。然而，徐世昌也並不能立於長治久安之地，經過一九二〇年七月的直皖戰爭和一九二二年五月的直奉戰爭以後，直系軍閥首領曹錕、吳佩孚掌握了北京政府的實權。曹錕係馮國璋的嫡系部將，自一九一八年十二月馮死後成爲直系首腦，他與部將吳佩孚的政治目標當然是要親自上臺執政，爲此要走三步棋：第一步是除掉他們所憎惡的大總統徐世昌，因爲徐一直站在親皖祖奉的立場上，不驅逐之則勢必爲一大障礙；第二步是選一適當人物作爲過渡性總統，先放在臺上，因爲曹錕直接上臺的時機尚不成熟，他們選擇了黎元洪；第三步才是親自出馬奪取最高統治一位。

一九二二年五月十四日，吳佩孚通電各省，公開表明直系軍閥反對徐世昌，蘇、魯、鄂等省當即覆電贊成，還有人提出「恢復法統」的口號，要求黎元洪復職。鑒於大勢已去，徐世昌乃於六月二日下令由國務院攝行職務，隨即由京畿衛戍總司令王懷慶等護送離京赴津，自行下臺而去。至此，曹錕、吳佩孚等又聯合各省區督軍、省長，通電敦請黎元洪復職。

在那段日子裏，舊國會參議院議長王家襄、眾議院議長吳景濂、曹錕的參謀長熊炳琦、吳佩孚的參謀長李倬章以及國務院的代表高恩洪等，相繼赴津面催黎氏復職，黎乃於六月六日發出「廢督裁兵」通電，表示有條件地同意復職，繼於六月十日再度通電，宣告於六月十一日早八時入京，暫行大總統職權。

面對如此時局，「小朝廷」裏的「關門皇帝」溥儀做何打算呢？溥儀的英文師傅莊士敦在一九二二年六月八日給李經邁（李鴻章之子）寫了一封長信，透露了其中的秘密。原來溥儀要偷偷離開紫禁城，讓莊師傅把他送到英國公使館去，接著就發出一封給中國人民的通電，放棄「歲費」，廢除「帝號」，隨後進行訪歐的佈置。

問題在於溥儀爲什麼要做出如此抉擇？莊士敦也在信裏分析了原因。他說，溥儀「是個有理解力的善於思考的人」，對於西方國家的政治、社會狀況，對於中國的現狀，對於他自己所處的地位，都有明晰的認識。他越來越明顯地感到，「不做任何事情，白拿國家的巨額津貼，是可恥的」。所以，「他要逃避他處的忍受不了的丟臉的地位」。莊又說，溥儀還看清了宮中的許多醜事，如盜竊、行賄、僞造賬目以及種種形式的分贓等等，他要採取「連根拔掉」的政策，以徹底結束「宮裏貪污腐化和爲非作歹的風氣」。

雖然不能說莊士敦談這些毫無根據，但顯然在很大程度上美化了他的弟子。說到底，溥儀打算離開皇宮並發佈廢除權利聲明，既與徐世昌離職有關，又與黎元洪復職相關。莊士敦對此也看得很明白，不過他是採用另一種方式敘述的。

談到徐世昌時，莊士敦指出：「如果皇上恰好在總統被迫退位逃出北京這個時候離開皇宮，跑到外國旗幟下受保護，這兩件事情在報紙輿論上和社會公眾中，必然自然而然地會默認爲皇上和總統的命運曖昧地拉扯在一起；隨著總統下臺而來的譴責，極可能多少也會指向皇上身上，就會出現一種輿論，揣測徐世昌和皇上之間共同搞什麼政治陰謀，皇上的逃亡正是由於心裏有鬼。」這當然不會僅僅是偶合，徐在清末時已身居高位，本來就有復辟之心，他的下臺令溥儀瞻念前程不寒而慄。

談到黎元洪時，莊士敦更加隱晦，或許因爲當時黎尚未答應出山復職，他並未稱名道姓，而是拿當年黎爲總統時的「舊國會」的名目來說的：「所謂舊國會，或者某些類似的民國代表大會，不久有重新召開的可能。在某一次會議上，可能很多人贊成對清室優待條件的條文要大加修改。……這種情況，皇上完全瞭解，他自然急著要以本人自動的方式廢除尊號和津貼，而取得全國的公認。」莊在這裏一語道破了天機：溥儀不過是爲了保全面子而已，當時他認爲如果不玩弄「自動廢除」的把戲，不久的將來也一定被黎元洪的國會所廢除，到那時就會丟臉了。可見，溥儀對黎元洪始終存有戒心。

六、與遜帝和平共處

溥儀到底還是聽信了莊士敦的勸導，沒有離開紫禁城。這是因爲莊不僅指出當時的政治時機不利，恰恰有了徐世昌出走的問題；而且他還認爲，當溥儀並未遭受人身危險的時候，英國公使館不可能冒著干涉中國內政的指責而收留溥儀。溥儀決定再等一段時間，找一個更適宜的機會，才宣布「自動廢除」的計畫。

一九二二年六月十一日，黎元洪在懸旗結彩的歡迎之下抵京，隨即入中南海懷仁堂宣誓就大總統職，掀開了其生平歷史的新一頁。

溥儀固然不放心，依靠「小朝廷」爲生的王公遺臣們更不放心，當時報紙上一片「廢除優待條件」的呼聲令他們憂心忡忡。於是，替溥儀尋風摸底的信便輾轉送到黎元洪手中。黎親自簽署的覆函，經溥儀閱後，也存入「小朝廷」的檔案：「接誦華翰，敬悉一切。優待條件，載在約法，行之已久，初無異辭。報言游談，毫無根據。昨接呂鏡宇先生來函，亦以此事見詢，當即具覆一書，如上所述。循繹來教，與鏡宇先生書大旨相同，俱見老成，慮遠思深，同深欽佩。茲將覆鏡宇先生函稿另紙錄呈，伏希公鑒。杯弓雖幻，帶礪常存，區區此心，定邀亮察。專覆。敬頌公綏。」

黎元洪提到的呂鏡宇，即呂海寰（一八四二～一九二七年），字鏡宇，山東掖縣人。同治三年中舉人，光緒九年應總理各國事務衙門考試章京獲取第一名。光緒二十三年出任駐德國兼荷蘭國大臣，光緒二十八年回國任工部尙書兼條約改訂委員，光緒三十三年任外務部尙書兼參與政務大臣，宣統元年任中國紅十字會會長。民國以後，呂鏡宇因名望高而繼續受聘，先後出任袁世凱總統府高級顧問、參政院參政等職。張勳復辟時，溥儀授他爲弼德院顧問大臣。一九二二年黎元洪復職時，他是山東饑饉救濟會會長。正是這位具有特殊經歷的清朝老臣，最先致函總統，代溥儀要政府的口實。

黎元洪對呂尙書自然高看一眼，他的覆函抄件附於給清室的信中了：「接誦華翰，援引舊事，深切著明，語重心長，無任景佩。查清室優待條件載在約法，履行多年，初無更易。元洪行能無似，惟兢兢守法之心，當爲國人所共諒。來示以傳聞之辭，謂將有停止之議。夫約法所載，永於河山；報紙之言，幻如泡影。孰輕孰重無待言。詮儻以不根之談，更以命令解釋是非爲條件擔保，直爲報紙揚波。飄風之來，本無空穴；流丸之走，止於甌臾，耿耿此心，伏希鑒察。專覆。」

不但黎元洪親自覆函，給溥儀定心丸吃，曾爲徐世昌的親信，也是清室的老朋友，時任京畿衛戍總司令的王懷慶，也給溥儀身邊的人寫信，信誓旦旦地說：「仰查皇室優待條件，性質無異國際條約，大信所昭，萬難搖動。報紙宣傳，意在製造空氣，揆諸民意，未必即成事實。懷慶自當隨時竭盡棉薄，設法維持，以副尊囑，奉覆。敬請鈞安。」看來，溥儀方面已有囑託。

當時黎元洪政府危機四伏，而且在對待溥儀和「小朝廷」的問題上很有壓力。比如南方以孫中山為首的護法軍政府和廣州非常國會，通電宣布黎元洪的罪狀中，就有「叛國，徇張勳情，將民國大權獻宣統」這樣一條。更嚴重的問題就在黎政府內部，曹錕、吳佩孚只是把黎元洪作為傀儡才抬出來的，並不真正支持他推行政令。溥儀已經注意這一點了，就在黎復職的第三天，總統的侍從武官長蔭昌奉派覲見溥儀時，這位「關門皇帝」還以「聞吳佩孚來，見黎後即走」這句話，試探著打聽總統與直系軍閥的關係呢。

黎元洪這次復職，極為艱難地度過了在位的十五個月時間，「小朝廷」的「優待條件」到底沒有受到侵犯，總統和皇帝友好相處。以下是從檔案中查到的兩人來往的片斷：

一九二二年十月二十日，黎元洪派侍從武官長蔭昌入宮覲見溥儀。

一九二二年十二月一日是溥儀大婚的正日子。以退位皇帝的身分，照例實行在位君主全套大婚禮儀，曾經引起社會各界的抨擊，政府也表示反對各國駐華公使祝賀。但據耆齡日記載：「聞各國公使奉其政府訓條，准入賀大婚。民國雖欲阻之，亦無辭矣。」黎元洪並未因此而回避，仍於是日近午時分派遣大禮官黃開文入宮祝賀。

一九二三年一月一日，溥儀函賀黎元洪，首句便是「大皇帝問大總統好」，並說：「茲當新年志喜，特遣貝勒載潤代表致賀，惟願大總統膺福介祉，日進康疆。」此時確有一位名叫李燮陽的國會議員，領銜提出議案，要求追究溥儀參與張勳復辟的責任，取消優待條件，將其遷出宮禁。這件事雖然遷延數月，還是不了了之。次日，黎元洪派蔭昌前往乾清宮覲見溥儀，以示答禮。

一九二三年二月廿八日是溥儀的生日，黎元洪特派大禮官黃開文為專使，於當天巳刻進內覲見並致壽禮：各色庫緞八軸、三鑲玉如意一柄。次日，溥儀派載潤答禮。

一九二三年六月中旬，曹錕、吳佩孚等直系首領開始推行第三步計畫：結束「過渡總統」的使命，奪取最高統治權。他們派軍警，雇流氓，舉著「驅黎退位」的小旗圍困黎宅，黎元洪被迫出走。他先至天津，繼往上海，但總是不成氣候。其間，曹錕玩弄賄選把戲，於十月十日就任民國新總統，黎乃東渡赴日，居扶桑半年，至一九二四年五月返國，從而結束了政治生涯。這時，溥儀仍然待在紫禁城內，當他的「關門皇帝」。

一九二八年六月，黎元洪因腦溢血病逝天津。當他晚年在德「租界」威廉街花園宅院中宴請朝野權貴時，溥儀和遺老遺少們也在天津日「租界」張園內擺設君臣之儀。

【參考文獻】

* 中國第一歷史檔案館：《清廢帝溥儀檔》。
* 黎紹芬：《黎元洪事略》，載《天津文史資料》第十一輯。
* 黎重光：《回憶我父黎元洪二三事》，載《辛亥革命回憶錄（六）》。
* 劉振嵐、張樹勇：《傀儡總統黎元洪》，河南人民出版社一九九〇年版。
* 一九一六年至一九二三年間在北京出版的《申報》等報刊。

逼宮 討逆 救駕 拒僞——溥儀和段祺瑞

段祺瑞（一八六五～一九三六年），字芝泉，安徽合肥人。光緒十三年畢業於天津武備學堂炮科，繼而奉派赴德國學習軍事，曾在克魯伯炮廠實習。回國後在北洋軍械局任職，光緒二十二年被袁世凱調入新創建的北洋陸軍，任炮兵第三營統帶兼隨營學堂總監。從此，他緊跟袁世凱，一面鎮壓義和團等農民起義，一面編練新軍，建立赫赫功勳，到辛亥革命前，已提升爲江北提督加侍郎銜，繼而又署湖廣總督，成爲袁世凱手下的第一號戰將。

一、辛亥「逼宮」

光緒三十四年十月二十日，清朝光緒皇帝病篤，慈禧頒旨讓溥儀進宮，「著在宮內教養」。同時授載灃爲「攝政王」。第二天光緒病逝，慈禧又頒旨命溥儀「承繼同治，兼祧光緒」，「入承大統爲嗣皇帝」，載灃也因此升格爲「監國攝政王」。第三天慈禧病危篤，遺囑

「嗣後軍國政事均由攝政王裁定」。至十一月九日溥儀登極即位。

面對晚清政局中這一連串閃電式的更迭變化，時任北洋第三鎮統制兼北洋武備學堂監督、福建汀州鎮總兵、北洋保定軍官學堂總辦、會考陸軍留學生畢業生主試大臣等職的段祺瑞，作爲袁世凱的心腹部將，也跟袁一樣內心充滿了恐懼。這是因爲載灃和袁世凱一向不和，爲了設立軍機處還是責任內閣的問題，甚至當面爭吵過，載灃既已掌握國家權力，也許會殺袁，而段祺瑞是袁手下北洋高級將領中最有實力和號召力的人物，又駐軍於直隸保定，離北京很近，豈能被放過？

載灃對段祺瑞的印象確實不佳。他們第一次面對面是在光緒二十七年九月末十月初，當時正値清政府與佔領北京的八國聯軍成立和議，慈禧太后與光緒皇帝離開西安還都，載灃伴駕隨鑾。一路之上，各地迎駕部隊都按老規矩跪迎跪送，進入袁世凱所轄直隸地區以後，輪著段祺瑞率部迎駕，他打破常規，一改舊軍習慣，不行跪拜之禮，而按平時訓練的德國操典，以吹號、舉槍等軍儀迎駕。許多隨駕的王公大臣不願接受這種方式，載灃還特意詢問段祺瑞「見了兩宮聖駕爲何不下跪？」段祺瑞回答說，按德式操典，「軍儀爲最高禮節」，迎送兩宮理應如此。載灃五個月前訪德時，曾由德皇胞弟亨利親王陪同檢閱皇家近衛軍，親身領略了「軍儀」這種「最高禮節」，深知段氏之言並不錯，但他還是很不願意聽到這種頂撞式的回答，不禁惱火起來。正欲發作之際，慈禧說話了，對「軍儀」迎駕表示認可，載灃對段祺瑞也就無可奈何了。

溥儀登上宣統皇帝寶座以後，朝廷大權掌握在攝政王載灃和隆裕皇太后手中，然而這兩個人都是優柔寡斷型的，軟弱而無主見，在應付事變和重大決策上患得患失，他們沒有魄力按光緒帝手敕「辦袁世凱」，僅於光緒三十四年十二月十一日將袁罷免，令其返籍「養疴」。這無異於縱虎歸山，自貽後患。雖然如此，袁世凱全家離京時還是很落魄，鐵路局不再給他掛專車，平日趨炎附勢的人也不來送行了。唯有段祺瑞率幕僚恭恭敬敬地等候在保定車站上，以實際行動表達他對「衣食父母」袁宮保的忠誠。袁氏大為感動，遂把北京府學胡同私宅送給了段祺瑞。

載灃對於住在洹上村「垂釣」、「養疴」的袁世凱當然並不能完全放心，乃秘派步軍統領衙門武官袁得亮扈從，實則暗中監視，然而，他哪裡是老謀深算的袁宮保的對手，根本摸不到真情。與此同時，載灃代表宣統皇帝出任全國陸海軍大元帥，建立禁衛軍和新軍三十六鎮，調任滿族親貴出掌各種重要軍職。雖然也曾在宣統元年十一月任命段祺瑞為北洋第六鎮統制，僅一年後即調赴江蘇清江出任江北提督，顯為明升暗擠之舉。段氏深知朝廷對自己是並不信任的，更把希望寄託在老上司的身上。前往清江赴任之際，他還專程繞道彰德看望袁世凱，秉燭密謀，伺機而動。嗣後在江北提督任上，故意做出超然世外的樣子，暗中卻與袁世凱及各地北洋將領保持密切的函電往來。

武昌起義爆發後，朝廷派陸軍大臣蔭昌督率陸軍兩鎮赴鄂剿辦，但這位只能紙上談兵的將軍出師不利，北洋軍也不聽他的指揮，載灃一籌莫展，不得不聽從內閣總理大臣奕劻和內閣協理大臣徐世昌等人的建議，於宣統三年八月二十三日重新起用袁世凱，任命他為湖廣總督兼辦剿撫事宜。袁尚未表示接受任命，先密電段祺瑞及各路北洋將領前來彰德參加秘密會議。這是袁世凱出山前進行總體部署的會議，他在軍事方面做了種種安排，並告知段祺瑞，將把一個最重要的職務交給他，任命他爲第二軍軍統，讓他率部控制住京鄂之間的鐵道線，進可以援手武昌，退可以左右直隸和北京，以與袁氏兩面出擊的政治主張相配合。

果然，朝廷任命段祺瑞爲第二軍軍統的電諭很快便在九月四日發出來了。原來清政府爲了鎮壓武昌起義，臨時編配了三個軍，第一軍軍統馮國璋，第二軍軍統段祺瑞，各由一鎮兩協組成，目標是赴鄂作戰。第三軍由禁衛軍和陸軍第一鎮組成，由載濤統率，任務是拱衛京畿。

經過一次又一次地討價還價，載灃不斷地向袁世凱讓步，終於在宣統三年九月九日以朝廷名義下罪己詔，宣布解除黨禁，命咨政院立即起草憲法，並決定九月十一日解散皇族內閣，次日即任命袁世凱爲內閣總理大臣。袁的一切要求都滿足了，終於出山。

當此之際，二十鎮統制張紹曾聯合部分將領，屯兵灤州，發動兵諫，要求朝廷速開國會，改定憲法，組織責任內閣等，顯然是傾向革命的行動，且有進一步攻取北京，推翻清廷之舉。袁世凱剛出山即命段祺瑞北上平息了兵諫，在穩定北方局勢方面立下功勳。繼於九月二十七日任命段署理湖廣總督，兼辦剿撫事宜。十月十八日又命段和馮國璋對調職務：段任第一軍軍統，馮任第二軍軍統。未幾，袁再度下令，把馮召回北京，命段爲第一軍軍統兼第二軍軍統，從而把前線的全部指揮權都交給了段。段也並未辜負老上司的信任，由此而自始至終地參與了袁在清廷與革命軍雙方之間縱橫捭闔的活動，他一方面充當武力鎮壓的第一打手，迫使革命派讓步，另一方面又領銜通電主張共和，迫使宣統皇帝退位。

那是一九一二年一月廿六日，段祺瑞以湖廣總督會辦剿撫事宜、第一軍軍統的身分領銜，北方諸軍統兵大員四十二人、兵士四十萬人聯名要求清廷宣布共和，通電到達皇宮，「內閣召集有關係人員會議，袁總理出電相示，人人變色，無敢有異詞者」，王公親貴們都乖乖地在贊成共和的名單上簽了字。隆裕太后隨即召開御前會議，頒佈共和，並授權袁世凱，命與民軍商酌退位條件。

二月五日，段祺瑞率武漢戰區十將官再度逼宮，催促朝廷發佈共和詔書。這封電報的措辭更加強硬指責皇族「敗壞大局」，「事至今日，乃並皇太后皇上欲求一安富尊榮之典、四萬萬人欲求一生活之路而不見許」。一星期後，隆裕皇太后頒發詔書，時年六歲的宣統皇帝退位了。

段祺瑞所做的這一切，當然不是真心爲了共和，更不是站在革命的立場上，而是從袁世凱個人出發的，幫助他攫取了辛亥革命的勝利果實。一九一二年三月，袁當上民國總統，段也成爲民國的陸軍總長，他們之間沆瀣一氣的密切關係達到了頂峰。

二、丁巳「討逆」

段祺瑞於一九一二年三月就任陸軍總長；至一九一三年五月代理國務總理，同年十二月代湖北都督；至一九一四年一月以陸軍總長兼領河南都督，同年六月被任命爲建威上將軍，管理將軍府事務；至一九一五年八月，因對袁世凱的帝制活動持消極態度而被明令解除陸軍總長職務；至一九一六年三月廿三日袁取消帝制後出任參謀總長，一個月後又出任國務卿兼陸軍總長，恢復國務院以後，又於同年五月八日出任國務總理，同年六月，袁死後黎元洪繼任總統，段仍被任命為國務總理，奉命組閣，自兼陸軍總長，實行責任內閣制；至一九一七年五月廿三日因「府院政爭」，黎下令免除了段的國務總理職務，段一氣之下離京赴津，臨行發表漾電，指責總統違法，拒不承認命令有效。

段祺瑞在天津設立了「各省軍務總參謀處」，聯絡各地軍人，並準備設立臨時政府，得到奉天、陝西、河南、浙江、山東、黑龍江、直隸、福建、綏遠、山西、上海等地通電響應，極端孤立的黎元洪遂於一九一七年六月一日以總統令急調張勳進京，希望他能「匡濟時艱，挽回大局」，由此卻給了張勳製造復辟事件的機會。

正如黎元洪想利用張勳壓段一樣，段祺瑞和副總統馮國璋也想利用張勳壓黎，於是支持張的各地督軍齊聚徐州開會，張勳贊成推翻黎元洪，趁機又提出了擁戴宣統復位的主張，與會的督軍和代表們居然表示了支持。其實，段、馮、張僅在倒黎這一點上是一致的，達到倒黎的目的後，段要當總理，馮要當總統，他們可不想抬出宣統來。當時是段的親信徐樹錚參加會議，徐故設政治圈套，是要讓張勳先去「倒黎」，然後再以擁護共和的名義消滅張勳，從而達到段、馮的政治目的。這就是所謂的架梯抽梯的連環計。

然而，段祺瑞並不想暗箭傷人，他還派另一位親信幕僚曾毓雋前往徐州，鄭重轉告張勳，「如議及復辟，段必盡力撲滅，勿謂言之不預也」。一九一七年六月八日，張勳率部開進天津，逗留七日，其間多次會晤段，據會晤時在座的定武軍統領蘇錫麟說，段告誡張，「到了北京首先要維持治安，這是要緊的事。別的事亦可以辦，只是保清帝復位的事還不到時候，即使勉強辦了，就算北方答應了，可南方亦不會答應，我看這件事還是慢慢來辦」。張勳這時卻是一副天降大任於斯人的樣子，誰也擋不住他了。

六月九日，張勳的先頭部隊到達北京，立即向黎元洪發出三日內解散國會的最後通牒，迫之於六月十三日簽署解散國會令，黎自鑄大錯，悔之晚矣。六月十四日張勳由津抵京，半個月後，北京的大街小巷便突然飄起了大清國的龍旗，十二歲的溥儀又當上了宣統皇帝。

段祺瑞聞訊，即以天津之南的小鎮——馬廠爲據點，依靠駐馬廠第八師師長、他的換帖兄弟李長泰的支持，又聯絡了駐保定的第三師師長曹錕和北京第二講武堂堂長陳文運，繼而部下、幕僚以及追隨者如湯化龍、葉恭綽、倪嗣沖、靳雲鵬等又紛紛趕來，連戊戌變法時的二號領袖梁啓超也來投奔了。七月三日成立了以段祺瑞爲總司令的討逆軍司令部，七月四日發出討伐張勳的通電，同時發佈討逆檄文，而段和馮國璋的聯名通電也在這一天發出。七月五日段又宣布接受黎元洪的任命，恢復了國務總理的職務，七月七日，馮國璋也在南京宣布照黎的電報代行大總統職權。

段祺瑞的「討逆檄文」，即《反對復辟宣言書》，其最可注意之處即在措詞之間，對張勳和溥儀就是有區分的，說到清室總是筆下留情。如談及辛亥遜位，則說「前清明察世界大勢，推誠遜讓，民懷舊德，優待條件，勒爲成憲，使永避政治上之怨府，而長保名義上之尊榮，宗廟享之，子孫保之。歷觀有史以來二十餘姓帝王之結局，其安善未有能逮前清者也」。又談及張勳復辟，則說「今茲之舉，出於逼脅，天下共聞。歷考史乘，自古安有不亡之朝代？前清得以優待終古，既爲曠古所無，豈可更置諸岩牆，使其爲再度之傾覆，以至於盡」。談及起兵討逆，則說自己「亦曾受恩於前朝，更不忍聽前朝爲匪人所利用，以陷於自滅，情義所在，守死不渝」。這篇檄文用段的名義，卻出自梁啓超的手筆，他在運筆之際，恐也不能把光緒皇帝的恩誼忘得一乾二淨。

七月五日，段祺瑞的討逆軍分兵兩路進擊張勳所率定武軍，至八日攻進朝陽門，定武軍則退守天壇、紫禁城、景山、南河沿等地。這時，段一度接受駐華公使團的建議，以取消帝制、解除武裝、保全張勳本人生命、維持清室優待條件等四項停戰條件，與張勳談判，但被張拒絕。六月十二日，討逆軍發起總攻，張勳避入荷蘭公使館，定武軍的殘部繳械投降，飄揚在北京城裏的龍旗又被五色國旗取代了。

復辟事件剛剛平息，社會各界都關注著對清室的處理，報紙上也刊出了記者在段祺瑞寓所的訪談記錄，其中有這樣一段話：「關於清室之處置，正在研究之際。據段總理之意見，以優待條件稍爲修改，縮減歲費，廢止帝號，遷出宮廷。」其實，這樣說不過爲障人耳目。七月十三日，清室爲掩蓋復辟罪行，急忙致函段祺瑞說：「所有七月一日以後諭旨，自應一律撤銷。」段當即表示「敬當視力所及，以盡保護之責」。至七月十七日，由代行大總統職權的馮國璋簽署之「大總統令」，「迭據討逆軍總司令、國務總理段祺瑞並各路司令電報」，以引錄的方式，公佈了清室內務府推卸復辟責任的公函。並爲清室開脫說：「張勳率領軍隊，入宮盤踞，矯發諭旨，擅更國體，違背先朝懿訓，衝入深居宮禁，莫可如何。」於是，復辟事件也就不了了之。宣統皇帝雖然不得不再度退位，但既沒有處罰這個十二歲的孩子，也沒有取消清室的「歲費」和溥儀的「皇帝尊號」，紫禁城裏的生活依然如故。連張勳也未被追究，段說過，張是他的老朋友，怎麼能夠傷害他呢！

三、甲子「救駕」

打敗張勳後回到國務總理職位的段祺瑞，不久面臨孫中山領導的護法戰爭，至一九一七年十一月中旬因湖南戰事失利，被迫辭去國務總理兼陸軍總長職務。一九一八年三月廿三日北洋軍攻戰岳陽後，段重新出任國務總理，至同年十月十日徐世昌繼馮國璋為總統，隨即免去了段的國務總理一職。嗣後段以參戰督辦的身分，編練參戰軍（後改稱邊防軍）四個師，自任總司令。至一九二〇年七月在直皖戰爭中敗北，段引咎辭職，此後秘密聯絡孫中山和張作霖，醞釀反對直系軍閥的戰爭。其間先後發生了矛頭對準直系軍閥的兩次直奉戰爭和江浙戰爭，一九二四年十月，在第二次直奉戰爭中，直系將領第三軍指揮馮玉祥倒戈，發動北京政變，導致直系軍閥大潰敗。

馮玉祥是在十月廿四日率部回到北京的，當即囚禁了賄選上臺的總統曹錕，解散了國會，支持黃郛組成攝政內閣。馮於十一月三日提請攝政內閣議決的「各項應辦之事」中，第一件便是「將宣統逐出，每年四百萬兩優待費取消，以二百萬分於旗人以資生活，以二百萬辦學校、興工廠，以圖自強」。十一月四日，馮的部將、北京警備總司令鹿鍾麟獲悉清室已預知攝政內閣議決之事，且將有所舉動，即據以報告黃郛，認為事不宜遲，遲恐生變，當即將紫禁城內守城衛隊（即清室護軍）繳械，並調往北苑改編，從而進駐神武門外護城河的營房，紫禁城各門也都換了國民軍的崗哨。是日夜，攝政內閣緊急議決，通過了《修正清室優待條件》，參加閣議的僅有國務總理兼教育總長、交通總長黃郛，陸軍總長李書城，司法總長張耀曾，財政總長兼外交總長王正廷等四人。十一月五日，北京警備總司令鹿鐘麟、員警總監張璧會同社會知名人士李煜瀛前往清宮，迫令溥儀在《修正清室優待條件》上簽字，隨即驅逐其出宮。

溥儀被逐出宮的當天下午七時，段祺瑞即通過無線電和有線電同時發出致馮玉祥的電稿，此即所謂「歌電」：「北京馮總司令、孫副司令鑒之：（密）頃聞皇宮鎖閉，迫移萬壽山等語。要知清室遜政，非征服可比，優待條件，全球共聞。雖有移住萬壽山之條，緩商未爲不可。迫之，於優待不無刺繆，何以昭大信於天下乎？望即從長計議之可也。瑞。歌。」當晚十一時，段又把內容相同的電報發給了陳寶琛、鄭孝胥、朱益藩、寶熙等溥儀身邊的人，還在電文後附加了「聲請不可駐使館」一句話，從而表明了段關注此事的目的所在。

馮玉祥旋覆電段祺瑞，態度堅決，認爲「清室爲帝制餘孽」，「此次移入私邸，廢去無用之帝號，除卻共和之障礙，人人視爲當然」，「莫不歡欣鼓舞，均謂尊重國家，正所以保全清室」。

十一月六日下午，段祺瑞獲悉溥儀等已經出宮並移居醇親王府後，自天津再次發出致馮玉祥的電稿：

「北京馮總司令、孫副司令鑒：歌電計達。清帝迫之出宮，與優待不倫，昨已言之。既移私宅，當加意保護，不可有監視形色，以待從長計議。清宮所有古物，國粹固有，亦非儘是國粹。上年府院已以保存國粹爲名，欲行竊盜之實，余力非之未果行，此次宮內一切古物，不可有一偷漏，執事當慎之又慎，勿爲人愚。瑞。魚。」

此電意在示馮，要保證溥儀的人身安全，保護清宮內的珍寶和財產不受損失。

十一月七日下午七時，馮玉祥給段祺瑞回電，聲稱逼宮之舉「原非本意，係本國民之意而行」，既承蒙段連日電囑，「當力為保護」。段接到此電，即於當日夜又給馮發了一份有線電稿，大意謂，「既非閣下主動，請嚴飭屬下，所有宮中一草一木，不准擅動，靜待從長妥商」，云云。

段祺瑞對馮玉祥「逼宮」的這一態度很快就被清室內務府所知，他們遂把希望寄託在了段的身上，有人建議召開溥儀身邊的人和親貴們開會，這一建議已成文，迄今存於檔案。文云：「眾望段、張不日來京，如何派員與之商，應速籌議。擬請召集左右及親貴，先開會議。究派何人往商？如何措辭？究承認修正條件否？如果承認，所謂自由者如何恢復？所謂歲費者如何保證？所謂公私財產者如何分別？如不承認，是否仍照舊訂條件？抑即自請廢除優待？推而至於果欲創辦慈善、教育、文化等事業，如何請之協助？果欲設立私產保管會，如何請之贊成？至此後之居處出入及將來之預備遊學，均應逐事詳議辦法。俟段、張到，即可提出，以候公決。萬不可各主一說，各不相謀，使無所適從，蓋必上下一心，凡事預定，庶對內對外皆有把握，不致一誤再誤，俯仰由人也。」

十一月廿二日，段祺瑞離津入京，兩天後在鐵獅子胡同陸軍部宣誓就任中華民國臨時總執政。據莊士敦說，段曾勸說鄭孝胥進入新內閣，擔任內務總長，甚至連清室方面的人也希望鄭入閣，以便保護「皇帝」的利益，但鄭堅守「一臣不事二主」的原則，婉拒了段的美意。段就任執政後，立即撤銷了設置在醇親王府內外的對溥儀的種種限制措施，並允許莊看望溥儀，這就使溥儀得到了與莊等商議離開醇親王府而進入使館區的機會，也使清室敢於就不承認《修正優待清室條件》等事開口說話了。

十一月廿八日，清室內務府致函段祺瑞執政府的內務部，敘述了「本年十一月五日攝政內閣派兵突入禁城，威逼車駕出宮並出修正條件五條，限三小時答覆，事出倉促，並未先期商榷，當以暴力之來，不能與較，不得已暫移醇王府」這一過程，認爲「凡出於強暴、脅迫、欺罔、恐嚇之行爲，法律上不能發生效力」，因此，「聲明所有攝閣任意修正之五條件，清室依照法理不能認爲有效，至攝閣時之善後委員會條例，全出一方面所定，亦不能認爲有效」。然而，此函送出的第二天，溥儀因擔心馮玉祥會重新把醇親王府控制起來，遂利用段給帶來的這捉摸不定的時機，而隨他的幾位師傅進入日本公使館了。

後來在一九三〇年出版的《中國的政黨》（英文版，亨利・維克公司在北京出版）一書中，披露了馮玉祥一九二四年十一月在西山天臺寺的秘密會議上，策劃把張作霖、段祺瑞、曹錕和溥儀全部處死的計畫，因張作霖離京，溥儀避入日使館而未能付諸實施。如果確有這一策劃，則段對溥儀也可以說是真有了「救駕」之功。

當然，段祺瑞在主觀上是並不贊成溥儀進入日本公使館的，但既成事實以後，段與日本公使芳澤謙吉也達成諒解，默許了溥儀的選擇。一九二五年二月廿三日，溥儀潛赴天津，移居日「租界」張園，當時京津各報都在二月廿七日前後刊出一條消息：「關於日本公使聲明書中所言『政府無干涉溥儀出走』之意，似溥儀之運津，以得段執政之同意者。實則段執政事前絕無所聞，不能謂爲同意，故前載段亦贊成其出走之說，或係日人所傳播，或係遺老片面所吹說。段君實無同意之事實，此項消息，甚爲可靠云。」段「事前絕無所聞」是對的，但事後他還是與芳澤達成了諒解，這也是事實。應該說，段對溥儀確是很寬容的。

儘管如此，段祺瑞對溥儀卻沒有更進一步的「寬容」，比如，清室內務府於一九二四年十一月給段的執政府寫信，要求恢復「歲費」和「尊號」，他未予理睬。一九二五年一月又有「東三省公民世榮等五十三人」，致電段「籲懇執政迅發明令，恢復原有優待皇室條件，以昭大信而服中外之人心」，他仍是不予理睬，他的寬容實在是有限度的。

四、癸酉「拒偽」

在北京政變後出任臨時執政的段祺瑞，至一九二六年四月十九日下野，隨即在奉軍的保護下赴津，住在日「租界」須磨街，就此息影政壇。每日除下棋打牌外，就是念佛經，好像已經皈依釋門，遁世隱居，其實並未忘情國事，還想與直系軍閥爭鬥一場，門生故吏以及皖系舊部也希望他東山再起，重溫舊夢。

一九三〇年二月，馮玉祥和閻錫山聯合反蔣，在北洋政府中活動的日本特務頭子土肥原賢二認爲有機可乘，密謀策動「北洋派大同盟」，推戴段祺瑞和吳佩孚爲領袖，以反對蔣介石爲旗號，試圖在華北製造混亂。其間由於土肥原的奔走聯絡，段祺瑞和溥儀曾在位於英「租界」戈登路的載灃家裏會晤，但由於溥儀擺著皇帝之譜，段也端著執政之尊，兩人談不攏，話不投機。據許念暉回憶，事後有人就此事問段，他很惱怒地說：「鄙人不才，忝爲國家元首……這小子到今天還擺皇帝的臭架子，真是豈有此理！」

「九一八」事變後，溥儀出關投敵，並於一九三二年三月出任僞滿執政，當上日本傀儡政權的首腦。這時，溥儀的師傅陳寶琛和朱益藩仍住在北京，很希望聯絡段祺瑞、吳佩孚等人，利用他們在北洋軍人中的資望和影響，在華北建立武裝，以實力與關外日軍言和，由此協助溥儀入主中原，既可使之擺脫傀儡地位，又可爲清朝的復辟帶來希望。陳、朱爲此與長居溥儀身邊的胡嗣瑗書信不斷，信中以唐朝人段成式的字——「柯古」隱代段祺瑞。

這一動向引起南京政府的不安，蔣介石也極力籠絡段祺瑞，稱之爲老師，饋贈鉅款以爲生活費，並在北京飯店會見其子段宏綱，如此等等，不一而足。至一九三三年一月十九日，蔣托交通銀行董事長錢永銘攜其親筆信，赴津懇請段「南下頤養」，「俾得隨時就商國事」。這時又傳來消息，說日本人也要採取對付溥儀的辦法來逼段就範，在華北當傀儡。在這種情況下，段遂接受了蔣的邀請，他對錢永銘說：「我已老，不中用了，如介石認爲我南下於國事有益，我可以隨時就道。」

一月廿一日，段由吳光新、魏宗瀚、段宏綱陪同乘包廂離津南下。陳寶琛在一月廿七日寫給胡嗣瑗的信中，分析了蔣介石邀段南下的用意，他在信中以發源於南京鍾山的「青溪」隱喻蔣介石：「柯古忽應青溪之召，出人意表。數月以來，其黨蠢蠢欲動，而無實力。青溪乃利其與鄰有素，引爲己助，以備直接交涉。」按陳的分析，蔣也有與日人「直接交涉」的考慮。

段祺瑞先到南京，繼赴上海，住在法「租界」霞飛路一公館內，蔣介石每月贈送一萬元敬儀，供他生活之用。段每天下圍棋，靜坐誦經或讀書看報，打發時光。至一九三六年十一月二日，段因胃病發作，流血不止，逝於上海宏恩醫院，享年七十二歲。同年十一月五日，政府頒佈命令，對段「特予國葬，並發給治喪費一萬元，平生事蹟，存備宣付史館，用示國家篤念者勳之至意」。同年十二月七日，移靈北京，暫厝西山臥佛寺後殿。一九六三年移葬於香山附近萬安公墓。

辛亥年「逼宮」，丁巳年「討逆」，甲子年「救駕」，癸酉年「拒僞」，這就是溥儀和段祺瑞在他們交往的幾個關鍵年分裏的「緣分」。段雖曾爲清朝的戰將，但在民國與帝制之間，他選擇的是民國；段雖曾爲親日的軍閥，但在民族與敵僞之間，他選擇的是民族。應該說，他比溥儀略勝一籌。

【參考文獻】

* 中國第一歷史檔案館：《清廢帝溥儀檔》。
* 《馮玉祥日記》，民國史料編輯社，民國十九年版。
* 一九二五年二月廿七日前後的《京報》及其他報刊資料。
* 季宇著：《段祺瑞傳》，安徽人民出版社一九九二年版。
* 王毓超著：《北洋人士話滄桑》，中國文史出版社一九九三年版。
* 遼寧省檔案館編：《溥儀私藏僞滿秘檔》，檔案出版社一九九〇年版。
* 楊大辛主編：《北洋政府總統與總理》，南開大學出版社一九八九年版。
* 指嚴撰：《復辟半月記》，載《近代稗海》第四輯，四川人民出版社一九八五年版。
* 愛新覺羅·溥儀遺稿，李淑賢提供、王慶祥整理注釋：《愛新覺羅·溥儀日記》，天津人民出版社

一九九六年版。

從清朝軍咨大臣到中華民國總統——溥儀和徐世昌

徐世昌（一八五五～一九三九年），字卜五，號菊人，又號韜齋，水竹村人。祖籍浙江省鄞縣，後遷直隸天津。出身官宦人家，祖父徐思穆官至河南中河通判，父親徐嘉賢為候選主簿，未及入仕而卒，家境乃漸趨潦倒中落。徐世昌是從「寒士」發展起來，最後當上中華民國的大總統。由於特殊的仕途經歷，他和溥儀從北京到天津一直保持著時而密切、時而微妙的聯繫。

一、隆裕托孤

徐世昌生於河南省汲縣，兩歲時全家遷往開封，六歲入塾讀書，不久父親病歿，原以誦經讀史而「究儒文之源流正變」的志向遂無緣實現，乃轉而研習「八比試帖小楷」，作詩填詞，稍通四六排偶即輟學，靠賣文為生，浪跡河南，代寫家書，或為辦紅白大事的人家撰寫「箋啓」。成年後，受聘在沁陽、太康、淮寧諸縣衙內當幕客，任「朱墨謄清」之事，也當過家館教師。清光緒五年徐在淮寧時，陳州巨族、紈袴袁世凱恰因父喪在家守孝，兩人得相過從，一見傾心，而結為金蘭弟兄，徐長袁四歲。

徐世昌不算聰穎卻很勤奮，自與袁結納，得其資助，清光緒八年應順天鄉試中舉人，清光緒十二年又中會試，並獲殿試二甲進士，授翰林院庶起士。清光緒十五年散館授翰林院編修，可謂春風得意。但因「門望」不高，數年之間只出任過國史館協修、武英殿協修。清光緒二十年任順天鄉試磨勘官，至此仍屬「窮翰林」。

清光緒二十一年，袁世凱奉詔在天津小站練兵，號稱「新建陸軍」，乃奏准調徐世昌入戎幕，任參謀營務處總文案，與袁文武搭檔，深得信用。清光緒二十四年戊戌變法時，維新派拉攏袁世凱，徐則為袁策謀，認為光緒帝「勢力脆薄」，慈禧太后則有「廷臣疆帥」，「與其助帝而致禍，寧附后而取功名」，以此促成袁告密，而至變法失敗，袁和徐卻都因此而升官。

清光緒二十六年，八國聯軍陷北京，帝、后西逃，徐世昌亦赴西安行在，又得到袁世凱的疏薦。次年，袁升署直隸總督兼北洋大臣，徐亦得到機會入朝叩見慈禧，廷對又討老佛爺的歡心，乃於沉滯編修十四年後獲遷轉國子監司業。從此青雲直上，受到破格提拔，由商部左丞、練兵處提調、兵部左侍郎等，至清光緒三十一年出任兵部侍郎兼會辦練兵事宜，同時奉命「在軍機大臣上學習行走」，參與軍事機要了。不久，又授督辦政務大臣，會辦練兵大臣，署兵部尚書。自慈禧召見將及四載，徐世昌竟由一名七品編修超擢為尚書，實為有清一代漢大臣中第一人。此後，升遷之途更如平地：不久改授巡警部（後改稱民政部）尚書、補軍機大臣，並兼方略館副總裁、經筵講官；清光緒三十二年奉派赴奉天查辦事件，次年即授欽差大臣，出任首任東三省總督兼管三省將軍事務，仍兼參預政務大臣，未久又奉命兼署奉天巡撫。

清宣統元年袁世凱罷歸田里，徐世昌惶恐不安，託病請退。載灃表示慰留，將其調任郵傳部尚書，遂派充督辦津浦鐵路大臣。清宣統二年授協辦大學士、憲政編查館大臣，並再度入爲軍機大臣，旋授體仁閣大學士。清宣統三年五月授內閣協理大臣。五個月後，武昌起義爆發了。

久浮宦海的徐世昌深知清王朝大勢已去，遂轉而屬望於「洹上垂釣」窺視時局的恩主袁世凱，乃力薦袁出任湖廣總督，繼而奏請清廷授袁以組織內閣大權，且主張「兵事當專屬之內閣，他人不得掣肘」。袁當上內閣總理大臣後，徐亦改任弼德院顧問大臣，繼又出任軍咨大臣，至此官位已極顯赫。再說袁既已總攬大權，更用徐爲代言人，有所要求於清室者必請徐來辦理，既而奏請隆裕太后授徐「太保」頭銜，用爲回報。徐得此頭銜，還故作姿態，具疏力辭，請「收回成命」。隆裕乃頒詔作答：「該大學士宅心正大，老成可恃，是以授爲太保，正當抒發衷愛，不辭勞瘁，所請收回成命之處，應無庸議。」徐、袁兩人，配合默契，已把朝廷的軍政實權都拿到自己手上了。此時此刻，已屆宣統退位的前夕了。

徐世昌最後的幾道奏摺，便是請宣統皇帝退位，讓袁世凱爲「全權代表」另組「共和政府」的。當此之際，隆裕皇太后幾度召見徐太保，在六歲的溥儀面前，兩人相對哭泣。隆裕乃囑徐看在慈禧先太后和光緒先帝的情面上，多多照顧即將退位的宣統皇帝。大清王朝對徐有浩蕩皇恩，他當然沒齒不忘，遂點頭應允。宣統皇帝的退位詔書中最後一句話：「予與皇帝得以退處寬閒，優遊歲月，長受民國之優禮，親見郅治之告成，豈不懿哉！」就是徐所擬寫的。徐深知其所有功名富貴無不是朝廷所賜，給予清室優待條件是他發自內心的回報，自然也是對隆裕太后「托孤」的回應。

宣統三年年底，宣統退位大局已定，徐世昌遂向清廷辭職避居青島。他這樣做的名義是「憂憤國變」，以示要當清室遺臣，藉以「償還」大清王朝的感情債，實則為出仕民國作過渡，新舊朝代嬗遞之際，不宜遽爾出仕新朝，如此而已。臨行，世續哭送一路，隆裕也曾抹著眼淚勸他且留些時，徐還是急急地離京去了。

二、「國丈」難當

避居青島之前，徐世昌已與袁世凱約定：兩年為期出而佐之。其間信使往來未嘗中斷。徐確實沒有忘記隆裕重託，常跟袁談起維持清室優待條件問題。

清室也不曾忘記徐世昌，仍視之為大清官員，而在相關諭旨中列出他的名字。例如一九一二年十一月十五日溥儀傳旨，派員籌畫對內務府及皇室各衙門「刪繁就簡、力祛浮糜」，奉派大員中亦有徐世昌太保一名。繼查溥儀在一九一三年十二月十九日發佈的諭旨，則已在徐的名字前冠以「太傅銜」三字，旨中還有「著加恩賞戴雙眼花翎」一句，說明他已返回北京，「小朝廷」又給他晉位太傅，而此時距其往避青島剛滿兩年。

徐世昌此番出山，當然不是為了給關門皇帝溥儀當「太傅」，而是應袁世凱之聘，出任北洋政府國務卿。當時袁剛剛修改了民國的「臨時約法」，建立起美國式責任總統制，所謂國務卿即原內閣總理，是一人之下萬人之上的職位。徐先後兩次出任此職，第一次自一九一四年五月一日至一九一五年十月廿七日，其時，袁帝制自為，勢不可止，且以搞了所謂的「公民投票」，徐老謀深算，提出辭職。袁挽留他時，他說此時求去「非為自身計」，而是為袁「舉大事」留下「迴旋之餘地」，以便將來「萬一事機不順」，可「以局外人資格發言」，徐隱退後避居輝縣。第二次在一九一六年三月廿一日，這時許多省紛紛獨立宣布討袁，袁被迫取消帝制，徐又出任國務卿，卻無力挽回「袁氏王朝」的頹勢，乃力薦已向袁擺出「逼宮」態勢的段祺瑞自代，袁無奈，而於四月廿二日允徐辭職，任命段出任國務卿兼陸軍總長。事過一個半月，袁病故。徐主持國葬，嗣後歸隱河南輝縣百泉山，居於水竹村，以泉林自娛。常對人說：「吾與清室及項城皆有不可解之關係，如今清室退位，項城故去，吾其安雲泉、狎鹿鶴矣。」

由於徐世昌的經久不衰的地位和聲譽，雖曾數度自行隱退，卻始終能對中國政局施加重大影響。一九一六年冬，繼袁世凱當上代總統的黎元洪與內閣總理段祺瑞兩人鬧起「府院之爭」，已有數省相繼宣布獨立，難以控制局面的黎元洪先請徐世昌出山排難，繼請張勳入京調解，張則乘機率領辮子兵自徐州北上，遂有一九一七年七月溥儀第二次登極事件。

張勳以復辟爲己任，徐世昌對復辟也打過主意，他不但一直把「永念皇恩」的姿態擺在世人面前，且於一九一七年初公開提出了以復辟解決政局的方案。這時正是袁世凱死後，日本寺內內閣上臺，對外標榜不干涉中國內政，這使徐以爲復辟的時機成熟了。其復辟方案的主要內容爲：擁護宣統復辟；設輔政王代皇帝掌政，以曾官大學士、軍機大臣資格最高的漢人出任；輔政王由皇帝敕任，十年一任，可以連任；皇后由漢大臣之女聘充。原來徐的理想是援用周公輔弼成王的歷史故事，當復辟成功後出任「輔政王」，輔佐年少的宣統皇帝。實際是要通過復辟清室，攏北洋軍閥勢力，取得主持朝政的權位。他還提出願把女兒嫁給溥儀，這樣就能以輔政王兼國丈的身分獨攬朝綱了。徐世昌身爲兩朝元老，舉世矚目，卻苦於子孫不蓄，雖有一妻二妾，竟無子嗣，唯視獨生女兒如掌上明珠。據說從小算命大富貴，具備冊立皇后的先天條件，女兒入宮，則外孫終有承繼大統的時候，徐家骨血可輩輩爲人君了。

爲了實現「輔政王兼國丈」的方案，徐世昌曾命前駐日公使陸宗輿攜帶徐自擬的復辟條件，潛往日本爭取外交支持，並表示「如某國政府肯出力援助，復辟事成後，願以兵工廠合辦，及軍隊、員警一部分之管理權爲酬報」。但日本似不贊成在當時出現清室復辟的局面，這使徐對這個問題更慎重了。當張勳提兵北上在天津停留時，因「調停府院之爭」而移居天津的徐世昌雖然再度提出了他的復辟方案，卻又表示「今非其時」。張勳也不願把拿腦袋換得的復辟成果拱手讓人，遂不再與徐作深入的政治交易。張勳的親信劉廷琛，則罵徐襲用曹操以女妻漢獻帝的故伎，「其事可鄙，其心可誅」。

儘管如此，清室對徐世昌還是尊重的。張勳復辟第一天，溥儀發佈的諭旨中就有對徐的任命：「著授爲弼德院院長」。據說這項任職是跟徐商量過的，當政局尚不分明的時候，徐不願出任內閣議政大臣，以避開前臺表演的角色，而對於相當於日本元老院的弼德院院長職務默許了。據《申報》報導，復辟進入第四天時，清室方面又「以攝政一席授諸徐世昌」，並「已由梁鼎芬拍電邀請矣」。

然而，此時已有「馬廠誓師」，討逆之聲響徹全國，當復辟進入第八天時，討逆軍攻進豐台。辮軍潰敗之局已定，張勳想溜了，遂於當日向清室辭去內閣議政大臣暨直隸總督兼北洋大臣各職，並通電全國，先說其復辟之舉是得到各方承諾的：「所幸乞求聲應，吾道不孤，凡我同胞各省，多與其謀，東海河間，尤深贊許，信使往返，俱有可證。」東海即徐世昌，河間則馮國璋，張勳揭破了他們對復辟的真正態度。

在電文的最後一段，張勳竟把原來棄如敝屣的東西拾了回來，當復辟將成為過眼雲煙的時候，卻鄭重其事地給徐世昌扣上了「輔政王」的高帽：

「爰於本日請旨，以徐太傅輔政，組織完全內閣，召集國會，議定憲法，以符實行立憲之旨。仔肩既卸，負責有人，當即面陳辭職。其在徐太傅未經莅京以前，所有一切閣務，統交王聘老暫行經營，一俟諸事解決之後，即行率隊回徐，但使邦基永定、漸躋富強，勳亦何求？若夫功罪，惟有聽諸公論而已。敢布復心，謹謝天下。」

復辟在第十二天頭上徹底潰敗了，張勳遁入荷蘭公使館。四天後，徐世昌由津入京替溥儀和張勳收拾殘局。當時，要求處張勳以極刑和根除紫禁城內復辟禍根的呼聲極高，連段祺瑞回答記者問題時也表示對清室應採取措施，「優待條件稍為修改、縮減歲費、廢止帝號而遷出宮廷」。在這種情況下，徐竟敢公然聲稱，他「以個人資格入京」，「關於清室之處置竭力運動，以謀清室之有利」。第二天，溥儀派總管內務府大臣世續往訪徐太傅，持贈肴饌，為之洗塵。徐果然有魔力，各方面說句話，溥儀、張勳都沒事了，清室優待條件也保住了，徐本人作為清室遺臣的「名節」也沒有丟。

三、宮門再攀

張勳失敗後，馮國璋以副總統代行黎元洪離職後的總統職權，段祺瑞以「再造共和」的政治資本當上國務總理，徐世昌雖然沒有失去什麼，但也只能回到歷史形成的「元老」地位上去，再作「壁上之觀」，捕捉插足政治的新機會。這時，因馮、段公開推翻舊約法，召集新國會，實行軍事獨裁統治，孫中山乃於一九一七年九月初成立護法軍政府，再度形成南北對峙的局面。馮、段之爭也在護法戰爭中趨熾，結果兩敗俱傷，徐坐收漁翁之利。在一九一八年九月四日舉行的國會選舉中，徐以幾乎滿票的絕對優勢當選總統，馮、段同時去職。

親皇室的徐世昌沒當上輔政王，卻成了民國總統，這也頗令清室高興。爲了徐這次問鼎民國最高權位，溥儀的「小朝廷」拿出三百六十萬元可以兌現的公債給他內外應酬，果然沒有白扔。行將就任之際，徐在「小朝廷」招待他的酒宴上公然宣稱：這次出山「不過爲幼主攝政而已」。一九一八年十月十日，徐世昌在懷仁堂舉行民國大總統就任儀式，溥儀特派貝勒載潤前往祝賀。次日，徐派使節黃開文入宮答禮，溥儀在養心殿親自接見。正像溥儀所回憶的，徐當總統以後，紫禁城內外又興隆起來，退位皇帝的「朝馬」和謚法等空頭賞賜頓時漲了行情，皇族毓朗當上議員，載濤則被授爲民國的將軍。

那幾年，徐世昌與溥儀之間相互尊敬，禮尚往來，關係和諧。一九一九年二月，清室決定聘請莊士敦擔任溥儀的英文師傅，而莊時任要職，是英國「租界」地威海衛的行政長官。徐世昌乃以民國總統的身分親自向英國駐華使館交涉，徵得英國政府同意才促成此事。同年二月十三日，溥儀過十四歲生日，在乾清宮升座受賀，徐又派禮官黃開文覲見行禮，壽禮很別致：五色墨十匣、詩箋四盒、《昌黎全集》一部，這幾樣表示對「聖學」日進的期望；還有幾樣：彩瓷蓋碗八份、丙花庫緞四卷，表示對皇上的吃飯、穿衣和起居行止的關心。

一九二〇年十月廿四日，溥儀爲徐世昌賀壽，贈送如意一柄、衣料八件、御筆福壽條幅一軸、對聯一副，其文云：「開窗魚鳥含天趣，敧案詩書味道腴。」一九二一年二月二日不知是什麼日子，溥儀又派人給徐送去瓷瓶一對、瓷盤一對、御筆匾額一方、御筆對聯一副、衣料八件。一九二二年元旦，溥儀爲徐世昌賀年，贈送瓷瓶一對、瓷盤一對、衣料八件。一九二二年五月三十一日是端午節，溥儀又向徐世昌贈送了團扇一柄、衣料八件。總之，過年過節過生日，兩人之間都有餽贈，有關歷史檔案的準確記載，完全證明了他們的親密關係。

一九二一年春夏之際，「小朝廷」開始籌備溥儀大婚事宜，徐世昌又躍躍欲試。一九一七年的那次提婚，竟被阻擋在張勳的軍帳之中，這一回可要把目標放到紫禁城裏去。於是，示意宮中首席總管內務府大臣世續爲之說項。世續先奏請敬懿、端康兩位皇貴妃，從政治著眼，曉以利害。他強調說，欲求皇室優待條件永存，非與民國政府之重要人物發密切關係不可。不料，兩位女主竟不買賬，她們說：「冊立漢人爲皇后，先朝無此成例，祖宗之法不宜自我敗壞。」世續碰了一鼻子灰，轉向溥儀說項，亦遭拒絕。

清王朝曾給予徐世昌這位漢人以破格的政治待遇，但即使是退了位的清皇室，也絕不肯在血統方面使滿漢稍混，徐世昌的女兒也無權爲愛新覺羅氏傳宗接代。據說徐大總統聞而氣憤至極，環顧左右而發雷霆說：「今日之事我爲政，彼亡國皇帝亦敢大擺臭架子耶？」宮裏的孤兒寡母們聞之並不理會，這事也傳到社會上，報紙上登出一條頗有諷刺意味的新聞：「襄歲本有人提議，以今大總統徐東海之女公子許配宣統，以東海名門與全國唯一無二之老世家，結秦晉之歡，本屬門戶相對，乃荏苒數年，尚未定局。」

歷史證明，徐之女公子幸未入宮，溥儀的「皇后」與「皇妃」哪一個有好的結果？據說徐的獨生女兒曾留學美國，頗有見識。老父當上總統後，其女屢以家書勸父「懸崖勒馬」「頤養自適」，而且預言「民國無在任五年之總統」，其父也難得屆滿卸任。如是才女，嫁給溥儀豈不可惜。

讓徐女不幸而言中的是，一九二二年五月第一次直奉戰爭爆發，早已得罪直系軍閥的徐世昌不得不在直系控制北京後，於六月二日匆匆離京下堂而去。直系首領曹錕、吳佩孚等，乃以恢復民國第一屆國會爲名，擁戴黎元洪複職，徐則就此離開政壇隱居天津。

半年後，即溥儀大婚之期，溥儀選定兩位滿族姑娘分別冊立爲「后妃」，徐雖不滿，礙於情面亦不能不送禮致賀，其四色禮單上有如意、紫榆八合圓桌、彩緞、屏風。落款處僅寫「徐世昌謹贈」五字。爲些還鬧出一場小小風波，因天津《大公報》不客氣地刊出一篇題爲《徐太保禮單干犯宸禁》的文章，說溥儀見了禮單「頗不謂然」，認爲徐世昌尙有清室太保之職，爲什麼僅僅具名「徐世昌謹贈」？「他如果是現任總統，我們應該尊敬他；他既不是民國職員，又係皇室太保，未免不合規矩」。其實，在北洋軍閥當政的時代，清皇室與民國、皇帝與總統、溥儀與徐世昌等等，都是一筆糊塗賬，談何「規矩」？

溥儀對於息影天津的徐世昌還是以禮相待的。一九二四年十月，徐宅操辦七十歲整壽，溥儀照例寫了御筆匾額、對聯、條幅，連同其他壽物，委派專人送津。徐受寵若驚，親筆給紹英（字越千）、耆齡（字壽民）、寶熙（字端臣）、榮源（字仲泉）等總管內務府大臣寫了一封謝函：

「越千、壽民、端臣、仲泉仁兄閣下：久違雅範，仰企爲勞。恒委員等到津，展誦華箋，敬聆種切，猥以世昌七十誕辰，仰蒙皇上恩頒御筆匾額一方、對聯一幅、福壽條幅一軸、壽佛一尊、如意一柄、衣料四件、瓷器二件、玉器一件，拜寵隆之恩賚，切感悚於私衷。世昌衰朽自慚，修名不立，敢云古稀已屆，中規矩以從心，遽蒙異數獨邀，望觚棱而稽首，下忱感忭。伏乞代奏謝恩，是爲至懇。此復敬頌台綏。世昌頓首。九月十七日。」

該信被當時的評者稱爲「謝恩摺」實在是很貼切的。不久，溥儀也搬到天津，兩人雖又共處一市，卻僅僅偶有往還了。溥儀過生日，徐照舊送禮，但使用什麼身分讓人捉摸不定，時而像清朝的遺臣，時而又像退位的總統對待一個政治際遇差不多的退位皇帝。

兩位退位大人物在抗戰年代走上了不同的道路。溥儀在「九一八」的炮聲中投靠了日本軍閥，甘當傀儡，淪爲民族罪人。徐世昌較溥儀略勝一籌，「七七」事變後，日本軍方曾派板垣征四郎和土肥原賢二約徐相見，希望他出面拼湊華北僞政權，徐托病不見。曾任「小朝廷」總管內務府大臣的金梁和前清學部左丞章梫，也作爲溥儀的代表赴津勸誘徐世昌，爭取由他組建華北傀儡政權，以爲溥儀返回北京「正位」權作過渡，徐雖然眷戀故主，但能凜然自守，亦以年老多病拒絕了。回顧他宦海沉浮的一生，正所謂「名德不昌而有期頤之壽」。不管怎麼說，晚節還好，在祖國危亡的關鍵時刻能站在民族的立場上，這是應該肯定的。

徐世昌晚年弄文自娛，每日除看書、寫字、作畫、賦詩、記日記外，還養食客編撰詩文集若干種。再有閒暇輒種菜、靜坐、練氣功，每天午睡後，在呂祖像前叩頭一百個。一九三九年春，徐患膀胱炎，須往北京協和醫院手術，但他擔心被日人劫持，不願前往，延至六月六日病歿於天津寓所，享年八十五歲。鑒於徐晚節可風，國民黨政府主席林森於六月八日下令褒揚，並頒治喪費一萬元。

【參考文獻】

＊中國第一歷史檔案館：《清廢帝溥儀檔》。
＊楊大辛主編：《北洋政府總統與總理》，南開大學出版社一九八九年版。
＊二十世紀二十年代至二十世紀三十年代京津報刊資料。

第二次登極——溥儀和張勳

溥儀第二次登極，事在一九一七年七月一日至十二日，是有名的「辮帥」張勳一手製造的。當其時也，溥儀年僅十二歲，是位翩翩少年，因此事情過後，民國政府並不曾追究他的責任，還給優待費，准他照舊在紫禁城內過「關門皇帝」的生活。然而，溥儀畢竟是被張勳捧上寶座的人物，據作者本人見到的資料，他也並非事事均無主見，所以不能說他與張勳事件毫無關係。

一、賞賜張勳「朝馬」

張勳（一八五四～一九二三年），字少軒，江西奉新人。出身貧寒，十歲時父母雙亡，遂在本縣大官僚許振祎家的私塾裏當書僮。後因賭博輸錢，盜賣主人的名貴裝飾品「御賜花瓶」而闖下大禍。幸虧塾師劉毓賢及許家少爺好心爲之遮瞞開脫才得以免災。許家少爺還擅用時任江寧布政使的父親許振祎的名義和印章，推薦張勳從戎。

嗣後，張勳隨湖南巡撫潘鼎新的隊伍參加中法戰爭，屢建戰功，被提升爲守備。繼而投身廣西提督蘇元春帳下，駐防桂越邊地，官至副將。其間，蘇元春因貪污受賄被彈劾，張勳自告奮勇替主分憂，攜重金入京找到權監李蓮英的乾兒子，打通門路，保住了蘇元春的烏紗帽。由此，張勳得到李蓮英的賞識，時來運轉，步步高升。甲午戰後，投於袁世凱麾下，任高級將領「頭等先鋒官」，追隨轉戰並駐防保定。

光緒二十七年十一月，《辛丑合約》簽訂後，慈禧攜光緒由西安返京，張勳奉派迎駕磁州勤王，他棄馬徒步，緊跟慈禧的座轎寸步不離，身處憂患之中的慈禧大爲感動。鑾駕至京，張勳立刻被欽點賜以衛戍端門的重任。此後十年間職位迭升，由雲南提督、甘肅提督而至管轄江蘇、安徽兩省的江南提督，恩眷之隆，無與倫比。

張勳從小好賭，一生經歷也是一場接一場的政治賭博，終能因頗守「義氣」又頭腦靈活而得以沐浴「浩蕩皇恩」，並爬上高官顯位，他耿耿忠心於「大清王朝」絕非偶然。

辛亥革命初起，張勳請命馳援武昌，未准。時兩江總督張人駿召集在南京的文武大員商議防守事宜。會上，布政使樊增祥、總參議楊晟及九鎮統制徐紹楨等主張順應潮流宣布獨立，正辯論時，江南提督張勳推門而入，只見他頭紮布巾，腰佩雙槍，剛聽到幾句話，突然拔出槍來，瞪圓眼睛，厲聲大吼：「不必多說！獨立就是造反，造反就是強盜。今天我們是同事，明日苟有豎白旗者，我即視之爲亂臣賊子，格殺勿論！」與會者遂倉皇散去。

當天晚上，張勳指揮部屬與回應武昌起義的南京新軍第九鎮大戰於雨花臺，並一度壓迫新軍退到鎮江。繼而江蘇巡撫程德全回應獨立，張勳乃與圍攻南京的江蘇、浙江革命聯軍大戰於紫金山、天寶山、獅子山，終因寡不敵眾而敗走徐州。覆滅前夕的清政府嘉獎他孤軍奮戰的功勞，先擢任為江蘇巡撫，繼而命署兩江總督、南洋大臣，賞二等輕車都尉世襲官職。

革命大潮絕非張勳輩所能阻擋，清王朝垮臺了，袁世凱搖身一變成為民國的臨時大總統。張勳一度請求「解甲歸農」，袁「以維持大局為詞勿許」，加之「將士復依戀不肯去」，更重要的是他本身的考慮：「非堅忍無冀於挽回」，他不肯放棄手中軍權，以便尋機實現復辟的願望。

入民國後，張勳堅不肯受「斷髮令」，不但自己腦後拖一根大辮子，幾萬部屬每人都有一根。他見客時，也依前朝跪拜禮節。在徐州駐紮未久，袁不放心，命其移住兗州。到了兗州，則與避居青島的恭親王，以及原清朝學部副大臣劉廷琛等一幫遺老策劃於密室，作好軍事部署，並曾在隆裕死後，決定於一九一三年四月七日出兵襲取濟南發動復辟，只因事機不密，加之懾於袁世凱的淫威，而沒敢貿然動手。

一九一三年七月，孫中山領導的第二次革命爆發，袁世凱調動馮國璋與張勳的軍隊合攻南京，張又趁機謀與馮共事，要脅袁世凱「還政於清」，馮不應，遂作罷。張乃率部兼程前進，臨陣督戰，奪得首先攻入南京的頭功。張勳鎮壓了「二次革命」以後，在南京城內燒殺掠搶，因誤傷日本僑民引起所謂「南京交涉案」，袁便利用洋人「抗議」的機會，撤銷了張勳剛剛拿到手裏的江蘇都督頭銜，改任他為長江巡閱使兼安徽都督，駐兵徐州。

張勳自一九一四年一月移住徐州後，徐州又成了策劃復辟的大本營。是年十月，張勳進京「赴宮門請安」，第一次叩見溥儀。當年溥儀才九歲，不諳世事，接見陌生的重要人物之前，由陳寶琛師傅進講問話答話內容。溥儀回憶那次接見的情形說：「當張勳見我時，仍然是跪拜稱臣，我也就按照老師的『傳授』，一五一十地向他說了幾句慰勞的寒暄語。果然張勳聽了很覺高興，並對於我的這種慰勞表示了感激之意。」

張勳對清王朝有感情，溥儀也對得起張勳，頭一次見面就下了一道諭旨：「張勳著加恩在紫禁城內騎馬。欽此。」這道諭旨經總管內務府大臣世續、景豐和紹英三人副署後，於一九一四年十月五日正式公佈。

二、「復辟勝於讀書」

張勳領了「朝馬」之賞回到徐州，繼續窺伺時局，以求一逞。自一九一六年六月至一九一七年五月，連續召開四次徐州會議，有十三省區的代表與會，從而奠定了張勳的「盟主」地位，使他感到復辟時機漸趨成熟。這時，北京城裏的代理總統黎元洪與國務總理段祺瑞正在如火如荼地大鬧「府院之爭」，張便利用這個機會，以調停黎、段之間的糾紛爲藉口，於一九一七年六月七日率四千名「辮子兵」北上，經天津於六月十四日進入北京。第二天，張勳即以前兩江總督職銜入宮朝見溥儀。

本來張勳在徐州動身之前，曾派劉廷琛先期北上入宮，向陳寶琛密報張勳的宗旨和行止，按當時約言，張勳將直馳北京，立即宣布復辟。陳寶琛知情後，當然會告訴溥儀應如何接待張勳的，所以溥儀事先有準備。然而，形勢複雜，張勳北上途中有變，在天津下車又留連幾日，雖復辟之初衷未曾動搖，但在實行步驟上直到入京尚舉棋不定。張勳在這種情況下朝見溥儀，怕連老成持重的陳寶琛等也無法盡知其中之奧，只憑十二歲的孩子自己去應付了。

張勳依臣禮叩拜溥儀後，陳述了自己追求清王朝重建的政治理想。不料，溥儀連連搖頭，似乎絲毫不感興趣。

「皇上爲何不願復辟？臣願一聞陛下聖慮。」張勳詫異地問。

「師傅陳寶琛每天進講經史詩文，朕必須努力學習，沒有餘力多管閒事。」溥儀的答話裏充滿天真和稚氣。

「皇上若再即帝位，必須管理國家大事，不能儘是一味念書。」張勳語調虔誠，愚忠可感。

「倘朕再即帝位，真可以不用讀書了嗎？」溥儀驚奇地反問。

「自古皇帝都善騎射，尚未聞有一味只知讀書的皇帝。」張勳說得很認真。

「果如是，則按汝計畫行事可也，朕亦將按汝之安排行動。」溥儀聽得也很高興。

當然，接見過程中，溥儀也曾按照師傅們的導演，向張勳問問徐州駐軍的情況，以示對其關心和慰勉。當張勳誇讚皇上「天稟聰明」的時候，溥儀乃以謙遜答之，「示以聖德」。不過，這些都是擺擺樣子的場面話，不像上面那幾句來言去語能活現出溥儀的一顆少年之心。

三、醜劇在養心殿開場

張勳入宮朝見溥儀後又過了十二、三天，才決然定下復辟大策，電召康有爲等遺老入京。一九一七年六月廿九日，康有爲、劉廷琛、沈曾植、王乃徵等遺老麇集於張勳的南沿公館，舉行最高級會議。會上所有分歧意見，如康有爲主張不用「大清」國號，另建「中華帝國」實行虛君共和制，張勳則不加理睬。康還攜帶他編的一箱教科書來，意在復辟後掌管學部，而張勳只以弼德院副院長予之，康大怒，才又加賞頭品頂戴。儘管如此，會談下來總算決定七月一日宣布復辟。

六月三十日晚上，張勳若無其事地到江西會館看戲，直到午夜演完壓軸戲，才不慌不忙把北京的駐軍統領及員警總督等調來，命立即傳令開城，讓駐在城外的「辮子兵」進來。那幾位不敢抗命趕快去辦，張勳則帶了若干部將及一大幫遺老，不等天明就進宮敦請溥儀復位登極。

溥儀先在養心殿召見張勳，張恭行三拜九叩大禮之後，講了一番中國必須復辟的道理。大意是進入民國後，這幾年政局混亂，民不聊生，人心思舊。只有實行復辟，才能重拯期民於水火。又談到徐州會議上各省督軍都贊成復辟，一致推舉他代表各省官民來京擁立宣統皇帝御極。溥儀聽過，心中暗喜。因爲這次召見張勳之前，陳寶琛師傅又反覆叮囑過他，要立即應允張勳的請求。

溥儀回憶當年的心情說：「我在當時雖然還是一個十二歲的孩子，但聽到這樣的話，心裏也覺得很高興。因爲我從小時，一直在受著封建統治的專制毒素教育，再加上宮中的一切生活環境和物質條件的影響，因此，我一向就是把國家看成是愛新覺羅氏祖祖代代傳留下來的一姓私有物。何況那反動階級本質的烙印，當時已經深深在我頭腦中起了相當的作用。所以，儘管我還是個小孩子，對於『清朝復辟』這四個字的意義，已能從心裏感到有一種不由自主的歡欣激動。」雖然如此，溥儀還是謙虛了一番，這是師傅們教他向臣下「示以聖德」的一條準則。

「朕幼沖不習外事，而天下之事已至於此，朕所憂者，人民何托？」溥儀說的是謙詞，實則自比於憂國憂民的賢君。

「皇上睿聖，天下皆知，過去聖祖皇帝也是沖齡踐祚，戡定大難。」張勳對舊主的吹捧確確出於崇拜。

「朕何敢比聖祖！朕何敢比聖祖！」溥儀頗有惶惑之色，接著便端出了師傅教給他的最後一句話：「既然如此，就勉爲其難吧！」

張勳遂高高興興退出養心殿，又前往長春宮、儲秀宮、重華宮和永和宮，挨門叩拜四位皇貴妃，重複他的復辟宣言，皇貴妃們起初只是敷衍了幾句，過後一想，很不對勁：當此內憂外患之際，皇帝尚在沖齡，貿然復辟一定召來禍端。到那時，宣統皇帝必被張勳的敗兵攜出京城，「小朝廷」也就完蛋了。與其如此冒險，不如仍然要求民國政府把優待條件列入憲法，穩穩妥妥享幾天福算了，遂派世續前往南河沿張公館，要求張勳召集御前會議，收回成命。張勳哪裡肯依？聲言皇帝已經答應，復辟及任命的詔書、諭旨等已送到印鑄局去了。

再說張勳走後，那一幫遺老以及張勳的部將又湧進養心殿向溥儀磕頭請安。本來按照舊制，召見應在乾清宮，這次復辟由張勳和陳寶琛等議定，以溥儀讀書的毓慶宮爲臨時議政處，並作爲議政大臣及閣丞辦公的地方；以溥儀起居的養心殿爲召見之所，這樣議定，恰能說明復辟派們對少年皇帝還是頗爲尊重的。

四、不賜黎元洪自盡

溥儀在養心殿召見張勳時，特意問到清朝復辟後應怎樣處置民國的總統，「給他優待還是怎麼著」？張勳輕鬆地回答說：「黎元洪奏請讓他自家退位，皇上准他的奏請就行了。」

事實當然不這麼簡單，張勳確實已爲黎元洪準備好了退位的全套文件，都是假託、僞造的。有《退位聲明》，打算用於對外宣布，其中云「元洪一身不足惜，如天下生民何！反覆籌思，爲吾民謀久遠之安，爲根本至計，惟有歸政朝廷，復子明辟。」還有「奏請奉還大政，以惠中國而拯生民」的黎元洪的奏摺。同時也草擬了溥儀准奏的「諭旨」，這件歷史上不曾公佈的草稿，更有其特殊的資料價值，我們不妨在事情過去七十年後公佈這篇奇文：

本日黎元洪奏請奉還國政，籲懇復御大統一摺，據稱該員因兵變被脅，盜竊大位，謬領國事，無濟時艱。並力陳改建共和諸多弊害，奏懇復御大統，以拯生靈，自請待罪有司等語。覽奏，情詞悱惻，出於至誠。從亂既非本懷，歸政無明大義，際此國事危岌、大局飄搖，竟能作吾民親上之先，定中國救亡之策，厥功甚偉，深孚朕心。黎元洪著賜封為一等公，以彰殊典，尚其欽承朕命，永荷天庥。欽此。

按張勳估計，令黎元洪退位易如反掌，再拿上面幾個文件掩人耳目，一切都會順順當當，誰知竟碰了灰。

復辟頭一天，梁鼎芬自告奮勇帶了退位聲明和奏摺，前往總統府勸黎退位。他以爲憑著與黎有兒女親家關係，好當說客。不料黎根本不買賬，大罵梁其人「不讀新書，不懂新理，破壞民國，罪該萬死」！

隨後，張勳又派舒直夫去，黎元洪在居仁堂接見。敘禮坐定，舒直夫首先說道：「現在張大帥扶保宣統，重登大寶，以報先帝隆恩。今請大總統退位還政位，共同匡助新朝，亦不失公侯之位。」黎元洪乃從自身說起，侃侃談出一篇大道理來：

「甲午一役，海軍敗績，本欲自盡卻遇救得免，遂得苟延。及至辛亥事起亦非本意。後爲皇室優待條件，更首起力爭，終於達到優待目的。然則我對於清廷，並非不曾效力。如今諸位主張奉還大政，本人絕不反對，但聞三事足矣：一曰民意，民國非我個人所有，實爲國民公有之物，元洪受國民之付託之重，亦不敢自暴自棄，退位一舉，當以國民公意爲我之從違，可以說與個人毫無關係；二曰外交，尚不知列國是否接洽，國際方面肯不肯承認；三曰秩序，諸君既然忠於清室，則當爲清室計，復辟以後，地方秩序有無妨礙是不能不先作考慮的。倘上述三事均已辦妥，則個人之去留無所縈懷，且俟大局稍定，我決計引退。」

黎元洪的一篇道理實爲婉言謝絕，亦無異於嚴詞拒絕。

梁鼎芬和舒直夫回報後，把剛剛受命爲「內閣議政大臣」的陳寶琛氣壞了，大罵黎元洪是「敵臣賊子、元兇大慼」，吼道：「黎元洪竟敢拒不從命，請皇上馬上賜他自盡吧！」溥儀覺得太過分，就反駁說：「民國政府也優待過朕，朕豈能剛一復位就賜黎元洪死？不可這樣做！」陳寶琛遂不再堅持「賜死」。

第二天，正欲再派人去勸說黎元洪，消息傳來，黎發電請馮國璋代行大總統職權，同時再度任命段祺瑞爲國務總理，自己則抱著總統印璽，跑進東交民巷日本公使館中避難去了。於是，復辟派們精心代黎元洪預先草擬的退位聲明和奏摺以及溥儀的「諭旨」全部作廢了。

五、嚴拒載灃干政

復辟頭一天，張勳發出通電，指斥民國國情為「綱紀隳頹，老成絕跡，暴民橫恣，宵小把持。獎盜魁為偉人，祀死囚為烈士。議會倚亂民為後盾，閣員恃私黨為護符。以濫借外債為理財，以剝削民脂為裕課，以壓抑善良為自治，以摧折耆舊為開通。或廣布謠言，而號為輿論，或密行輸款，而托為外交。無非恃賣國為謀國之工，借立法為舞法之具」，「名為民國，而不知有民，稱為國民，而不知有國。至今日民窮財盡，而國本亦不免動搖」。認為禍患的根源在於共和國體，「與其襲共和之虛名，取滅亡之實禍，何如屏除黨見，改建一鞏固帝國」。於是，又把十二歲的溥儀舉到天上，「我皇上沖齡典學，遵時養晦，國內迭經大難，而深宮匕鬯無驚，近日聖學日昭，德音四被。可知天佑清祚，特畀我皇上以非常睿智，庶應運而施其撥亂反正之功」，「枕戈勵志，六載於茲」的張勳，乃於本日「合詞奏請皇上復辟，以植國本，而固人心」。

與此同時，溥儀也發佈了一篇煌煌上諭，即所謂《登極詔書》，宣布「於宣統九年五月十三日臨朝聽政，收回大權，與民更始。」同時聲明九條政綱：欽遵德宗景皇帝諭旨，大權統於朝廷，庶政公諸輿論，定為大清帝國，善法列國君主立憲政體；皇室經費仍照所定每年四百萬元數目，按年撥用，不得絲毫增加；懍遵本朝祖制，親貴不得干預政事；實行融化滿漢畛域，所有以前一切滿蒙官缺已經裁撤者概不復設，至通婚易姓等事，並著所司條議具奏；自宣統九年五月本日以前，凡與東西各國正式簽訂條約及已付債款合同，一律繼續有效；民國所行印花稅一項應即廢止，以紓民困，其餘苛細雜捐並著各省督撫查明奏請分別裁撤；民國刑律不適國情，應即廢除，暫以宣統初年頒定現行刑律為准；禁除黨派惡習，其從前政治罪犯概予赦免，倘有自棄於民而擾亂治安者，朕不敢赦；凡我臣民無論已否剪髮，應遵照宣統三年九月諭旨，悉聽其便。

從是日起連續三天內，溥儀又發佈數十道上諭，任命議政大臣、各部尚書、各省總督、巡撫，以及大學士、閣丞、侍郎等等。就在人們忙著封官的時候，「小朝廷」的總管內務府大臣世續忽然來到，他傳達醇親王載灃的意見說，打算給張勳封個親王爵位，囑咐萬繩栻和胡嗣瑗草擬諭旨。胡對此舉頗不理解，就表示反對說：「候大局既定，朝廷論功行賞，天下自然翕服。何必急急？」世續受到頂撞，悻悻而去。過不多時，又另派了兩個人來，堅持讓萬和胡即行擬旨，又加了一句話：「此時諸事皆須與張公（指張勳）商辦，獨此關於張公自身之事，不必與商也。」載灃的言外之意是，他固然應該尊重張勳，然而他也有權過問朝政。至於「九條政綱」中「親貴不得干預政事」之款，對他來說是不應有什麼約束的。

宣統登極之初，載灃被授為攝政王，奉慈禧遺命監國，國家大事都由他裁決。後來清廷被迫起用袁世凱，載灃才卸任歸藩。不久，宣統退位，接著隆裕去世。載灃乃於一九一三年二月廿一日再度入宮，奉旨「照料內廷一切事務」，從此載灃每五天到內務府一次，裁決例行公事，直到張勳復辟事出，當時議政大臣們決定的政令仍由內務府傳達，所以載灃自以為仍然有權預問國政。

這件事，胡嗣瑗當天還是沒有辦。次日，世續又來找胡，口氣也更加強硬，當然還是傳達醇親王的話：「張勳封爵事，仍請擬旨進呈，但不獨封張勳一人，將並馮國璋、陸榮廷同日加封。」胡嗣瑗一聽更以爲奇，封張勳還勉強可以說。對馮、陸二人，雖已發出「授爲參預政府大臣」的「上諭」，而且也曾電召他們入京就任，但均無回電，還不知他們對復辟抱什麼態度呀！怎麼可以加封？遂反駁道：「馮、陸覆電尚未至，不知其意如何。」世續竟用命令的口吻斷然說：「此事已定。請即擬旨，即時進呈。」胡嗣瑗知道再無爭辯的餘地，遂囑郭則澐和徐寶衡兩人各擬一旨，一爲封張勳，一爲馮、陸。但將草稿中爵號處空出，候由溥儀御筆親定。

這兩件諭旨草稿交內務府後，又先送到載灃手裏，這位醇親王則滿有把握地援筆代溥儀在草稿空白處塡入爵號：封張勳爲忠勇親王、封馮國璋和陸榮廷爲一等公。塡好，才讓內務府進呈溥儀蓋章發佈。

這天，送呈的擬旨甚多，溥儀並不細看，也不說東道西，邊看邊命蓋印，印過即生效了。偏偏翻閱那兩張封爵的諭旨時卡住了。

「馮國璋和陸榮廷有覆電來嗎？」溥儀問。

「尚無覆電。」內務府官員答。

「既無覆電來，封爵暫停。即張勳封王，亦可暫緩。」溥儀想想又接著說：「俟大局定後，張勳可加封親王。」於是，兩件擬旨告廢。

載灃大概沒有料到，十二歲的兒子會不買他的賬！有人說此事不足信，是故意渲染溥儀英明。其實，這種事不奇，並非「少年皇帝」英明，既然胡嗣瑗等當面鬥不過載灃，誰能保證在背後不向溥儀搞小動作呢？

載灃肯冒「親貴干政」之名，其醉翁之意當然不在張、馮、陸。據某遺老的筆記，載灃還想起用六弟載洵和七弟載濤任近畿司令，重演宣統年間操軍權於一家的故伎。這項任命的諭旨也已擬出，未及進呈就被劉廷琛發現。劉是張勳的同鄉，在這次復辟中最受倚重，乃敢把此諭旨往口袋一塞，說一聲：「這是絕對不行的！」也就了了。

倘真沒人敢擋載灃，把馮國璋封了「一等公」，則又是天大笑話。眾所周知：七月三日馮國璋就通電反對張勳，隨後宣布代行民國大總統職務，並出兵討逆了。

六、賞錢未必保平安

復辟第二天，溥儀又發佈「上諭」，犒賞辮軍官兵。諭旨說，在北京的軍警人員，「保衛京師，奠安邦社」「異常出力」，特撥內帑十萬元，交給民政部、陸軍部分發。溥儀第二次登極，是辮軍用腦袋拚出來的，當然應該賞錢。可是，辮軍畢竟是孤軍，保不了被全國唾罵的復辟朝廷。

七月三日，馮國璋在南京召開特別緊急會議，致電各省督軍、省長，反對復辟。同時派軍隊一旅開往徐州，控制了張勳的老巢。七月四日，在天津的段祺瑞攜梁啓超等赴馬廠李長泰軍中，自任討逆軍總司令，發表檄文，宣布討逆。七月七日，討逆軍與張勳的定武軍在天津與北京中間的廊坊交火，戰鬥激烈。當天還從南苑航空學校起飛一架飛機轟炸紫禁城，雖有段祺瑞出面制止濫炸，到底還是投下了三顆炸彈，並炸傷一名抬轎的倒楣伕役。溥儀和四位皇貴妃都沒經過空襲的場面，不曉得從飛機上怎麼會掉下炸彈來，一時亂作一團，牆角桌底瞎鑽起來。

眼看復辟朝廷的日子不好過了，溥儀的師傅們開始謀退路。先是以溥儀的名義密遣師傅梁鼎芬和內務府大臣耆齡，前往東交民巷日本公使館謀求必要時提供政治庇護，繼而由陳寶琛、王士珍和張勳商擬了一道給張作霖的諭旨。在復辟頭一天發佈的諭旨中只授張作霖奉天巡撫職，現在則加恩授為東三省總督，命其火速進京勤王。發佈這道諭旨必須使用「法天立道」印章，而印盒鑰匙在載灃手裏，陳寶琛遂命砸鎖用印，真看出火燒眉毛了。然而，受命傳旨的張海鵬剛出京就被討逆軍截獲，聖旨離張作霖還遠著呢！

溥儀傳旨任命的官員大多數不敢上任，少數接旨視事者一看形勢不妙，也紛紛奏請「開缺」。到七月八日那天，居然連張勳也辭職了。他還替溥儀草擬了一份批准辭職的「上諭」，旨云：「張勳奏請各省稱兵，群來咎責，懇請開去差缺一摺，應即准如所請，開去內閣議政大臣暨直隸總督兼北洋大臣各差缺。其駐京軍隊仍著嚴加約束，保持秩序。內閣政務即由王士珍等妥慎辦理，並著俟徐世昌來京，會同籌商善後辦法。欽此。」這件草擬諭旨不知何故沒能用印發佈，所以外界無傳，這倒使它成了秘史中一份珍貴資料了。

從張勳辭職次日起，戰鬥白熱化了。段祺瑞統帥各路軍隊共五萬七千人，包圍了北京各門。張勳明知寡不敵眾，卻拒絕交出軍隊，負隅頑抗。儘管從郊外戰到巷戰，辮軍節節敗退，養心殿中的溥儀還總是聽到勝利消息。當時宮中四門緊閉，內外隔絕，全憑護軍統領毓逖通過奏事處太監，向宮裏傳遞外界情況。毓逖等不知受命於何人，在「安定人心以防意外」的宗旨下，贋造戰況，欺騙各宮的「孤兒寡母」。太監們傳佈「張勳大獲全勝，段祺瑞的軍隊盡被殲滅」這類消息時，還能添枝加葉地編些「神助我也」的怪異之談。有個太監向溥儀獻殷勤，就編了一段根本沒法核實的故事，他說那天早晨槍炮還沒響，他就聽見兩隻烏鴉在養心殿房脊上，一問一答地叫喚不停，就像對唱似的，特別好聽。「後來槍聲大作，咱張大帥就勝利了，那烏鴉是來報喜的」。

溥儀不瞭解外界實情，還以爲自己能當穩復辟皇帝。七月九日，王士珍和商衍瀛入宮值班。王慮及自身前途，感到沒必要爲張勳殉葬，乃請溥儀降旨，仍照辛亥遜政辦法，將大政歸還民國。他們想得美：要就拿過來，不要就還回去，就像借件東西。誰知溥儀一甩「龍袍袖子」，沒答應。他心裏或許在想：張勳打了勝仗，憑啥還要「還政」？遂把擬好的退位詔書棄置一旁，此即這份詔書一直不曾發佈的原因。過了兩天，王士珍退一步又奏請溥儀依照庚子義和團事件前例，自行取消七月一日以來發佈的全部復辟諭旨，溥儀仍持固執態度不予實行。

七月十二日是辮軍作垂死掙扎的最後一天，天微明，槍聲密如雨下，至中午炮火打中張勳住宅，段祺瑞的討逆軍攻克北京，張勳攜家眷避入荷蘭公使館。直到這時，溥儀和皇貴妃們才明白事情真相：原來辮帥已經徹底失敗了。而且，炮彈也落進宮中。據當天太廟首領太監孫進壽、李祥鳳、王德壽呈報：定武軍（辮軍）與共和軍交戰，由西打來大炮數十發，打傷廟牆、御路、龍桂、神龕以及門隔扇等多處。即便如此，溥儀也不發退位詔書，只准清室內務府於第二天致函段祺瑞，其中有一句話：「所有七月一日以後諭旨自應一律撤銷。」鬧了一場天下皆知的復辟，豈可就用這樣一句話交代？

七月十七日，市面上早已恢復了民國原狀，黃龍旗連一面也沒有了。那天，溥儀派總管內務府大臣世續向剛剛返回北京的徐世昌贈送洗塵肴饌。徐對世續表示，他可以竭力維持優待條件，但宣統皇上至今尚無明文將統治權歸還民國，這如何作結呢？世續回宮才趕擬一件公函送去，這件用清室內務府名義的公函，裹夾在段祺瑞簽署發佈的「大總統令」之中了。其中說：「張勳率領軍隊，入宮盤踞，矯發諭旨，擅更國體，違背先朝懿訓，衝入深居宮禁，莫可如何。」從而把復辟責任全推到張勳身上。

公函歸公函，感情屬感情。經過這場復辟，溥儀與張勳兩人還是互相惦記的。當張勳部將蘇錫麟和北京員警總監吳炳湘到荷蘭公使館去看望張勳時，張第一句話先問：「皇上怎麼樣？」吳當即答道：「這礙著皇上什麼事！」張勳遂無話。溥儀得知張勳在荷蘭公使館的情況後，也曾對左右嘆道：「此役苦張勳矣！」

當其時也，北京街頭貼滿了討伐張勳的文告，有一份是由圍攻北京的三路討逆軍司令段芝貴（東路）、陳文運（中路）、曹錕（西路）聯名簽發的，內容爲一篇順口溜，讀來頗有興味，特錄於下：「張勳謀叛民國，迭經力勸輸誠。原冀該軍悔悟，京城得保安寧。乃竟始終怙惡，國軍分路進攻。用兵本不得已，討逆師出有名。該逆窮蹙乞降，全軍繳械投誠。現正分起遣散，逆軍一律肅清。國軍退紮城外，城內地面安平。業由原有警告，竭力保護商民。住戶各安生業，商賈照常營生。慎勿自相驚擾，合即告諭通行。」

七、「聖賜」哀榮

讓張勳一人承擔全部復辟罪責實在有欠公允，當初在徐州召開籌備復辟的會議，各省督軍代表都在一塊黃緞子上簽過名，北洋系元老徐世昌、馮國璋等也沒有表示反對。他們利用張勳推倒了黎元洪，接著便大張旗鼓地討伐張勳，最後把實惠撈到手：馮國璋和徐世昌先後當上民國總統，段祺瑞則當上國務總理。

新的民國統治者並不反對皇帝，復辟事件剛結束，他們便與溥儀的「小朝廷」禮尚往來、彈冠相慶了，優待費照撥，溥儀的諭旨仍在紫禁城內漫天飛舞。恐怕他們自知也有理虧之處，對張勳明緊暗鬆，根本沒打算深究。

直到張勳死後，這其中的原因才逐漸披露出來。一九二四年五月六日的《北京評論》就刊出一篇報導：

「今天，中國報紙報導了張勳將軍一九一七年復辟帝制時的一些重要文件已被帶往巴黎的消息。據說這些文件包括徐州會議的各種決議，以及至少有八十二位有影響的中國人贊成復辟運動而發來的電報。這篇報導追溯了當張勳將軍逃往荷蘭公使館時，這些文件由他手裏轉到王某手裏保存的過程，那時王某躲在法國醫院。經過許多步驟，這些文件通過法國公使館的妥善保管，然後送往巴黎。但是到目前爲止，似乎還沒有人能夠證實這一說法。」

張勳自一九一七年七月十二日避入荷蘭公使館，在洋人庇護下，舒舒服服地度過一年有餘。一九一八年十月廿三日，民國大總統徐世昌發佈命令，對張勳「准免予緝究，以示寬大」。不久，又發還了張勳被沒收的全部財產，使之得以蟄居北京坐享清福。直到一九二〇年夏天張勳闔家遷往天津，在英「租界」牆子河邊的一座大廈中養尊處優，安享富貴。有人用「擁姬妾以自娛，蓄壯士以自衛」形容他的生活，一點兒都不過分。

張勳不但生活奢華，政治身分也不落價。東北王張作霖多次保薦他出任安徽督軍、陝甘巡閱使、熱察綏巡閱使等職，張勳均不動心。一九二一年一月，北洋政府正式任命他爲熱河林墾督辦，他卻嫌官小不肯屈就。一個出身行伍的「粗人」也斯文起來，「日讀通鑒、作擘窠書以自遣」。

據莊士敦說，一位有膽量的中國劇作家，還以復辟事件爲主題，「寫了一個既莊嚴又詼諧的劇本」，名爲《復辟潮》。這個劇本沒有出版，也沒有上演，但有印本流傳，溥儀手頭就有，還在一九二一年送了一本給莊。溥儀談到這個劇本時很有興趣，因爲劇作者對於作爲劇中人物出現的他的處理「是微妙而尊重的」，對張勳本人的處理「也是寬厚的」，而對那些事前贊成復辟，到危急關頭又背叛的人，則表示了「極大的蔑視和攻擊」。結尾一幕描述張勳逃往荷蘭公使館前最後一次覲見溥儀的情景又頗爲感人。總之，劇作者對復辟事件是同情的，完全沒有抨擊。

一九二三年九月十一日，張勳拖著一根長長的辮子以「微疾」而逝。臨終尚告左右，以不能擁戴幼主南面稱孤而深感有負先皇聖恩。其遺產一千萬元，按張勳遺囑：守侍在側的一妻三妾（丙妾早亡）每人一萬元；六子二女（三子三女早夭）每人兩萬元。其餘全部充作清室復辟經費。

張勳的遺摺呈進以後，溥儀甚爲悲慟。其時這位宣統皇帝已經二十歲了，大婚盛典也辦過了，不再是娃娃。九月十七日，即張勳死後第七天，溥儀頒發諭旨一道，其云：「前署兩江總督張勳，持躬謹慎，練達老成。由軍功存升總兵，歷任提督、江蘇巡撫，署理兩江總督，宣力有年，克盡厥職。茲聞溘逝，震悼殊深！著加恩賞給陀羅經被，派貝勒載潤前往奠醊，賞銀三千元治喪，由廣儲司給發。伊子張夢潮，賞給乾清門頭等侍衛，應得恤典，該衙門察例具奏，以示篤念藎臣至意。欽此。」

又過了兩天，公佈謚法，上諭云：「張勳著追贈太保銜、予謚忠武，余依議。欽此。」一時有傳說溥儀親臨天津參加張勳追悼會的，這是瞎傳。溥儀沒去天津，他當時不可能隨隨便便離宮出京，往這去那。只派了御前大臣載潤爲主祭，又派管理處副都護端緒爲執壺盞，率掌禮司人員若干，前往天津英「租界」松壽里張邸賜奠。

在中國近代歷史上，張勳代表的是一條反動的道路，但是他的思想和行動在當時的中國有廣大市場。加之，張勳頗有收買人心的手段，他一生帶兵，對部下賞罰嚴明、使用有節，「士卒馴若子弟」。這個人還講「義氣」，發跡後，對當書僮時的老主人徐振祁及許家少爺以及塾師劉老先生的後人等均有報恩之舉。同時爲家鄉辦了大量架橋修路、賑災濟貧等社會公益之事，所以死後，喪儀之重驚天動地。清朝遺老遺少紛紛前往祭弔，各界名士所送輓聯輓詞多達三千一百七十副，而溥儀的「諭祭文」懸於靈堂最顯眼處，對張勳一生作了「蓋棺論定」的評價，而對自己第二次登極功敗垂成，還流露出捶胸頓足的痛惜之情。全文如下：

朕惟時窮見節，勁草獨標於疾風；世亂需才，一木誰支乎大廈，愴懷良翰，特沛明綸。爾前署兩江總督張勳，勤勞夙著，忠勇性成。初由軍伍以起家，存領偏師而分閫。迎鑾畿輔，總屬車諸道之師；執殳陪京，殲鳴鏑積年之寇。典宿衛周廬者累歲，移江防天塹之一軍。屢膺專閫於隴滇，仍總師幹於江浦。屬楚氛之不靖，保吳會以待援。開府於蘇松之間，受命於危難之際。兼圻晉領世爵，旋加苦戰危城。養威要塞，留此身以有待，莫不諒其深心。敗乃事於垂成，竟難償夫素願。永維往事，實愴予懷。曾謂微痾，遽賚而老，遺章入告，震悼殊深，是用馳冒經衾，渥頒帑布。考行重易名之典，恤孤沛延賞之恩，愛布幾筵，以招靈爽。於戲！進思盡忠，退思補過，胡天竟不憖遺，書於太常，祭於太蒸，在朕猶以為歉。靈其不昧，尚克歆承！

此文不知出於誰人手筆？當年王國維先生在一封私函中透露，他曾受命撰擬此稿。但後來似又改派別人做過。倘出之於王手，則是一篇研究王國維政治思想的有價值的資料了。

張勳遺言：死後務必歸葬故土，但因張勳的六個子女都在那年患病夭折，「家有生喪務必提防」，乃拖延至一九二四年八月初，才由張作霖派兵保護，啓靈歸葬。由天津經濟南、徐州、蚌埠一路南下，途中擺祭無數，至當月下旬運至江西奉新縣赤田村張氏家廟停靈，十一月底隆重葬於陶仙嶺，其墓地由百餘名石匠修建了三年時間，耗銀過百萬兩。溥儀親筆題寫的碑文也被刻在高聳的墓地石碑上，文中稱讚張勳天賦樸誠，神姿英果，不畏艱難，毅然提師入京復辟，足見忠心耿耿，忠勇可嘉。至此，張勳入土爲安矣，然而復辟二字沒有埋掉，溥儀正拉攏大大小小的「張勳」，導演一幕又一幕的復辟新劇，直到墮入日本人的魔掌。

【參考文獻】

＊中國第一歷史檔案館：《清廢帝溥儀檔》。

＊張勳：《松壽老人自敘》，刻本，線裝。
＊江西省奉新縣政協文史資料研究委員會編：《奉新文史資料》第二輯，一九八七年内部發行。
＊《時報》、《中華新報》、《北京評論》等二十世紀初期至二十年代京津報刊資料。
＊愛新覺羅·溥儀寫於撫順戰犯管理所的自傳，未刊稿本。
＊莊士敦：《紫禁城的黃昏》，紫禁城出版社一九九一年版。
＊秦國經：《遜清皇室軼事》，紫禁城出版社一九八五年版。
＊汪曾武：《劫餘私志》，載《近代稗海》，四川人民出版社一九八五年版。

清宮泛起新思潮——溥儀與胡適

胡適（一八九一～一九六二年），生於上海，家學淵源，早年在私塾讀書，受到績溪「三胡」和父親胡傳的影響，奠定了中國舊學的基礎。一九〇六年考入中國公學，一九一〇年考取留美官費生，隨即赴美進入康奈爾大學農學院，兩年後轉入文學院，學哲學、經濟、文學等課程，畢業時獲學士學位。一九一五年考入哥倫比亞大學哲學系，兩年後取得哲學博士學位。作爲美國哲學家杜威的學生，深信杜威的實驗主義，同時掌握了一些近現代的治學方法。他還對中西學術加以綜合研究，提出「大膽假設，小心求證」的治學方法。一九一七年夏歸國，繼而出任北京大學教授。一九一九年初出版《中國哲學史大綱》（上卷），一九二一年開始出版《胡適文存》（第一集），一九二二年創辦並主編《努力週報》，同年當選爲北大教務長和英文系主任，才三十二歲。

就在胡適攀上中國學術顛峰的年代，有一天，電話鈴聲不尋常地響了起來，確是來自深宮的電話。然而，《我的前半生》中說，溥儀在養心殿安裝電話以後，憑一本《電話號碼簿》接通胡適博士家，開了一個「無心的玩笑」，結果「真把他給引來了」，這卻不是事實。

一、莊士敦作引見人

雖然溥儀從小長於深宮，接受傳統的封建帝王教育，但他畢竟身處一個新的時代，也不免會有一股青少年那種求新知的欲望。自從十四歲起，又跟英國籍的莊士敦先生學英文，在這位西方學者的循循善誘之下，溥儀較系統地接受了新思潮的影響。他不但每天都閱讀那些洋味的報紙，還看了大量新派書刊，甚至學著練筆，寫下許多風花雪月鴛鴦蝴蝶一類詩文。

到了一九二二年四五月間，溥儀的新思想，即反傳統的思想達到前所未有的巔峰期，還曾鬧出兩件事來。其一在四月廿七日，溥儀瞅準腦後那根長長的髮辮，對著鏡下，「喀嚓」一聲便剪去了。這下驚動了宮裏的皇額娘和王公大臣們，一個個大聲疾呼「髮膚者受之父母，豈可這般剪而去之」？溥儀也不示弱，痛斥髮辮「像條豬尾巴」，留之無用。其二在五月十三日，溥儀的師傅陳寶琛病重，溥儀聞訊，當即通知內務府，命他們傳諭門禁，備駕出宮，前往陳府探視。溥儀的另一位師傅朱益藩勸駕說，清朝數百年間尚無皇帝出宮屈尊俯就臣下府邸的先例，聖上千萬慎重行止。溥儀根本不聽，抬腿便走，朱益藩只好與內務府大臣紹英、耆齡等悻悻然隨扈出宮，北上門禁軍總兵袁德亮、申振林匆匆趕來護衛。對此，遺老遺少們無不驚呼「過舉」，擔心「以後動輒如是將奈何」？然而，溥儀畢竟已不是康熙、乾隆輩正統帝王了。

溥儀邀見胡適的思想基礎已經有了，而莊士敦則充當了引薦人。當時，胡適是北京大學教授，莊士敦也是一位著名的人文學者，且曾爲胡適之師，他們早年有過一段師生緣。據莊士敦說，他和胡都是一個國際團體「文友會」的會員，該會自一九二〇年以來，非常活躍，定期召開會議，出席會議的有來自中國、美國、英國和英聯邦、法國、荷蘭和蘇聯等國代表。莊擔任過一年該會會長的職務，而繼任者正是哲學博士胡適。在此期間，兩人未曾中斷學術交往。例如胡適在一九二一年五月十三日的日記中，就記下了一件與莊交往的事實：

「十時，訪莊士敦先生，參觀他的藏書。他藏書極多，關於中國美術及『神秘主義』的書尤多。他最愛山水，故遊歷的地方遍於中國。他是一個很有學問的人，最恨傳教士，他著的書之中，有兩種是批評在中國的傳教運動的。」

莊士敦常常把胡適的著作，如一九二〇年三月出版的詩集《嘗試集》，以及載有胡文的各種雜誌，如《新青年》等帶入宮中，送呈溥儀閱讀。莊說：「我並不願意使皇帝成爲傳統觀念的嘲弄者，也不想使他成爲《新青年》一派的文學與社會改革者的信徒，我對這一派也確實不贊成。不過，我認爲像皇帝這樣年齡和智力的青年，至少應該知道他那個時代的青年人心裏正在想些什麼，不應該置身於現實運動之外而不顧。」他在溥儀面前稱讚胡適是大哲學家、大詩人，可有時也批評胡博士幾句。一天，他指著《嘗試集》中的一句詩對溥儀說：「你看這句『匹克尼克來江邊』，本來就是『野餐』來江邊嘛！何必一定要寫成英文音譯『匹克尼克』呢？」莊這樣做的結果是，「一九二二年五月末胡博士被召入宮」。

溥儀在五月十七日親自給胡適打電話這件事，甚至連莊士敦也沒有告訴，然而溥儀要打這個電話卻是事先與莊師傅商定的。爲此，莊還做了必要的準備工作：他預先電話通知胡適，告以「宣統欲見見他」；同時，莊又請求溥儀面見胡適時免除宮廷跪拜禮節，而且要保密，不把這事洩漏給王公大臣們，以免受阻難成。可見這事是經過策劃的，並非「無心」之舉。

胡適在五月十七日日記中有載：「今天清室宣統帝打電話來，邀我明天去談談。我因爲明天不得閒，改約陰曆五月初二日去看他。（宮中逢二休息。）」

胡適改期進宮，實爲要做更充分的準備，遂於五月廿四日拜訪莊士敦，專程瞭解這次見面的背景。胡適在當天的日記中寫道：

「我因爲宣統要見我，故今天去看他的先生莊士敦，問他宮中情形。他說宣統近來頗能獨立，自行其意，不受一班老太婆的牽制。前次他把辮子剪去，即是一例。上星期，他的先生陳寶琛病重，他要去看他，宮中人勸阻他，他不聽，竟雇汽車出去看他一次，這也是一例。前次莊士敦說起宣統曾讀我的《嘗試集》，故我送莊士敦一部《文存》詩，也送了宣統一部。這一次他要見我，完全不同人商量，莊士敦也不知道，也可見他自行其意了。莊士敦是很穩健的人，他教授宣統，成績頗好；他頗能在暗中護持他，故宣統也很感激他。宮中人很忌莊士敦，故此次他想辭職，但宣統堅不肯放他走。」

經過「背景調查」，胡適確信：第一，溥儀有新思想，而且不受皇額娘們的牽制；第二，溥儀要見他是「自行其意」；第三，溥儀信賴莊士敦，他們的關係不尋常。因爲這三點，胡博士放心了，且感到入宮會會宣統也是有必要的。他希望能向這位年輕的皇帝施加更大的影響，或許使之做出驚人驚世之舉。

胡適事先拜訪莊士敦還有一個目的，那是莊後來在他的《紫禁城的黃昏》一書中揭破的：「他來同我討論宮廷的禮節問題，當他得悉皇帝不一定要他磕頭時，他才放下了心。」

順便還應提到，胡適與溥儀身邊的其他遺老也有過從，他拜訪過陳寶琛，也拜訪過鄭孝胥。胡適早年練字，即在顏真卿體的基礎上，摹習鄭的筆法和姿態。又據《鄭孝胥日記》載，一九二四年十月十六日，胡適曾往鄭宅拜訪，當時胡的名氣已很大，出於尊重，僅隔了一天鄭就回訪，卻逢不遇，這已距溥儀出宮之日不遠了。可見胡適入宮事件的發生並非偶然。

二、養心殿裏第一面

胡適入宮，本來訂在農曆五月初二日，不知何故又推遲兩天，實際入宮那天，按西曆是五月三十日。現據兩位會面當事人的記錄——胡適日記和溥儀在二十世紀五十年代寫的一篇回憶文稿，還原那次相見的場面和細節。

當天，胡適本有授課任務的，為了踐約入宮會見宣統帝，耽誤了學校的事情也顧不得了。正午十二時前，溥儀派來接應的太監到了胡適家，接著，他們一起乘車抵神武門。太監憑電話辦理通報手續，胡適則被引進護兵督察處稍候。看來手續頗麻煩，等的時間亦長，幸好牆上掛的一幅畫竹拓本引動了胡博士的興趣。

關於胡適為什麼在神武門前等待了這麼長的時間，莊士敦有一個解釋：「我們知道。皇帝召見這位著名的『危險思想』的激進宣傳者入宮，一定會引起強烈的反對，所以胡博士被召進宮的這件事並沒有告知內務府，而是由皇帝直接用電話同他聯繫的。因此，當胡博士來到神武門的時候，門衛自然不會讓他進去。他在門前等候了相當長的時間之後，才由皇帝命令護軍放他入宮。」

那邊電話通報有了眉目，胡適又由太監前導，越過站大崗的護軍，入神武門，經春華門，進養心殿。太監把胡適引到東廂門外站定，恭敬地掀起厚厚的門簾請博士進。胡適跨入門內，面對已經起立的溥儀行鞠躬禮，溥儀也客客氣氣地道了一聲「請坐」，原來這裏早已添備了一張方凳，上有藍緞墊子，博士遂坐下了。這裏附帶提及，在電視劇《末代皇帝》裏，胡適見著溥儀就行叩拜禮，那是沒有的事。

剛過而立之年的胡適，正像他的學生們所描述的，個子不高，戴眼鏡，穿皮鞋，身著長衫，西裝褲，乾淨整齊，風度極爲瀟灑。十七歲的溥儀面目清秀，體形單薄，戴著比胡適還厲害的深度近視眼鏡，穿藍袍子、玄色背心。他口口聲聲稱胡適爲「先生」，而胡適則稱他爲「皇上」。

據胡適說，養心殿內略有古玩陳設，靠窗擺著許多書，炕几上擺著當天的報十餘種，中有《晨報》、《英文快報》。

溥儀與胡適對談約二十分鐘，他們談的「大概都是文學的事」，說「他很贊成白話詩，他作過舊體詩，近來也試作新詩」。又說他也贊成白話，還談到出洋留學的事。臨別溥儀說，有許多新書想看找不到。胡適頗爲動情地許諾說：「以後如有找不到的書，可以告訴我。」

溥儀那天說的一段最重要的話已被胡適錄下了，這位末代皇帝說：「我們做錯了許多事，到這個地位，還要糜費民國許多錢，我心裏很不安。我本想謀獨立生活，故曾要辦皇帝財產清理處。但許多老輩的人反對我，因爲我一獨立，他們就沒有依靠了。」胡適日記中錄下的這段話真實可靠，說明溥儀已經看清了宮中的本質問題，他的思想正趨向成熟。

三、死水微瀾

辛亥革命以後的紫禁城猶如一片死水，胡適入宮恰似投了一顆石子，泛起串串漣漪，並在社會上掀起軒然大波。當時的報刊對這件事大加渲染，有的說「胡適爲帝者師」，有的說「胡適請求免拜禮」，花邊新聞滿天飛。

溥儀的態度體現在他當天晚上執筆起草的致胡適信中。此信雖然不長，卻活現了十七歲的宣統皇帝當年的心境。這封信從會面說到文學，從舊制說到時局，從維新說到革命，從晚清說到民國，從慈禧、光緒說到西歐科學……引經據典，論證革新勝於守舊。當然，溥儀的「革新」，頂多是光緒皇帝的「變法維新」，而絕不是孫中山先生的革命一新。這種「革新」與他的「大清復辟」和「中興聖業」的思想基調並不矛盾。然而，作爲清朝末代皇帝，肯於把祖宗江山的垮臺歸咎於因循守舊、頑固不化、夜郎自大一類，也屬難能可貴了。

據說胡適在頭天晚上「忽然想做詩記一件事」，便寫了一篇很長的初稿，次日就刪剩四句了：

「咬不開，捶不碎的核兒，
關不住核兒裏的一點生意，
百尺的宮牆，千年的禮教，
鎖不住一個少年的心！」

這詩最初披露，無人知其寫作緣由，竟有指爲胡適獻給曹誠英女士（胡適三嫂的同父異母妹）的情詩。直到二十世紀六十年代初，臺灣商務印書館影印《胡適詩歌手跡》時，在該詩題下加了一條「自注」才真相大白。注云：「此是我進宮見溥儀廢帝之後作的一首小詩，讀者肯定不懂得我指的是誰。四八（民國紀年，即一九五九年）、十二、十二。」

胡適進宮一星期後，又寫信給莊士敦，談到與溥儀會面的情形及這件事波及社會後的影響：「當我應召入宮時，皇帝對我非常客氣，且以禮待之。我們談到新詩和青年詩人以及其他文學等問題。因在神武門的耽擱，消耗了原擬在宮中停留的一部分時間，再加上我還有另外一個重要的約會，沒有多久（約二十分鐘）我便向皇帝陛下告辭了……我本來不打算讓新聞界知道這次會晤的事情，但是不幸得很，一些我並不經常讀的報紙卻把這件事報導出來了，這對他們來說，似乎有著重要的新聞價值……我必須承認，我爲這件小事而深受感動。當時坐在我國末代皇帝──歷代偉大君主的最後一位代表面前的竟然是我！」胡在信中還高興地談到，一些新的影響，已經進入皇帝的生活之中，如果沒有這些影響，「宮中諒必確實成了理智的監獄」。

一九二二年七月廿三日，胡適在當天出版的《努力》第十二期《編輯餘談》中，再次談到他與溥儀會面的「真相」，末段是衝著輿論界說的：「這是五十天前的事，一個人去看一個人，本也沒有什麼稀奇。清宮裏這位十七歲的少年，處的境地是很寂寞的，很可憐的，他在寂寞之中想尋一個比較也可算得是一個少年人來談談，這也是人情上很平常的事，不料中國人腦筋裏的帝王思想，還沒有洗刷乾淨，所以這樣本來很有人情味的事，到了新聞記者的筆下，便成了一條怪詫的新聞了。」

不但胡適一再自辯，莊士敦也不斷撰文替他解釋，說他在皇帝面前磕頭「是不真實的」，說他稱溥儀為「皇上」，「只不過是表示他不願意把優待條件看成是一紙空文而已」。儘管如此，胡博士還是長期地遭受著社會輿論的譴責，說他在這些事情上背叛了共和的原則等等。

特別值得提出的是，海外也有人非常關注這件事情，那裏的報刊和書籍時而會披露出相關的「內情」，如《亞洲的導火線》（英文版）一書說「胡適為溥儀教師，常有電話教讀」，或說胡博士可以「不拘宮廷禮節」地在養心殿晉見皇帝等等，其實都是莫須有的。莊士敦為之澄清的同時，還證實說「一九二四年三月廿七日，胡博士又被召進紫禁城同皇帝見面」，但「為時甚短」。至於這次會晤的具體談話內容，未見披露。然而，溥儀在三十年後回憶此事時，斷然否認他在宮中曾再度會見胡適，或許是年頭太多他忘記了。可以肯定的是，就在一九二四年內，溥儀與胡適確實會過面，但那是溥儀出宮以後。

四、胡博士反對驅逐溥儀

一九二四年十一月五日，馮玉祥將軍派部將鹿鐘麟持《修正清室優待條件》入宮，迫令溥儀簽字，並當即驅逐溥儀出宮去了。對這件事，當時知識界的學者名流大多持肯定態度。然而也有一位大名人例外，就是胡博士。

十一月五日那天，胡適住在北京西山，當天聽說溥儀給轟出紫禁城去了，頗為掃興，晚上就給曾任民國政府參議院副議長並多次出任外交總長的王正廷（字儒堂）寫了一封信，內容如下：

儒堂先生：

先生知道我是一個愛說公道話的人，今天我要向先生們組織的政府提出幾句抗議的話。今日下午外界紛紛傳說馮軍包圍清宮，逐去清帝；我初不信，後來打聽，才知道是真事。我是不贊成清室保存帝號的，但清室的優待乃是一種國際的信義、條約的關係。條約可以修正，可以廢止，但堂堂的民國，欺人之弱，乘人之喪，以強暴行之，這真是民國史上的一件最不名譽的事。今清帝既已出宮，清室既已歸馮軍把守，我很盼望先生們組織的政府，對於下列幾項事能有較滿人意的辦法：

（一）清帝及其眷屬的安全。

（二）清宮故物應由民國正式接收，仿日本保存古物的辦法，由國家宣告為「國寶」，永遠保存，切不可任軍人政客趁火打劫。

（三）民國對於此項寶物及其他清室財產，應公平估價，給與代價，指定的款，分年付與，以為清室養贍之資。

我對於此次政變還不曾說過話；今天感於一時的衝動，不敢不說幾句不中聽的話。倘見著膺白先生，我盼望先生把此信給他看看。

胡適敬上　十三·十·一五

信中提到的膺白先生即黃郛，在馮玉祥北京政變期間代理內閣總理，攝行總統職權。胡適寫這封替溥儀打抱不平的信，不僅要表明自己反對驅逐溥儀出宮的態度，而且要上達政府最高首腦，希望在善後工作中尊重清室和溥儀。該信十一月九日公諸報端當天，莊士敦即寫信給胡適，支持他的觀點，稱讚他的作法。莊在信中寫道：

親愛的胡博士：

今天《晨報》登載的那封信如果真是你的手筆，我要為此向你祝賀。你正是說出了這樣一件正確的事情，並且用正確的方式說了出來。我相信遜帝看到這封信時一定會高興的。至今我仍然被禁止去看他，不過，我當然能夠通過別人得到關於他的和他給我的消息。

你無疑已經注意到《京報》對我的卑鄙的攻擊了。目前那一類中國報紙的攻擊，正是在我的意料之中的。

我不認為馮玉祥已經進入了他用陰謀手段所企圖建立的完全和平的統治。我為你不是一個「基督徒」而感到高興。

你的真誠的　R·F·莊士敦

五、論戰

然而，周作人（字啟明）、李書華、李宗侗（字玄伯）等人也紛紛致函胡適，反對他的看法。周作人認為胡適「很反對這回政府對於清室的處置」，「不免有點為外國人的謬論所惑」。他說：「清室既然復過了辟，已經不能再講什麼優待，只因當局的婦人之仁，當時不即斷行，這真是民國的最可惜的愚事之一。在清室方面倘若有明白的人，或是真心同情於溥儀君的外賓，早就應該設法自己移讓，不必等暴力的來到。在民國放著一個復過辟而保存著皇帝尊號的人，在中國的外國報紙又時常明說暗說的鼓吹復辟，這是怎麼危險的事。這時候遇見暴力，那是誰的責任？不是當初姑息的當局（段芝泉君），不知自重的清室，以及復辟派的外國人，還有誰呢？這次的事從我們的秀才似的迂闊的頭腦去判斷，或者可以說是不甚合於『仁義』，不是紳士的行爲，但以經過二十年拖辮子的痛苦的生活。受過革命及復辟的恐怖的經驗的個人的眼光來看，我覺得這乃是極自然極正當的事，雖然說不上是歷史上的榮譽，但也決不是污點（在段芝泉君也應感謝，因為這也算是替他補過），在這一點上我覺得不能和你同意。」

周作人的信寫得很長，對胡適站在清室和溥儀一邊表示激烈地反對，但說服不了他。胡適見周信即擬覆函稿，聲明他寫給王正廷的信是在十一月五日晚上發出的，「還不曾有機會受『外國人的謬論』的影響」。他又想想，似乎覺得口氣重了，內容也太簡單，遂又重新起草，詳細闡明自己的觀點：

啟明兄：

前晚在西山月光中寫了一封信給你，昨天回來即得你的信，這真可謂「兩地相思」了。你的信我很能諒解。你不知道此信發於五日夜十時，故疑我「不免有點為外國人的謬論所惑」。

我兩年前見過溥儀君，他那時就說要取消帝號，不受優待費，並說已召李經邁來清理財產。其後他改派鄭孝胥君，與以全權，在醇親王之上，其意不可謂不誠。

外間人說，解決此事，只有暴力一途；若假以時日，則必不成。（王正廷君對我如此說。）我不信此是實情。我以為，此次若從容提議，多保存一點「紳士的行為」，此事亦未嘗不可辦到。只此一點是你和我的不同之點。此外我並沒有什麼異議。

外國人與清室有關係的，如莊士敦君，我頗相熟，深知他們並沒有什麼復辟謬論。莊君主張取消優待條件最力；清理財產，整頓頤和園收入，皆他所主張。此外，以我所知，英文報紙上也沒有鼓吹復辟的論調。

你以為「這乃是極自然極正當的事」，這話裏的感情分子之多，正與我的原書不相上下。我們若討論「什麼是極正當」，那就又要引起二十五萬字的討論了。所以我不願意討論此語，只說明我對此事的態度。

謝謝你的長信。

適　十一月十二日

李書華和李宗侗自稱是胡適的朋友和同事，素來欽佩胡的學問文章及思想，但獲悉胡致王正廷的信以後，對於「一個新文化的領袖，新思想的代表，竟然發表這種論調」，「覺得非常駭異」，認爲胡「是根本錯誤了」。因此，兩人於十一月十九日致函胡適，要跟他「辯一辯」。信中說：

「我們根本上認爲中華民國國土以內，絕對不應該有一個皇帝與中華民國同時存在，皇帝的名號不取消，就是中華民國沒有完全成立，所以我們對於清帝廢除帝號，遷出皇宮，是根本上絕對贊同的。這是辛亥革命應該做完的事，而現在才做完，已經是遲了十三年了。清室優待條件，乃非牛非馬、不倫不類、古今中外獨一無二的一種條件。這是民國對於清廢帝的關係，與國際條約的性質，當然不能相提並論。」

二李還在信中反駁了胡適所謂「但堂堂的民國，欺人之弱，乘人之喪，以強暴行之，這真是民國史上的一件最不名譽的事」的說法，「然則欲使清室取消帝號，必先等待復辟成功，清室復興，再乘其復興後之全盛時代，以溫和、謙遜、恭敬或他種方法行之，方爲民國史上一件最名譽的事，你這種議論，似乎令人不解。」

胡適於十一月廿八日給李書華和李宗侗覆信，堅持自己的認識：

書華、玄伯兩先生：

謝謝你們的信。

人各有所見，不能強同。你們兩位既屢以民國為前題，我要請你們認清一個民國的要素在於容忍對方的言論自由。你們只知道「皇帝的名號不取消，就是中華民國沒有完全成立」，而不知道皇帝的名號取消了，中華民國也未必就可算完全成立。一個民國的條件多著呢！英國不廢王室而不害其為民國，法國容忍亡黨而不害其為民國。我並不主張王室的存在，也並不贊成復辟的活動，我只要求一點自由說話的權利。我說我良心上的話，我也不反對別人駁我。但十幾日來，只見謾罵之聲，誣衊之話，只見一片不容忍的狹陋空氣而已。賢如兩位先生，尚疑我要「必先等待復辟成功，清室復興，再乘其復興後之全盛時代，以溫和、謙遜、恭敬或他種方法行之」！此語在兩位先生或以為是邏輯的推論，但我讀了，只覺得字裏行間充滿著苛刻不容忍的空氣，使人難受。你們既說我是「根本錯誤」，我也不願意申辯。我只要指出，在一個民國裏，我偶然說兩句不中聽、不時髦的話，並不算是替中華民國丟臉出醜。等到沒有人敢說這種話時，你們懊悔就太遲了。

弟胡適 十三·十一·二十八

李書華和李宗侗接到胡適的覆信，尚不打算偃旗息鼓，又在十二月五日致函胡適，反駁胡對英、法兩國國體的說法，信云：「英國是個運用議會政治的君主憲國，終不能以民國名之，法國雖『容忍王黨』，但絕未保存王號。法國大革命時，國王路易十六曾上斷頭臺，巴黎及瓦爾薩的舊王宮，早已改建了有名的大博物館，法王近族，現且免奪公權，逐居國外。法國的學問家、歷史家從未說到這是法國革命史上一件最不名譽的事。」對此，胡適未再覆函，他們間的「辯一辯」也只好不了了之。

六、醇王府裏的會晤

胡適不但堅持反對「逼宮」的論調，還親自找到什刹海畔醇王府，經鹿鐘麟派來的門衛同意，入內會晤了憂心如焚的溥儀。這次見面，胡適沒有再叫「皇上」，而向溥儀稱呼了一聲「先生」。談話內容據後來溥儀回憶也變得時髦了。胡適勸溥儀出國留學，還表示願意給予幫助，他仍使用和在養心殿一樣的謙恭態度對溥儀說：「中華民國已然成立，你是中華民國的公民，和其他公民一樣有選舉權和被選舉權，先生前途遠大啊！」胡適的幾句恭維無助於消除溥儀的鬱悶和煩惱，不過在「宣統帝」落魄的日子裏，總算找到機會，傾注了自己無限的同情。

胡適慰問了溥儀，卻更加激起了社會輿論界的憤怒和不滿，連他的朋友朱經農、唐鉞等也不贊成他的做法，認爲他是在維護封建制度，是十足的保皇黨，與他所提倡的新文化思想很不相稱，但胡適卻認爲，這僅僅是個「自由」和「人權」的問題。

當年十二月間，也許是一九二五年一月間。其時，溥儀已經離開醇王府，潛入北京日本公使館，住在日本公使芳澤謙吉現給他騰出的一座小樓上。芳澤告訴溥儀說，爲了保證陛下的安全，不得隨意到戶外活動，不得隨意上街，不得隨意延客。溥儀待得無聊，常常靜立在樓窗前，讓眼睛越過院牆及端槍嚴密警戒的日本哨兵，貪婪地觀望穿行在東交民巷內的路人和馬車。

有一天，溥儀注意到有輛黑色的小臥車開到公使大門前停住，從車中走出一個人來，溥儀定睛一看，原來正是大名鼎鼎的胡博士。日本門衛可不管他「博士」還是「寡士」，既不放行也不通報，溥儀雖然親眼見了這場面，卻不好私意延客。再說，當其時也，胡博士既不能解決他面臨的政治問題，也不能解決他面臨的經濟問題，見也無益，遂不加理會了。一個月後，溥儀潛赴天津，定居於日「租界」張園。

一九二五年八月，溥儀出宮後成立的「清室善後委員會」，在報紙上公佈了清理故宮文物時發現的一批文件，其中有一件是金梁在一九二四年春夏之際任清室內務府大臣時呈給溥儀的奏摺。他建議溥儀一要「自養」，即以理財爲主，從裁減人員入手；二要「自保」，即以得人爲主，從延攬人才入手。於此，金梁還特別向溥儀推薦了三十多位著名人士，希望他定期陸續接見或派人聯絡，以文化、古物、慈善、教育等名目進行討論，唯不涉政治，作爲策略。當金梁爲此而舉例時，卻在無意之中而把胡適給圈了進來。他說：「蔡元培，異說驚人似有魔力，實則化之以德，未嘗不可援墨歸儒，胡適即其例也。」進而又說，「皇上以德服人，昔胡適既見後爲皇上所化。」

金梁的這件奏摺面世後，導致輿論界出現譴責胡適的新的高潮，聯繫到數月前關於「逼宮」那場爭論，有人甚至認爲胡適也參與了康有爲牽頭的「甲子復辟事件」。上海學生聯合會以「清室復辟函中又隱然有先生之名」爲由，於八月廿六日寫信警告胡適，指責他「捨指導青年之責，而爲無聊卑污之舉，擁護復辟餘孽」，故代表上海學生要求他「痛改前非，恢復首創文學革命時之精神」。繼而又有北京的「反清大同盟」向警廳提出「將胡適驅逐出北京」的要求，他的學生顧頡剛見報極爲「憤惋」，特致函胡適，建議「不必與任何方面合作，要說話就單獨說話，不要說話就盡守沉默」。這時的胡適在北京已經待不下去了，遂以南下講學爲名回避了一段時間，到同年十月又向北京大學請了假，回上海老家治療「痔漏」去了。

一九二六年三月廿五日，莊士敦因辦理「庚款」事宜，在從上海前往武漢的「大同號」輪船行至蕪湖附近時，曾寫信給溥儀，信中還談到「胡適同我們在一起，我告訴他，正在給陛下寫信，他請我向您問安」。原來胡適也在一九二五年三月應聘爲「中英庚款顧問委員會」中國會員，並於一九二六年三月參加了該委員會在上海舉行的會議，討論英國退還庚款，如何應用於科學教育等方面的辦法，恰與莊在一起。會後他們又一起前往漢口、南京、杭州、上海、北京和天津等地訪問，同年七月，兩人還一起前往倫敦，出席了中英庚款顧問委員會議。然而，在此期間，胡適通過莊士敦轉達給溥儀的問候，或許已是最後的溝通了。

七、登山有感

據太平天國史研究專家羅爾綱教授回憶，大約在一九三一年九月十日左右的一個星期天，他與胡適和徐志摩同遊景山，當他們攀上山頂鳥瞰故宮全景時，談話間，胡適的臉忽然陰沉起來，稍候片刻，他顯得心情沉重，語氣緩慢地說：「東北情況嚴重，如果當年馮玉祥不把溥儀驅逐出宮，今天北平不知怎樣了。那時我反對把溥儀驅逐出去，我錯了！」其時，「九一八」事變尚未發生，溥儀出關投敵的那段歷史也還沒有開始，如果胡適「認錯」這件事確實存在的話，仍不能視之為「事後諸葛」，儘管已站在暴雨前的狂風中了。

胡適這一年才四十一歲，重返北京大學執教也才一年有餘，「重返」當時的氣氛是師生奔相走告熱烈歡迎，於當年「被逐」離開的情景真大相徑庭了。一九三二年二月，他出任北大文學院院長兼中文系主任，一九三八年九月出任國民黨政府駐美大使，一九四三年應聘為美國國會圖書館東方部名譽顧問，一九四五年在美國哈佛大學講授中國思想史，一九四六年九月就任北京大學校長，一九四八年被評為中央研究院院士，一九五〇年授聘為美國普林斯頓大學葛思德東方圖書館館長，一九五六年在美國加州大學講授中國文化問題，一九五八年就任臺灣中央研究院院長，一九六二年二月廿四日在臺灣中央研究院歡迎新院士的酒會結束時，因心臟病猝發而去世。蔣介石出席了他的葬禮，還以「新文化中舊道德的楷模，舊倫理中新思想的師表」

這副輓聯，評價了他的一生。

胡適後半生所走過的政治道路並不可取，但他一生勤奮治學，鍥而不捨，先後出版了《中國哲學史大綱》、《中古思想史長編》、《白話文學史》、《胡適文存》、《胡適論學近著》等數十種學術巨著，其中許多都是開拓性的，這無疑已是中國文化的寶貴財富。與胡適不同，溥儀雖然留給人間一段反動、罪惡的前半生，但他的後半生卻走上了一條光明的道路，他出版的那本《我的前半生》，就像懸起的一面世紀之鑒，使億萬後世讀者得以認清近百年來的歷史轍痕。

【參考文獻】

＊中國第一歷史檔案館：《清廢帝溥儀檔》。
＊溥儀在撫順戰犯管理所寫的自傳，未刊稿本。
＊中國社會科學院近代史研究所中華民國史研究室編：《胡適的日記》，中華書局一九八五年版。
＊中國社會科學院近代史研究所中華民國史組編：《胡適來往書信選》，中華書局，一九七九年版。
＊中國國際資訊資料中心編：《台港澳和海外中文報刊資料》，一九八八年印發。
＊莊士敦著：《紫禁城的黃昏》，紫禁城出版社一九九一年版。
＊白吉庵著：《胡適傳》，人民出版社一九九三年版。

他爲溥儀而死——溥儀與王國維

王國維（一八七七～一九二七）是中國近代承前啓後的國學大師，是本世紀中國學術界最有成就的學者之一。他與羅振玉共同創立的「羅王之學」，以安陽之商朝甲骨、敦煌之漢魏簡牘、千佛洞之唐宋典籍文書等出土新資料爲對象，進行了劃時代研究，把中國歷史向上推進一千餘年，取得了讓世人驚奇的卓越成果。王國維開創二重證據法，著有宏篇巨作《觀堂集林》，實現了重建上古史的目標。

他蜚聲中外的學術成就和敦厚的人品、清白的經歷，使他在學術史上的地位被迅速和充分的確認。其生平最後兩年是在清華大學國學研究院度過的，遂能擁有一批素質很高的以國學爲事業的入室弟子，在他身後數十年間傳播和弘揚他的學問，使他得以成爲一個時代的學術代表人物。然而，這樣一位偉大的學者卻在清朝滅亡十五年以後，爲了一個徒具空名的遜位皇帝而自沉頤和園昆明湖，實在是歷史的悲哀。

一、走上遺老之路

有人說，王國維的遺老帽子是羅振玉硬給扣上的，我不贊成這種說法。王國維一直保留著清朝的辮子，而且公開以清朝遺老身分自居，他走上這條道路，確實受到了羅振玉的深深的影響，這無疑是事實。我看到了王國維和羅振玉兩人大量的通信，並已整理、出版了《羅振玉王國維往來書信》一書，這些通信有很多能夠說明問題的證據。

二十二歲的王國維自一八九八年二月進入《時務報》報館任書記，求知欲旺盛，想學日文，遂請求報館館主汪康年同意，以每天午後三個小時時間，到由羅振玉剛剛在一八九八年六月創辦的僅有六名學生的東文學社學習。羅王兩人就此結識，相伴相偕，共歷三十載之久，王後來能夠成爲享譽國際的偉大學者，跨進東文學社門檻這一步，實在是一個難得的契機。

一八九八年九月，維新變法失敗，《時務報》報館關閉，羅振玉遂聘用王國維擔任東文學社的庶務一職，而免除其學習期間的一切費用。同時，還請他參預《農學報》的編譯工作，還有撰寫社論的任務，王因此能夠不爲費用分心，專心於學。其間，王開始治叔本華的哲學。

一九〇〇年七、八月間，八國聯軍攻陷津京，東文學社被迫解散。不久，羅應鄂督張之洞電邀，出任湖北農務局總理兼學堂監督，遂於同年秋約王參與譯述農書事宜。次年夏初，羅在上海創辦《教育世界》雜誌，又邀王同任主編，至同年十一月，再聘其編撰中小學堂教科書。

一九〇二年一月，羅振玉受張之洞委派赴日本考察教育，王國維則於同年二月，由羅補助川資，而經東文學社教師藤田豐八介紹，赴日本進入東京物理學校，因對幾何等功課毫無興趣，加之腳氣病大作，乃於當年夏天肄業回國，仍住在上海羅家。其時，羅擔任南洋公學東文學堂監督，遂邀王擔任該校執事。此間，王一面爲羅編譯《農學報》和《教育世界》，一面繼續向藤田豐八學習英文，並把學術研究的興趣進一步轉向西方哲學。

同年十一月，羅振玉接受兩廣總督岑春煊的聘請，出任兩粵教育顧問。他上任後，即推薦王國維前往張謇創辦的南通通州師範學校任教師。至一九〇五年，時年二十九歲的王國維把研究哲學和教育學而首刊於《教育世界》的論著彙集爲《靜安文集》出版，已是學界公認的成熟學者了。

一九〇四年六月，羅振玉應鄂撫端方之聘，出任江蘇教育顧問，乃創建江蘇師範學堂，自任監督，遂以藤田豐八爲總教習，以王國維爲教師。同年十二月，王應聘自通州至蘇州就任教職，主講心理學、倫理學和社會學，授課之餘仍向藤田問學。至次年十一月，羅因父喪辭江蘇師範學堂監督職，丁父憂返里守制。王亦隨之辭去教職，歸鄉閒居半年許。

一九〇五年十二月，清政府設立學部，以總全國教育。至次年二月，學部尚書榮慶奏調羅振玉入都出任學部參事，他守制畢，乃攜全家北上，並邀王同行。王抵京後即住羅家，但不久亦因父喪返里守制。至一九〇七年春，經羅薦舉，王再度入京，受命在學部總務司行走，擔任學部圖書館編輯，主管編譯及審定教科書事宜。這已經是王國維在清朝出任過的最高職務了。

一九〇九年秋，羅振玉奉命出任京師大學堂農科監督，隨即薦舉王國維爲京師大學堂文科教授，但因京師大學堂總監督劉廷琛反對而罷議。也在這一年，羅又介紹王與《新元史》著者、詩人柯劭忞和目錄學家、京師圖書館總監繆荃孫等相識並定交。

一九一一年春，羅振玉輯成《隋唐兵符圖錄》，王國維則爲之撰寫了《隋唐兵符圖錄附說》，同時首刊《國學叢刊》，其發刊詞亦由王撰寫。後來，羅增訂《隋唐兵符圖錄》爲《歷代符圖錄》，王乃爲之撰序編目，並將其《附說》改寫爲《隋虎符跋》、《僞週二虎符跋》，這是王跟隨羅跨進古器物研究領域的開始，這就爲他後來奉詔入宮「審定古文物」奠定了基礎。

辛亥革命爆發後，羅振玉不願意看到清王朝的覆滅，乃於一九一一年十一月邀王國維攜眷東渡，寄居日本京都，在這裏，他們共度了四暑五冬，身在異邦而朝夕相守、切磋論學。在羅的影響下，王棄文學而轉向經史考據之學，不僅在學術研究方向上，而且在思想上也發生了重大變化，連平日非常崇慕的西洋文化也絕口不提了。他們已經是學術合作的密友了。

一九一六年二月四日，王國維應英人哈同君之夫人羅迦陵之邀，攜長子王潛明回國，隨即就職於倉聖明智大學，這樣做不僅是爲了生活出路，還因爲該校不受當時的教育部節制，沒有「民國色彩」，作爲清朝遺老也是可以接受的。此間，王國維發表了他最重要的甲骨學著作《殷卜辭中所見先公先王考》，他證實了殷先公自上甲以下的次序，糾正了《史記·殷本紀》中不少錯誤，同時也證明了《殷本紀》所記殷代帝王世系大致正確可信，說明《史記》基本上與史實相符。他開創了用甲骨文字證史的先河，重建了殷代信史。他的一篇有代表性的重要論文《殷周制度論》，對於殷商制度的探源和殷周制度的異同，都能發千古之秘。此文開創了研究甲骨文和古文獻的「二重證據法」，具有重大的學術價值，而在學界發揮了不可取代的重要影響，贏得了世界性的和歷史性的學術聲譽。

論學之餘，羅振玉和王國維還常在通信中談及關於時局的看法，談到袁世凱、黎元洪、段祺瑞、馮國璋、盛宣懷、徐世昌、岑春煊、康有為、張勳、梁士詒、梁啓超、陸榮廷，以及南軍和北軍的對峙，日俄協約的締結，乃至銀行風潮、商務股息、外匯比價，如此種種。但他們更關注作為大清朝尾聲之清宮小朝廷，仍被他們稱作「乘輿」的溥儀，以及溥儀的師傅陳寶琛、伊克坦、朱益藩、梁鼎芬、莊士敦，還有著名遺老沈曾植、柯劭忞、勞乃宣、陳曾壽等。

二、張勳復辟事件發生前後

張勳復辟期間，王國維和羅振玉等傳遞內情，加以評論，表示對溥儀、張勳的尊崇和支持，對參與復辟諸遺老的愛護和同情，對民國軍閥首腦的痛恨，以及對事件發展趨勢和結果的關注等。復辟失敗之際，傳出陳寶琛、伊克坦兩位「帝師」，「一投繯，一赴水」的流言，而張勳進入荷蘭公使館，「又言其志在必死」。王國維給羅振玉的信評論說「此恰公道」，又說：「三百年來乃得此人，庶足飾此歷史。」其事雖屬無稽之談，卻透露出王時時關注著復辟清朝命運的心態，以及他頭腦中已經孳生的殉清思想，這對於他後來的赴水之謎，不能不說是一個重要的前因。

一九一七年九月初，蔡元培聘請王國維出任京師大學教授被辭謝，一九一八年一月，蔡元培通過羅振玉、沈曾植，再度聘請王出任北京大學教授，講授中國文學，仍加婉拒。對此兩人在書札中都有過磋商。

一九一九年春末，羅振玉攜眷離開日本回國，暫寓上海，與王國維再度相聚。同年十月十一日至十一月十二日，王國維因患腳氣病而應羅振玉的函邀赴天津休養，其間經羅介紹而與原清朝陝西總督升允結識，正是此人在三年後推薦他走進清宮，成爲遜帝溥儀的「南書房行走」。

一九二〇年一月，溥儀的師傅梁鼎芬病逝，王國維參加了上海的公祭，並撰寫了《贈太子少保特諡文忠梁公輓歌詞》詩三首。還爲此與羅振玉通信數封，商量「梁師傅身後事」，希望能夠籌款萬金，而以五百金之年息供給梁家「度日之資」。

一九二一年一至二月，馬衡先生通過羅振玉再聘王國維出任北京大學教授，王仍以旅滬日久，與各處關係甚多，有懷土之意，以遷地爲畏事等理由婉拒之。對於中華民國所屬的權威高等學府的禮聘，王國維可以不理不睬，而對於在社會上已經沒有作用的「小朝廷」，他卻十分熱衷。一九二二年三月，羅振玉和王國維在通信中多次談到清理皇室財產等宮中情況，王寫道：「近聞內廷有旨召季秀皋，欲令清理皇室財產，此事自不可緩，優待費萬靠不住，季高操守甚好，於財產事極有經驗，然亦須有政府中人相助，則清理莊田等事方有效力。現在諸人中惟王懷慶可以任此，或亦尙肯擔任，又須在鼎臣任期內爲之較好。鼎臣故不足言，然他人尤非鼎臣比也。公蓋與鳳老等熟計之。」兩人對關門小朝廷的命運同樣是關注著的。

一九二三年八月八日，王國維致函羅振玉，商慶賀清遜帝溥儀婚禮事：「大婚報效一事，翰怡處曾集得萬元，他處恐無繼者，聞有合數處人辦小貢物之說，不知成事實否?」

同年十一月廿一日，遺老沈曾植以七十三歲病歿。沈氏學識淵博，尤專於北魏、遼、金、元史和四裔輿地之學，對《元朝秘史》、《皇元聖武親征錄》等重要史籍都作過箋注或校注。王國維在滬寓所與沈氏甚近，過從亦密，或切磋學問，或相唱酬。沈氏病重及去世後，王數度致函羅振玉，告以病況，商以後事，如遺疏的執筆及立言宗旨、如易名之典如何辦法、如遺著的纂輯與刊刻、如遺屬的生活安排，以及相關的肅忠親王行述資料準備等。

一九二三年三月，王國維的文集《觀堂集林》將付印，文集彙集了前數年間刊於《學術叢編》、《雪堂叢刻》和英倫哈同廣倉學宭叢書內的論著而加以刪繁挹華，更益以未刊諸作，共收文二百篇，詩詞六十七首，分類編爲藝林、史林、綴林等共二十四卷，該文集自一九二一年五月編定，一九二二年八月始刻，至此刻畢，由蔣汝藻出資以仿聚珍版印行，直至是年底印刷裝訂竣事，其時王已在北京「入值」南書房矣。《觀堂集林》的成書，標誌著「羅王之學」的形成，已經走向成熟，並得到了學術界的公認，這在中國近代學術史上是一個重大事件。

三、奉詔入宮

一九二三年四月十六日，王國維因升允的推薦，作爲海內遺老中的碩學，奉到遜帝溥儀的「諭旨」：「楊鐘羲、景方昶、溫肅、王國維均著在南書房行走。」他即準備北上，爲了遷京後的寓所、治裝等事宜，多次與羅振玉通信相商，並向蔣汝藻借到晉見溥儀的朝衣朝帽。五月廿五日乘船北上，廿八日到天津，三十一日赴北京，暫居金梁寓所，六月四日入宮覲見溥儀，即到差。

劉蕙孫回憶王國維入宮的背景說，北京大學當時想聘王爲教授，並由馬衡寄出了聘書，王回信說「當請示羅先生再定」，不久便函謝並退回了聘書，僅與羅一起接受了「函授導師」的名義。一九二九年，羅在旅順親口向外孫講述了當時的情形：「馬叔平等請靜安去北大，靜安問我，我勸他不要去。靜安問生活如何維持？我教他拜升大帥（升允，字吉甫）的門。由吉帥薦爲南書房行走，皇上（溥儀）批准。靜安就得到布衣入值南齋的殊榮，是二百八十年間朱竹坨（彝尊）後唯一的一人。」王家也隨之由上海搬至北京，很快便在後門火藥局一帶安排了居處。①

同年七月十四日，溥儀頒「旨」：王國維「著加恩賞給五品銜，並賞食五品俸」。十七日王致函羅振玉，告以「帝師」朱益藩關於南書房「入值」辦法的意見：「南齋入值辦法，前日晤紫陽，紫陽已發表意見，不以分書爲然，但以每人所長者上聞，由上隨意發問，即亦閒談一切，亦無不可。蓋即以此意定局也。上體小有不適，係肝家不和，故尙須數日後請旨，恐入值亦須略遲十日耳。」約半月後方確定，每日上午入值，每六日入內一次，覲見請旨。

一九二四年一月七日，溥儀頒「旨」，賞賜王國維「在紫禁城內騎馬」。

同年三月三日，溥儀命鄭孝胥爲總理內務府大臣，掌印鑰，賞頭品頂戴，令其全權整頓內務府，繼於五日又命金梁爲內務府大臣，協助鄭氏整頓內務府。然而，整頓工作未見成效，宮中積弊難除。身處宮外的羅振玉也時時關注著宮中的動向，他反對鄭和金的整頓措施，王國維則頻繁寫信給羅，報告宮中派系爭鬥的動態。

這一時期王國維致羅振玉的信中，每信必詳述宮中重要人士，如溥儀及其生父載灃、岳父榮源，如「帝師」陳寶琛、朱益藩、莊士敦，如內務府大臣紹英、耆齡、寶熙、鄭孝胥、金梁，如南書房行走柯劭忞、溫肅，如內務府堂郎中佟濟煦等之言行舉止。從中可以看出，宮內外遺老中間派系複雜，羅、王與升允、柯劭忞等立場相近，既反對鄭孝胥、金梁，也不滿於陳寶琛、朱益藩，而對溥儀的忠誠與引導則更是第一位的。他們儘量要使自己的意見達於「上聞」，希望溥儀的言行舉止都能符合「帝王的規範」，爲此，他們非常嚴格地對待每一篇將呈遞的「奏摺」。

身處「小朝廷」內派系鬥爭中的王國維，卻在同一時期裏，以「絕無黨派之人」的立場，拒絕了北京大學國學研究所聘請他出任主任的非常誠懇的邀請，他認爲「北大與研究系均有包攬之意，亦互相惡」，故「不欲與任何方面有所接近」。兩相對照，王所持的立場，及其政治思想中更深刻的東西也就十分清楚了。

四、奏摺與建議

一九二四年五月十八日，王國維向溥儀呈遞《籌建皇室博物館奏摺》，內云：「今有一策，有保安皇室之利而無其害者，臣愚以爲莫若開放禁城離宮之一部爲皇室博物館，而以內府所藏之古器、書畫陳列其中，使中外人民皆得觀覽，如此則禁城之內，民國所轄地面，既有文淵閣之四庫全書，文華、英武諸殿之古器、書畫，皆我皇室之重器，而皇室所轄地面，復有皇室博物館陳列內府之重器，是禁城一隅實爲全國古今文化之所萃，即與世界文化有至大之關係，一旦京師有事，萬國皆有保衛之責。」

數日後，王又上書溥儀，論說中國傳統的修身齊家治國平天下之道，他把孔子、老子的學說與「西學西政」作了對比，並聯繫近世以來中外國情，得出結論：「蓋與民休息之術，而長治久安之道，莫備于周孔，在我國爲經驗之良方，在彼土尤爲對症之新藥，是西人固已憬然於彼政治之流弊，而思所變計矣。」這兩片奏摺真實地反映了他的政治理想。

同年六月六日，王國維致函羅振玉。這封信雖然也以宮內派系鬥爭爲主題，但能夠說明羅與宮內派系鬥爭的關係，雖然此時羅尚未入宮，正是山雨欲來風滿樓，宮中各派遺老已經在琢磨他了。札云：

「此次我輩對北海議論最烈，前日聆上公（榮源）所言，蓋紹（紹英）等疑公（羅振玉）欲盡去新舊人，而擁素老（升允）出，即心中明知其不然，亦必以此相誣衊，此爲彼等防禦之遠策。上公言語中露挑撥二字，即出於彼等之口者也。觀告上公，公本無所爲，亦不畏其中傷，至第二層謂不欲使當上（溥儀）從此輕視老成之語，觀無以答之，只唯唯而已。前函所述皆上公語（即改為致紫陽函一節，亦上公所言），惟欲使公知他人心理，若公之心事觀（王國維自稱）豈不知。又上公屢謂觀太真，由渠屢稱。其人故有新命，若以此籠致觀者，亦豈不可笑耶。觀之欲請假者，一則因前文未遽，愧對師友；二則因此惡濁界中機械太多，一切公心在彼視之盡變爲私意，亦無從言報稱，譬如禁禦設館一事近亦不能言，言之又變爲公之設計矣。得請之後，擬仍居輦轂，閉門授徒以自給，亦不應學校之請，則心安理得矣。」

依王之意，如果榮源等宮內「老成」派對即將入宮的羅採取排斥態度，而且把他的奏摺等盡視爲羅的「設計」，則他只有向「皇上」告假，「閉門授徒以自給」了。

同年六月廿五日，鄭孝胥的整頓計畫失敗，辭去了總管內務府大臣的職務，其所掌管的印鑰轉歸紹英，金梁也隨之而去，王國維的預言言中了。

同年七月三十一日，有人主張將清室房產交給上海的哈同經營管理，王國維即以哈同家族的內情，告知陳寶琛、鄭孝胥等，從維護溥儀的「皇產」出發，表示堅決反對，並致函羅振玉詳加說明。

同年，王國維還曾奉命代溥儀擬「諭葬張勳碑文」，他就此事致函羅振玉：「忠武碑文已繳，聞紫陽意亦不以維文爲然。維本附函言，如有違礙及須改易處，請其簽出擲下，然未得其覆，大約須由他人再擬矣。」

同年，北京大學考古學會發表《保存大宮山古跡宣言》，指責清室出賣產業，散失文物。王國維非常不滿，當即致書沈兼士、馬衡，怒而辭去北京大學研究所國學門導師職務，並要求將胡適、容庚索去擬刊登《國學季刊》的文稿，宣布「停止排印」。

同年九月二日，羅振玉來到北京，暫寓王國維家，他已奉到溥儀詔，入值南書房。不久，溥儀諭命檢查審定各宮所藏古彝器，羅乃於覲見時面薦王同任檢查事，隨即從寧壽宮始查驗，繼而檢查養心殿的陳設品，這是兩人同在清宮中爲遜帝服務的實例。

五、溥儀出宮之際殉清未遂

一九二四年十一月五日，在北京政變中控制了政權的馮玉祥將軍，提出修改《清室優待條件》，並經黃郛攝政內閣會議通過，即派部將鹿鐘麟將溥儀驅逐出宮。當天，王國維侍行左右，未敢稍離。事後，他致函狩野直喜敘述那天的情形及當時的心情說：

「一月以來，日在驚濤駭浪間。十月九日之變，維等隨車駕出宮，白刃炸彈夾車而行，比至潛邸，守以兵卒，近段（段祺瑞）、張（張作霖）入都，始行撤去，而革命大憝，行且入都，馮氏軍隊尙踞禁禦，赤化之禍，旦夕不測。幸車駕已於前日安抵貴國公使館，蒙芳澤公使特遇殊榮等，保衛周密，臣工憂危，始得喘息。諸關垂注，謹以奉聞。」據狩野回憶：「聽說王君遭逢此事，悲憤慷慨，淚如雨下。」②

曾在日本創辦《文字同盟》而當時正在北京《順天時報》社工作的橋川時雄，回憶溥儀移居醇親王府那天的情形說：「我聽到急報，早上八點左右趕到王府，陳寶琛、朱益藩他們在門外轉來轉去，進到裏面只見宣統帝張著大嘴，魂不守舍地坐在椅子上，對面王先生一個人跪在那兒哭。」橋川又說：「他對馮玉祥非常憎惡，搜集了『二馬』（即『馮』）的左一個右一個的壞話，送來要登在報紙上，要是沒登載的話，他還會寫信來催促說：『前天我要聞聽登載，怎麼還沒載呢？』事情就是這樣！」③王國維還幾度欲投護城河自盡，皆因家人監視而未果。

「逼宮」之際羅振玉在天津，聽到消息，「急詣司令部請司令官爲介往見段祺瑞，將陳說大義，令發電止暴動」，至翌晨，「附車入都」，急驅車往見王國維，聽其「詳言逼宮狀，爲之髮指皆裂」。羅在《集蓼編》中繼續回憶道：

「因告予上諭已派貝勒載潤及紹英、耆齡、寶熙及予爲皇室善後委員。與國民軍折沖時，鹿鐘麟派兵一營圍行朝，名爲保衛陰實監視，群臣須投刺許可乃得入，向夕即出入不通，時夜深不能詣行朝。淸晨乃得展覲，上慰勉周摯，爲之泣下。是日初，與鹿鐘麟輩相見，先議定諸臣出入不得禁止，及御用衣物須攜出兩事。會議散，鹿等乃封坤寧宮後藏御寶室，憤甚，欲投御河自沈，尋念不可徒死，乃忍恥歸寓，撫膺長慟，神明頓失，時已中夜，忠愨急延醫士沈王楨君診視，言心氣暴傷爲投安眠藥，謂若得睡乃可治，及服藥得稍睡，翌朝，神明始復，蓋不眠者逾旬矣。自是遂卻藥不復癒，蓋以速死爲幸也，乃卒亦無恙。」④可見羅、王兩人愚忠的言行和心情都是一致的。

六、奉詔而接受清華之聘

一九二五年二月，王國維奉溥儀「詔」，接受了清華學校國學研究院教授之聘。早在一九二四年秋，清華大學擬參照宋、元以來的書院制度創辦國學研究院，並由校長曹雲祥出面，因北京大學教授胡適的推薦，敦請王出任院長，他婉辭以謝。繼而由胡適面托溥儀，恭請代爲勸駕，其時溥儀正避居於日本駐北京公使館，乃命左右師傅代擬「詔書」，王不便拒絕，遂奉「詔」赴聘。

同年三月中旬，王國維覲見時已移居天津日本租界內張園的溥儀，並與羅振玉晤面。對「行在」中人事紛繁頗爲反感，他在致蔣孟蘋的信中寫道：「現主人在津，進退綽綽，所不足者錢耳。然困窮至此，而中間派別意見排擠傾軋，乃與承平時無異。故弟於上月中已決就清華學校之聘，全家亦擬遷往清華園，離此人海，計亦良得。」他在信中還透露了自溥儀出宮以來，「數月不親書卷，直覺心思散漫」的感覺，表示要「收召魂魄，重理舊業」。⑤

同年四月十七日，王國維全家遷居清華園，但不就院長而專任教授，亦稱導師。與其同時應聘者皆蜚聲學界的名流，如梁啓超、趙元任、李濟、陳寅恪等，可謂五星聚奎，極一時之盛。王在清華任導師期間，主要講授《說文》、《尚書》、《儀禮》，以及他本人的著作《古史新證》，該書乃取舊作《殷卜辭中所見先公先王考》、《續考》、《殷周制度論》、《三代地理小記》等增訂而成。王以自己的研究、發明和創見，而與清華學子討論殷周史，考釋甲骨文字和鐘鼎彝器，闡發古史研究中的「二重證據法」，備受尊崇，唯垂於腦後的一根清朝辮子始終不肯剪去。

同年八月，王國維赴津爲羅振玉慶祝六十大壽，其賀詩回顧兩人的交往歷程云：

卅載雲龍會合常，半年濡呴更難忘，
昏燈履道坊中雨，羸馬慈恩院外霜，
事去死生無上策，智窮江漢有迴腸，
毗藍風裏山河碎，痛定為君舉一觴。

事到艱危誓致身，雲雷屯處見經綸，
庭牆雀立難存楚，關塞雞鳴已脫秦，
獨贊至尊成勇決，可知高廟有威神，
百年知遇君無負，慚愧同為侍從臣。

據繼祖師解釋：「這兩首詩，前一首首聯說他們三十年來總在一起，如雲龍相從，『半年濡呴』大概是指東文學堂那一段，次聯『昏燈羸馬』描寫南齋暴直情事，接著就寫甲子遇變，在萬分生死危迫下，終還希望同江漢之水有一道迴腸，末聯借用釋家的話，罡風能使山河破碎，但我們現在不是還活著嘛，痛定思痛，要向你獻上一杯酒。第二首首先提出『致身』字樣，既能『致身』，那麼運蹇時屯豈能受辱？『庭牆』句指當日受威脅，『關塞』句指脫身到津，『獨贊』句指羅與溥儀密計，不告第二人，『高廟』句是指這次脫險乃賴愛新祖宗的默佑，最後歸結到羅的扈駕有功，而自己同充侍從，未免內愧。」⑥詩中真實寫出了兩人共同的政治理想和感情，以及他們一起走過的艱險途程。

一九二五年十一月十五日，王國維致書羅振玉，詢問「千秋進奉」事。因為十一月十三日為溥儀的「皇后」婉容的生日，遺老等必有聯名之「進奉」，故王詢問其個人名下「共派若干」，以便照付。信中還談及「時局既緩和，則下月當可赴津」，可見他還是時時關注著溥儀與「行在」，總是從天津張園的角度觀察時局，特別是與羅常在信中討論這一問題。

自一九二三年四月十六日，王國維奉溥儀「詔」離滬赴京「入值」南書房，至一九二六年九月廿六日他的長子病逝，這前後不到三年半的時間，是政治思想和政治活動方面的交往與合作。在這一領域中，兩人有著最完美最和諧的一致，他們忠誠於遜帝溥儀，他們對清朝的復辟寄託著希望，他們在同命運的一批封建遺老中間擁有自己的派系，他們認真地討論和撰寫「奏摺」，以求實現自己的政治理想。

自一九二六年九月因王潛明去世，而引起羅振玉和王國維兩位國學大師失和，一九二七年二月十五日，溥儀在天津張園作壽，王國維前往觀見，「見園中夷然如常，亦無以安危為念者，先生睹狀至憤，返京後，憂傷過甚，致患咯血之症。」⑦當天，羅振玉也赴園拜壽，兩人相視而過，既未接談，又未寒喧，似已義斷情絕，實則不然。

七、他為溥儀而死

自一九二七年初至五月底，國內政治形勢動盪，北伐軍在南方節節勝利，清華園內的著名教授們都很不安，如梁啓超就在連續發表的《給孩子們書》專欄文章中寫出了自己的不安：「近來耳目所接，都是不忍聞不忍見的現象……現在南方軍人確非共產派，但他們將來必倒在共產派手上無疑。現在南方只是工人世界，智識階級四個字已成爲反革命的代名詞。」「北京正是滿地火藥，待時而發，一旦爆發，也許比南京更慘。希望能暫時彌縫，延到暑假。暑假後大概不能再安居清華了。」「本擬從容到暑假時乃離校，這兩天北方局勢驟變，昨今兩日連接城裏電話，催促急行，乃倉皇而遁，可笑之至。」

王國維對時局的感覺一定與梁啓超的感覺很接近，儘管兩人的政治觀點有差異，但他們的身分、社會地位和學術聲望等幾乎是一樣的，知情人回憶王在一九二七年五月時的心態說：「豫魯間兵事方亟，京中一夕數驚，先生以禍難且至，或有甚於甲子之變者，乃益危懼。」⑧「他平日對於時局的悲觀，本極深刻。最近的刺激，則由兩湖學者葉德輝、王葆心之被槍斃。葉平日爲人本不自愛（學問卻甚好），也還可說是有自取之道，王葆心是七十歲的老先生，在鄉里德望甚重，只因通信有『此間是地獄』一語，被暴徒拽出，極端箠辱，卒致之死地。靜公深痛之，故效屈子沉淵，一瞑不復視。」⑨就在梁氏想到「倉皇而遁」的一兩天後，王先生也不辭而遠行了。

繼祖師在一九八七年出版的《庭聞憶略》一書中，談到了王國維致羅振玉的最後一封信的線索。他寫道：

「李元星同志提供消息（旅順博物館幹部），說他在旅順博物館從我父親被抄去的遺物中發現了觀堂給祖父的一封信，是兩張紅八行寫的，內容他也不能全記，只記得上面寫了葉奐彬（係葉德輝的字）被難及北伐即將成功云云，意思是喚起祖父的注意，但經過『文革』，這封信，現在又無可蹤跡了。這封信為什麼祖父沒看到而落到我父親手裏呢？當日天津郵差送信都是送到貽安堂書店，彷彿它是總收發處一樣，所以信件都先到我父親手，我父親看到這封信的內容，可能他認為給祖父看不大好，就暗地藏起來了，事後也沒再和人提。但何以這麼多年一直藏在他手邊，解放後忽然發露，到了旅順博物館，也很奇怪。但元星卻言之鑿鑿，最近曾請他寫一文證實一下，通過這封信，可以看出觀堂在臨死前有過種種考慮，既考慮溥儀，也考慮自己，也考慮祖父，觀堂是從最壞處著想的。後來的事實告訴我們，北伐成功，不僅溥儀在津無恙，也未妄殺一人，出觀堂所料之外。」

王東明獲知此事後說：「這封信，羅繼祖並未看到，他估計當時久未通信，很可能是先父為葉德輝事，破例去信示警的，而他家未敢以呈羅，致保存在他父親遺篋中，由此可見先父為人的敦厚與懷舊之情的殷篤。」⑩

一九二七年六月一日，清華研究院師生在工字廳召開敘別會。當天，王國維還為門生謝國楨及其友著青在扇面上各題詩一首，開會時，他與學生談論蒙古史料，亦如往常不拘形跡，午餐後與眾作別也無異態，當晚接待訪客以至送客都如常例，孰料先生心中正處在生離死別的煎熬之中。

六月二日上午八時，王國維赴學校公事室，與平日無異，九時許，忽向別人借了五元錢，再雇車往頤和園，購票入內，步行而至排雲殿西魚藻軒前，臨流獨立，吸盡一支煙，便縱身投湖而去了。人們從遺體衣袋中找到了先生留給三子貞明的遺書：

「五十之年，只欠一死，經此世變，義無再辱。我死後，當草草棺斂，即行槁葬於清華塋地，汝等不能南歸，亦可暫於城內居住。汝兄亦不必奔喪，因道路不通，渠又不曾出門故也。書籍可托陳（寅恪）、吳（宓）二先生處理，家人自有人料理，必不至不能南歸。我雖無財產分文遺汝等，然苟謹慎勤儉，亦必不至餓死也。五月初二日，父字。」

八、代遞遺摺

王國維去世當天，其姨甥、清華研究院助教趙萬里給在天津的羅振玉拍了電報：「師於今晨在頤和園自沉，乞代奏。」羅振玉甚爲悲痛，即於六月四日派其子赴京弔喪，據在清華研究院辦公室工作的王第三子貞明，給其執事於上海郵務局的二哥高明的信中透露，羅本擬親來北京清華園，因家人「恐彼來此有所感或有他變，故不肯放他來京」。

六月七日，羅振玉據情上奏溥儀，並代遞了一封遺摺，摺中說：「臣王國維跪奏，爲抱國有心，回天無力，敬陳將死之言，仰祈聖鑒事。竊臣猥以凡劣，遇蒙聖恩。經甲子奇變，不能建一謀、畫一策，以紓皇上之憂危，虛生至今，可恥可醜！邇者赤化將成，神洲荒翳。當蒼生倒懸之日，正撥亂反正之機。而自揣才力庸愚，斷不能有所匡佐。而二十年來，士氣消沉，歷更事變，竟無一死之人，臣所深痛，一灑此恥，此則臣之所能，謹於本日自湛清池。伏願我皇上日思辛亥、丁巳、甲子之恥，潛心聖學，力戒晏安……請奮乾斷，去危即安，並願行在諸臣，以宋明南渡爲殷鑒。波彼此之見，棄小嫌而尊大義，一德同心，以拱宸極，則臣雖死之日，猶生之年。迫切上陳，伏乞聖鑒，謹奏。宣統十九年五月初三日。」⑪

學界眾口一詞把這封遺摺說成是羅振玉僞造的，溥儀特赦後，爲了撰寫《我的前半生》一書，曾在歷史檔案中查閱到遺摺原件，並把此事寫入書中：「近來我又看到那個遺摺的原件，字寫得很工整，而且不是王國維的手筆。」

也有一位看過全部現存遜清皇室檔案及遺物的學者並不認爲遺摺出於僞造，他說：「遺摺用白綿紙墨書，共四扣，每扣長二十二公分，寬九公分……筆者根據王國維以往的奏摺和遺摺的筆跡相對照，字跡是一樣的，並沒有什麼不同之處。那麼是否是羅振玉假造的呢？經把遺摺和羅振玉的奏摺筆跡相對照，二者字跡根本不同，故羅振玉假造遺摺一說，缺乏事實根據。」⑫

筆者曾把這本書交給繼祖師看，老師閱後專寫《觀堂餘絮》一文，他說：「遺摺中間省略一段當是勸溥儀速離津他去以避危就安，孤臣孽子之用心，愚忠可憫，史魚、靈均，一身兼之。溥儀倘地下相逢，不知何言以對！作者斷言此摺非僞，乃據以與《遺書》對勘而得，其辨別力而不逮溥儀，而矢言觀堂之死爲忠清則不失爲『實事求是』。」原來遺摺是羅振玉命其第四子羅福葆仿王國維的筆跡寫下的，他對此並不隱諱，其外孫劉蕙孫（《老殘遊記》作者劉鶚之孫）回憶說：

「一九二九年我在旅順，雪堂先生對我說起他和靜安的友誼，最後說：『他最後覺得對我不起，欲以一死報知己。我也覺得那件事不免粗暴，對他不起。但死者不能復生，只好爲他弄個謚法。遺摺是我替他做的。』」⑬

關於羅振玉代遞遺摺的目的，曾引起不少猜疑，然而這事在深悉內情的其嫡孫繼祖師看來則毫不奇怪，他在《跋〈觀堂書札〉》一文中寫道：

「祖父和王先生效忠清朝的信念至死不渝，這一點是共同的，並不爲家庭嫌隙而有所動搖。所以祖父一看到王先生臨終遺囑而痛感愧對死友，在王先生一死明志，並沒有『希冀飾終恩澤』的動機，而祖父卻迫不急待地代遞遺摺。溥儀說遺摺寫得很工整，不是王國維的手筆，這話倒是說對了。祖父對於王先生身後，特別是遺書的編纂刊行，不超過一年，遺書四集赫然在案，是盡了心力的。」

幾年後，他又在一本回憶祖父的書中寫道：「祖父一接到投湖消息，又看到『五十之年，只欠一死，經此事變，義無再辱』十六字的遺囑，才痛感只有不忘久要，而自己反不能捐棄小嫌，萬分愧對。急急忙忙代作了一份遺摺呈給溥儀，這份遺摺雖未留稿，內容可以估計到，一定是希望溥儀毋忘在莒，近賢遠佞。在祖父認爲，死者的心事他是明白的，代遞遺摺，盡後死之責，心安理得，所以絲毫沒有想到會有人責備他『欺君』。」⑭

九、溥儀賜祭、賜謚

溥儀看過遺摺大受感動，遂與陳寶琛等師傅們商議，發出一道上諭：「南書房行走五品銜王國維，學問博通，躬行廉謹，由諸生經朕特加拔擢，供職南齋。因值播遷，留京講學。尚不時來津召對，依戀出於至誠。遽覽遺章，竟自沉淵而逝。孤忠耿耿，深惻朕懷。著加恩予諡忠愨。派貝子溥伒即日前往奠醊。賞給陀羅經被，並賞銀貳千圓治喪，由留京辦事處發給，以示朕憫惜貞臣之至意。欽此。」⑮

羅振玉又在天津日租界日本花園內設「忠愨公」靈位，廣邀中日名流學者公祭，羅還親撰《祭王忠愨公文》，最早發表在天津《日日新聞》上，讚頌王國維的「完節」和「恩遇之隆，爲振古所未有」。祭文中回顧了羅王兩人三十年的交往歷程：「嗚呼！公竟死耶？憶予與公訂交，在光緒戊戌，於今三十年矣。時公方爲汪穰卿舍人司書記，闇然無聞於當世。暨予立東文學社，公來受學，知爲偉器，爲謀月廩，俾得專力於學。尋資之東渡，留學物理學校。歲余以腳氣返國，予勸公專修國學，遂從予受小學、訓詁。自是予所至，公皆與偕。復申之以婚姻。及辛亥國變，相與避地海東，公益得肆力於學，蔚然成碩儒。暨癸亥春，以素庵相國薦，供奉南齋。明年秋，予繼入，遂主公家。十月之變，勢且殆，因與公及膠州柯蓼園學士約同死。明年予侍車駕至天津，得苟生至今。公則奉命就清華學校講師之聘，乃閱二年，而竟死矣。公既死，有遺囑、有封奏，遺囑騰於萬口，封奏予固不得見，然公之心事，予固可意逆而知之也。」⑯

公祭後，羅振玉旋即赴京，參與處理後事。他帶著溥儀的「諭旨」，從清室駐北京辦事處領得貳千圓賞銀，全數交給了潘夫人，自己又另外送上一份在親友中間數額最高的葬禮銀一千元。從各個角度講，均不失三十年友誼的情份。王國維的家屬子女依父親的意願，不請風水師擇墳，也不挑選「吉日」，而在清華外面七間房買塊地安葬，「墳是清華的泥水匠做的，立了一個碑，上書宣統皇帝的『諡號』王忠愨公，墳地四面都種了樹」。[17]

由於遜帝溥儀給王國維頒下了「忠愨」的諡號，京、津以及華北各報都以極大篇幅報導了王忠愨公殉節的新聞，但當時還沒有人對他的死因提出疑問。就在這種氣氛中，羅振玉主持了王國維遺著的校理和編輯出版工作，將其已刊和未刊的著作分編四集，以《海寧王忠愨公遺書》爲書名出版。

與此同時，羅振玉又命長子羅福成編定《觀堂外集》於一九二七年鉛印發行。整理遺著期間，羅振玉在王國維家中找到《論政學疏》草稿，即寫《王忠愨公別傳》，將其「論政」內容公之於世。《別傳》開篇云：「公既安窀穸，予乃董理公遺著，求公疏稿於其家，則公已焚毀，幸予篋中藏公《論政學疏》草，蓋削稿後就予商榷者，今錄其大要於此。」在篇尾處，羅又直言「爰記其說爲公別傳」的目的是「俾當世君子知公學術之本原，固不僅在訓詁考證已也」。整理王國維遺著的同時，羅振玉還編印發行了《王忠愨公哀輓錄》一書。

十、關於王國維的遺老身分

羅振玉和王國維自一八九八年相識迄今，整整一個世紀過去了。事先誰都沒有想到，這百年滄桑之中，卻因前三十年人生沉浮，帶來後七十年悠悠之口的波濤翻滾、風雲變幻。

王國維自沉身去，有遺摺，有諡法，有賜御祭。舉喪之際或有人背後稍有議論，但主流還是學界同聲惋惜，各大報紙均在「王忠愨公殉節」的大字標題下刊登自沉消息，尚無人提出疑問。

戴家祥最早對老師的遺老身分發表辯詞：「觀其平生著作，無一語指摘當道，無一字讚美晚清政治，無自傷不遇之言，無憤慨貴人之作，惟紀事則言本朝，革命則言國變，聖諱必缺筆而書，留辮表示滿清遺民，若此之類，僅表其個人節操，豈足以見其政治主張乎？以予觀之，先師無仇視民國，可斷言矣。」又說，「以予觀之，先師之所以矢忠清室，不過立其個人節操而已矣。」「先師仕於異族，或有愧於漢，既仕於清室，義不二其節操。當前歲宣統出宮時，先師見其主受辱，坐視無策，即有自殺之心，幸爲家人嚴視得免，恐今後再有此舉，故毅然以身先死，無聞見也。」（《晨報》一九二七年六月十五日），戴發表此文時距王自沉尚不足半月，不過，他還是在承認先師「矢忠清室」的前題下，而把他的「遺老行爲」局限在「個人節操」的範圍內。

一個月後，顧頡剛發表《悼王靜安先生》，第一次把王國維「做遺老」的責任推到羅振玉身上：「因爲他和羅氏的關係這樣密切，而羅氏喜歡矯情飾智，欺世盜名，有意借了遺老一塊牌子來圖自己的名利，他在這個環境之中也就難以自脫，成了一個『遺而不老』的遺老了。等到一成了遺老，騎虎難下，爲維持自己的面子起見，不得不硬挺到底了。」⑱

與此同時，史達發表文章，以尖刻的詞句，指斥羅振玉給王國維的葬禮描上「殉節」的色彩：「他一面捏造遺表，對廢帝誇示他的識拔忠貞，於是無知的廢帝竟下僞諭弔唁，把不值一文的『忠慤』謚號送給死者，做了個惠而不費的禮物。一面又對王家市恩，表示這榮譽——其實只是個不值一文的禮物，是他的力量弄來的。所以他輓王先生的聯語便這樣說：『至誠格天，邀數百載所無曠典；孤忠蓋代，繫三千年垂絕綱常。』這是多麼醜惡的臭架子！他把人家逼死了，他卻說人家自己『至誠格天』，邀取『曠典』；他既自命忠貞，充當遺老，卻自己不肯實行，偏勸人家『孤忠蓋代』，把維繫『垂絕綱常』的責任推在人家的肩頭。」⑲

半個世紀以後，關於王國維的遺老身分還常常被人提起，還有新的發揮。蔣復璁在海外發表《追念逝世五十年的王靜安先生》一文說：

「因爲羅振玉是遺老，往來的也都是遺老，大多是有辮子的，於是靜安先生也留有辮子，也變成了遺老。靜安先生經羅介紹，認識了升允，升允推薦給溥儀，溥儀召靜安先生入宮，在遺老看來是殊榮，據我看，靜安先生一生無利祿之思，並不要進宮做官，重要的要看內府的珍藏，到了今天，中外學者都要來故宮研究，其心理還不是與靜安先生一樣。」

其實，王國維的遺老身分是不容置疑的，他以自沉殉清的說法也很難被否認。張舜徽早在一九五六年就撰文說明了羅王兩人政治立場的一致性，他寫道：

「王氏不獨在研究學問的體系和方法上與羅氏息息相關，即其對倫理政治的主張，也幾乎和羅氏一鼻孔出氣。羅氏是效愚忠於清室，戀戀不忘舊主的。王氏也就濡染了這種習氣，終年拖著長辮，和一般當時所謂遺老如沈曾植、升允、金梁這般人往來，不知不覺使思想議論都完全遺老化了。當一九二二年他四十七歲時，由升允的推薦，到清宮裏去教溥儀的書，他便視爲一生莫大的榮譽。不久，又由空虛早已退位的皇帝『加恩賞給五品銜，並賞食五品俸』，後又賞他『在紫禁城騎馬』，他更看成深恩厚澤，時時在想如何感恩圖報。當一九二四年馮玉祥的軍隊到北京，逼逐溥儀出宮時，王氏陪侍左右，頃刻不離，連一九二五年他接受清華研究院的聘請，也還是溥儀吩咐他去的。後來溥儀移居天津，他還時去請安。到一九二七年六月二日，他竟自沉於頤和園昆明湖而死，年五十一歲。」⑳

十一、翻滋舊說，貶羅抬王，溥儀的傳播影響最大

經過十年改造而於一九五〇年代末獲得特赦的溥儀，在其一九六四年首版影響很大的回憶錄《我的前半生》一書中，又一度翻滋舊說「羅買王稿」。他寫道：

「我後來才知道，羅振玉的學者名氣，多少也和他們這種特殊瓜葛有關。王國維求學時代十分清苦，受過羅振玉的幫助，王國維後來在日本的幾年研究生活，是靠著和羅振玉在一起過的。王國維爲了報答他這份恩情，最初的幾部著作，就以羅振玉的名字付梓問世。羅振玉後來在日本出版、轟動一時的《殷虛書契考釋》，其實也是竊據了王國維甲骨文的研究成果。」㉑

讓人很難理解的是，直到一九九〇年代還有人把《殷虛書契考釋》的作者問題，稱作「一宗糾纏不清的疑案」。

傅斯年則是《殷虛書契考釋》係「羅買王稿」一說的始作俑者。他在一九四五年發表的《殷曆譜序》寫道：「此書題羅振玉撰，實王氏之作，羅以五百元酬之。」一年後，郭沫若爲紀念魯迅逝世十週年，而發表一篇很有影響的文章《魯迅與王國維》，以有成就的甲骨學者身分，進一步發揮了傅斯年所謂「《殷虛書契考釋》是羅買王稿」的無根之說。他寫道：王國維對於羅振玉「似乎始終是感恩懷德的，他爲了要報答他，竟不惜把自己的精心研究都奉獻了給羅，而使羅坐享盛名。例如《殷虛書契考釋》一書，實際上是王的著作，而署的卻是羅振玉的名字，這本是學界周知的秘密」，是羅花了兩百元買去王的稿子，其時這相當於五六口人在日

本一年的生活費用，「王考慮很久，沒有別的辦法，乃接受了羅的好意」。

郭沫若發表這篇文章以後的幾年裏，《殷虛書契考釋》的原稿尙在羅振玉第四子羅福葆（君羽）手中，他是羅家子弟中唯一在僞滿政府中當過行政官的，抗戰勝利後移居北京，約在一九五一年將此稿賣給陳夢家。陳則以實證解決了《殷虛書契考釋》究竟出自於何人之手：

「一九五一年，我得到《殷虛書契考釋》的原稿本，都是羅氏手寫，其中書頭上常注有某條應移應增改之處，並有羅氏致王氏便箋請其補入某條者，稱之爲『禮堂先生』。《考釋》的綱領和分類次第，與羅氏以前著作實相一致，不過有所改善而已。在編作中二人對細目的商榷則確乎是常有的，由稿本與初刊本相較，王氏在校寫時對於行文字句的小小更易是常有的，但並未作重大的增刪。都邑一章引用今本《竹書紀年》，和王氏的看法大相違背。」㉒

一九五六年張舜徽發表《考古學者王國維在研究工作中所具備的條件、方法與態度》一文，他指出，王國維非常尊重羅振玉學術上的貢獻，「後人徒然看到羅氏所著《殷虛書契考釋》是由王氏手寫上石，竟臆斷此書爲王氏作。如果真能起死者而問之，王氏也不會接受的。所以王氏平生治金石，治甲骨，無疑是受羅振玉的影響爲最大」。

與「羅買王稿欺世盜名」同樣具有巨大影響的是生活上的「逼債說」，此事由史達《王靜庵先生致死的真因》開頭，他在《王靜安先生致死的真因》一文中寫道：

「據熟悉王羅關係的京友說，這次的不幸事件完全由羅振玉一人逼成功的。原來羅女本是王先生的子婦，去年王子病死，羅振玉便把女兒接歸，聲言不能與姑嫜共處。可是在母家替丈夫守節，不能不有代價，因強令王家每年拿出二千塊錢交給羅女，作爲津貼。王先生晚年喪子，精神創傷已屬難堪，又加這樣地要索挑唆，這經濟的責任實更難擔負了。可是羅振玉猶未甘心，最近便放了一支致命的毒箭。從前他們同在日本，曾合資做過一趟生意，結果大大攢錢，王先生的名下便分到一萬多。但這錢並未支取，即放在羅振玉處作為存款。近來羅振玉忽發奇想，又去兜搭王先生再做一趟生意，便把這存款下注作本。王先生素不講究這些治生之術的，當然由得他擺佈。不料大折其本，不但把這萬多塊錢的存款一箍腦兒丟掉，而且還背了不少的債務。羅振玉又很慷慨地對他說：『這虧空的份兒你可暫不拿出，只按月撥付利息好了。』這利息究要多少？剛剛把王先生清華所得的薪水吃過，還須欠些。那麼一來，把個王先生直急得又驚又憤，冷了半截，試問他如何不萌短見？這一支毒箭，便是王先生送命的近因。」

郭沫若在《魯迅與王國維》一文中的說法有所變通：「據說他的死，實際上是受了羅振玉的逼迫。詳細的情形雖然不十分知道，大體的經過是這樣的。羅在天津開書店，王氏之子參預其事，大折其本，羅竟大不滿於王，王之媳乃羅之女，竟因而大歸。這很傷了王國維的情誼，所以逼得他竟走上了自殺的路。」

郭說到了溥儀手裏，情節上又略有變化，在一九六四年出版的《我的前半生》一書中這樣寫道：

「羅王二家後來做了親家，按說王國維的債務更可以不提了，其實不然，羅振玉並不因此忘掉了他付出過的代價，而且王國維因他的推薦得以接近『天顏』，也要算做欠他的情分，所以王國維處處都要聽他的吩咐。我到了天津，王國維就任清華大學國文教授之後，不知是由於一件什麼事情引的頭，羅振玉竟向他追起債來，後來不知又用了什麼手段再三地去逼迫王國維，逼得這位又窮又要面子的王國維，在走頭無路的情況下，於一九二七年六月二日跳進昆明湖自盡了。」

對這段話，溥儀還特別加了頁下注，講了一個「傳聞」：

「我在特赦後，聽到一個傳說，因已無印象，故附寄於此，聊備參考。據說紹英曾托王國維替我賣一點字畫，羅振玉知道了，從王手裏要了去，說是他可以辦。羅振玉賣完字畫，把所得的款項（一千多元）作爲王國維歸還他的債款，全部扣下。王國維向他索要，他反而算起舊帳，王國維還要補給他不足之數。王國維氣憤已極，對紹英的催促無法答覆，因此跳水自盡。據說王遺書上『義無再辱』四字即指此而言。」㉓

面對瀰漫於世的不實之論，繼祖師作爲羅振玉嫡孫而從知情人的角度，作爲古文獻知名學者而從文化史的角度，都有權力還歷史以清白和公正，遂在一九八二年第八期《讀書》雜誌上發表《跋〈觀堂書札〉》一文，最先披露了王國維在一九二六年十月廿四、廿五、三十一日給羅振玉的三封信，其內容主要講王之長子潛明去世後，王將海關恤金寄羅，而羅先不肯收，直到最後才勉強收下。這一事實令「逼債說」不攻自破。不久，繼祖師又以《〈觀堂書札〉再跋》一文再論及此：

「殷南、史達等人因爲欽服王先生的學問，而恨其不能隨俗浮沉，又惜其中壽而死，不能竟其所學，但是他們不從王先生的思想、情感、行動、生活方面去找他所以決然一死的原因，而產生了不切事實的歧想，說是死於逼債，誰逼的呢?卻是與王先生志同道合了大半輩子，平時推財不吝，晚年偶爾產生齟齬，連自己女兒應得的一份三千元恤金都辭讓不受，但偏要爲女兒向王先生每年索取津貼兩千元的羅振玉，這不是天大的滑稽嗎？但他們主觀上還是從傾佩和愛護出發，王先生之死完全和他們的主觀願望相反，於是極力把王先生拉到自己這一邊，而不顧客觀事實。殷南等人是如此，王門弟子中某些人也是如此。」[24]

三封信發表後，王門子女也出來說話了，王東明評論道：「以上三信，先父在沉痛中，用筆仍委婉懇切，尚期異日再見，毫無絕情之意。經過一再懇求，大嫂才把遺款收下了。」又說：「先父返平後，因大嫂曾變賣首飾爲大哥治病，將醫藥費用寄至羅寓，歸還大嫂，羅將此款退回，又寄，又退。最後結果如何，已不復記憶，至傳聞羅向先父索大嫂生活費大洋每年貳千元之說，似不確實，若果有其事，先母必然知道，而先母從未提到過。至於與羅氏合夥做生意，賠本後逼債之說，更屬無稽……先母在世時我曾問過她，她當即否認。」她還談到自己的一點認識：「我常常癡想，如果二人不失和，父親傷心時得到摯友的勸解慰藉，迷惘時獲得勸解宣洩，或可打消死志。拉一把與推一把，其結果就不可以道里計了。當然，這只是爲人兒女的想法，試想一個人不惜以死爲解脫之道，其原因絕不會是單純的。當然，如因此而徑指羅氏逼死父親，也是有失公允的。」[25]讀者當然能夠理解作爲女兒這樣講時的心情，畢竟她還是很理智、很客觀的。至此，王國維致羅振玉最後三封信發表，羅王兩家後人均出面否認，「逼債」致死說才得以澄清。

王國維和羅振玉一起，作爲國學大師而在殷商甲骨文字、敦煌寫經、漢晉簡牘，以及古器物學領域內作出了開拓性的貢獻，並導致「羅王之學」的形成，改變了中國古代史研究的面貌，極大地豐富了傳統文化的內容，將永遠造福於後世學人。然而，作爲效忠於溥儀的政治同路人，兩人的結局是悲劇性的，不但導致了王的自沉，也導致了羅最終走上叛國之途。

【注釋】

①《王國維學術研究論集》第三輯，華東師大出版社一九九〇年版。

②昭和二年八月《藝文》第拾八年第八號，轉引自《追憶王國維》第三四六頁，中國廣播電視出版社一九九七年版。

③《懷德》廿二期，一九五一年十月出版，轉引自《追憶王國維》第三九三頁，中國廣播電視出版社一九九七年版。

④《貞松老人遺稿·甲集之一》第四十頁，辛巳年線裝本。

⑤吳澤主編：《王國維全集·書信》第四二二頁，中華書局一九八四年版。

⑥《王國維之死》第一二五頁，廣東教育出版社一九九九年版。

⑦趙萬里：《王靜安先生年譜》。

⑧趙萬里：《王靜安先生年譜》。

⑨《梁啓超年譜長編》第一一四五至一一四六頁，上海人民出版社一九八三年版。

⑩臺灣《中國時報》一九八四年十月廿三日。

⑪《清廢帝溥儀檔》，存中國第一歷史檔案館。

⑫秦國經：《遜清皇室軼事》第七十至七十一頁，紫禁城出版社一九八五年版。
⑬《王國維學術研究論集》第三輯，華東師範大學出版社一九九〇年版。
⑭《庭聞憶略》第九十八至九十九頁，吉林文史出版社一九八七年版。
⑮《清廢帝溥儀檔》，存中國第一歷史檔案館。
⑯天津貽安堂一九二七年刻本。
⑰王貞明：《父親之死及其他》，載臺灣《聯合副刊》一九八三年八月八日。
⑱《文學週報》第五卷第一至二期，一九二七年八月出版。
⑲《文學週報》第五卷一、二合期，一九二七年八月七日出版。
⑳《中國史論文集》，湖北人民出版社一九五六年版。
㉑《我的前半生》第二〇五頁，東方出版社一九九九年版。
㉒《殷虛卜辭綜述》第二章第一節，中華書局一九八八年版。
㉓《我的前半生》第二〇五頁，東方出版社一九九九年版。
㉔《史學集刊》一九八三年第四期。
㉕臺灣《中國時報》一九八四年十月廿三日。

悲哉「文聖」——溥儀和康有為

一、維新領袖

康有爲（一八五八～一九二七年），原名祖詒，字廣夏，號長素，廣東南海人。其父康達初年輕時投筆從戎，參與鎮壓太平天國，雖獲江西補用知縣，因病未赴任，三十八歲時病故。康有爲自八歲起常在祖父康贊修身邊讀書，自十一歲起隨祖父住在連州官舍，其祖係道光舉人，歷任教諭、學政、教授、訓導等教職，篤守程朱理學，使康有爲得到封建正統的教育。光緒二年在九江禮山草堂受學於廣東著名學者朱次琦，次年康贊修在連州訓導任上遇水災殉職，康有爲依例獲賜蔭監生資格。光緒八年首入北京，應順天鄉試不第。

光緒十四年，康有爲第一次上書光緒皇帝，提出「變成法」、「通下情」、「慎左右」的政治主張，未得上達。光緒十七年在廣州長興里設萬木草堂講學授徒，並刊行所著《新學僞經考》，次年又編成《孔子改制考》。光緒十九年應鄉試，中癸巳科舉人。光緒二十一年應會試，中乙未科進士，授工部虞衡司主事，未到任。應試期間聯合各省入京應試舉人一千三百餘人聯名上書光緒皇帝請求拒和、遷都、練兵、變法，是即「公車上書」，亦受阻未達。不久又上第三書，提出富國、養民、教士、練兵等變法具體步驟，得到光緒皇帝的贊許。繼而再上第四書，提出「設議院以通下情」，又被阻。同年在北京和上海創辦強學會。

光緒二十四年，康連續上書七次以後，光緒皇帝頒下「明定國是」詔書，召見康有爲「著在總理衙門章京上行走」，准其專摺奏事，正式宣布變法，推行新政，即史稱「百日維新」，結果以慈禧復出「訓政」告終，光緒皇帝被囚禁於瀛台，譚嗣同等六君子被害，康有爲和梁啓超因事先得到光緒帝的密詔而得以逃亡海外。嗣後清政府下令銷毀康的全部著作及版片，抄沒其財產、藏書、信札，宣布家屬「連坐」，並掘其祖墳。

作爲近代中國維新運動的領袖，康有爲在戊戌變法失敗後流亡海外十六年，其間在日本東京，孫中山勸他改以革命救中國，康表示無論如何不能忘記光緒皇帝。他還曾運動英國政府幫助推倒慈禧政權，扶助光緒皇帝重新柄政。他也曾授意唐才常組織自立軍，圖以武力恢復光緒皇帝的政權，唐不久被殺。他在加拿大時就正式建立了保皇會。光緒皇帝病逝時，康「泣血呼踴，號於昊天」，上書攝政王請誅袁世凱，「以報先帝之仇」。

中華民國成立後，康有爲組織孔教會。一九一三年十一月，他拒絕了袁世凱電召去北京主持名教的邀請，直到一九一四年七月返滬，在歡迎他的盛大宴會上發表大同學說的演講，遂定居於上海辛家花園（原盛宣懷宅）。

一九一五年十二月袁世凱稱帝，改國號爲「中華帝國」，改年號爲「洪憲」，康有爲堅決反對，一方面與梁啓超、潘若海等在滬策劃倒袁，並以香港私宅抵押兩萬元作軍餉，命門人徐勤組織討袁軍進攻廣州；另一方面致電袁世凱，斥責他勾結帝國主義，出賣中國權益，「鬻國以易帝位」，建議或者讓權出國，或者放棄受位改元之想。

康有爲雖反對袁世凱，但不反對復辟，不反對帝制。清朝時，他擁戴光緒皇帝推行「新政」，到了民國，他又擁戴溥儀，提出「虛君共和」的政治主張，策劃並從事一連串復辟活動，從而在自己的史冊上寫下了與溥儀相關連的最後一頁。如果說他作爲維新領袖，曾有過悲壯的前半生，則後來淪爲保皇黨代表人物，留在人間的卻是可悲的晚年。

二、「文聖」「武聖」共謀復辟

康有爲在日本時就撰文呼號「存帝制以統五族」，公然聲稱「決行復辟之舉」。鑒於他在海內外的顯赫名聲，清室王公貴族和清朝遺老等封建復辟勢力乃尊之爲「文聖」，而「武聖」即留長辮子的將軍張勳，此人當時正以江蘇都督和長江巡閱使的身分駐軍兗州、徐州一帶。

一九一六年康有爲致函張勳，首先提出了「恢復前皇帝」的問題。數月後，張勳以調解「府院之爭」爲名，率「辮軍」北上，於一九一七年六月十六日抵京，遂即前往紫禁城叩謁溥儀「恭請聖安」。嗣後密電康有爲，敦請來京「襄贊復辟大業」。十日後康到京，並攜來代十二歲的溥儀草擬的《復辟登極詔》等十數道詔書。在與張勳連日密談，討論政府體制的時候，康主張虛君共和制，而張堅持君主立憲制，在他們之間產生了嚴重的分歧，但兩人還是一致決定立即請宣統皇帝復位。

六月三十日深夜，「文聖」和「武聖」率復辟派進宮，出席「御前會議」。次日凌晨，康有爲緊隨張勳之後，他們頭戴花翎，身穿朝服，率文武兩班來到中和殿下，面對寶座上的溥儀三跪九叩，接著宣讀康有爲代溥儀擬的《復辟登極詔》，該詔從黃帝以來的中原文化，講到清朝先人的興起，繼談清聖祖的「仁政」，又談光緒皇帝的「新政」，再談隆裕皇后的「禪政」，最後推出「虛君共和」的政治主張：

「朕惟歐洲諸國實爲憲政之先河，然英有君主，實亦共和，英以盛安。比之中南美民主國歲月爭亂，過之遠矣。朕與吾國民願用英國君民同治之政。昔舜恭已南面而無爲，禹有天下而不興，誡我中國立憲之先導，朕庶幾焉。永削滿漢之名，以除畛域之界，統名中華帝國，以行立憲政體，大開國民會議，以議憲法，與五族國民同爲中華之人，同成中華之治。」

在溥儀當天所發的「上諭」中，有一道是「徐世昌著授爲弼德院院長，康有爲著授爲弼德院副院長，並賞給頭品頂戴加恩在紫禁城內賞坐二人肩輿」。所謂「弼德院」乃是清政府將退出歷史舞臺之際，爲了欺騙社會輿論而仿照日本樞密院設立的顧問國務機關，原來張勳僅以「虛銜」相贈。

幾天工夫形勢陡變，「辮軍」陷入響徹全國的「討逆」的呼聲之中。康有爲還在七月七日致函徐世昌，請求「保存幼沖復辟之文」，「以報先帝而安皇位」，既不能忘掉光緒，也不願拋開宣統。然而，短命的復辟很快成爲過眼雲煙，作爲北京政府明令通緝的復辟犯，「武聖」張勳躲進荷蘭公使館，「文聖」康有爲則避入美國公使館。不久，美國駐華公使派兵護送康有爲到日本「租界」地青島，繼往大連，又經濟南返滬。

七年後，張勳病死津門，康有爲仍念念不忘「兩聖連袂輔弼幼主」的一段歷史，特贈輓詩一首：「闔門待死南池戰，復辟精忠格上蒼。報韓不成天地動，長將化碧報君皇。君居荷館我美館，同難參商已七年。豈意津沽強病送，便成永訣痛重泉。」

三、「先帝」「今上」無不尊崇

如果說一八九八年康有爲幾爲光緒拋頭顱，則一九一七年他又險爲宣統蹲大獄。他無悔無怨，且對清室越發感恩戴德。每年溥儀過生日他都進貢，其貢品多爲中外珍奇古物，均爲遊歷世界時所得。一九二二年十二月一日溥儀大婚，康有爲又呈進一份厚禮，在記載此事的《大婚典禮進奉銜名物品冊》第一百五十三號項下寫道：

「頭品頂戴前弼德院副院長康有爲跪進：銀幣一千元、法國拿破崙帝與奧公主大婚畫碟一件（**成婚禮圖**）、法國拿破崙帝與奧公主大婚畫碟一件（**封后禮圖**）、意國佛羅練士玉摩色人物小屏一件。」

其中印有拿破崙成婚圖和封后圖的兩件畫碟尤爲引人注目。人們知道，拿破崙與奧國公主瑪麗・露易莎結婚的時候，也正是他大敗奧地利，迫簽《維也納和約》，而使法奧結盟的軍事全盛時期。當溥儀大婚之際，康有爲用這段歷史表達了對溥儀復興大清帝國的希望。

溥儀大婚時康有爲正在杭州，遂在所居「一天園」內擺案焚香，「望闕叩賀」，還做了一首七律送往北京清宮，向宣統皇帝表示祝賀。

溥儀接到康有爲的貢品與賀詩十分高興，提筆寫了一塊三字匾額賜康有爲，這三字是根據受贈者愛好山水之勝、喜歡遊覽之情，並曾遍歷世界而書，是爲「天遊堂」。

一九二四年二月十七日是溥儀在清宮內度過的最後一個生日，據《鄭孝胥日記》載，康有爲的貢物有四件：漢瓦兩塊、義大利皮畫一方、石畫女像一方、外孫女麥倩曾煙畫一方。

也在這一年，康有爲買下位於青島福山路六號的「德人初得青島時之舊提督樓」及園林後，即從上海移來「天遊堂」匾額，爲青島新居命名「天遊園」，這裏成了康氏一家的避暑勝地。兩年以後，康又在上海愚園路一九四號開辦「天遊學院」，自任院長兼主講，培養青年學者。由是亦可知康氏尊崇溥儀到了何等程度！

四、復辟有文證，胎死在腹中

一九二四年十一月五日溥儀被逐出宮，不久成立了以李煜瀛爲首的「辦理清室善後委員會」。該委員會於一九二五年七月三十一日點查溥儀寢宮——養心殿後殿時，發現了溥儀與社會上的復辟勢力相勾結、密謀恢復清朝統治的有關文件共二十一件，完全證明：溥儀在一九二四年間正在醞釀一場新的政治風暴——繼失敗的張勳復辟之後再度掀起復辟運動，醞釀復辟的過程中，康有爲及其弟子發揮了重要作用。

「復辟文證」中，有一首康有爲「呈」溥儀「御覽」的律詩，寫於一九二四年二月五日，是日爲甲子年正月初一，又逢立春之日，故被康視作天賜吉時，如北斗示路，復辟帝制有望。詩中下闋的四句說的正是這層意思：「中元甲子天心復，外史庚申國事非。更奇立春正元日，相逢吉語在璿璣。」同年二月十六日，即溥儀過生日的前一天，康有爲又給溥儀的英文師傅莊士敦寫了一封親筆信，請他轉奏「皇帝陛下」。康在信中再次把甲子、元旦和立春附會爲「天意」，從而大作復辟文章：「三者符合，千年未有，此蓋聖上德符，天佑中興，非關人力，更非奔走之所能為也。」

所謂「奔走」係指康有為及其弟子徐勤，還有「小門人」徐良（徐勤之子）等，打著「中華帝國憲政黨」的旗號活動於海內外的情形。康在信中還曾言及：「經年奔走，至除夕乃歸，幸所至遊說，皆能見聽，亦由各方厭亂，人有同心。」康還一一列舉了他和弟子們遊說過的陝西、湖北、湖南、江蘇、安徽、江西、貴州、雲南等省，據他說地方大員們回應復辟態度積極。他還隨信附呈了剛自古都西安帶回的兩塊漢代瓦和一塊唐太宗昭陵磚，這無疑是為了激發溥儀的「帝王之氣」。

康有為這封信，寫在八寸寬、六尺長的整幅宣紙上，洋洋灑灑，筆力蒼勁。當溥儀看到由莊士敦轉來的這封信時，自然感到歡欣鼓舞，躍躍欲試地準備著揚動龍旗了。

康詩康信被發現不久，清室善後委員會又在溥儀的寢宮，發現了康氏「小門人」徐良致莊士敦的信。徐良者何許人？這可從其父說起。徐勤，字君勉，廣東三水人，是繼陳千秋、梁啓超之後，於一八九〇年冬慕名投奔廣州雲衢書屋而成為康有為第三個受業弟子的。不久，康氏興學，開辦「萬木草堂」，徐勤曾任學長。徐良，字善伯，曾往日本和美國留學。民國成立後，歷任司法部、外交部、內政部和駐美公使館秘書，還曾在廣東地方公署任職。作為康有為的忠實門生，這父子二人以政黨活動為掩護聽命於康氏，效力於復辟。

例如康有為在一九二三年遊歷山川兼向各地督軍進言，徐良即常侍在側。三月遊海門定海、普陀；四月廿二日，康有為親往洛陽為吳佩孚五十歲祝壽，當康氏蘸墨吮毫揮筆成聯之際，站在他身邊拉紙的正是徐良；繼而遊開封、保定和南京；五月遊濟南，登千佛山；六月赴青島，遊嶗山太清宮，首先在山東境內成立兩處「孔教會」；七月遊北戴河；十月入陝，登華山，遊臨潼；十一月五日應陝西督軍兼省長劉鎮華之邀抵達西安，在陝遊覽、講學兩個月，其間曾祭祀董仲舒祠、參拜咸陽周陵；一九二四年一月六日返經洛陽，旋遊嵩山；一月廿四日赴武昌洪山寺，祭掃唐才常諸烈士墓，撰寫《唐烈士才常墓誌銘》；二月四日回到上海，這一天正是大年三十，即康氏致溥儀信中所謂「經年奔走，至除夕乃歸」。不久又往杭州小住，四月遊天臺山、雁蕩山，這便是徐良給莊士敦寫信之前一年間康有爲的足跡，當然徐是知情人。

據鑒定過該信原件的索予明先生講，徐良使用上海九華堂寶記信箋書寫，自香港寄京，其中有報告康有爲行止的內容，有述說他本人在海外爲復辟而遊說的內容，有談及溫肅等清朝遺老的內容，比如講到他於一九二四年五月自香港起程北上就職，何東爵士及當地遺老爲之餞行，優禮有加，遂以爲「人心似趨，於斯可見」。更加明目張膽的是，徐良竟敢在信中公然提出，擬入廣西勸說桂系軍閥林俊廷「起兵攻粵」，又對孫中山先生語涉不敬，可見已經有了把復辟願望付諸實行的方略。溥儀收藏此信於寢宮和集中二十一件復辟函文於同篋一樣，表明了他要把恢復清朝統治付諸實行的決心。順便提及，徐良後來當了汪精衛僞政權的駐日本大使，於一九四九年被作爲漢奸槍斃了。

醞釀在一九二四年間的復辟運動，因溥儀被逐出宮而暴露，又因這個突發事件而中止。康有爲被激怒了，立即打電報給北京當局，指責馮玉祥的軍隊背信棄義，侵犯皇帝。其文云：「優待條件，係大清皇帝與民國臨時政府議定，永久有效，由英使保證，並用正式公文通告各國，以昭大信，無異國際條約，今政府擅改條文，強令簽認，復敢挾兵搜宮，侵犯皇帝，侮逐后妃，抄沒寶器，不顧國信，倉猝要盟，則內而憲法，外而條約，皆可立廢，尚能立國乎？皇上天下爲公，中外共仰，豈屑與爭，實爲民國羞也！」

康有爲等復辟派囂張如此，北洋政府卻一讓再讓，發現復辟文證的清室善後委員會，曾據以對溥儀、康有爲等人向京師地方檢察廳提起訴訟，該廳雖認爲「陰謀內亂」的罪名可以成立，但以程序爲由推給了高等檢察廳，此廳則援引段祺瑞的「大赦令」，給予不起訴處分，從而使復辟派們的大小首領無事過關，逍遙法外。

五、「復號還宮」重溫舊夢

一九二五年二月廿三日，已經脫離清宮的溥儀喬裝秘密潛往天津，在日本「租界」張園設立「行在」定居，欲稱這一天爲「龍抬頭」，溥儀正是爲了重登「九五」才走出這一步的。

三月五日之後的幾天內，國內各報紛紛刊出康有爲赴津「覲見」的消息。有一條寫道：「茲據天津電話，清廢帝溥儀由京抵津後，近與一般前清遺老往還甚密。曾致電康有爲，促其北上。康氏接電後，即乘招商局之愛仁輪，業於前晚到津，下榻日『租界』某宅。當夜即赴張園，晉見溥儀，殊爲中外所注目云。」

康有爲這次北上，輿論譁然。《白話國強報》以《康聖人胡爲乎來哉》爲題發表「時評」，認爲時而蟄居伏處，時而南北邀遊的康氏，應召來津必有內幕，要求溥儀明白示人，「以釋群疑」；《北京益世報》傳出消息說，康有爲「將助溥儀規劃出洋」；《東方時報》認爲康氏將駐津主持「行在」事務，位列陳寶琛等遺老之前「經理一切」。該報還以《清朝聖人》爲題發表評論說：「惟是康氏爲清朝聖人，而爲民國之不祥人。彼每有所圖謀，則必不利於民國。故吾人於其來津也，不得不有所懼焉。因改老子之言，而致慨嘆曰：聖人不死，大亂不止！」當時，在北京還有個稱爲「反對優待清室大同盟」的社團，也公開發表宣言說，作爲保皇黨首領的康有爲，與宗社黨黨魁升允及其他復辟黨羽麇集天津，秘密會議，「將謀傾覆共和」，「孤注一擲」。爲此，該社團向各界緊急呼籲，擴大反對優待清室大同盟，監視溥儀、康有爲和其他清朝遺老的行蹤，並調查日本方面與溥儀集團的往來關係。遺憾的是，這些連一樣也沒有做到。

事實上，康有爲是在一九二五年三月三日晚上抵達天津的。他不顧年邁體弱、旅途勞頓，當晚即風塵僕僕地前往張園「覲見天顏」，自然還是三拜九叩，跟當年覲見光緒帝的禮節無異。君臣重溫舊夢，淒淒慘慘戚戚。繼而康有爲以進德、修業，親賢、遠佞諫言，溥儀則感其忠心可嘉。

不久，康有爲致電當時控制北京政府的吳佩孚、張作霖、張宗昌等軍閥首領，要求恢復清室優待條件。電文先說清朝統治中國兩百餘年的好處，「政行澤被，吏士奉法，盜賊鮮少，民生樂業，賦斂最薄」；繼說清帝遜位有大功，「夫中華之爲民國，以清朝讓之，非民國自得之也」。所以才有優待清室之條件；再說馮玉祥「毀法破約，逼帝搜宮」，大加斥責。在電文的最後一段裏，康有爲大聲疾呼提出了要求：恢復皇帝尊號，迎請宣統還宮。此即「復號還宮」的先聲，其正式提法就是「恢復皇室優待條件」。電文如下：

至今乘輿避托使館，蒙塵天津，中外嘩怒積於人心，騰於報章者久矣。今以諸帥之力，驅除馮賊之軍，光照日月二星，發揚舊日百政，日漸恢復，亦將經月矣。惟皇室優待條件未聞議及也，既違約無以對萬國，更背德無以對讓皇。昔舜受堯禪，丹朱猶稱虞賓；周因殷國，白馬猶尊宋客。況讓皇猶在，故君有禮，諸公皆曾事先朝，豈能忘乎？其在歐美，若義大利王伊曼奴核，奪取羅馬而仍保教皇之尊嚴，至今六十年，尊禮皆在，皇號不改，教產不動，與吾國優待皇室之例義正相符。望恢復皇室優待條件，以昭萬國之大信，無貽千秋之謗議，以維人心，以對皇室，諸公豈無意乎？惟諸公圖之。

六、上書吳子玉，「還宮」刮妖風

康有爲並未在天津滯留，更不曾爲溥儀「經理一切」，很快即回到青島，一九二五年全年都在青島、杭州和上海的家中度過。他和溥儀的聯繫往往靠著「小門人」徐良的溝通。僅查閱溥儀一九二六年的《召見簿》，在三月七日、四月十日、四月十四日、四月十五日、八月廿五日、九月三日、九月十三日等項下都可看到徐良的名字，可見往來不斷。

應該提及，溥儀的英文師傅莊士敦這時仍在中國，作爲英國政府的代表，處理「庚子賠款」問題。大概出於身分上的考慮，這位長期替康有爲、徐良向溥儀轉遞信函的洋人，此時卻有所回避了。一九二六年三月廿五日，莊士敦在長江蕪湖附近的「大同號」輪船上給溥儀寫了一封信，當時他因公務剛從北京經天津過上海，現在乘江輪往武漢去。他在信中解釋說，經過天津時，因沒有時間未往張園覲見，而在上海雖然住了多日，卻「不打算去看康有為」，「因為一去找他，中國報紙就要發表，會產生難以估料的後果」。可見當時在康有為和溥儀之間就存在一根為社會所敏感的神經，連莊士敦也不敢輕易觸動這根神經了。

為了實現「虛君共和」的政治理想，康有為勢必要把解決溥儀的「復號還宮」問題作為首要目標，而他把達到目標的希望就放在當時握有實權的軍閥吳佩孚身上了。

吳佩孚（字子玉）出任直魯豫巡閱使以後進入全盛時期，擁兵十餘萬，控制河南、湖北、直隸、陝西等省，又有美英等國支持，可謂兵強勢大，為了籠絡他，溥儀送過許多珍寶，拿一九二三年四月廿二日吳佩孚在洛陽辦五十大壽來說，溥儀送水晶一片，中嵌自鳴，自行周轉，永無止息，而水晶則無縫可尋；又送翡翠玉一塊，周圍尺許，雕刻精美，亭臺樓閣，無物不具，其中還有三首御製詩。康有為也捧吳，就在那次壽宴上，引用周武王克紂於牧野和裴晉公入洛陽兩個典故，親書一副壽聯：「牧野鷹揚，百歲勳名才半紀；洛陽虎視，八方風雨會中州。」此聯既出，傳誦一時。籠絡也好，吹捧也好，歸根結底是為了政治目的。

一九二六年七月，康有為致電吳佩孚，請其援助溥儀返京並恢復優待條件，節錄如下：「君之道德國人欽敬，君忠於曹錕，實因富於感情之故，馮為赤化，君既討赤，於馮之為應當糾正。君在清時亦受有中級軍官之職，宣統亦屬故主，況民國元年曾有優待條件之約束，列國咸謂馮倡赤化，落井下石破壞優待條件，致吾天子蒙塵。吾公之不忘曹氏正有為之不忘宣統也，應請恢復優待條件，並迎遜帝回宮。與民國制度並不抵觸，此為事實上之可能。」吳佩孚顧忌復辟嫌疑而受千夫所指，未敢實行康電內容，表示無法改變馮玉祥驅逐溥儀出宮這一歷史事實。他回電說：「優待條件既已破壞，如再恢復，則物議必多，只好聽其自然而已。」

康有爲沒有就此罷手，又揮筆寫下致吳佩孚的數千言長信，指陳中外形勢甚詳。

康有爲大罵馮玉祥，痛恨其「逼宮」之舉溢於言表，敦請「玉帥」追討「赤馮之軍」，「防縱敵之患生，決除惡之務盡，因被窮蹙，滅跡掃塵」。

康有爲再論「民國共和」是中國禍亂之源。他寫道：「十五年來戰亂頻仍，割據分剖，民墜水火，盜賊遍地，原野暴骨，國勢將亡，同於印度，雖以孫文、馮玉祥之暴亂，其一開口亦言十五年之爭亂，此何以故？豈非民國共和之故哉！」

康有爲按照自己的觀點。依次分析了美國、法國、中南美十六國和葡萄牙的政治、經濟狀況，從而得出結論：「中國形勢風俗與歐美格格相反，而必強行之，只有共爭、共殺、共亡耳！蒙虛名而受實禍，雖有聖者亦無能救之也。」在康看來，民主、共和，對中國來說僅虛名而已。

康有爲認爲，中國的政體不能脫離中國的具體情況：「夫國之有政體，猶人之有身體也。醫身病而用藥方，但求癒疾而身安，不必問何藥方也；醫國病而講政體，但問去亂而國治，不必問何政體也。人身之強弱老少不同，國體之君民亦異，豈有萬應之膏丹丸散，能以一藥而起萬病哉！」康所謂「不必問何藥方」、「不必問何政體」，無非因爲他給中國開列的藥方、設計和政體早已盡人皆知又名聲太壞。

康有爲自知「復辟」二字人人痛恨，遂亦在「共和」二字上作文章，他逐一分析了世界上現存的四種共和制度，認爲瑞士的委員制、美國的總統制、法國的責任內閣制都不適應中國國情，其結論是「必欲行共和，惟只有英國虛君共和一制耳」。而虛君則必有君，康又舉一八四八年奧國和德國發生革命，先後迎歸奧王菲迪南和德國皇帝威廉一世復辟以至「功重大業」爲例，反覆闡述自己的政治主張。康有爲「圖窮見匕首」，最後提出「惟中國而欲立君誰能任之」的問題，他說，「衍聖公」不可，各路軍閥首領亦不可，「捨復辟更無其人矣」。在康看來，只有溥儀才能救中國，他寫道：

皇上聰明睿智，久閱諸艱，既臨四萬萬人於前，又廢數千年閹寺之制於後，以之復辟，行用英制，恭己南面，有天下而不與元首之位，永無兵爭。然後政治可圖，中國可安，為中國治安計無出此。

乃者張效帥（張宗昌）曾獻品物，上賜御像，奬其忠恭：張雨帥（張作霖）獻金十萬，上幸其室，雨帥跪迎；吾頻遣孫惠敷、馬天民見李芳帥（李景林），芳帥言：「非復辟則絕無紀綱法度，皆不能安。」聞其在萍頻謁皇上。諸帥之意亦可見矣，今但待決於明公（吳佩孚）矣。

今美國、日本之報明言中國大亂非復辟不能拯，若英、德之人言中國事者，亦無不主復辟，公使尤多主之，此外交之同心也。若吾國內之民情，除國民黨外無不望復辟者，即國民黨人私語，亦無不以復辟為然。吾粵人受國民黨之害至深，故尤望復辟。僕頻年漫遊，與全國士大夫談，無不疑民國而主復辟，與各疆帥談，言之尤激，蓋未見有一主民國者。高定庵亦主復辟者，今劉雪亞、王孝伯尚在，可面問也。

若明公力恨共工，主法禹而不主法舜，師關嶽而不取，爵位仰見，遠識孤懷，傾仰不任。然明公所以隱忍遲疑者，慮中外人心未之集耳。今其時矣，皆望之明公矣。明公以中國為體，以拯中國為任，必于根本先定，然後枝葉乃布。於今復辟，以安中國，功齊宇宙，名並日月，實古今所無有，豈桓文所能比哉！蓋中國存亡所關非桓文時也。杜少陵詩曰：「神明漢代中興主，功業汾陽異姓王。」皆公隻手為之，整頓乾坤，重立天地，豈有比哉！若公坐棄時機，仍言法憲，中國再亂亡，生民重水火，公忍之乎？中國存亡在於斯，不勝冒未屏營之至。惟公圖之。

康有爲致吳佩孚的這封長信，完整而系統地表述了康氏晚年的政治思想，也闡明了他眷戀舊主、致力於溥儀「復號還宮」的政治基礎。這封外界未曾流傳的信稿，寄發之前曾經羅振玉寓目，並由羅帶回家裏，而命家庭教師關先生恭楷抄錄一份送呈「行在」御覽，溥儀當然高興，遂把抄稿留中備查，現已成爲研究康氏晚年思想的重要史料了。

七、最後一搏憑玉帥，天子難扶成敗局

康有爲致吳佩孚的長信，極大地鼓舞了溥儀及其身邊遺老。據二十世紀二十年代活動於天津市內的「天津各界反清聯合會」揭發，一九二六年八月四日在張園曾召開「御前會議」，通過一項議案：懇請吳佩孚「從速飭令現政府改組清室善後委員會」，爲溥儀重返清宮做好準備。爲實現這一目標，會議共推楊雲史與吳佩孚交涉，推趙爾巽、寶熙、載洵等與北京政府交

涉，與此同時，由溥儀「電諭康有爲速行來津並道過吳氏詳爲商洽」。

其中，趙爾巽爲清末東三省總督，辛亥後出任清史館館長；寶熙爲皇族宗室，曾任「小朝廷」的總管內務府大臣；載洵則是溥儀的六叔，這當然無需說了。唯楊雲史何許人也？原爲清朝遺少。其父楊崇伊係清朝官吏，戊戌政變時期曾對康有爲彈劾構陷，但楊雲史崇敬康氏，當其在吳佩孚幕中擔任秘書長之際，嘗執弟子禮主動拜訪爲吳祝壽的康氏，兩人遂棄嫌而引爲同好，連日暢談。康有爲先以「儒雅風流」四字書贈新弟子。繼贈對聯一副：「涕淚憂宗國；心肝奉至君」。康還在此聯之後寫一跋語，「極嘉其忠」。楊雲史乃高懸名師的墨寶於寢室，抬頭可見。

康楊之交不但因思想相通，也因政治需要，作爲吳佩孚的幕下親信，楊氏顯然可以承擔溥儀、康有爲交付的特殊使命。社會上一度流傳吳佩孚和楊雲史打詩鐘的故事，吳句：「雲飛泗上興亭長，瓦震昆陽見漢宮。」楊句：「瓦冷鴛鴦唐帝怨，雲成龍虎漢皇興。」評者認爲：「希望復辟，意在言外，直如鄉村婦孺之望『真命主』出現於天下也。」是故，八月四日「御前會議」共推楊雲史與吳佩孚交涉，的確找到了合適人選。

八月十五日，遺老們再度聚會張園，並議決待復辟派重新掌握清宮以後，用古物作抵押，向日本借款二千元作爲「運動復辟」的經費。據天津各界反清聯合會揭發，張園開會時，日本駐天津總領事和日本正金銀行經理在座，他們得知清室善後委員會將改組（趙爾巽出任委員長，寶熙或楊雲史副之）的消息後，已答應如數借款，一旦趙爾巽接管清宮即先付半數。然而，這不過是畫餅充饑。

「御前會議」議決各項中，成爲事實的只有一件事，溥儀電諭康有爲「速行來津」，康即覆電報告啓程，他可能要遵照溥儀的諭示，往見吳佩孚談判復辟問題，經查溥儀的《召見簿》，康有爲和徐良的名字是在一九二六年九月三日出現的，九月六日溥儀再度召見康氏。又據溥儀日記，九月十一日上午九時至十時餘，溥儀在「行在」花園內接待康氏，次日中午，兩人又談了一個小時，又據《召見簿》，九月十三日溥儀單獨召見徐良，九月十四日，溥儀再單獨召見康有爲。嗣後，康入京，下榻於文園二女婿羅昌家，每天由門生張伯楨和女兒康同璧陪同參加歡迎宴會等社交活動。其間，康氏懷著悲愴的心情在菜市口憑弔了「戊戌六君子」，又在南海會館揮淚憶舊，鬱鬱然心境不勝淒涼。當時留下的詩句「銀河霧散星辰夜，綠酒人懷今古潮」，反映了這位「文聖」的悲觀。他這次應召北來，滿懷希望，爲復辟而作了最後的奮鬥，結果只有失望，前途就是憶舊！康有爲無奈而返，過津時，又於九月廿五日和廿六日兩度「覲見天顏」，溥儀安慰了幾句，他便返回上海去了。

過了幾個月，在北伐軍的沉重打擊下，吳佩孚兵敗山倒，狼狽逃往漢口，他已是「泥菩薩過河——自身難保」，再也不管溥儀能不能「復號還宮」了，康有爲押在他身上的最後一張牌也終於輸掉了。

八、康有為的謝恩摺與溥儀拒絕賜謚

一九二七年二月，康有爲已經步入人生的最後時日，他還堅持以衰老之軀親往天津給溥儀拜壽，並於二月十一日抵津。這次北上仍由徐良陪同，還與前兩天到津的老朋友莊士敦見面敘舊。二月十二日，溥儀召見了康有爲、徐良和莊士敦。二月十四日是「行在」的「萬壽日」，前往張園叩拜的遺老遺少非常之多，除康有爲、莊士敦以及徐勤、徐良父子外，還有陳寶琛、鄭孝胥、羅振玉、王國維等等。二月十五日，康有爲又攜徐勤、徐良父子與莊士敦一起前往張園向溥儀辭行，溥儀召見了他們，他當時還不可能想到，這是他和康有爲的最後一面。召見後，康有爲返回上海。

一九二七年三月八日康有爲七十壽辰，溥儀特派徐良由津至滬，賞賜御筆「嶽峙淵清」匾額一方、玉如意一柄，以表祝壽。據《召見簿》載，溥儀是在二月廿三日見徐良的，這時已傳下給康氏「賜壽」的「諭旨」，顯然是被康氏這幾年的復辟活動感動了。徐良奉旨於三月七日到達上海康宅，康有爲喜舞忭蹈，設案焚香，叩領壽物。由徐良宣讀的「聖旨」，用語懇切，好似溥儀正娓娓對康說：「朕自京隻身出津，無多長物可賜，欲撰聯，又得出聯，匆匆未成對語……」一番話勾起康氏一片封建主義的忠君之情，他感恩戴德，回首往事，展紙吮筆，上溯戊戌變法，歷敘所承清帝恩遇及一生艱險狀況，寫下一千一百八十一字的謝恩摺。

康有爲先說自己是「海濱鄙人」，蒙光緒皇帝「擢臣於側陋冗散之中，咨臣以變法自強之業，諭臣專摺奏事」，遂有「百日維新」，繼而誅六士、掘祖墳，雖遭「亡而奔外」，仍被懸賞購頭，「暗殺至五六舉」，其間「歷經三十一國，行道六十萬里，出亡在外，十有六年」。他這樣表述了當時的心境：「上哀聖主瀛台之幽囚，下痛親友菜市之慘戮；內悲老母倚閭之不見，外憂生民亂世之多艱，未嘗不肝隨肺裂，心逐魂飛，賦遠遊而悲秋，誦大招而不返。」辛亥後總算得以「生還」，「然已鼎湖龍去，弓劍難攀；周室鼎移，玉步頓改」。中國大地已不是清朝的天下，宣統皇帝又被逐出紫禁城，康有爲既難過，又感恩，乃以「頭品頂戴弼德院副院長」的身分寫下此摺。

謝恩摺最末一段云：「近乃黃屋蒙塵，郊宮鞠草。臣回天無術，行澤悲吟，每念家國而咎心，宜使祝宗以祈死。我皇上不自軫清露之苦，乃垂注臣初變之生。入此歲來，年已七十。憐其馬齒之年，恤其牛走之勞，遠命使人特銜天詔，宸章耀於蓬蓽，高深動以嶽淵，玉德賁於丘園，提攜望其如意。仰雲章之爛河漢，撫寶之重連城。此豈微臣所當被蒙，尤爲老臣驚於受寵。付子孫傳後世，永戴高天地之恩，以心肝奉至尊，願效墜露輕塵之報。」

康有爲寫就這篇言辭悲憤動人的謝恩摺，即命書記杜長鋏以恭楷繕寫，石印千份，分贈祝壽者。康氏下筆動情，懷今感舊，傷痛已甚，哭笑無端，顯然已經身處病態了。

一九二七年三月十八日，康有爲給溥儀上了最後一份奏摺，並附去謝恩摺，嗣後登輪離滬，於廿一日抵青島。三十日赴英記酒樓宴會，未終席而發病，延至三十一日晨五時半許，逝於青島福山路六號「天遊堂」居室。

儘管康氏發病甚急，溥儀在天津還是及時得知了，立命「行在」庶務處主事佟濟煦拍電問病：「青島福山路六號康宅：鑒安否？急電覆。濟煦。豔。」四月一日上午十一時五十六分，「行在」收到青島發來的急電：「日界張園佟濟煦：豔電敬悉。南海先生二十八早五時辭世，乞奏上，並告津友。康宅。」其中「二十八」指農曆二月二十八，即西曆三月三十一日。當天下午六時五分，陳寶琛和榮源又收到徐勤發自香港的報喪電：「日界張園陳太傅、榮公鈞鑒：南海師三十一日在青島仙逝，乞代奏爲感。徐勤叩。東。」

對封建遺老來說，最引爲榮耀的是在終其一生的時候，得到皇帝賜予的諡法。當康有爲的「小門人」徐良專程赴津爲恩師求諡之際，不料竟遇上麻煩，溥儀認爲康氏爲復辟奔走不遺餘力，雖不成事卻有功勞，應該予諡。然而陳寶琛提出康有爲「保中國不保大清」之說，且在當年忤逆慈禧太后，因此不可予諡。對此，鄭孝胥從旁附和。溥儀拒絕賜諡，徐良一氣之下拂袖而去。保皇「文聖」悲矣哉！

雖無賜諡，《清史稿》卻破例對康有爲和張勳二人存詳傳，特於康傳後加以說明：「論曰：光、宣兩朝，世變迭起，中國可謂多故矣。其事皆分見於紀、傳。斷代爲史，辛亥以後，例不能詳。唯丁巳復辟，甲子移宮，實爲遜位後兩大案，而勳與有爲又與清室相終始，亦不可遂沒其人。明末三王及諸遺臣，史皆勿諱，今仿其體，並詳著於篇，庶幾考有清一代之本末者，有所鑒焉。」

《清史稿》對康有爲的思想和學術成就也有很高的評價：「有爲天資瑰異，古今學術無所不通，堅於自信，每有創論，常開風氣之先。初言改制，次論大同，謂太平世必可坐致，終悟天人一體之理。述作甚多，其著者有《孔子改制考》、《新學僞經考》、《春秋董氏學》、《春秋筆削大義微言考》、《大同書》、《物質救國論》、《電通》，及《康子內外篇》、《長興學舍》、《萬木草堂》、《天遊廬講學記》，各國遊記暨文詩集。」此外，康還有《戊戌奏稿》、《禮運注》、《中庸注》、《康南海先生詩集》等許多著作。

康有爲生前曾自擇青島李村象耳山爲墓地，然而，他的葬禮並不意味敲響了復辟的喪鐘。

【參考文獻】

＊中國第一歷史檔案館：《清廢帝溥儀檔》。
＊政協奉新縣委員會文史資料研究委員會編：《張勳史料》一九八六年內部發行。
＊趙爾巽等撰：《清史稿》，中華書局一九七七年版。
＊《甲子復辟文徵》，一九二五年影印，原件藏臺灣故宮博物院。
＊馬洪林著：《康有為大傳》，遼寧人民出版社一九八八年版本。
＊索予明撰：《復辟文證析述》，台刊。
＊《白話國強報》、《北京益世報》、《東方時報》等二十世紀二十年代報刊資料。
＊紫禁城出版社編：《紫禁城》，一九八九年第二期。

梅戲迷——溥儀和梅蘭芳

梅蘭芳（一八九四〜一九六一年），名瀾，又名鶴鳴，小名裙子、群子，號畹華，別署綴玉軒主人，藝名蘭芳。江蘇泰州人，生於北京。

一、梅家與皇家

溥儀與梅蘭芳可謂世交，梅家三代都跟清宮有關。照清宮舊例，除由昇平署承擔宮廷演戲任務外，還有隨時要社會上的名角入宮演出，被傳的伶人就叫作「內廷供奉」。梅蘭芳的祖父梅巧玲即是一位內廷供奉，他在咸豐年間掌管京都的「四喜」戲班，頗有盛名，經常被傳進宮裏演戲。咸豐十年夏，咸豐皇帝三旬整壽時大肆操辦，曾命梅巧玲率「四喜」班進圓明園連演數日。其人較胖，遂有「御口親呼胖巧玲」一句「竹枝詞」廣爲流傳，說明皇家對梅巧玲的表演是很欣賞的。就在這次圓明園演出之後不久，這座「萬園之園」就被英法聯軍洗劫並焚毀了。

梅蘭芳的伯父梅雨田則在宮內當差，作為昇平署的教習，他是一位六場通透的音樂家，與當年享有「戲劇大王」盛名的譚鑫培為搭檔，為其拉胡琴伴奏極為和諧，被稱為「隨手」，吹笛子更有「絕活兒」。正像梅雨田自己所說，吃昇平署這碗飯，胸中沒有滾瓜爛熟的幾百齣戲，那是絕對應付不了的。他也是深受皇家賞識的戲曲樂器藝術家，除拿宮裏的固定錢糧外，每次登臺伴奏另外給銀二兩，以後逐漸增加到八兩。

自咸豐以後，清宮演戲成為風氣，又經慈禧著意宣導，遂使此風由宮廷而王府，由皇帝而親貴，先是觀戲，繼而演戲，光緒皇帝也能打鼓，公子王孫差不多都可登場彩唱。所以才有「國事興亡誰管得，滿城爭唱叫天兒」這兩句歌謠流傳。溥儀與梅蘭芳的關係，是清宮與梅家幾代關係的繼續，也反映了皇族中京劇傳統發展的狀況。

光緒二十八年，梅蘭芳八歲時開始學戲，習正工青衣，十歲即在北京廣和樓登臺演出《天河配》，十三歲搭班「喜連成」，他專飾旦角，至十六歲退出該戲班。宣統三年，北京各界舉行「菊榜」，梅名列「探花」。一九一三年冬，他搭班「翊文社」後赴上海演出，被選為伶界大王。一九一五年又改搭「雙慶社」，排演新戲、崑曲戲和時裝京劇，如《宦海潮》、《孽海波瀾》等。一九一七年以後先後搭班「桐馨社」、「春和社」、「雙慶社」、「喜群社」。一九一九年四月應日本東京帝國劇場之聘赴日本演出，同年冬，又應張謇之邀赴南通演出。一九二一年編演《霸王別姬》。一九二二年開始主持「承華社」，並赴香港演出。這時的梅蘭芳，已是中國京劇舞臺上最富盛名的角色了。

一九二二年十一月三十日深夜，散戲後，梅蘭芳在東興樓吃晚飯時，正好看見溥儀迎娶婉容的儀仗從街上走過。嗣後，清宮從十二月二日到四日爲慶祝溥儀大婚演戲三天。楊小樓、譚鑫培、俞振庭等名角都進宮演戲，共演三十四齣，梅蘭芳並沒有參加這次演出。後來溥儀的堂弟溥佳撰文回憶溥儀大婚場面，說梅曾演出《汾河灣》，並與楊小樓合演《霸王別姬》，講得繪聲繪色，實則爲誤傳。

二、梅蘭芳進宮演戲始末

梅蘭芳既不像伯父吃宮中錢糧，也不像祖父經常被傳入宮「供奉」。終其一生進宮演戲只有一次，即在清宮爲端康太妃操辦五十歲整壽那天——一九二三年十月二日。

梅蘭芳這次被邀入宮，主要是因爲端康太妃和溥儀都點名要看他的戲。事先，昇平署總管拿著幾十齣戲的戲目呈請端康親點，她找不到梅蘭芳的名字就很不高興。後來溥儀又回憶說，他也是因爲久仰梅蘭芳、余叔岩和尙小雲等人大名，才決定將他們幾位「臨時邀入清宮，特別參加演出」的。於是，宮裏特派昇平署教習錢金福前往梅家「謙辭婉約」。當時正是日本關東大地震之後，梅忙於賑災義演，但因慮及祖父、伯父與清宮的關係，不便辭退，「即行允諾，並聲明不領戲價」。溥儀聞之頗爲欣喜，遂授意內務府大臣，「於梅蘭芳到宮時，遣人歡迎領導，借示優異」。按照溥儀的想法，自然還是以皇帝的身分傳諭社會名角入宮「供奉」；從梅蘭芳的角度就大不相同了，他一方面顧及祖輩的情面，另一方面，只把這紫禁城內的演出也作爲應一次堂會而已。

據梅蘭芳回憶，那天他在後臺大耳房化妝，隔窗可見臺上演出，馬連良的《借趙雲》正唱到熱鬧處，忽有太監來到後臺傳旨「迎請」，戲停下來，許多嗩吶吹「一枝花」牌子，皇帝、皇后入座聽戲，不一會兒，端康、敬懿和榮惠三位太妃也入座了。因爲下一齣就是梅的《遊園驚夢》，可知溥儀等對梅戲確是另眼相看。

梅蘭芳後來跟許姬傳先生談過他演戲時注意到的台下的情景：

「這個戲臺，比外面舊式方台大得多。只見北面五間正房，有廊簷，正中懸掛著紅邊貼金藍地金字豎匾『漱芳齋』三個楷書，並排寫的是滿文。堂屋中間，隱約看見三個老太太同坐在一個小榻上。東邊靠近窗戶側身坐著一個戴眼鏡的少年，一看便知這是遜帝溥儀，當年在報刊上就登載過他的照片。唱完『夢回鶯囀……』看見從屋裏緩緩走出一個十幾歲很氣派的麗人，梳著兩把頭，穿著大戲緙絲氅衣，花盆底鞋。在這個十分莊嚴的場面裏，敢於隨便走動看戲，這當然就是剛娶進宮來的皇后婉容了。她看了一會兒就進屋，坐在西一間靠窗的地方。」

梅蘭芳那天主演的兩齣戲《遊園驚夢》和《霸王別姬》都是宮裏沒有的戲。別的劇團進宮獻演，可以不帶行頭道具，因在清宮昇平署一應俱全，梅卻要自帶服裝進宮。

據當時各報報導，溥儀等對梅戲極爲讚賞。《實事白話報》說：「是日，帝著灰色長袍，帶大黑墨鏡，頗爲高興。名伶均蒙賞賜，惟蘭芳蒙賜獨多，原因係清帝初觀蘭芳演劇。清帝大婚時傳演，適蘭芳在滬未歸；今觀蘭芳獻技之妙，大加讚賞。」《順天時報》說：「蘭芳《遊園驚夢》、《霸王別姬》爲帝初寓目，嘆爲名下無虛，故賞較優。」《大公報》則轉述貝勒載濤（**溥儀七叔**）的話評論道：「梅蘭芳在宮演兩劇：一《遊園驚夢》，一《霸王別姬》。清帝、后及皇室諸人，均以此次觀劇極爲滿意，而尤讚賞《別姬》舞劍一場。瑜太妃（**同治帝**

妃）謂：『隨先太后看戲數十年，從未見此好戲，以前都算是白看了』等語，其推重如此。」

對於當時的京劇演藝界來說，能得到清宮這幾位的讚譽可不簡單，他們不但身分特殊，且素以戲迷自居，這使得一般進宮演出者皆畏之如虎，怕在內行面前「現眼」。但這又是創名聲的大好時機，一旦得到清宮主人的讚譽聲名即起，而梅蘭芳的聲名不是清宮給的，但他的藝術卻得到了清宮的充分評價。

三、重賞帶來了煩惱

梅蘭芳事先就聲明「不領戲價」，卻得到清宮最高的報酬。據報導，一般角色給銀二十元至三十元，像茹富蘭、沈富貴等優給八十元，對尙小雲、俞振庭、小翠花等名角給一百六十元，梅蘭芳獨獲賞銀五百元，另賜全饌一桌。《順天時報》就此評論道：「帝賜蘭芳御饌一桌，爲伶人進內演戲者之創舉也。」次日，溥儀又賞給梅蘭芳「尺頭四端」，派人直送梅府，同時受賞的還有楊小樓和余叔岩。

第二天，梅蘭芳、楊小樓和余叔岩到養心殿謝恩時，又受到溥儀的親切接見。溥儀非常高興，當場再賞每人一隻御製鼻煙壺，都是稀世珍品，給余叔岩的那只，據說爲碧玉腰圓式。正面有美人倚松，旁有梅花，上書「松梅仕女」四字；背面書乾隆御製詩一首：「喬松斜倚玉梅芳，小立仙姝雅淡妝。有所思兮默無語，貞姿冰豔逗心香。」不久，給楊小樓那只鼻煙壺也透露出來，亦係乾隆御製，繪有松人，名「秋林高士」。給梅蘭芳那只也是乾隆御製品，唯具體型制未見披露，較楊、余所得更珍貴，那是可想而知的。

溥儀喜歡梅蘭芳主演的戲，也喜歡梅派戲，那天還專門要梅的一位門生徐碧雲入宮演出。據說徐「自受教於蘭芳以來，技藝與聲譽俱進，京都人士顧曲周郎無不知之」，且被公認「爲後起青衫之秀，一舉一動一腔一調恰如畹華宮中之人」。那天他在《殷家堡》戲中扮褚香蘭一角色，溥儀一見之下極爲讚許，且發表感想說：「以後真不可限量矣！」

梅蘭芳的兩齣戲雖說博得清帝、「皇后」以及老太妃們一致叫好，卻也引起幾位王公大臣的憂慮。他們認爲太妃過生日不該演《霸王別姬》，還通過武進壽向溥儀稟報，說這「不吉利」。溥儀沒聽這一套，還是拍板讓演。加之梅蘭芳的表演真切動人，演到虞姬自刎時，在場女眷們都落淚了。這就使那幾位王公大臣更感到是一種不祥之兆，進而對溥儀見梅等都表示了強烈不滿。

溥儀在二十世紀五十年代回憶此事時寫道：「不料，這件事傳到在我身旁的那些封建禮教思想極其濃厚的老學究耳中之後，他們便對此說了不少閒話。例如說『皇帝不應該親自接見優伶』。特別是對於那些他們所認爲是在『身分』上大有問題的人，竟賜以那樣破格的厚禮。尤其那些鼻煙壺又都是乾隆年製的珍品，實在是太不像話了，等等。所以在我平生第一次聽完了梅先生的戲以後，所得到的並不是什麼『餘音繞梁』之類的快樂回憶，而恰恰是給我留下了一種懊惱的情緒。」

一年以後，溥儀被馮玉祥將軍趕出紫禁城，當初反對演《霸王別姬》的人又出來說教：「看！不祥之兆到底應在今日了。」這時，梅蘭芳剛剛結束第二次訪日演出而回到北京，他在國內外的聲名更高了。

四、戲院風波

溥儀愛聽戲，「皇后」婉容也是戲迷。自從皇家遷居天津日「租界」張園，婉容開始琢磨怎樣才能過過戲癮。她找到娘家姨夫察存耆，此人係清末內務府大臣增崇之子，從「小朝廷」時期就在溥儀身邊做事，到天津以後給溥儀當英文翻譯。一九二七年四月，梅蘭芳來天津在新明戲院主演《西施》，婉容遂授意讓她姨夫買兩張戲票，並以自己的名義恭請「皇帝」和「皇后」觀賞。

這是溥儀和婉容第二次聽梅先生的戲，也是他們第一次以普通觀眾身分欣賞梅先生的表演。不料，清室駐津辦事處總務處任事，即張園大總管胡嗣瑗就坐在樓下池座裏，一眼看見包廂裏興高采烈的「皇帝」和「皇后」，一時無名火起，只覺頭昏眼花，悻悻而歸。第二天，溥儀便收到了胡嗣瑗「自劾」的奏摺，大意是以「皇帝」、「皇后」而雜坐於市民中間看戲，有損龍鳳之尊。此所謂「臣以翠華俯臨劇場，外議頗形輕侮，言之不覺垂涕」。胡認爲，溥儀「有失君德」，他作爲輔弼之臣「有虧職守」，應該「引責求退」以自懲，同時，他還提出要對「致吾君於不義的罪魁禍首嚴加申斥，以儆效尤」，就是要求懲處給溥儀和婉容買戲票的察存耆。

溥儀知道看戲乃是自己情願的，賴不到察的身上，想來想去，只有向胡老頭賠個不是，以求平息事端。遂在一九二七年四月廿七日發佈了一紙給胡嗣瑗的親筆手諭：

「頃聞面奏各節，非至忠愛，孰肯出此？朕當誓改前非，永念祖宗付託之重，以副卿等期望之殷。嗣後，事無小大，均望隨時規益，毋視朕爲不可與言，至自請罷斥。朕一時疏謬，卿事前並未預聞，有何咎責？況倚任方深，豈可恝然捨去，重朕之過，著賞給貂皮一件，以旌忠直，並以志吾過，庶杜迎合嘗試之漸，通諭知之。欽此。宣統十九年三月二十六日。」

溥儀拿一件皮筒子賞了胡嗣瑗，總算了結了此事，但從此溥儀和婉容再也不敢逛戲院了，甚至沾點「戲子」的邊，就覺得掉身分。然而，正是這一年，在北京《順天時報》舉行的中國首屆旦角名伶評選中，梅蘭芳與程硯秋、荀慧生、尚小雲一同被舉爲京劇「四大名旦」。正處於事業巔峰時期的梅蘭芳，又於一九三〇年春率梅劇團赴美演出，其間獲得波摩拿學院和南加州大學授予的名譽博士學位，直到同年秋回國。儘管如此，仍不能夠在溥儀的心目中提高身分。

很明顯，對待梅蘭芳，溥儀在心理上存在著巨大的矛盾：他非常崇拜梅戲藝術，卻又不能不視藝術家爲「下九流的戲子」、「伶人」。

五、梅蘭芳拒赴偽滿

一九三二年春天，溥儀將在長春就任僞滿執政，成爲日本軍人的掌上玩物。僞滿「建國」之初，負責籌建「新國家」並將出任僞滿「國務總理兼文教部總長」的鄭孝胥等，多次派人赴北平邀請梅蘭芳來僞滿演出，以裝潢門面。溥儀當然也想再「傳」梅蘭芳「入宮供奉」，藉以重溫「別姬」舊夢。不料，前往請駕的人幾次都是碰一鼻子灰。據梅蘭芳之子梅紹武回憶，來人氣急敗壞，竟擺出一副清朝遺老的架勢說：「你們梅府三輩受過大清朝的恩典，有『天子親呼胖巧玲』這樣的詩句，而今大清國再次復興，你理應前去慶祝一番，況且，這跟演一次堂會戲又有何區別？」梅蘭芳義正詞嚴地說：「話不能這麼說！清朝已經被推翻，溥儀先生現在不過是個普通老百姓罷了。如果他以中國國民資格祝壽演戲，我可以考慮參加，而現在他受到日本人的操縱，要另外成立一個僞政府，同我們處於敵對地位，我怎麼能去給他演戲，而讓天下人恥笑我呢？」這正氣凜然的一席話，說得來者啞口無言。應該說，因歷史關係，在梅蘭芳心目中對溥儀不無尊敬，然而面對民族大義，他又毫不留情地把溥儀視作仇敵。嗣後，梅便赴上海去演《抗金兵》了。

一九三五年，蘇聯邀請梅蘭芳訪問演出，他很高興，但表示不願途經僞滿控制的東北地區赴蘇。爲此，蘇方特派專輪「北方號」迎接梅蘭芳直赴符拉迪沃斯托克，實現了成功的訪蘇，接著又訪問了法國、德國、英國和義大利，結識了著名藝術家斯坦尼斯拉夫斯基、布萊希特和文學家高爾基、阿·托爾斯泰等。

一九三七年抗日戰爭全面爆發以後，梅蘭芳懷著對日本帝國主義侵略的憤怒，率梅劇團赴香港，演出《梁紅玉》、《生死恨》和《抗金兵》等愛國劇碼，繼而留居香港。香港淪陷後，梅於一九四二年返滬，不顧日僞威逼利誘，蓄鬚明志，寧以賣畫、典當艱難度日，不肯爲日本侵略者及其走狗進行粉飾和平的演出，直到抗日戰爭勝利後才重返舞臺，表現了中華民族藝術家的偉大氣節。

六、三十年後敘舊情

二十世紀五十年代對溥儀來說，是他接受改造的歲月，逢年過節，撫順戰犯管理所也組織犯人自編自演文娛節目，其中總有一兩齣京劇。這時，溥儀不能不想起梅蘭芳，回味精湛的梅戲表演藝術之餘，也會想起他們交往中愉快的和不愉快的故事。溥儀非常留心見報的關於梅蘭芳的消息，希望能瞭解梅戲藝術的發展。

一九五六年十二月間，記者潘際坰先生來到撫順，長時間地採訪了中國末代皇帝溥儀，他們也談到京戲和梅蘭芳。

「京戲的興趣不壞吧？你是在北京長大的啊！」潘問。

「我從小就愛看武戲。一遇到文唱，我就想走了。」溥儀答。

「聽過梅蘭芳的戲嗎？」

「啊，梅蘭芳先生，」溥儀不勝景仰地說，「他前些日子還到日本去演戲呢。爲國宣勞，好極了，好極了。我是在報紙上看到的，您當然早知道了。第二次聽梅先生的戲是在天津，第一次在北京。兩次都……」

溥儀往下講的自然是兩次被封建遺老們講了閒話，說他對於卑賤的優伶賞賜太厚，到戲院聽戲有失天子之尊等等。

與此同時，溥儀家族與梅家的交往也在繼續發展。溥儀的三妹韞穎便是一位能唱能演的戲迷，她在東城區俱樂部等地登臺演出《四郎探母》、《鳳還巢》、《大登殿》等戲時，梅蘭芳之子梅保玖就親自到後臺來看她，還有馬連良之女馬小曼、程硯秋的司鼓白登雲等都來了，爲她說戲，糾正道白、唱作，與她合影。

一九六〇年四月初，溥儀應邀列席政協會議，與出席會議的藝術大師梅蘭芳重逢了。彈指三十多年過去，在不同的時代裏，兩人經歷了複雜的變化，現在都非常高興，緊緊握手，悠悠話舊，這次敘談給梅蘭芳留下深刻印象。他當天回到家裏，就把與溥儀會面的情景告訴了許姬傳：

「今天，我見到了溥儀先生，談起當年宮裏演戲的事，他說：『我很喜歡看楊小樓、余叔岩和您的戲，可惜我當時不能自由行動，每天看報紙上的廣告，有時聽聽話匣子唱片。一直到我在天津住張園的時候，我才和我愛人到劇院買票聽戲，我覺得自由聽戲是很舒服的。我在天津聽過您的《西施》、《太真外傳》以及別的戲。』」

一九六一年八月八日，藝術大師梅蘭芳在北京病逝。他從事藝術表演六十年，創造了如杜麗娘、林黛玉、花木蘭、白素貞、虞姬、洛神等具有中華民族典型性格的眾多婦女藝術形象，形成燦爛的梅派藝術。溥儀非常悲痛，他多想有機會好好欣賞梅大師的藝術，補上舊時代令人遺憾的缺課啊！然而，這可以理解的願望，只能作爲大師墓前的祭奠了。

【參考文獻】

＊中國第一歷史檔案館：《清廢帝溥儀檔》。
＊許姬傳著：《許傳姬七十年見聞錄》，中華書局一九八五年版。
＊秦國經：《遜清皇室軼事》，紫禁城出版社一九八五年版。

印度詩哲遊清宮——溥儀和泰戈爾

西元七世紀之初，有位著名高僧誕生在中國，後來人們稱他爲三藏法師。他從青年時代起旅居天竺（今印度）十七年，學成返回唐朝，翻譯經、論千餘卷，保存了一批古印度佛教的珍貴典籍。作爲溝通了古代中國與印度的文化和文明的先驅者，唐三藏受到後世廣泛的景仰，唐僧取經的一長串故事流傳至今，家喻戶曉。

三藏法師身後，中印兩國佛教界人士保持來往三百餘年，從而帶動了兩大文明古國的文化交流。但最後一位帶著釋迦牟尼的慈愛與和平資訊的印度佛教徒、在西元十一世紀前來中國一事又過去了一千年，兩國軍事、貿易等方面的來往不曾間斷，文化使者卻不見寥寥。

一、和平的使者

當歷史車輪轉入一九二四年的春天，印度詩人、作家、哲學家、社會活動家和一九一三年諾貝爾文學獎獲得者泰戈爾（一八六一～一九四一年），決定接受來自中國的北京講學社的邀請，前往這個巨大而神奇的鄰國，訪問、講學並旅遊，以便恢復中印兩國之間業已中斷千年的古老文化傳統的聯繫。

一九二四年四月，泰戈爾由印度梵學家、印度明院（即研究院）院長沈摩漢和印度畫院院長難達婆藪以及英國作家伊連赫爾、英國女記者戈林等陪同，踏上中華大地，先後訪問了上海和北京兩座城市。本來還打算訪問廣州，而且，泰戈爾已經得到了孫中山先生發出的「十分誠摯的邀請」，但因戰事頻仍，局勢動盪而沒能實現南下計畫，泰戈爾訪華，是中印文化交流史上的光輝篇章。

起初，中國知識界對泰戈爾訪華有誤解，甚至有人把泰戈爾看作是頑固的復古派，以為他無非是來宣傳反對西方文明、物質進步和科學的一套，事實卻證明，泰戈爾代表著思想界最先進和最優秀的部分。他獻給中國的演講詞，久久地回蕩在古老山河的上空：

多少世紀以來，貿易、軍事和其他職業的客人，不斷地來到你們這兒。但在這以前，你們從來沒有考慮過邀請任何人。你們不是賞識我個人的品格，而是把敬意奉獻給新時代的春天。這難道不是偉大的事實嗎？然而，人們將不向我詢問資訊，將運用鴿子，傳遞資訊。在戰爭時期，人們不是為觀賞牠的飛翔，尊敬牠的翅膀，而是為了有助於殺傷。你們不要為了傳遞消息，利用詩人。然而，請允許我同你們一起，對你們這個國家生活的覺醒寄予希望，並能參加你們歡慶勝利的節日。我不是什麼哲學家，所以請你們在自己心裏給予我位置，而不要在公共舞臺上給予我坐氈。現在，當我接近你們，我想用自己那顆對你們和亞洲偉大的未來充滿希望的心，贏得你們的心。當你們的國家為著那未來的前途站立起來，表達自己民族的精神，我們大家將分享那未來前途的歡快。

作爲和平的使者，泰戈爾向中國人民指出的是，不要把西方文明拒之門外，但也不可機械模仿，要發揚民族的精神和道德力量。泰戈爾贏得了熱烈的歡迎與真誠的尊敬。

二、御花園內「三友圖」

泰戈爾是在四月廿三日到達北京的，北京講學社發起人梁啓超和林長民等人，在天壇草坪上舉行了有北京文化界著名人士參加的歡迎儀式。四月廿六日，梁啓超等人又在北海靜心齋召開歡迎大會，蔣百里、熊希齡、汪大燮、范源濂、蔣孟麟、胡適、徐志摩等四十餘人與會。泰翁的講演詞中有這樣的話：「我前來請您們疏通我相信依然存在的交往的道路。儘管路上蔓生著忘卻的荒草，它的走向仍依稀可辨。」這蔓生荒草的交往之路，顯然也有一條通往紫禁城。第二天，泰翁便走進了神武門又深又長的門洞。

泰戈爾遊覽了紫禁城後三宮，並結識了中國末代皇帝溥儀。

關於這件事的起因，歷史檔案中未見記載，但從一張合影照片中可見端倪。這張照片是在安定門外莊士敦的住宅內客廳前拍攝的，入照十二人。泰戈爾在前排居中就坐，當時擔任北洋政府內閣總理大臣的顏惠慶陪坐在側，餘者大部爲泰戈爾的隨員、中方譯員及伴者，再就是與清宮有關的三個人：溥儀的英文師傅莊士敦、婉容的英文師傅任薩姆和婉容的弟弟潤麒。

任薩姆也是莊士敦介紹進宮的，而潤麒當年還只是十二三歲的孩子，地位突出的頂數莊士敦了。可以斷言，莊士敦就是泰戈爾與溥儀結識的介紹人，也是泰戈爾遊覽清宮的引薦者。

莊士敦能夠充當這一角色是因爲具備三個條件：作爲英國蘇格蘭人，而以東方古典文學和歷史爲專業方向並畢業於牛津大學的文學碩士，莊士敦引泰戈爾爲同行先導是順理成章的，或許他們早有往來，此其一；莊士敦畢業後即來中國，先後在香港、威海衛和北京工作，不但早已成爲一名「中國通」，而且與中國學術界建立了廣泛的聯繫，胡適、梁啓超等都是他的朋友，此其二；更重要的是溥儀深深地信任莊士敦，據莊自述，他同皇上的關係在一九二三年年底之前就已經達到了「完全可以不拘禮節的程度」，莊的地位「已從皇上的家庭教師變爲他的朋友」，他們每天都在一起「度過一天的大部分時光」。

泰戈爾訪遊清宮時，由新月派詩人徐志摩（一八九六～一九三一年）擔任翻譯，徐曾在美國克拉克大學和英國劍橋大學留學，一九二二年回國後，與恩師梁啓超來往密切。泰戈爾訪華時，他正在北大教文學，受梁之托給泰戈爾當翻譯，一直陪伴他在各地講演，後來還跟到日本，這位年輕的詩人不但以風度翩翩、幽默和富於想像力而給泰翁深深的好感，他的翻譯也得到了泰翁的喜愛和知識界廣泛的讚賞。

林徽音小姐（一九〇四～一九五五年）也陪伴泰戈爾來到清宮，她是名門閨秀，林長民的女兒。跟泰戈爾訪華自然可以聯繫了。林徽音也是一位詩人，當年還是妙齡美女，在她秀媚的瓜子臉上，襯著齊耳短髮，長著一雙動人的杏眼，黑亮黑亮的眼珠就像閃光的寶石。這三個人走在一起，當時引起了轟動。正像有人描述的那樣：「林小姐（徽音）人豔如花，和老詩人

（泰戈爾）挾臂而行。加上長袍白面、郊荒島瘦的徐志摩，有如蒼松竹梅的一幅三友圖。」

泰戈爾一行從神武門進入紫禁城，遊覽了御花園並參觀了後三宮內多處建築。溥儀已經十九歲了，深色短褂，淺色長袍，戴副眼鏡。他十分高興地會見了泰戈爾以及其隨行人員，並在御花園內設宴，款待了尊貴的客人。爲了這次會見，溥儀還讓莊士敦給他找來了由徐志摩翻譯的泰翁詩歌印本。

三、攝影存真

泰戈爾遊清宮、會見溥儀，居然不曾留下記錄，也未見記者報導細節，直到二十世紀三十年代莊士敦的《紫禁城的黃昏》問世，人們才從附在這本書中的照片上知道了泰戈爾曾與溥儀晤面。

此事在泰戈爾訪華期間以至嗣後一個很長的時期內都秘不外宣，顯然是預先就有協議，或許擔心在社會上會有副作用吧？泰翁這時正在爲世界和平運動奔走，主張建立一個全人類互相親愛的理想王國。他反對西方物質文明，反對戰爭，反對暴力，宣揚精神文明，傳播「愛」的福音，他的理想與現實生活是脫節的，在中國更行不通，左翼作家對他持批評態度，陳獨秀就曾讓胡適撰寫反對泰翁的文章，但胡沒有寫。在這種情況下，愛護泰翁的人顯然不願意在社會上傳播他與溥儀接觸的新聞，因爲當時在追求社會進步的人們的眼裏，溥儀不過是三百年清朝歷史的遺物，他代表的是落後、保守和反動，而他與泰翁的接觸，肯定會給左翼作家們增添口實。

莊士敦保存的那張泰戈爾與溥儀的合影，是在紫禁城內御花園西部千秋亭東側的四神祠前拍攝的。溥儀站在泰戈爾左手一側的上位，並且高站一個臺階；泰戈爾則站在溥儀右手一側的下位，而且足踏臺階下面的平地。一位鶴髮老翁如此尊重一位弱冠青年，絕非因爲他那虛有的皇帝尊號，而是對古老且具有高度文明的中國文化的尊重，也是對一定程度上肯於接受新思想和新文化的溥儀的讚賞。

泰戈爾決定進宮會見溥儀之前，肯定要聽取莊士敦關於他的皇帝學生的介紹，莊當時最熱衷的話題就是溥儀反對王公和遺老中間的頑固派，痛恨宮裏的腐敗現象，決心除弊革新，並準備在適當的時候赴歐美留學。這些內容都是泰戈爾高興知道的，可以想見，泰戈爾與溥儀會見、聚餐的氣氛是融洽的。

近年來，故宮博物院整理宮藏舊照時，又發現四幀與清宮和泰戈爾有關的照片，從而爲泰戈爾與溥儀的交往提供了有力的實物資料。

四幀照片中包括泰戈爾與溥儀的合影，跟莊士敦保存那張一樣。還有一張泰戈爾與鄭孝胥（一八六〇～一九三八年）的合影。鄭係福建省閩侯縣人，光緒時代名士，曾任清朝駐日本神戶、大阪總領事，在京漢鐵路段和江南製造局搞過實業，也在廣西軍中辦過防務，累官至湖南布政史。辛亥以後隱居滬地海藏樓，一九二三年八月由滬來京，溥儀召見後日漸信用，至一九二四年三月三日傳旨命鄭孝胥爲總管內務府大臣，掌管印鑰，賞頭品頂戴，委以重任，令其全權整頓內務府。從此，鄭大刀闊斧地改革機構、撤換人員，採取了一系列新措施，用莊士敦的話來說，就是「高尚忘我地奮鬥了幾個月」。

泰戈爾遊清宮的當兒，正是鄭孝胥作爲總管內務府大臣，在溥儀支持下向宮中的頑固派開戰的時刻，激起多數人的反對，卻與莊士敦成了親密的朋友。在泰戈爾與鄭孝胥的合影中，前者居左側上位，而後者居右側下位，這種位置安排進一步證明了其中包含的尊卑關係。身著清朝官服的鄭孝胥能夠得到與泰翁合影的機會，應該說主要不是因爲陪見者的身分，而是因爲他與溥儀和莊士敦在思想上的一致性得到了印度第一詩哲的首肯。遺憾的是，鄭孝胥終於沒能突破冷漠、敵意、造謠、謾罵和攻擊的圍困，告長假離開了紫禁城。溥儀也不得不在同年六月廿五日傳旨免了他的總管內務府大臣職務，這時泰戈爾剛剛離開中國，正在日本旅行講學，還沒有回到印度呢！

另外的兩幀照片，其一是某位外國畫家爲泰戈爾繪的素描畫像的翻拍照片，顯然是泰翁與溥儀會面時當場贈送紫禁城主人留念的，說明這次交往是圓滿的，兩人都想留下紀念物；其二即本人前面提到的那張攝於莊士敦住宅內的合影，溥儀未在這張合影上出現，但卻能證明溥儀曾派人回訪泰戈爾，他們的來往在清宮內外都留下了真實可靠的印痕。

其實，除了上面談到的四幀照片外，還有兩張合影或許宮內已無存。據《鄭孝胥日記》一九二四年四月廿七日載：「入內，上召見，詔云：『今日印度詩人泰戈爾來見，將攝影以賜之。爾可候詔。』……巳刻，內侍宣詔，命至花園。上命：『與泰戈爾共攝一影。』上倚石坐，胥與泰戈爾侍後，莊士敦率來賓七人皆立其後。復攝一影，攝影者請易地，上率諸人登一閣，再攝，亦如之。」

泰戈爾遊清宮並非普通的交際活動，而是遜清史上的一件大事，它激發了清宮的內部鬥爭，也檢驗了溥儀的思想演進程度。

【參考文獻】

＊中國第一歷史檔案館：《清廢帝溥儀檔》。

＊（印度）克里希那·克里巴拉尼著、倪培耕譯：《泰戈爾傳》，灕江出版社一九八四年版。

＊白開元譯：《泰戈爾散文精選》，中國廣播電視出版社一九九一年版。

＊中國歷史博物館編、勞祖德整理：《鄭孝胥日記》，中華書局一九九三年版。

＊中國國際資訊資料中心編：《台港澳中文報刊資料》，一九八八年內部發行。

三拜九叩大帥情——溥儀和張作霖

一、從綠林土匪到清朝關外練兵大臣

張作霖（一八七五～一九二八年），字雨亭，生於奉天（今遼寧）海城小窪村，家境貧寒。移居海城駕掌寺以後，其父張有財因聚賭結仇被害，他則隨母往鎮安（黑山）縣外祖家就食。他只在十四歲時讀過一年私塾就輟學了，從十六歲起出入賭場，當過貨郎，學過木匠和獸醫，還在大車店作過傭人，都不成事。光緒二十年他十九歲時，投到清軍駐營口毅軍宋慶標下當兵，因「精於騎射」，在馬玉昆部的趙得勝營中一度被提拔爲哨長。不久，該部移防關內，他則脫離清軍與趙姓地主的女兒完婚。光緒二十二年因賭博欠債而被迫離家，在廣寧（北鎮）加入董大虎「鬍子」幫。他的六年「綠林」生涯，實際是給當地的地主紳商當「保鏢」。其間，他聯絡了張景惠、張作相和湯玉麟等匪股，成爲兩百多人的大幫頭目。

張作霖人極精明，深知在綠林中吃黑飯是毫無出路的，所以，在有了一定本錢後，就伺機「棄暗投明」。光緒二十七年秋，他設計劫下奉天將軍增祺的妻子，給予優待並故意表露願受政府招撫的意向，最後把增祺眷屬平安送抵奉天。增祺果然為之動容，立命新民知府曾韞收編張部加入省巡防營並奏明瞭清廷。他從此擺脫了「綠林」身分。當時，他的部眾共三百人，被編為游擊馬隊一營，步隊一哨，他本人則成為清朝地方官軍的營官。如果拋開數年前當清兵哨官那段歷史，這便是張作霖與清朝政府歷史淵源的啓端了。

光緒二十九年夏，張作霖所部被整編，在新民成立了編制為一百八十五人的游擊馬隊營，以張為管帶，從此歸政府發餉。至光緒三十一年，這支游擊馬隊營擴編為三營，次年又擴編為五營，不久再被整頓為奉天巡防營務處所轄右路巡防營，他的勢力愈來愈大，地位也愈來愈高了。光緒三十三年初夏，張奉東三省總督徐世昌之命誘殺遼西巨匪杜立三，剿滅其部千餘人，為清政府立下大功，蒙朝廷「賞銀兩千兩」，晉升為奉天省巡防營前路統領。

光緒三十四年，張作霖奉調進駐遼源（鄭家屯），追剿已被沙俄收買的內蒙土匪陶克陶胡，將其逐出內蒙。不久，又進駐洮南，攻打並擊斃了匪首白音大賚。其間，張作霖所部繼續擴編，達到七營共三千五百餘人。他便帶著這份家底由光緒年代跨入宣統年代。

宣統元年出任東三省總督的錫良，雖然不斷收到關於洮南張作霖駐軍騷擾民眾的控告，仍然重用這位張統領。宣統三年，辛亥革命的炮聲傳到東北以後，張看準時機率部密赴省城，維護東三省總督趙爾巽成立了「奉天國民保安會」，他出任該會軍事部副部長，並進而殺戮革命黨人張榕、田亞賓和寶昆等，再度受到垂危的清政府的嘉獎。從朝廷傳出宣統皇帝的諭旨，任張作霖為關外練兵大臣，賞戴花翎，並將他的部隊改稱「二十四鎮（師）」。張作霖感激涕零，提出「武裝勤王」的口號，揚言一定報答「浩蕩皇恩」。

二、張勳復辟事件前後

不過，張作霖對宣統皇帝的忠誠畢竟是有限的，從根本上說，他還是圍繞自己的軍政實惠轉動，袁世凱剛剛就任中華民國臨時大總統，他就向其「效忠」了。一九一二年九月，張作霖所部被袁世凱改編爲正規陸軍第二十七師，張出任中將師長，駐防省城；一九一五年十二月袁改行帝制期間，封張爲「二等子爵」，他也受了；一九一六年四月，袁又授張爲將軍府盛武將軍署奉天將軍兼署巡按使；至同年六月袁的洪憲皇帝夢破滅後，張又改任奉天督軍兼省長，繼而經歷了奉系軍閥內部與馮德麟、湯玉麟等部的爭權角鬥之後，終於攫取了奉天軍政大權。

一九一七年七月一日，張勳統帥一支辮軍忽然間改變了北京城的顏色，溥儀又以宣統皇帝的身分被擁戴著佔據了金鑾殿寶座。因爲事前張勳爲籌備復辟而在徐州開會時，張作霖曾派趙錫福代表自己與會，表明了支持的態度，所以溥儀在復辟第一天發佈的「諭旨」中也有關於張作霖任職的一條：「上諭奉天巡撫著張作霖補授。欽此。」張對此卻沒有表態，而狡猾地採取了觀望態度。

這是因爲張作霖觀察當時的國內形勢，感到張勳勢單力孤，人民反對倒行逆施，復辟之舉難以成功。再說新頒「上諭」只封他一個「奉天巡撫」，與已獲職位相比並無「晉升」可言，又何圖之有？而且，他又得到了馮德麟、孟恩遠已經赴京參與政變的資訊。馮德麟擁有重兵，是奉天省內唯一敢跟張抗衡的競爭對手，這次被張勳秘密任命爲「奉天全權使節」，並由溥儀頒諭「著加恩賞在紫禁城內騎馬」，孟恩遠係吉林督軍，是張作霖稱霸東北的另一大障礙，這次經溥儀諭封吉林巡撫後，在轄境之內張掛龍旗「謳歌復辟」，這樣的形勢令張認識到，復辟成功，他雖可保持原有實力地位，然復辟失敗，他或可得到一統東北三省的良機。

果然，張勳剛剛打出復辟的旗號就遭到國人一致聲討，段祺瑞統帥的「討逆軍」很快就把京城團團圍住了。走投無路的時候，張勳又想起兒女親家「奉天將軍」，「帝師」陳寶琛也想到了這位久有報答「浩蕩皇恩」之意的「統領」，於是他們商擬了一道給張作霖的「諭旨」，加恩授其爲「東三省總督」，命其火速進京「勤王」。然而發佈這道「諭旨」必須使用「法天立道」印章，而印盒鑰匙由溥儀的父親載灃掌管，由此還引出一段「砸鎖用印」的故事來。當時只有十二歲的溥儀也看出情急事迫，遂允許師傅陳寶琛以非常手段用了印，那天是七月七日，「諭旨」交給了從東北來京的一名將領張海鵬，讓他火速返奉轉交張作霖。不料張海鵬剛出京城就被討逆軍截獲了，即使他能把「諭旨」傳到奉天，張作霖也不會在「親家」兵敗山倒之際伸出援手。

張勳復辟一陣風似地吹了過去，張作霖沒爲「奉天巡撫」、「東三省總督」等「大清宣統皇帝」的虛銜所動，反而用「復辟附逆」的罪名打擊馮德麟、孟恩遠等一統東三省的障礙，一步步擴大勢力，終於在一九一八年九月取得徐世昌政府授予的「東三省巡閱使」的頭銜，在此前後又攫取了黑龍江和吉林兩省的軍政大權，成爲名副其實的「東北王」，奉系軍閥就此形成。

三、問鼎中原需「宣統」

其實，張作霖對「復辟附逆」毫無厭惡之意，當這位「東北王」開始向關內伸展勢力的時候，就沒有忘記利用「宣統皇帝」這塊招牌，不過他做得很謹慎：以「忠君」爲外殼，以利己爲原則，讓「宣統」爲自己的擴張服務，而絕不願意跟溥儀倒楣，就更談不到爲之殉葬了。

一九二〇年四月十七日，張作霖托人轉遞而向溥儀進呈了兩棵東北人參。人們記得，一九一二年初袁世凱得勢的時候，張給袁的貢品即是一棵東北人參，約值六千金，這回給溥儀的「貢品」也絕不會差到哪去。

當時，控制北京政府的直、皖兩派軍閥矛盾重重，勢將動武。張作霖則因覬覦熱河、察哈爾和綏遠等蒙疆特區而跟皖系發生了衝突，遂形成直、奉聯合對皖作戰的局面。張作霖向溥儀進貢人參之時，正是三系兩派緊張備戰之際。一九二〇年七月十二日戰爭爆發，十四日，張作霖曾遣使入宮向溥儀通報軍情。經十餘天激戰，皖軍告敗，到廿四日，直、奉兩軍陸續開進北京。戰爭期間，奉軍一再申明要「鞏衛皇室」，對溥儀表示尊崇，以致復辟清朝之說一度再起，然而這畢竟沒有成爲事實。戰後組織了仍以徐世昌爲總統，而以靳雲鵬爲總理的被直系軍閥首領曹錕和奉系軍閥張作霖控制的北京政府。該政府立即給東三省巡閱使張作霖又增加了「蒙疆經略使」的頭銜，從此，他不但統治東北三省，還管轄熱河、察哈爾、綏遠三特區，由「東北王」而變成「滿蒙王」。

既然張作霖早把滿蒙地區視爲自己的勢力範圍，聯繫清朝皇帝與滿蒙王公的歷史背景，我們對於他尊崇溥儀的政治目的就容易理解了。儘管「宣統皇帝」這時只剩下一個空名，然而張深知它在滿蒙地區的號召力與影響力，願借助之以增加統治的光彩；溥儀則一心復辟，也希望能夠利用張的政治地位以及他手中那支兇悍的軍隊。兩人爲了各自的目的而長期交往，既不甚即，亦不太離。

一九二一年春天，從清宮傳出溥儀選立「皇后」的消息，張作霖忙來提親，欲把女兒嫁到宮中。幾年來，他先後跟張勳和曹錕結了親家，當然是政治聯姻。這回要讓女兒當「皇后」卻遭到婉拒，按清宮祖制滿漢不通婚。

一九二二年三月十日，張作霖作壽，溥儀特備兩份厚禮送去。第一份是壽幛一軸、如意一柄，第二份是墨兩匣、硯兩方、宣統五彩瓷盤兩件、乾隆五彩瓷瓶兩件、三鑲玉如意一柄、庫緞衣料四件。張作霖的收條至今仍保存在歷史檔案中，落款只用「張作霖鞠躬」幾字，卻不曾三拜九叩。

不久，第一次直奉戰爭風雲驟起，奉軍失敗後退回東北，張作霖自封爲東北保安司令，宣布東北獨立，但他的「督軍兼省長」職務卻被北京政府明令免除了。雖然如此，他與溥儀的關係並未受到影響，一九二二年十二月溥儀大婚，他又進奉銀幣一萬元。

一九二三年初張作霖嫁女，溥儀也備送兩份厚禮。一份是給「張巡閱使」的，共四色：三鑲白玉如意成匣，大卷綺霞緞八端、綠繡喜字中堂成軸、綠繡紅緞喜聯成對；另一份是給新娘的，也是四色：細繡喜字中堂一軸、細繡喜對一副、化妝品兩匣、衣料八件。

一九二三年三月廿八日又逢張作霖生辰，溥儀命人在大紅禮單上寫道：張總司令二月十二日生辰，宣統皇帝致贈：福壽條一件、壽畫一軸、如意一柄、五彩瓷瓶一對、洋煙一匣、衣料四件。

對於略有文化層次的人如吳佩孚等，溥儀時以宮藏善本典籍爲贈，但賞給張作霖這類草莽軍人的東西多為古玩。一九二四年三月十六日是張作霖五十大壽，溥儀送了重禮：無量壽佛一尊、三鑲玉如意一柄、五彩九桃瓶一對、五彩雙象耳瓶一對、五彩小瓷盤一對、青玉大吉葫蘆小插屏一對、打簧洋鐘一對、洋煙一匣（計兩瓶）、紅雕漆圓盒一對（內盛青玉十二辰各一份、青玉方盒各一件、冊頁一份、花牙略殘）、綺霞緞衣料八端。這份禮物已屬無價，溥儀還嫌不足，一星期後又補贈「萬古英風」匾額一面，並福壽字及古玩等多件。

四、「一個恢復皇帝特權的計畫」

一九二四年九月，第二次直奉戰爭因江浙戰事而爆發，張作霖和吳佩孚激戰於熱河，當此之際，直系將領馮玉祥於十月廿三日發動了「北京政變」，成功後即驅逐溥儀出宮，並把他軟禁在醇王府內。張對此是不滿的，據莊士敦說，是一位英國人首先把溥儀被逐的消息傳達給張，這位目擊者看到張空前地大發雷霆，這位英國人認為，張「對皇帝的安全和福利仍然保持著某種關心，他對馮玉祥蠻橫對待已被推翻的君主所表示的憤慨，至少在某種程度上是真實的」。儘管如此，他卻因這次政變而成為第二次直奉戰爭的勝利者，並於十一月廿四日統帥奉軍入京，隨即支持臨時執政段祺瑞，撤換王府的大門衛隊，解除監視，並派人慰問溥儀。

當時，如果張作霖願意幫助溥儀恢復皇帝尊號，返回清宮居住，按其「將軍府鎮威上將軍、總司令」的權力，一時之間或有可能，故有東三省世榮等名流五十三人聯合致電張，要求「恢復原有優待皇室條件，以昭大信而服中外之人心」。溥儀本人也曾通過莊士敦與張密談，還向他贈送了一個嵌滿鑽石的黃玉戒指和一張親筆簽名的照片，張僅留照片，退了戒指，並解釋說，他把馮玉祥及其同僚採取的反對皇帝的行動看作是無恥的。他願意幫助皇帝，消除災難，但他不會採取可能引起共和派人士懷疑的行動，以免復辟君主制度之嫌。他還向莊透露了一個恢復皇帝特權的計畫，希望首先由蒙古人、「滿洲人」以及反對單方面取消或修改優待條件的漢人，共同來實現這項計畫。爲此，他還希望莊能與列國使館聯絡，以取得支持。然而，形勢很快就起了變化，張當時還不能夠把局面完全掌握在自己手裏，溥儀只好走了，先往日本駐北京公使館，再赴天津日「租界」。

從一九二四年末到一九二五年初，作爲臨時總執政的段祺瑞電邀孫中山北上討論中國的前途問題，張作霖是反對孫中山的國民革命運動的，乃先後接受「督辦奉天軍務善後事宜」、「督辦東北邊防屯墾事宜」的頭銜，退居天津。從這時到一九二五年八月，張作霖依靠其軍事力量，逐漸建立起包括奉天、吉林、黑龍江、山東、安徽、江蘇、直隸和熱河等省區在內的統治區域。溥儀也在這一年的三月八日，於天津宮島街張園正式設立「行在」辦事處，「君」「臣」同處一個城市，張作霖仍然保持著對溥儀的尊崇。

五、給溥儀磕頭

一九二五年六月，張作霖派親信閻澤溥前往張園向溥儀進奉銀幣十萬元，並邀請溥儀在曹家花園相見，溥儀去見後張口稱「皇上」，跪地磕頭，頗爲動情，溥儀隨口稱讚他保護奉天的先祖宮殿和宗廟陵寢妥善、得力。不料，這次會面引起日本駐津總領事有田八郎的不滿，他威脅溥儀說，如果今後再隨便前往中國地界，將無法盡其保護之責。僅僅兩個月後情況又變化了，張作霖向南方推進時被孫傳芳打敗，在北方又受到馮玉祥的軍隊的脅迫，加之他的部將郭松齡又在一九二五年十一月間通電倒戈，他已不得不把主力部隊撤往長城一帶和關外去了。

鎮壓了郭松齡以後，張作霖又在一九二六年內，先後與吳佩孚、孫傳芳、張宗昌、閻錫山等北方軍閥聯合起來，並於十二月間在天津成立安國軍，張自任總司令。就在這時，北京故宮博物院派人取回藏於景山壽皇殿的數十軸清朝皇帝和皇后畫像等珍貴文物，溥儀就此事向安國軍總司令告了故宮博物院一狀，說他們鋸鎖闖宮，搶劫大清列祖列宗的「聖容」。張當即「嚴電」北京衛戍總司令于珍和北京員警總監陳興亞「拿辦」。不久即告解決，繼而又派兵護送「聖容」安全運津，令溥儀十分感激。

張作霖雖然尊崇溥儀，但他最終是爲自己，不會甘心在「宣統皇帝」腳下稱臣。溥儀也看清了這一點，而對大帥的圓滑態度保持著戒心。他在一九二六年寫過一段遊戲文字，題爲《張作霖記事一件》：「張大元帥作霖祭天於天壇之祈年殿；大元帥行誓師典禮於天安門，宣告討伐共產軍；大元帥受各將領覲賀大典於太和殿；大元帥移蹕宮禁；大元帥升乾清宮御座受外國公使之入賀；大元帥以養心殿爲行轅；大元帥受璽于交泰殿。」溥儀爲張作霖設計了稱帝登基的全部典禮過程。這絕不僅僅是「遊戲文字」，他已不再把希望完全放在張作霖身上了，而以大量古玩和現款直接攏絡張的部將，如張宗昌、許蘭洲、李景林、馬占山、胡毓坤、畢翰章、榮臻等等。

一九二七年六月，張作霖在北京成立安國軍政府，自封爲陸海軍大元帥，他一生的追求至此達頂。然而很快就走下坡路了，一九二八年四月，國民革命軍又興師北伐，而日本政府則因張已不再聽話，趁機撤銷了對他的支持。他被迫離京返奉，於六月四日，被日本軍部遣人炸斃於奉天皇姑屯。溥儀聞訊後派人送去了輓幛，兩人的交往就此終結了。當時有人針對日本軍閥的手段，提醒溥儀要注意這個殷鑒，溥儀卻不以爲然。在他看來，張作霖不過是個帶兵的軍官，到處都能找到；自己卻是「真龍天子」，在中國沒有第二人。因此，敢謀害張作霖的人也不敢謀害他，可見溥儀內心是瞧不起張作霖的。

【參考文獻】

＊中國第一歷史檔案館：《清廢帝溥儀檔》。
＊常城主編：《張作霖》，遼寧人民出版社一九八〇年版。
＊（美）包華德主編：《民國名人傳記辭典》，中華書局一九八〇年內部發行。
＊莊士敦著：《紫禁城的黃昏》，紫禁城出版社一九九一年版。
＊（英）加文·麥柯馬克著、畢萬聞譯：《張作霖在東北》，吉林文史出版社一九八八年版。

少帥揭秘——溥儀和張學良

一、勸溥儀「脫袍子」

一九九〇年夏天，九十歲高齡的張學良先生在臺灣接待日本廣播協會（ＮＨＫ）電視臺記者時，回顧半個世紀前的歷史風雲，侃侃而談，解開了一個個歷史之謎。談到跟溥儀的交往，他講得尤爲生動：

我在天津的一個飯館吃早飯，溥儀突然進來看見我。我勸他把袍子脫掉，把身邊那些老臣辭掉，你這些老臣圍著你就是在揩你的油，你能天天出來走走，我倒很佩服你。我勸他，你肯不肯到南開大學去讀書，好好讀書，你作一個平民，把你過去的東西都丟掉，你真正做個平民。如果南開你不願意去，我勸你到外國去讀書，到英國或到哪兒去讀書。我說你原來有皇帝的身分，你雖然是平民，你比平民還是高，你要是真正好好做一個平民，將來選中國大總統中有你的份。你如果今天還是皇帝老爺這一套，將來有一天會把你的腦瓜子耍掉。我跟他很熟。

在溥儀的《召見簿》中，第一次出現張學良的名字，是在一九二六年四月一日，當年溥儀二十一歲，在天津日本「租界」地宮島街張園自設「行在」辦事處，仍以「宣統皇帝」的身分稱孤道寡；張學良那時二十六歲，經過兩次直奉戰爭，已是身經百戰的奉軍第三軍司令了。張學良所說上面那段話正是這個時期的情形，兩人確實很熟悉。

如果說在張作霖與溥儀的交往中還充滿著政治上互爲利用的因素的話，張學良跟溥儀的交往則完全是另一回事。他從來沒想過利用「宣統皇帝」這塊招牌，恰恰相反，而是勸溥儀脫袍子，辭老臣，「真正做個平民」。他們政見不同，交往中潛藏著對立和鬥爭。張學良承繼著老一輩的交往，同時牢牢掌握著自己的原則。

二、支持「御弟」從戎

一九二七年初，經社交界頗爲活躍的陳貫一夫婦介紹，溥儀的二弟溥傑在北京飯店舞場結識風流倜儻的少帥張學良，他們稱兄道弟出入於飯店、球場或舞場，溥傑還常到張學良在北京的駐地「神聊」，交誼日深。在張學良的影響下，溥傑產生了從軍帶兵打天下的思想，再不願空守沒落王府當沒用的「御弟」了，遂於一九二八年初，利用少帥邀請參觀南口奉軍工事並檢閱部隊的機會，向張學良述說了投奔奉軍的願望。溥傑先生回憶當時的情形說：

張少帥聽到我的請求時，有些犯難地對我說：「要說這事本身倒很好辦。但以你皇弟的身分到我的部隊從軍，恐不合適。咱們現在是朋友關係，如果那樣的話，就成為上司與下屬了，這就不好處理，再說父帥仍視你哥哥為君主，他會怎麼看這件事呢？還有，特別是你哥哥仍舊很講君臣名分，他能答應這事嗎？」他說出了一大堆難題。我不聽他這些，繼續堅持自己的要求：「是我們之間的事情，就看你答應不答應吧?!」此後我又屢次三番地表示要到他的軍中去「從戎」，並說他要是不答應的話，就不夠朋友，弄得張少帥無可奈何，最後他只好說：「那好，這段時間你就先上我們在奉天舉辦的講武堂去吧！」

當時，奉軍處在南方國民政府的北伐軍以及馮玉祥和閻錫山軍隊的圍攻之中，不久便因作戰失利而決定退守關外，張學良特意通知溥傑先到天津躲避，溥傑便帶著妻子唐怡瑩乘坐少帥的專列赴津，並住進法「租界」張公館，幾個月後也去了東北。他知道父親載灃和大哥溥儀都不會同意，遂給他們留了信，說明去向便不辭而別了。載灃先見著信，趕快報告溥儀。溥儀後來回憶：

「有一天，我的父親突然到我的住所（日界張園）哭著告訴我說，溥傑和張學良部下私自出走，一定是上東北，讓我設法把他找回來，我也沒有什麼辦法，便找日本駐津副領事白井康，求他想辦法。他答應和大連日本關東廳聯絡，如果溥傑坐船登陸，便可攔他並讓他回來。白井康就和關東廳的『通譯』中島比多吉聯絡，後來果然發現溥傑在船上，中島認識溥傑，告知來意，便把溥傑攔阻了，令他重回天津。」

溥傑折回天津以後，遭到大哥的訓斥。溥儀對他說：「你的志向不錯，不過怎能給張學良做事呢？不如直接到日本士官學校去學軍事！」嗣後，溥儀聘請遠山猛雄爲日語教授，讓溥傑和婉容之弟潤麒學日語，到一九二九年三月便送他們東渡留學去了。

溥儀不准溥傑投到張學良的帳下，這當然有身分的考慮，但主要原因是政治的，從根本上說，溥儀與張作霖父子是對立的，他容不得別人當「滿蒙王」，更容不得別人爭帝位。

三、少帥不上土肥原的當

溥傑投奔張學良不成，不久便發生了震驚中外的「皇姑屯事件」，日本關東軍炸死張作霖，企圖引起政局混亂，挑動軍事衝突並乘機佔領東北，建立傀儡政權。甚至有的報紙已刊出消息說溥儀已經「來奉」，以建立「滿蒙帝國」。當然，這是不真實的。

張學良得知父帥的死訊急忙返回奉天，迅速穩定了東北政局，從而推延了日軍侵佔東三省的時間，也推延了溥儀當傀儡皇帝的時間。

一九二八年八月四日，張學良宣布爲父發喪。溥儀聞訊命師傅陳寶琛和朱益藩給少帥寫了一封慰問信，並送去「御筆」輓幛，以盡悼念之意。張學良於八月廿四日給陳弢老（陳寶琛字弢庵）和朱艾老（朱益藩字艾卿）覆了一封親筆簽名信致謝，以東三省保安總司令的身分，寫得很客氣：

> 弢老、艾老先生閣下：
>
> 接誦大函，猥以先君棄養，辱承唁慰並賜輓幛，拜領隆施，不勝感謝。伏維杖履優遊，起

居佳暢，至愜頌私。良痛遭大故，方興陟岵之悲；斷任仔肩，益懍臨淵之戒。邦家多難，夙夜殷憂。素諗先生德望高崇，海內欽仰，尚祈時頒訓誨，俾作準繩，是則私心所禱祝者耳。肅此覆謝，祈請崇安！諸惟荃照不備。

制　張學良拜啟

爲父帥發喪畢，東三省的命運就擺在了張學良的面前：如果繼續走奉系軍閥的道路，則勢必依賴日本人的支持而使國內仍處於南北分裂狀態；如果接受國民政府的領導，那就必須置父帥經營多年的「東北王」、「滿蒙王」於度外，主張中國統一、反對內戰的少帥選擇了後者，一九二八年十二月廿九日宣布「易幟」，東北三省同時掛出「青天白日滿地紅」旗，奉軍亦改稱東北軍，這是張學良將軍對中國歷史的一大貢獻，對此，日本人恨之入骨。他們爲了勸說張學良以日本爲靠山宣布滿洲獨立而做了大量工作，包括讓派到張身邊當顧問的土肥原賢二說服張出任「滿洲皇帝」，對於這段重要「秘史」，少帥在半個世紀後終於開口講出了真相：

同土肥原最衝突的地方是他當時給我寫了一份東西，就是王道論，就是要我當皇帝。我當時就問他，你是幹什麼，你要幹什麼？你讓我當滿洲皇帝，你是什麼意思？我讓千田森告訴參謀本部把土肥原調走，把土肥原這個顧問調走。千田森當時就說，你這個顧問是日本派的。當年訂條約時規定你有兩個顧問，你沒有權讓他調走，完全是政府派的。我就把前面的故事都跟他說了。後來我說，那好，我沒有權，我沒權沒法子，我的顧問我也沒權調，那麼我不見他，我有權吧。我不跟他談話，我有權吧。我不跟他談話，我當時就告訴我那個傳話的，我說以後土肥原顧問來，我一概不見。

溥儀當然不願意張學良爭皇帝，但他也不願意看到南方和北方的統一，因爲這不利於清朝的復辟，所以他也做少帥的工作。他有位老臣叫商衍瀛，字雲汀，清朝翰林院編修，還在溥儀的「小朝廷」中當過「南書房行走」。此人後來成爲東北紅十字會的名人，與奉系將領廣有聯繫。於是他利用這種身分替溥儀說項，接觸張作相、張景惠等人，向他們送禮，詭秘地從事政治活動，在「易幟」前後那個關鍵的歷史時刻，他又受命於溥儀而與張學良密商，嗣後，少帥以東北邊防軍司令長官的身分，又寫了一封親筆簽名信「敬呈清帝尊展」：

敬覆者：

商君雲汀來沈辱荷過談，敬諗雅意般拳，感激莫名。比維潭第多福，動定咸綏，允符私祝。學良才短學疏，謬膺疆寄，循省遺際，韋越為虞，重以獎言，彌增愧悚。承示各節，已與商君面談，晤時諒能備道。好風多便，尚望時惠德音，借資韋佩，無任盼禱之至。端肅拜覆，敬請

台安。

制 張學良拜啟

商衍瀛到底跟張學良談些什麼？信中沒有明示。但從前後兩信在行款上的變化及字裏行間

的口氣看，張學良「易幟」的決心是堅定的，不可能給溥儀任何政治許諾。

張學良不希圖「皇帝」頭銜，而專注於中國的統一和東北的建設，在降下五色旗並升起「青天白日滿地紅」旗幟的前前後後，少帥捐出奉天大帥府的家底，興辦東北大學，以培養自己的人才，修築通往吉黑兩省的鐵路新線，以防止日本利用「滿鐵」進行刁難，同時還進行了收回旅順和大連港主權的談判等等。不久，蔣介石任命張學良爲全國海陸空軍副司令，除繼續掌握東北三省軍政大權外，又在北平中南海設立海陸空軍副司令部，坐鎮華北五省，從而開始了他一生中叱吒風雲的時代。

四、兩度伸手拉溥儀

駐節北平的張將軍經常參觀故宮，當然不是來向溥儀討什麼「紫禁城內騎馬」之類的，也不是來尋訪明清遺跡。或在每年太平花盛開的時節，少帥攜夫人于鳳至應邀出席御花園的茶點招待會；或是爲興趣所驅遣，常往故宮欣賞鍾粹宮書畫陳列室的展品。他那時收購了大量明清書畫和一些宋元古字畫，爲鑒定作品的真僞也時而來此。但他已基本不與蟄居天津的溥儀來往了，溥儀也不敢把「復號還宮」的要求送進他的中南海行轅。

一九三一年七月廿三日，正在日本留學的溥傑回國度假並往靜園覲見溥儀。他向大哥傳達了經吉岡安直傳遞的重要資訊：日本軍方對張學良不滿，希望溥儀接管滿洲統治權。

日本軍閥反對少帥那是顯而易見的，兩年前就曾讓土肥原賢二用「王道論」和「滿洲皇帝」勾引張學良，希望他宣布「東北獨立」，以逞自己的獨吞之欲，結果遭到嚴厲的拒絕。兩年以後，還是那個著名間諜土肥原，誘餌也還是「王道論」和「滿洲皇帝」，只把獵取對象由張學良改換溥儀了。溥儀可沒有張學良的氣概，跟土肥原談判時，他雖然也曾提出這樣那樣的條件，但最終還是就範了。在震驚中外的「九一八」事變過後，溥儀出關投敵，走上了難以挽回的罪惡之途。

正當溥儀滑向泥淖的時候，張學良先後兩度伸手拉他，這也是應該寫進歷史的重要情節。

一九三一年十一月二日，土肥原夜訪溥儀，並甜言蜜語地說，日軍在滿洲的行動僅爲反對張學良，而對滿洲毫無領土野心，並願意幫助宣統皇帝在滿洲建立獨立國家。溥儀傾向於接受。嗣後蔣介石也派員密見溥儀，說明只要溥儀答應不遷往東北或日本定居，可以恢復清室優待條件，可以隨意住在北平或南京。

溥儀拒絕了。在這種情況下，張學良派人於十一月六日晚六時許，往溥儀所居的靜園送了一筐水果，其中潛藏了炸彈。少帥意在警告溥儀，讓他清醒，不料這一行動使溥儀失去安全感，反而加速了他出關投敵的腳步。張將軍自謂他是軍人性格，想了就做，這件事反映了他的行事特點。

四天之後，溥儀出關，四個月之後，溥儀就任僞滿執政，又過四個月到了一九三二年七月，張學良利用溥傑從日本回國度暑假的機會，再一次向溥儀伸出援手。溥傑曾回憶這件事的經過，他說：

「暑假我從日本回國了一次，張少帥大概也得知了我回國的消息，我意外地收到了一封他的信，記得信的大意是：日本人歹毒異常、殘暴無比，我們父子同他們打交道的時間長，領教夠了。他們對中國人視同奴僕，隨意宰割。你要警惕他們，並要勸誡你哥哥，讓他同日本人脫

末代皇帝的敵和友

(原書名：末代皇帝和他的政治敵友)

作者：王慶祥
發行人：陳曉林
出版所：風雲時代出版股份有限公司
地址：105台北市民生東路五段178號7樓之3
風雲書網：http://www.eastbooks.com.tw
官方部落格：http://eastbooks.pixnet.net/blog
Facebook：http://www.facebook.com/h7560949
信箱：h7560949@ms15.hinet.net
郵撥帳號：12043291
服務專線：(02)27560949
傳真專線：(02)27653799
執行主編：朱墨菲
美術編輯：許惠芳

版權授權：北京團結出版社
法律顧問：永然法律事務所 李永然律師
北辰著作權事務所 蕭雄淋律師

初版日期：2009年6月
初版換封：2014年6月(1001~1500冊)
ISBN：978-986-352-029-0
總經銷：成信文化事業股份有限公司
地　址：新北市新店區中正路四維巷二弄2號4樓
電　話：(02)2219-2080

行政院新聞局局版台業字第3595號 營利事業統一編號22759935

定價：280元

國家圖書館出版品預行編目資料

末代皇帝的敵和友 ／ 王慶祥著. -- 初版--
臺北市：風雲時代，2014.05 -- 面；公分

ISBN 978-986-352-029-0（平裝）

1.(清)溥儀　2.傳記

627.99　103004417

還是那個著名間諜土肥原，誘餌也還是「王道論」和「滿洲皇帝」，只把獵取對象由張學良改換溥儀了。溥儀可沒有張學良的氣概，跟土肥原談判時，他雖然也曾提出這樣那樣的條件，但最終還是就範了。在震驚中外的「九一八」事變過後，溥儀出關投敵，走上了難以挽回的罪惡之途。

正當溥儀滑向泥淖的時候，張學良先後兩度伸手拉他，這也是應該寫進歷史的重要情節。

一九三一年十一月二日，土肥原夜訪溥儀，並甜言蜜語地說，日軍在滿洲的行動僅爲反對張學良，而對滿洲毫無領土野心，並願意幫助宣統皇帝在滿洲建立獨立國家。溥儀傾向於接受。嗣後蔣介石也派員密見溥儀，說明只要溥儀答應不遷往東北或日本定居，可以恢復清室優待條件，可以隨意住在北平或南京。

溥儀拒絕了。在這種情況下，張學良派人於十一月六日晚六時許，往溥儀所居的靜園送了一筐水果，其中潛藏了炸彈。少帥意在警告溥儀，讓他清醒，不料這一行動使溥儀失去安全感，反而加速了他出關投敵的腳步。張將軍自謂他是軍人性格，想了就做，這件事反映了他的行事特點。

四天之後，溥儀出關，四個月之後，溥儀就任僞滿執政，又過四個月到了一九三二年七月，張學良利用溥傑從日本回國度暑假的機會，再一次向溥儀伸出援手。溥傑曾回憶這件事的經過，他說：

「暑假我從日本回國了一次，張少帥大概也得知了我回國的消息，我意外地收到了一封他的信，記得信的大意是：日本人歹毒異常、殘暴無比，我們父子同他們打交道的時間長，領教夠了。他們對中國人視同奴僕，隨意宰割。你要警惕他們，並要勸誡你哥哥，讓他同日本人脫